复旦大学企业发展与管理创新研究中心
上海市人民政府决策咨询研究基地芮明杰工作室
上海市社会科学创新研究基地（产业结构调整）
上海市产业发展研究和评估中心

2016

中国产业发展
年度分析报告

——需求变化的视角

芮明杰　王小沙　主编

上海财经大学出版社

本书编委会

主　任：芮明杰
副主任：王小沙
成　员：马　昊　　肖　飌
　　　　韩自然　　黄小芳
　　　　叶高斌　　何诗琴
　　　　杨晓庆　　刘　飌

前　言

　　本报告是从需求变化的视角对 2015 年第四季度至 2016 年前三季度中国产业发展状况进行分析的报告。2016 年前三季度,我国国民经济增长速度比 2015 年第四季度下降 0.2% 为 6.7%,估计 2016 年全年国民生产总值增长速度下滑至 6.7% 已经可以确定,那么这就是 25 年来最低的GDP 增长速度。增长速度的下降可能有许多国内国外的因素,问题是速度下降的过程中是否伴随结构性矛盾在化解,结构性问题在逐步解决。实际上,近几个月以来,中国的经济数据已经出现向好趋势。国家统计局数据显示,2016 年 11 月制造业 PMI 上升至 51.7%,为两年多以来的高点,连续 4 个月位于荣枯线之上。而进出口总值 2.35 万亿元,增长8.9%,大幅好于预期。2016 年 11 月份 CPI 环比上涨 0.1%,同比上涨2.3%。从同比看,CPI 同比涨幅比 10 月扩大 0.2 个百分点。11 月工业行业价格普遍上涨,PPI 上涨 1.5%,涨幅比 10 月扩大 0.8 个百分点。11月份全国规模以上工业增加值同比实际增长 6.2%;11 月社会消费品零售总额 30 959 亿元,同比名义增长 10.8%;1~11 月份,全国固定资产投资(不含农户)538 548 亿元,同比名义增长 8.3%。更重要的是,2015 年前两季度最终消费对经济增长的贡献是 60%,而 2016 年上半年最终消费对 GDP 增长的贡献率,已经达到 73.4%。这似乎表明中国经济增长的模式已经从投资驱动增长模式转变为消费拉动增长模式,似乎反映出中国经济增长摆脱了过度依靠投资的状态,目前开始从投资和消费两个角度来驱动经济,中国经济的增长更加趋于平衡了。

一

那么 2016 年经济增长模式的变化是否真的表明我国消费需求已经在经济增长中扮演了重要的角色,其中是否是居民消费需求有了切实的变化? 这自然引起了我们的关注与兴趣。中长期来看,消费需求一定是拉动经济增长和产业发展的最主要力量,是决定供给体系是否有效的最重要因素。产业体系实际上是供给体系,需要与消费结构与消费需求的变化相适应,需求变化的情况下,现有产业结构能否跟上变化决定了产业体系是否存在问题。总需求包括最终消费、资本形成和净出口"三驾马车",最终消费应该在拉动中国经济增长中发挥基础作用,资本形成发挥关键作用,净出口发挥支撑作用。最终需求与居民消费收入支出的总体情况紧密相关。居民收入不断增长与消费偏好的变化,且自身需求结构的改变得到满足,消费才能成为经济与产业持续增长的动力。因此我们希望从近年中国居民收入支出结构的变化及未来需求结构的变化,并观察中国的供给侧方面的投资是否与这些变化相互匹配,发现产业发展从"上游推动"转变为"下游拉动"即最终消费产业如何拉动投资品产业进而导致经济增长模式的转变的可能。

目前的供给侧结构改革的"三去一降一补"措施,即去产能、去库存、去杠杆、降成本、补短板等措施是直接对着目前我国产业体系与产业结构中存在的严重问题去的。毫无疑问,产业是宏观经济的中观构成,产业发展与经济增长有十分密切的联系:产业发展实为经济发展的核心,产业体系实为供给体系,产能过剩实为供给过剩。产业体系出了问题,也就是供给方面出了问题,产业结构出了问题当然也是供给结构出了问题。出问题不要紧,要紧的是我们对导致我国供给结构问题的真正原因是否准确判断,仅仅是供给过剩? 还是需求的不足? 是创新不足? 还是市场失灵? 所以从多个视角分析我国现行产业体系与结构的问题是十分重要的,至少应该是政府制定政策采取措施的前提,当然所制定的关键政策与措施的效果是否符合预期,这与我们对那些问题出现的原因的正确把握以及应对的正确及时与否相关。

供给侧结构改革的最终目标应该是建立我国面向未来全球产业新分工体系中具有竞争力的新型产业体系与产业结构。为此,我国必须在不断关注消费需求的变化以及新技术不断进步的同时,进行结构性调整。随着居民收入水平的不断提高,消费需求的变化已经呈现了新趋势、新动向,由于消费对消费品产业及投资品产业有巨大的反作用,因此要求我们还应该从需求侧对供给侧反作用的视角,为供给侧结构性改革寻找目标、方向和动力。我国产业体系发展需要注重需求结构的新变化,通过引导和扩大有效消费需求的方式进行消费品产业的改革,进而"倒逼"投资品产业结构性改革,以新的消费需求结构确立有效投资和有效供给范围,从供给侧与需求侧两侧共同发力。另一方面,目前我们恰恰又遇到了全球新经济下的产业革命,或叫作新技术革命导致的新产业革命,其代表就是智能制造和互联网、工业互联网和大数据等方面重大的技术与产业的发展变化。因此我们在进行供给侧结构改革时,不是简单地理解为把现有的产业体系当中产能过剩的低端产品淘汰掉一点,高端的产品发展一点就可以了;而是我们现有的整个产业体系,必须跟上全球新产业革命发展的要求、全球技术和未来产业分工趋势的转变。现行的供给侧结构改革还要酝酿着跟上新一轮产业革命和技术进步,我们要培育所谓的新型产业体系和培育新的动力机制出来。

二

本报告由主报告与副报告组成,与 2015 年我们的工作相同,主报告为年度产业分析报告,副报告是实证分析报告。

主报告分四章,第 1 章是要分析 2016 年度我国经济与产业发展的总体状况,主要关注经济总量变化与产业结构、产业发展的相关特性,分析产业发展与结构变化的总体状况、相关性、影响因素,发现年度发展的总体特征。第 2 章是要分析研究近年以来我国居民收入、消费总量变化、消费结构变化以及居民消费偏好的变化,以期发现在新技术革命、信息技术发展消费者消费偏好的变化趋势从而为我国消费品产业发展的未来提供未来市场基础。第 3 章主要从大类产业角度即消费品类产业与投资品产业两大类产业的视角,分析研究其发展的总体状况、相关性、每一大类产业中具体的产业动态发展变化、结构状况以及发展的问题及其原因。特别关注,我国消费品产业是否已经真正具备了拉动投资品产业,从而实现经济增长模式的转变。第 4 章是分区域分析 2016 年产业发展的总体状况,与 2015 年年度报告一致,我们将全国分为四个主要区域,即东部、中部、西部以及东北地区。特别分析这四个区域产业发展尤其是消费品产业、投资品产业的动态发展状况、结构变化状况以及影响因素,比较四个区域产业发展的差异及其背后问题原因。

副报告《中国区域产业集聚对产能利用率的实证研究》是实证研究报告,主要在体制性产能过剩的基础上对我国区域产业集聚后的产能利用率展开了更深一步的实证研究,是基于 1999~2013 年我国制造业行业面板数据,实证研究了产业集聚与产能利用率之间的"倒 U"形关系,并分别从调节变量(集聚地市场化水平、行业研发投入、行业企业规模)和细分行业(劳动密集型、资本密集型、技术密集型、资源密集型)展开了更为深入的探讨,作为 2016 年我国产业发展分析的一个方面的实证补充。报告从地方政府干预动机着手,发现地方政府更有倾向对地方集聚产业予以更多优惠政策,集聚产业对地方经济的发展和就业吸纳更为有优势与规模,集聚产业在地方政府的推动下进一步壮大,两者形成捆绑效应。产业集聚不断提高,地方政府给予更多优惠,形成一个自增强循环。在此过程中,集聚的外部性在不同阶段发挥着不同的效应,集聚由低向高的过程中,体现规模收益、知识溢出效应、要素共享与网络效应,由此产业的产能利用率提高,伴随集聚程度的进一步提高,同类企业恶性竞争、要素成本上升、环境质量恶化,由此出现拥挤效应。同时,集聚度越高,政府补贴越多,而补贴与固定资产投资正相关,固定资产投资占比与产能利用率呈负相关。由此两个方面导致集聚过度的产业产能利用率下降。

芮明杰
于复旦大学管理学院思源楼
2016.12.28

目　录

副报告　中国区域产业集聚对产能利用率的实证研究

主报告

中国产业发展年度分析报告(2016)

2016 年中国产业发展状况是在供给侧结构改革深化的背景下取得的。2016 年,中央提出"三去一降一补"的工作任务(即去产能、去库存、去杠杆、降成本、补短板五大任务),前四个任务均是针对"存量"方面提出的供给侧结构改革措施,"补短板"则是围绕增量方面提出的,核心是提能级,大力增加中高端供给。国务院从五个方面提出了推进补短板的举措,包括:加快推进《"十三五"规划纲要》确定的全局性、基础性、战略性重大工程项目;进一步调动社会资本积极性;创新融资方式;制定进一步扩大开放利用外资的措施;建立补短板项目推进奖惩机制等。总体来看,供给侧结构改革正在深入推进,产业结构性问题得到进一步解决,过剩产能正在下降,新兴产业发展速度加快。

然而,消费需求是拉动经济增长和产业发展的最主要力量,是决定供给体系是否有效的最重要因素。产业体系实际上是供给体系,需要与消费结构及消费需求的变化相适应。在需求变化的情况下,现有产业结构能否跟上变化决定了产业体系是否存在问题。总需求包括最终消费、资本形成和净出口"三驾马车"。最终消费应该在拉动中国经济增长中发挥基础作用;资本形成发挥关键作用;净出口发挥支撑作用。消费需求与居民消费收入支出的总体情况紧密相关。只有当居民收入不断增长且自身需求偏好与需求结构的改变得到满足,消费才能成为经济与产业持续增长的动力。因此,我们希望从近年中国居民收入支出结构的变化及未来需求结构的变化,并通过观察中国的供给侧方面的投资是否与这些变化相互匹配,发现产业发展从"上游推动"转变为"下游拉动",即最终消费产业如何拉动投资品产业,进而导致经济增长模式转变的可能性。

从消费需求变化的角度分析中国产业发展的现在与未来是十分重要的研究视角。因为消费需求的变化会直接引起消费品产业发展的变化,而通过投资品产业和消费品产业之间的产业关联,会间接引起投资品产业发展的变化。白暴力教授[1]在马克思两大部类平衡模型的基础上,研究消费对生产资料需求的传递效应,结果表明:当消费需求增加时,生产消费资料的部门会产生扩张的趋势,而生产消费资料部门的扩张趋势会导致对生产消费资料使用的生产资料的需求的增长;生产消费资料使用的生产资料的需求的增长又同样会导致生产生产资料使用的生产资料的需求的增长,从而导致生产资料需求的全面增长。

消费对消费品产业及投资品产业有巨大的拉动作用,因此要求我们还应该从需求侧对供给侧作用的视角,为供给侧结构性改革寻找目标、方向和动力。我国产业体系发展需要注重需求结构的新变化,通过引导和扩大有效消费需求的方式进行消费品产业的改革,进而"倒逼"投资品产业结构性改革,以新的消费需求结构确立有效投资和有效供给范围,从供给侧与需求侧两侧共同发力,最终实现面向未来全球产业新分工体系中具有竞争力的新型产业体系与产业结构这一远大目标。

主报告分四章。第1章分析2016年度我国经济与产业发展的总体状况,主要关注经济总量变化与产业结构、产业发展的相关特性,分析产业发展与结构变化的总体状况、相关性、影响因素,发现年度发展的总体特征。第2章分析研究近年来我国居民收入、消费总量变化、消费结构变化以及居民消费偏好的变化,以期发现在新技术革命、信息技术发展下消费者消费偏好的变化趋势,从而为我国消费品产业发展提供未来市场基础。第3章主要从大类产业角度即消费品类产业与投资品产业两大类产业的视角,分析研究其发展的总体状况、相关性,每一大类产业中具体的产业动态发展变化、结构状况及发展中的问题及其原因。特别关注,我国消费品产业是否已经真正具备了拉动投资品产业,从而实现经济增长模式转变的作用。第4章分区域分析2016年产业发展的总体状况,与2015年年度报告一致,我们将全国分为四个主要区域,即东部、中部、西部和东北地区。着重分析这四个区域产业发展尤其是消费品产业、投资品产业的动态发展状况、结构变化状况以及影响因素,比较四个区域产业发展的差异及其背后问题原因。

1

2016 年中国产业发展总体状况

2015 年第四季度至 2016 年第三季度末是一个跨年度的一年时间，这一年中，中国经济与产业发展经历了稳增长前提下的供给侧结构改革最为严峻的时刻。总体来看，改革与发展效果显现，2016 年全年 GDP 增长有望稳定在 6.7%，"三去一降一补"取得了初步效果，创新驱动、新兴产业发展势头强劲，成为我国经济与产业发展的新动力；但发展中的问题依然不少，深层次的机制问题依然困扰未来的发展。

1.1 2016 年经济与产业运行状况

1.1.1 经济运行的宏观环境分析

1. 全球经济增长乏力，国际贸易持续低迷

2015 年下半年以来至 2016 年第三季度，全球经济依然没有大的起色，何时复苏仍然存在较大不确定性。相反，其间英国脱欧、美国加息、南

海争端、恐怖主义威胁等不断,一些主要经济体货币政策继续分化,国际金融市场大幅动荡,导致世界经济运行中的不利因素和不确定性因素增多。这些因素对我国宏观经济的发展有一定的影响。

从需求来看,2015~2016 年,全球需求疲弱状况未见好转,世界经济延续低速增长态势(见图 1－1)。2016 年上半年,主要国际组织连续调低了 2016 年全球经济增长预期;6 月份,世界银行将 2016 年全球经济增速预期从 1 月份的 2.9％调降至 2.4％。发达国家经济复苏缓慢,新兴经济体增速进一步回落,世界经济整体增长速度放缓,美国、欧元区、日本等发达经济体增长乏力,印度保持高速增长势头,但其他新兴市场与发展中经济体面临着不同程度的下行压力。同时,由于世界经济深度调整、复苏乏力,世界贸易进一步放缓,国际贸易投资增长低迷。主要经济体商品贸易季度同比增速持续出现负增长。

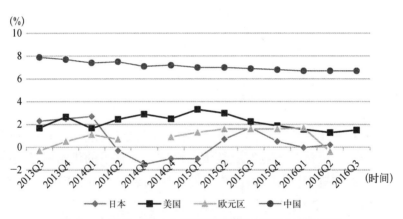

图 1－1　2013~2016 年第三季度国际主要地区经济增速
资料来源:根据世界银行数据绘制。

2. 汇率改革砥砺前行,国际资本流出加速

从货币环境看,受我国汇率改革和人民币入篮的影响,2016 年以来,我国汇率持续下降,人民币实际有效汇率和名义有效汇率分别从年初的 130 和 124 持续下降至第三季度的 121 和 117(以 2010 年为基期)(见图 1－2)。预计在美元走强的情况下,这一趋势将继续延续,人民币下行压力仍然较大。

受此影响,我国投资环境吸引力下降,吸引外资水平下降,国际资本加速流出。2016 年,我国实际利用外商投资增长率始终维持在较低水平,增长率由 2015 年 1 月的 28.6％以上下降至 2016 年第三季度的

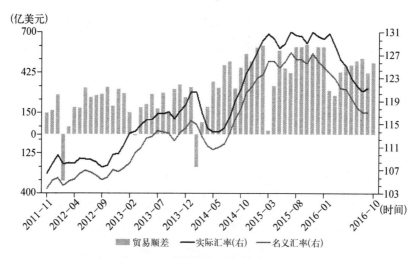

图1-2　贸易顺差人民币汇率走势

资料来源：万德宏观数据库。

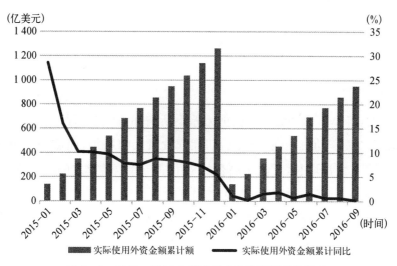

图1-3　2015～2016年第三季度实际利用外资情况

资料来源：根据国家统计局数据绘制。

0.2%以下(见图1-3)。

3. 货币供给保持较快增速,对经济增长的促进作用有限

在货币供给方面,2016年,我国总体采取较为宽松的政策,货币量不断增加。到2016年第三季度,我国流通中的货币总量(M0)总计为65068.6亿元,比上年同期增长6.6%;狭义货币量(M1)为454340亿元,比上年同期增长24.7%;广义货币量(M2)1516360.5亿元,同比增长了

11.5％。2016 年,货币增速 M1＞M2＞M0,M1 延续 2015 年的趋势,增速进一步提高,在广义货币中的占比不断上升,而流通中的货币增速基本保持稳定(见图 1-4)。

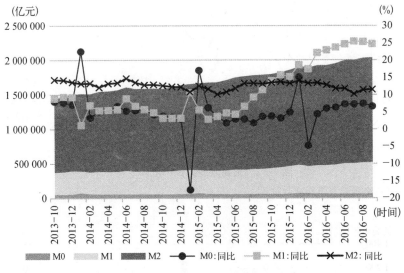

图 1-4　2013～2016 年我国货币供应情况

资料来源:根据国家统计局数据绘制。

2016 年,M1 和 M2 之间的剪刀差不断增加,在一定程度上说明投资机会缺乏,投资动机不强;企业活期存款数量大幅增加,而流通货币数量增速并没有大量增长,反映了高企的货币量与低收益率之间的矛盾,货币宽松政策在刺激经济增长方面的作用有限。

4. 消费品保持温和通胀水平,PPI 降幅收窄

居民消费价格指数(CPI)月度同比增速和工业生产者出厂价格指数(PPI)月度同比增速是分别从零售和批发两个环节反映总体物价水平变动的两个主要指标。受国内外货币供给量、总体经济形势和供求关系等多方面因素的影响,2014～2016 年,CPI 走势基本保持小幅波动,2016 年2～8 月,CPI 指数持续回落,由最高的 2.3％回落至 8 月的 1.3％,通胀压力有所消退,9 月份小幅回升。2016 年以来,PPI 指数降幅连续收窄,第三季度末回升至 0.1％,由负转正(见图 1-5)。

从价格指数构成看,CPI 由食品烟酒,衣着,居住,生活用品及服务,交通和通信,教育文化和娱乐,医疗保健,其他用品和服务八大类商品构

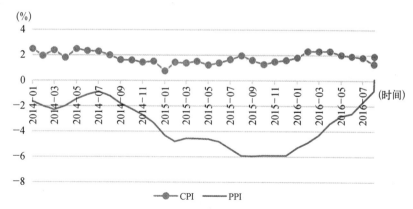

图 1-5　居民消费价格指数(CPI)和工业生产者出厂
价格指数(PPI)月度同比涨幅

资料来源：根据国家统计局数据绘制。

成,其中:食品烟酒所占的权重最大,占比 1/3 左右,且在 2016 年出现较
大浮动,总体保持在较高水平。2016 年 9 月,食品价格指数的快速上升,
拉动 CPI 增长。其他七大类商品和服务价格比较平稳(见图 1-6)。

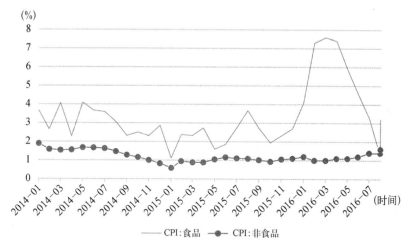

图 1-6　CPI 食品、非食品价格当月同比涨幅

资料来源：根据国家统计局数据绘制。

　　PPI 由生产资料和生活资料两大类商品构成。生产资料包括采掘工
业、原材料工业和加工工业;生活资料包括食品类、衣着类、一般日用品类
和耐用消费品类。过去两三年来,生活资料价格比较平稳,同比涨幅保持
在 0 附近;生产资料价格同比下降幅度比较大,是导致工业生产者出厂价
格指数(PPI)下降的主要因素(见图 1-7)。

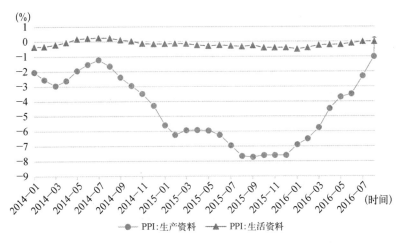

图 1－7　PPI 中两大类商品构成价格同比涨幅

资料来源：根据国家统计局数据绘制。

5. 新一代信息技术快速发展，引发新工业革命

随着互联网的普及以及新一代信息技术的发展，云（云计算、大数据基础设施）、网（互联网和物联网）、端（用户直接接触的软硬件设备，是数据的来源和服务提供的界面）以及数据成为新的基础设施和生产要素，对生产体系产生广泛影响，以智能制造为代表的新工业革命正在酝酿发生。在新工业革命中，德国与美国这两个制造业强国已经出发，并逐步展开工业智能互联系统的开发与实践。德国与美国是最早提出响应新工业革命的国家，分别提出了工业 4.0 与 CPS 战略。德国工业 4.0 战略下的新工业智能互联系统发展主要结合自身在工业装备上的优势展开，旨在开发工业智能互联系统的硬件，进而延伸到服务领域。美国早在 2006 年就提出了 Cyber-Physical System（CPS）即"信息物理系统"的概念，将此项技术体系作为新一代技术革命的突破点。美国希望在新工业革命中，发挥其传统信息产业的国家优势，开发工业智能互联系统的信息系统，再由此切入到生产服务中，进而影响到生产制造。

我国也提出了"中国制造 2025"，拟通过引入互联网技术，帮助企业完善信息化，树立个性化制造的商业基础，追赶发达国家的工业技术水平。目前，我国在大数据、云计算等新一代信息技术的基础设施方面取得了较大进展，互联网相关产业蓬勃发展。

1.1.2 我国产业经济发展总体态势

1. 经济增速停止下滑,国民经济开始企稳

从 2010 年开始,我国 GDP 增速逐年下降。2015 年,国内生产总值为 67.67 万亿元,GDP 增速仅为 6.9%,比上年下降 0.4 个百分点,增速连续第五年下降。进入 2016 年以来,随着各项宏观政策相继发挥作用以及产业结构调整的深化,从第二季度开始,我国经济增速停止下滑,维持在 6.7%,国民经济开始企稳运行(见图 1-8)。

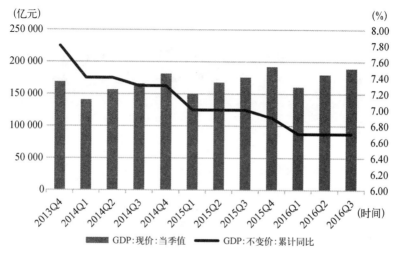

图 1-8　2013~2016 年我国季度 GDP 总量和累计同比增速
资料来源:根据国家统计局数据绘制。

2. 第三产业比重继续上升,服务业快速发展

近年来,我国第三产业增加值持续增加,虽然增长速度持续下滑,但高于 GDP 增速,在经济总量中的占比也逐渐增加。2016 年前三季度第三产业占比 52.81%,成为拉动经济增长的主要动力。同时,第二产业产值占比不断下降,产业结构不断演进。第一产业增长受季节因素的影响,2014~2016 年同比小幅增长,但增速有所放缓,由 2014 年前三季度的 4.2%下滑至 2016 年前三季度的 3.5%。第二产业增速在历经长时期的持续下滑后,2016 年下半年开始增速有所回升,到第三季度增速为 6.1%,比年初增长了 0.3 个百分点。第三产业增速环比小幅回落,由 2015 年第四季度的 8.3%下降至 2016 年第三季度的 7.6%(见图 1-9)。三次产业产值占

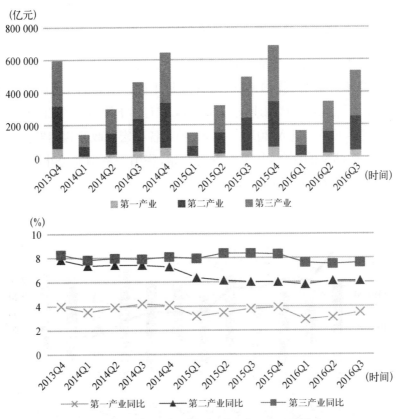

图 1 - 9　2013～2016 年我国三次产业比重及增速

资料来源：根据国家统计局数据绘制。

比及同比增速的差异,将持续改变中国国民经济的产业结构状况。

从就业看,第三产业就业比重持续上升,由 2005 年的 31.4% 上升至 2015 年的 42.3%,成为吸纳就业最多的部门。而第二产业就业占比从 2012 年后开始有所下降,由最高的 30.3% 下降至 2015 年的 29.3%(见图 1 - 10)。

3. 批发零售业、金融业、房地产业为服务业主要构成,房地产业快速增长

2016 年前三季度,批发零售业、金融业、房地产业三大行业的增加值分别为 51 191 亿元、46 493 亿元和 34 537 亿元,分别占第三产业总增加值的 17%、15% 和 12%。另外,其他服务业占据了 37%。与 2015 年前三季度相比,批发零售业(2015 年前三季度为 18%)、金融业(2015 年前三季度为 16%)等服务业比重均出现不同幅度的下降,房地产业(2015 年前三季度为 11%)和其他服务业比重(2015 年前三季度为 36%)有所增加(见图 1 - 11)。

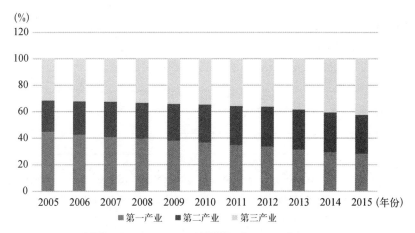

图 1 - 10　2005~2015 年我国三次产业就业比重

资料来源：根据国家统计局数据绘制。

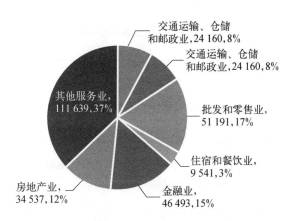

图 1 - 11　2016 年前三季度服务业增加值构成

资料来源：根据国家统计局数据绘制。

从增长率看,2016 年,增速最快的服务业为房地产业,增速最慢的为交通运输、仓储和邮政业。2015 年以来,房地产业增长迅速,由 2015 年第一季度的 1%持续增长至 2016 年第三季度的 9%。金融业增速则出现较大幅度的下降,由 2015 年第二季度的 17.5%,快速下降至 2016 年第三季度的 6.3%。批发零售业和住宿餐饮业增速小幅上升,分别由 2015 年第一季度的 5.8%和 5.7%上升至 2016 年第三季度的 6.4%和 6.8%。交通运输业出现了先降后升的趋势,由 2015 年第一季度的 5.4%下滑至 2016 年第一季度的 3.3%后,第三季度回升至 5.3%(见图 1 - 12)。

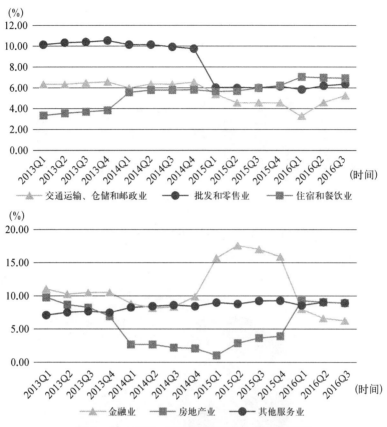

图 1-12 2013～2016 年第三产业分行业增速

资料来源：根据国家统计局数据绘制。

4. 工业总体有所回升，传统与新兴行业继续分化

2016 年，我国经济结构转型继续稳步推进，工业生产总值继续增长。2016 年前三季度达到 177 101 亿元，工业增速有所回升，但增速仍然保持在较低水平。工业增速从 2013 年开始低于实际 GDP 增速，由 2015 年初的 6.1％下降至 2016 年第一季度的 5.7％，第三季度小幅回升至 6％。工业产值在 GDP 中的占比逐渐由 2015 年初的 35.67％下降至 2016 年第三季度的 33.42％（见图 1-13）。

2015 年，工业主营业务收入增速回落幅度较大，利润总额增速回落幅度更大，利润总额增速小于主营业务收入增速，进入负增长区间。从 2016 年第一季度开始，工业企业总体经营状况有所改观，利润总额增速大于主营业务收入增速，主营业务收入增速回升；而从第二季度开始，利

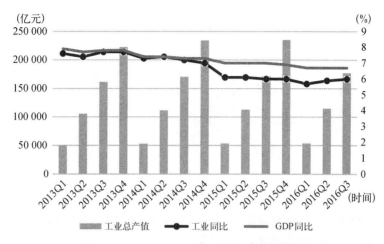

图 1－13　2013～2016 年工业总产值及增速

资料来源：根据国家统计局数据绘制。

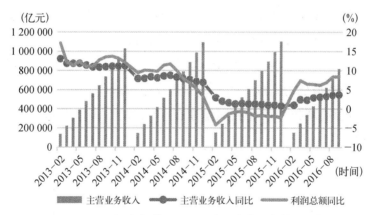

图 1－14　2013～2016 年规模以上工业企业主营业务收入及利润增速

资料来源：根据国家统计局数据绘制。

润总额增速开始下滑,到第三季度开始上升(见图 1－14)。

　　分行业看,受总体需求以及供给侧改革的影响,传统工业下行明显,行业规模压缩;而高新技术产业与新兴产业增长较快,利润增速较高。具体来说,2016 年医药制造、汽车制造、计算机通信和其他电子设备制造业累计主营业务收入增长率较高,均保持在 7％以上,其中:医药制造业和汽车制造业保持在 10％以上,远高于制造业平均 4％左右的增速;而采矿业、石油加工冶炼业和黑色金属冶炼业主营业务收入均为负增长(见图 1－15)。

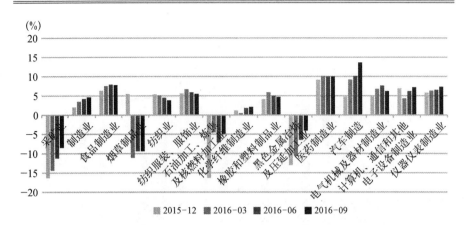

图 1-15　部分传统行业与高技术行业主营业务收入增长率对比
资料来源：根据国家统计局数据绘制。

从利润水平看，传统行业利润波动幅度加大，高新技术产业的利润增长率总体维持在较高水平。2016 年，石油加工炼焦及核燃料加工业、黑色金属冶炼及压延加工业累计利润增长率波动幅度较大，前者最低为 2 月份的 −185.7%，最高为 4 月份的 8 204%，此后一直维持在三位数的高速增长。后者最低为 2 月份的 −72.9%，最高为 9 月份的 272.4%。2016 年前三季度，高新技术产业利润增速在 10% 以上，高于制造业平均利润增长率(见图 1-16)。

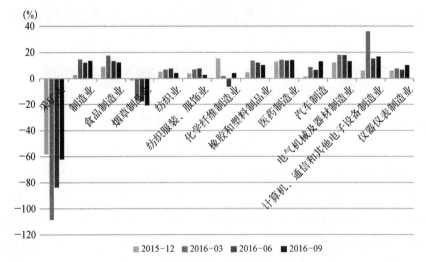

图 1-16　部分传统行业与高技术行业利润增长率对比
资料来源：根据国家统计局数据绘制。

5. 新兴产业保持平稳较快发展

我国战略性新兴产业七大重点产业,即节能环保、新一代信息技术、生物产业、高端装备制造、新能源、新材料和新能源汽车发展势头良好,呈现快速发展局面。2015 年以来,在经济下行压力较大的情况下,我国战略性新兴产业 27 个重点行业企业主营业务收入仍然保持了较快的发展态势,对国内经济的支撑作用日益明显。

从景气指数看,战略性新兴产业采购经理指数① 高于制造业总体水平。2016 年,除 7 月份景气指数低于 50 外,其余月份均在 50 以上,4 月份更高达 64.3,但总体保持较大波动幅度(见图 1 - 17)。

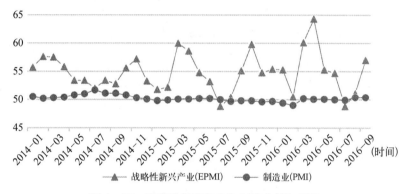

图 1 - 17　战略性新兴产业和制造业景气指数
资料来源:根据国家统计局数据绘制。

从各细分行业来看,2015 年以来,我国新型平板显示器产业规模持续扩大,已成为全球第三大显示器件生产地区;生物制药产业规模持续扩大,行业兼并重组更加活跃;精密减速器等工业机器人核心零部件研发取得积极进展,多个省份部署开展"机器换人"工程。同时,我国已成为全球新能源汽车第一大市场,全产业链迅猛发展。据中国汽车工业协会数据显示,2016 年 1~9 月,新能源汽车产 30.2 万辆、销 28.9 万辆,同比增长93% 和 100.6%(见表 1 - 1)。

---

① 采购经理指数(PMI):通过对企业采购经理的月度调查结果统计汇总、编制而成的指数,涵盖企业采购、生产、流通等各个环节,反映经济总体情况和变化趋势。50 以上为经济扩张,50 以下为经济收缩。

表 1 - 1   2015～2016 年新能源汽车与汽车工业总体生产情况对比

时　　间	新能源汽车产量(万辆)	同比增速(%)	汽车中产量(万辆)	同比增速(%)
2015 - 02	1.19	500.00	422.10	4.60
2015 - 03	2.54	300.00	658.30	4.70
2015 - 04	3.44	300.00	835.30	3.20
2015 - 05	5.36	300.00	1 033.90	2.20
2015 - 06	7.85	300.00	1 229.60	2.00
2015 - 07	9.89	281.18	1 385.90	0.20
2015 - 08	12.35	296.63	1 548.40	—0.50
2015 - 09	15.62	278.21	1 745.80	—0.90
2015 - 10	20.69	340.21	1 965.62	—0.35
2015 - 11	27.92	392.42	2 223.70	1.40
2015 - 12	37.90	351.73	2 483.80	2.70
2016 - 02	3.79	170.00	412.60	5.30
2016 - 03	6.27	110.00	668.60	6.50
2016 - 04	—	—	889.30	5.50
2016 - 05	13.2	131.4	1 099.30	5.60
2016 - 06	17.7	125	1 311.40	6.00
2016 - 07	21.5	119.8	1 507.80	8.10
2016 - 08	25.8	111	1 713.70	10.00
2016 - 09	30.2	93.00	1 971.80	12.30

资料来源：根据工业和信息化部数据制成。

6. 消费需求对国民经济增长的贡献增加,我国经济从投资拉动转向消费拉动

从需求角度来看,国民经济的增长由三部分构成,即最终消费支出、资本形成、货物和服务进出口"三驾马车"。如图 1 - 18 所示,2015～2016年,最终消费支出对国内生产总值增长拉动的贡献逐步增加,2016 年二季度末占比高达 73.4%;资本形成总额略有下降;而货物和服务进出口拉动的贡献在 0 以下。

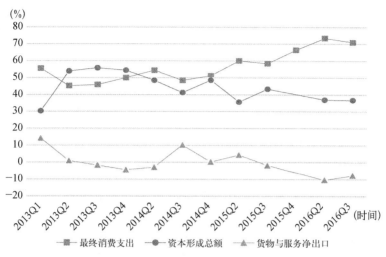

图 1-18　三大需求对 GDP 的贡献率

资料来源：根据万德数据绘制。

7. 供给侧结构改革深入推进,各地纷纷推出"三去一降一补"具体措施

2016 年,在中央提出"三去一降一补"的工作任务后,各地纷纷出台指导性文件和具体措施,供给侧结构改革深入推进。

"去产能"主要针对低利润、高污染的严重产能过剩的传统产业。2016 年,国务院出台《关于钢铁行业化解过剩产能实现脱困发展的意见》,提出 2016 年完成钢铁过剩产能退出 4 500 万吨、煤炭过剩产能退出 2.5 亿吨的目标。广东、重庆、天津、山东、江苏等地都提出要抓紧建立"僵尸企业"和空壳公司数据库,采取兼并重组、资本运营、创新发展、关闭破产、扶持发展等不同方式进行分类有序引导处置,促进"僵尸企业"和空壳公司改制重组;28 个省级人民政府以及新疆生产建设兵团分别签订了化解过剩产能目标责任书。2016 年上半年,全国钢铁、煤炭分别完成退出产能 1 300 万吨和 7 227 万吨;下半年以来,去产能任务进程加快,截至 9 月底,钢铁、煤炭两个行业退出产能都有大幅提高,去产能取得突破性进展,已完成全面目标的 80%。钢铁产品价格大幅上升,截至 2016 年 10 月份,线材、螺纹钢、中厚板、冷轧薄板四种产品的综合价格为 2 931 元/吨,比年初增长 30.5%,煤价也大幅增长。利润增长率大幅提升,规模以上钢铁工业企业利润总额扭亏为盈,保持较高增速,煤炭企业利润增速也达到 10% 以上。

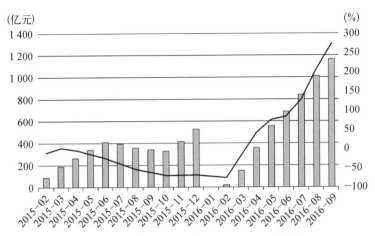

图 1–19　钢铁行业(黑色金属冶炼及压延加工业)利润总额及增长率
资料来源：根据国家统计局数据绘制。

"去库存"是为新的产能提供空间。房地产业是去库存的重点行业。重庆、福建、湖南、海南、四川等地密集出台去库存措施,指出要从开发总量的控制、开发地产类型的控制以及现有存量的消化等方面减少房地产企业的库存,如严格控制新增商业用房土地供应和规划指标;鼓励房地产开发企业将库存工业、商业地产改造为科技企业孵化器、众创空间,将库存商品房改造为商务居住复合式地产、电商用房、都市型工业地产、养老地产、旅游地产等。数据显示,房地产去库存成效初显,2016 年 8 月末,全国商品房待售面积 70 870 万平方米,比 7 月末减少 512 万平方米,连续 6 个月减少。

"去杠杆"是降低负债率,加强金融风险和政府债务管控,降低长期性和系统性风险,2016 年,国务院出台《关于积极稳妥降低企业杠杆率的意见》,提出要采取比较稳定的方式进行去杠杆任务,如盘活存量资产、优化债务结构、发展股权融资包括债转股等;指出要加快健全和完善多层次股权市场,加强发行、退市、交易等基础性制度建设,创新和丰富股权融资工具,鼓励保险资金、年金、基本养老保险基金等长期性资金按相关规定进行股权投资,有序引导储蓄转化为股本投资,积极有效引进国外直接投资和国外创业投资资金等。重庆市提出,要对金融机构推出的夹层投资和万能险等高杠杆产品进行重点管控,建立地方新型金融机构行为负面清单管理制度,完善企业资本金补充机制,实现股权多元化,降低企业资产负债率。广东省提出要加强对企业债券兑付情况的跟踪,建立债务风险预警机制和责任追究机制。

"降成本"主要是降低企业经营成本,包括税负成本、融资成本和生产成本。国务院出台《降低实体经济企业成本工作方案》,为推进降成本提供指导性意见。2016年,降低企业税负成本的一项重要措施是"营改增"的全面推行;在降低融资成本方面,鼓励发展直接融资(股权、债权融资),拓宽中小企业融资渠道;在生产成本降低方面,提出了降低人工成本、物流成本、用地成本等方面的措施。广东省、杭州市、天津市、山东省、深圳市等相继提出了简化行政审批、降低税收与行政收费、降低企业财务成本、降低企业用地成本等方面的举措。

上述四个方面均是针对"存量"方面提出的供给侧结构改革措施,"补短板"则是围绕增量方面提出的,核心是提能级,大力增加中高端供给。国务院从五个方面提出了推进补短板的举措:加快推进《"十三五"规划纲要》确定的全局性、基础性、战略性重大工程项目;进一步调动社会资本积极性;创新融资方式;制定进一步扩大开放利用外资的措施;建立补短板项目推进奖惩机制等。深圳、浙江、天津、四川等地提出了支持企业做大做强、支持企业科技创新、强化中小微企业扶持等方面的具体实施措施。

1.2　需求总体状况分析

需求是拉动经济增长和产业发展的最主要力量,是决定供给体系是否有效的最重要因素。产业体系实际上是供给体系,需要与消费结构及消费需求的变化相适应,在需求变化的情况下,现有产业结构能否跟上变化决定了产业体系是否存在问题。总需求包括最终消费、资本形成和净出口"三驾马车"。最终消费在拉动中国经济增长中发挥基础作用;资本形成发挥关键作用;净出口发挥支撑作用。2015~2016年,我国消费总体增长较快,投资乏力,出口疲软。

1.2.1　消费需求总体概况

1. 消费持续增长,社会消费品增速下降

近年来,最终消费总额不断上升。2015年,我国最终消费为455 178亿元,占GDP的比重由2014年的51.2%快速上升至2015年的66.4%;

2016 年上半年,最终消费在 GDP 中的贡献继续上升至 73.4%。最终消费支出额增速快速上升,由 2014 年末的 9.8% 快速上升至 2016 年上半年的高达 50% 左右(见图 1-20)。

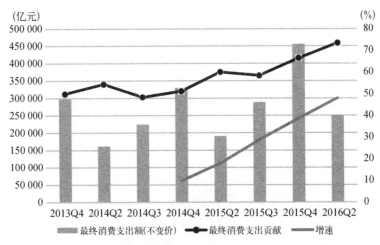

图 1-20 最终消费支出累计额、占比及增速(初步核算)

资料来源:根据万德数据计算、绘制。

同时,社会消费品零售总额持续增长,均维持在 10% 以上的增速。2015 年,社会消费品零售总额为 300 930 亿元,比上年增长 10.7%。截至 2016 年 9 月,我国社会消费品零售总额为 238 482 亿元,同比增长 10.4%(见图 1-21)。2016 年总体增速略低于 2015 年,但自 2016 年下半年开始增速停止下降,预计 2016 年全年增速将保持平稳,维持在 10% 左右。自 2010 年来,社会消费品零售总额增长率由 18.4% 持续下降,预计 2016 年达到近年来的最低值。

2. 从产品构成看,汽车类、石油类以及粮油食品类为社会消费的主要产品

2015 年,限额以上单位商品零售值为 133 891 亿元,占社会消费品零售总额的 44.5%,其中:汽车类产品零售额为 36 006 亿元,占比 27%;粮油食品饮料和烟酒类零售额为 19 466 亿元,占比 15%;石油及制品类零售额为 18 450 亿元,占比 14%。2016 年前三季度,这三类产品累计零售额分别为 28 086 亿元、15 339 亿元和 13 525 亿元,分别占比 28%、15% 和 13%。其后为服装鞋帽针纺织品类、家用电器和音像器材类和中西药品类,占比均在 5% 以上(见图 1-22)。

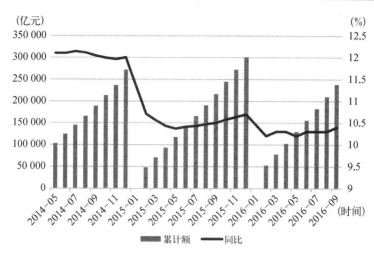

图 1-21　社会消费品零售总额及增速

资料来源：根据国家统计局数据绘制。

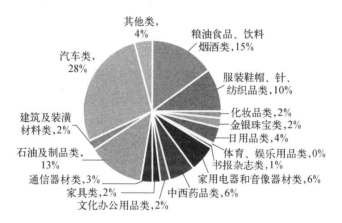

图 1-22　2016 年 1～9 月限额以上商品零售构成

资料来源：根据国家统计局数据绘制。

受季节性因素的影响,2016 年第一季度各品类商品零售增长率较低。在占比最多的六类产品中,中西药品类增长率最高,石油及制品类增长率相对最低。2016 年以来,中西药品类、粮油食品及饮料类增速较高,均保持在 10% 以上。其中,中西药品类延续 2015 年的下滑趋势,增速不断下滑,由第一季度末的 15.1% 下降至 7 月份的 12.4%,达到近 3 年以来的最低值,第三季度缓慢回升至 12.8%。粮油食品及饮料类在 2015年增速上升至 14.6% 后,于 2016 年一季度下滑至 11.3%,随后保持平稳。服装鞋帽针纺织品类、家用电器和音像器材类、汽车类增长率次之,基本保持在 7%~8%,其中:受行业政策的影响,汽车类在经历 2015 年的低谷后,在 2016 年增速持续上升,由 2 月份的 5.4% 逐渐上升至第三季度末的 9.1%;家用电器和音像器材类经历了先降后升的过程,由 2015年底的 11.4% 逐步下降至 2016 年 5 月的 6.1%,随后小幅回升至 9 月的7.9%;服装鞋帽针纺织品类 2016 年总体增速低于 2015 年,在一季度的下降后保持平稳。石油及制品类增速最低,保持负增长状态,但高于 2015 年同期增速,由 2015 年底的 −6.6% 上升至 2016 年 2 月的 0.5%,随后逐步下降至 7 月的 −1.4%,三季度末降幅收窄至 −0.9%(见图 1 − 23)。

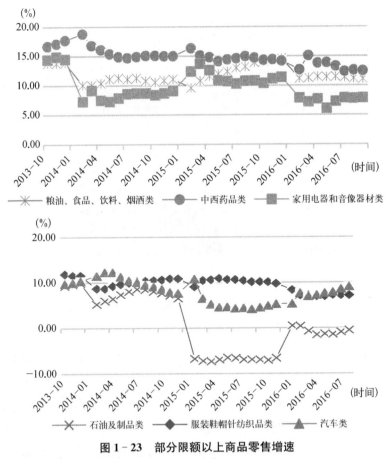

图 1 − 23　部分限额以上商品零售增速

资料来源:根据国家统计局数据绘制。

3. 从部门构成看,最终消费以居民消费支出为主,增速放缓

从消费的构成部门看,政府部门和居民部门消费构成比例较为稳定。

2005 年以来,政府消费占总体消费的比重维持在 25%～27%。2015 年,最终消费总额为 359 516.3 亿元,其中:居民消费 264 758 亿元;政府消费 94 759 亿元,占总体消费的 26.26%。从增速看,两者都呈现先降后升再下降的增长趋势,政府消费支出趋势相对表现得更为陡峭,其中居民消费增速保持在 10%～20%、政府消费增速则保持在 5%～20%,总体增速在 10% 以上,增速较快(见图 1-24)。

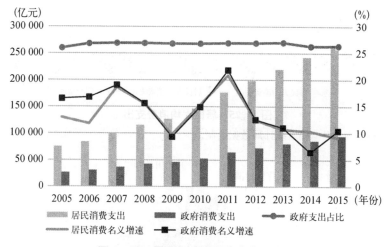

图 1-24 居民与政府消费支出及速

资料来源:根据国家统计局数据计算、绘制。

从居民人均消费支出看,消费增速不断下降,与 GDP 增速差距逐渐变小。2015 年,居民人均消费支出 15 712 元,同比增长 6.9%。2016 年前三季度,居民人均消费支出为 12 247 元,同比增速 6.4%,低于 GDP 增速(见图 1-25)。由此可见,居民消费增速的快速增长与收入水平增长、人口总量增长有密切关系,随着我国居民可支配收入增速、人口增速的持续放缓,消费增长速度也将缓慢降低。

4. 从居民消费的内部构成看,食、住占据消费的大部分

在居民消费中,食品烟酒及住房支出为主要构成部分。2015 年,两者在居民消费总支出中的比重分别为 31% 和 22%,两者合计超过 50%;2016 年前三季度,两者比重分别为 30% 和 22%,人均食品烟酒消费支出为 3 663.6 元,人均居住消费支出为 2 675.6 元。其后为交通通信和教育文化娱乐业,2015 年分别占比 13% 和 11%;2016 年前三季度,两者占比分别为 14% 和 11%(见图 1-26)。

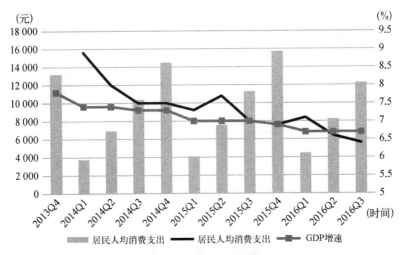

图 1-25　居民人均消费支出

资料来源：根据国家统计局数据绘制。

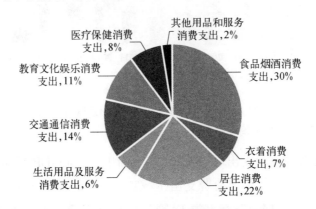

图 1-26　2016 年前三季度居民消费支出构成

资料来源：根据国家统计局数据绘制。

　　居民食品烟酒消费支出表现出明显的季节性特征。其中,第一季度支出最多,第三季度支出最少。2016 年前三季度,我国居民人均食品烟酒消费支出累计 3 663.6 元,占比 29.9%。近年来,居民用于食品烟酒消费的支出在消费支出中的比重有所下降,最高的第一季度由 2013 年的33.2%下降至 2016 年的 30.9%,最低的第三季度由 2013 年的 30.3%下降至 2016 年的 29.9%。年度食品烟酒消费支出由 2013 年的 31.2%下降至 2015 年的 30.6%(见图 1-27)。

　　居民居住消费支出表现出明显的季节性特征。其中,第一季度支出

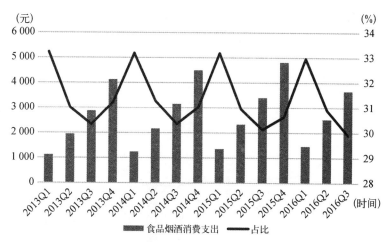

图1-27 2013～2016年居民食品烟酒消费支出及占比

资料来源：根据国家统计局数据绘制。

最少,第四季度支出最多。2016年前三季度,我国居民人均居住消费支出累计2 675.6元,占比21.8%。近年来,居民用于居住的支出在消费支出中的比重有所下降,最低的第一季度由2013年的20.6%下降至2016年的20.2%,最高的第四季度由2013年的22.7%下降至2015年的21.8%。2016年以来,居民居住消费支出所占比例有所上升,2016年前三季度用于居住的消费支比上年同期增加了0.14个百分点(见图1-28)。

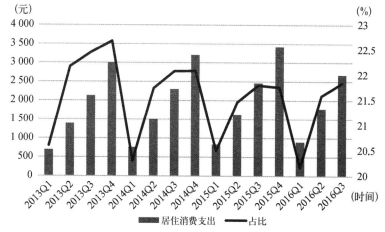

图1-28 2013～2016年居民居住消费支出及占比

资料来源：根据国家统计局数据绘制。

5. 居民可支配收入增速放缓,受企业经营情况影响大

在消费能力方面,居民可支配收入增长率不断下降。2015 年,居民人均可支配收入 21 966 元,同比增长 7.4%。2016 年前三季度,居民人均可支配收入 17 735.4 元,同比增速 6.3%,低于 GDP 增速(见图 1-29)。

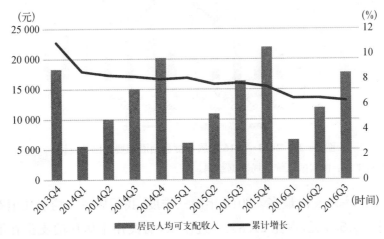

图 1-29　2013～2016 年居民人均可支配收入及增速

资料来源:根据国家统计局数据绘制。

在居民收入构成中,工资性收入占绝大部分,其次是经营性收入和转移净收入,财产性收入最少。2015 年,居民工资性收入为 12 459 元,占可支配收入的 57%;经营净收入为 3 955.6 元,占比 18%;转移净收入为 3 812 元,占比 17%;财产性收入为 1 748 元,占比 8%。2016 年前三季度,四种类型的可支配收入分别为 10 128 元、3 029 元、3 158 元和 1 421 元,分别占比 57%、167%、18% 和 8%(见图 1-30)。其中,财产性收入占比逐渐上升,由 2013 年末的 7.7% 逐渐上升至 2016 年上半年的 8.1%;经营性收入占比呈现季节性特征,总体呈下降趋势,占比最高的一季度由 2013 年的 18.82% 下降至 2016 年的 18.23%,占比最低的二季度由 2013 年的 17.68% 下降至 2016 年的 16.82%;工资性收入也呈现季节性特征,总体占比稳定;转移性收入也具有季节性特征,总体占比上升,最低的一季度由 2013 年的 15.9% 上升至 2016 年的 16.8%,最高的三季度由 2013 年的 16.9% 上升至 2015 年的 17.5%。

工资性收入和经营净收入占居民可支配收入的 75% 以上,这两部分的收入状况受企业经营状况的影响较大。在企业经营状况不佳的情况

下,这两部分收入增长缓慢。同时,在我国居民财产构成中,房地产占绝大部分,其次为储蓄,金融资产所占比例最小。虽然房地产价格上升,但其中转化为居民可支配收入的比重较小。另外,由于财产性收入占居民可支配收入比重低,因此其增长不足以弥补可支配收入增速的放缓。

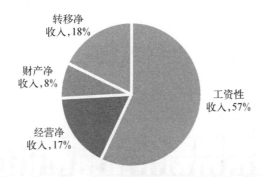

图 1－30　2016 年前三季度居民人均可支配收入构成

资料来源:根据国家统计局数据绘制。

6. 房地产挤占居民消费和投资,居民杠杆率快速上升,储蓄率有所下降

在居民可支配收入中,用于消费的支出占比总体呈下降趋势。2015年,居民可支配收入 21 966 元,其中:用于消费的支出 15 712 元,占比71.5%,比上年同期减少 0.33 个百分点,比 2013 年减少 0.7 个百分点。截至 2016 年三季度,情况与 2015 年基本持平(见图 1－31)。

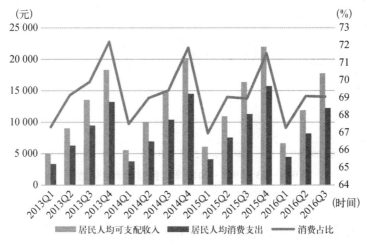

图 1－31　居民可支配收入与消费支出

资料来源:根据国家统计局数据绘制。

　　减少的居民消费部分并没有用于储蓄。2014～2016 年,金融机构存款的居民账户新增存款并无显著增加趋势;相反,居民贷款每月均增加,且 2016 年以来,月度新增贷款额高于 2015 年同期。截至 2016 年 9 月,居民累计新增贷款 47 200 亿元,远高于 2015 年 1～9 月的 30 000 亿元(见图 1 - 32)。

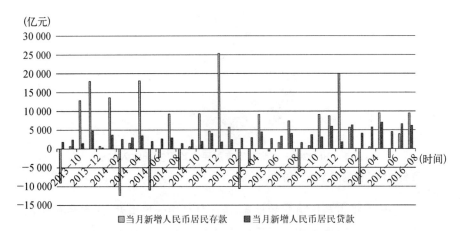

图 1 - 32　金融机构月度新增人民币存贷额

资料来源:根据万德数据绘制。

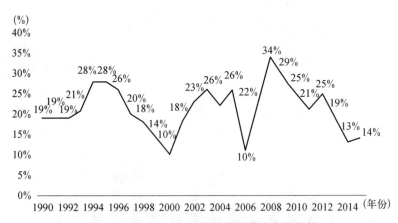

图 1 - 33　1990～2015 年居民储蓄率变化趋势

资料来源:中商产业研究院。

　　个人住房贷款的快速增加是居民贷款持续增长的主要原因。在新增的贷款中,个人住房贷款数额不断增加,占居民贷款的比重不断上升。2015 年,居民新增贷款总额为 38 700 亿元,比上年同期增长了 17.6%,

其中：新增个人住房贷款 26 600 亿元，比上年同期增长了 54.7％，占个人新增总贷款额的 68.73％，比上年增加了 16.45 个百分点。2016 年，居民贷款大幅增长，前三季度居民新增贷款总额为 47 200 亿元，其中：新增个人住房贷款 37 500 亿元，占个人新增总贷款额的 79.5％。新增贷款总额和新增个人住房贷款分别为 2015 年前三季度的 1.57 倍和 1.95 倍，达到了 2015 年全年的 1.22 倍和 1.41 倍。同时，个人购房贷款余额快速增长，同比增速由 2014 年的 17.5％ 不断上升至 2016 年第三季度的33.4％。个人平均房贷余额也在快速增长（见图 1－34）。此外，近年来，我国房贷余额/可支配收入以及房贷余额/GDP 的比重呈陡峭上升趋势，其中：房贷余额/可支配收入在 2014 年已经超过美国，预计到 2016 年可

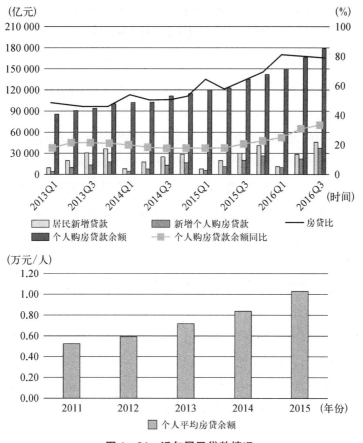

图 1－34　近年居民贷款情况

资料来源：根据万德数据计算、绘制。

能达到 90%①,居民购房杠杆达到极限(见图 1 - 35)

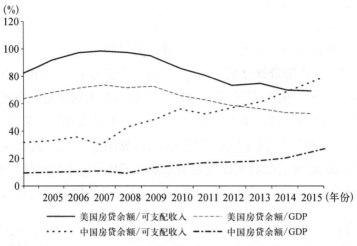

图 1 - 35 中美个人住房杠杆比较

资料来源:大朴资产。

从房屋购置情况看,2016 年以来,购房支出迅速增长,同比增速达到 40% 以上。2015 年,我国商品住宅成交总额为 87 280.84 亿元,人均购房支出 5 306 元,同比增长 16%,占人均可支配收入的 24.2%。截至 2016 年三季度,我国商品住宅成交总额为 68 611 亿元,人均购房支出 4 985 元,高于 2015 年同期近 1 500 元,占居民可支配收入的比达到 28.1%,高于 2015 年同期 5 个百分点(见图 1 - 36)。考虑到购房支出的季节性特点,预计 2016 年末,其占居民可支配收入的比将继续上升。

从上述数据可以看出,虽然居民可支配收入增加,但并没有将相应的收入用于增加消费和储蓄;相反,消费在居民可支配收入的比重呈下降趋势。居民可支配收入的增长主要用于购置房地产,消耗了未来的可支配收入。总体而言,由于房地产价格的快速上升和居民对于住房的刚性需求,住宅挤出了部分居民消费和储蓄。东方证券研究所的相关研究表明,住宅价格与居民的消费倾向呈反比,随着房价的上涨,居民消费倾向大大降低(见图 1 - 37)。

① 数据由大朴资产估算。

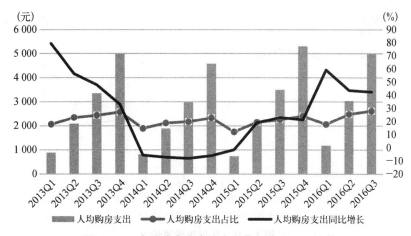

图 1-36 人均购房支出及占可支配收入比重趋势

注：数据仅包括商品住宅。

资料来源：根据国家统计局数据计算、绘制。

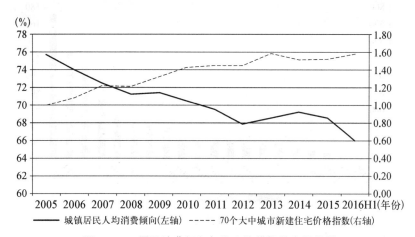

图 1-37 居民消费倾向与住宅价格指数变化趋势

资料来源：东方证券研究所。

7. 海外购物占比持续提升,部分消费需求外溢

由于国内消费品的供给能力和供给水平有限,海外消费快速增长。2015 年中国出境游客达到 1.2 亿人次,比上年增长 10%。光大证券研究所相关数据显示,2014 年,境外旅游消费支出达到 1 700 亿元,且保持在 40% 左右的高速增长(见图 1-38、图 1-39)。

出国旅游和留学兴起促发了代购热;居民对国外安全、性价比高、质量好的产品的认同带动了我国居民对海外商品的大量需求;电子商务的发展

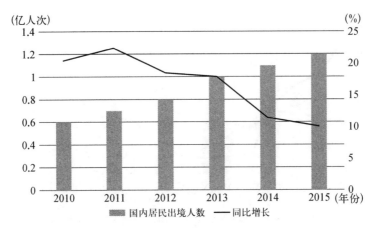

图 1-38 居民出境游情况

资料来源：中国旅游局。

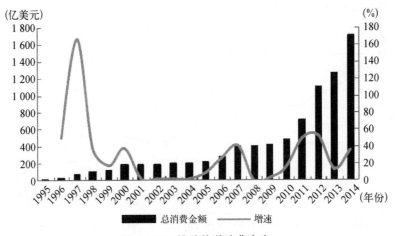

图 1-39 境外旅游消费支出

资料来源：光大证券研究所。

大大提高了居民消费国外商品的欲望，进口电商快速发展。2015 年，我国进口电商交易额达 9 000 亿元，同比增速高达 38.5%（见图 1-40）。

总体而言，我国消费增长的压力依然较大。首先，消费支出中居民消费占绝大部分，且维持较高增速，然而人均消费的增长远低于居民总体消费增速，相差 4 个百分点，因此人口增长是消费增长的一个重要原因。但随着人口增速的逐步放缓，消费增速将进一步滑落，消费的增长空间受限。其次，从消费结构看，食、住、行、衣等必需消费品占消费的绝大部分，消费构成和消费模式未根本性改变，总体消费需求有限。再次，从消费能

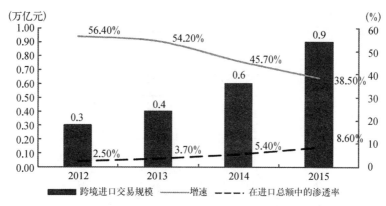

图 1 - 40 近年进口电商交易趋势

资料来源：光大证券研究所。

力方面看,居民新增贷款不断上升,增速高达 30%,其中属于中长期贷款的个人住房贷款在居民贷款总额中的比重快速上升,达到 80% 左右。而居民可支配收入增速快速下降,同比增速已经低于 GDP 增速,且受企业经营情况影响大,受此影响,居民储蓄和财产性收入增长缓慢。中长期而言,在债务快速增长和收入增速降低的双重影响下,居民消费能力有限。最后,从消费倾向看,由于国内消费品的供给能力和供给水平有限,海外高品质商品更受消费者青睐,海外消费快速增长,挤占国内消费空间。

1.2.2 投资需求总体概况

1. 投资增速放缓,第三产业投资多,第一产业投资增速高

近年来,固定资产投资增速逐年放缓,由 2013 年的 19.6% 下降至 2016 年 8 月份的 8.1%。2016 年以来,下降幅度有所减小,8 月份停止下滑,与 7 月份增速持平。2015 年,全国固定资产投资(不含农户)551 590.04亿元,同比增长 8.1%。2016 年 1~8 月份,全国固定资产投资(不含农户)366 339 亿元,上年同期 27 361.6 亿元,同比增长 8.1%。其中,第三产业固定投资数量最多,1~8 月份累计投资 211 067.59 亿元,占固定资产投资总额的 57.6%;第二产业次之,投资总额为 143 858.93 亿元,占比 39.3%。从增速看,第一产业增长最快,同比增速高达 21.5%,但与上年相比有所下降,第三产业增速最慢,8 月累计同比增速为 3%,远低于上年同期的 8.5%(见图 1 - 41)。

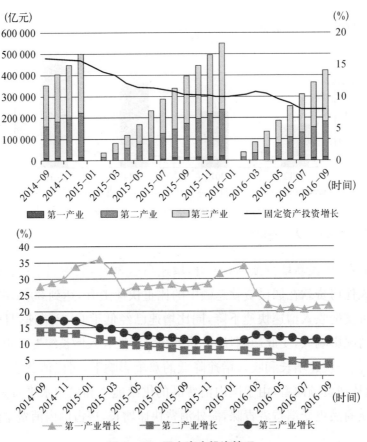

图 1‑41　固定资产投资情况

资料来源：根据国家统计局数据绘制。

2. 从行业看，基建和房地产投资强力托底，是经济企稳的重要原因

在各个行业中，制造业、基础设施建设投资（包括交通运输、仓储和邮政，电力、燃气及水的生产和供应业，水利、环境和公共设施管理业）以及房地产业固定资产投资额数额较大。2016 年 1～9 月，三大行业累计投资完成额分别为 135 250 亿元、107 375 亿元和 98 423 亿元，占固定资产投资总额的比分别为 31.68％、25.51％和 23.05％，三者合计占固定资产投资总额的比重达 80％（见图 1‑42、图 1‑43）。

2016 年，固定资产投资总体增速回暖主要受基础设施投资和房地产投资迅速增长的影响。在主要行业中，受上游行业产能过剩调整的影响，制造业固定资产投资增速继续下滑，回落幅度较大；第三季度开始增速停止下滑，但投资需求无明显改善。截至 2016 年 9 月，制造业

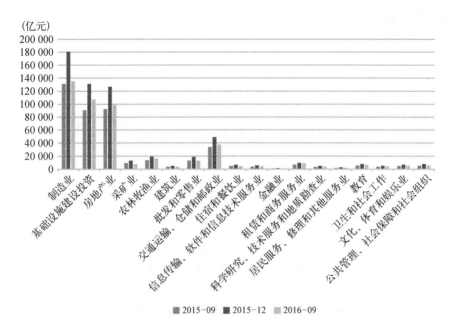

图 1‑42　分行业固定资产投资(不含农户)累计值

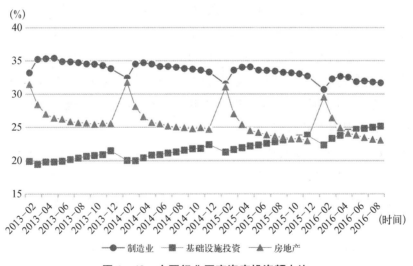

图 1‑43　主要行业固定资产投资额占比

资料来源:根据国家统计局数据绘制。

投资累计投资增长 3.1%,增速较上年同期回落 5.2 个百分点。房地产投资 2016 年第一季度大幅回暖,由 2015 年底的 2.5%迅速增长至 2016 年一季度末的 8.2%,随后增速放缓,降至 9 月的 6.3%。受益于宽松的货币政策和其他政策支持,基础设施投资继续维持较快水平的增长,且增速高于 2015 年。截至 2016 年 9 月份,基建投资累计增长 17.95%(见图 1-44)。

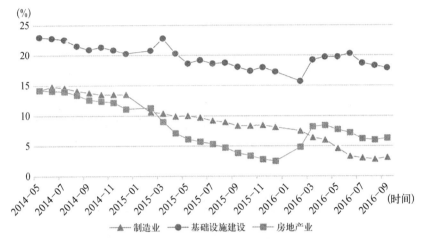

图 1-44　主要行业固定资产投资(不含农户)累计同比增速
资料来源:根据国家统计局数据绘制。

在投资需求中,房地产和基建强力托底。除房地产外,消费的需求并没有反映到相应行业的产业投资需求上。考虑到土地因素的制约以及国家对房地产业的宏观调控,房地产投资增速有限。同时,由于财政收支矛盾并未减轻,财政赤字无明显改善,加之基建投资收益率也在逐渐下降,高速增长无法长期维持,2016 年下半年,基建投资增速开始下降。投资需求并未出现根本性改善。

3. 制造业中装备制造类、矿物冶炼和制品类、石化类固定资产投资比重大,食品类以及服装服饰鞋帽类固定资产投资增速较高

在制造业分大类行业中,装备制造类(包括通用设备制造业、专用设备制造业、汽车制造业、铁路船舶航空航天和其他运输设备制造业、电气机械及器材制造业、计算机通信和其他电子设备制造业、仪器仪表制造业)固定资产投资比重最高,在制造业中所占投资比重基本在 35%~40%,较为稳定,2016 年前三季度占比 34.57%。其次为矿物冶炼和制品业(包括非金属矿物制品业、黑色金属冶炼及压延加工业、有色金属冶炼及压延加工业、金属制品业)和石化医药类(石油加工炼焦及核燃料加工业、化学原料及化学制品制造业、医药制造业、化学纤维制造业、橡胶和塑料制品业),两者占比呈下降趋势,2016 年前三季度占比分别为 19.56%

和17.05%,分别低于上年同期0.6个和0.3个百分点。而占比较低的食品类(包括农副食品加工业、食品制造业、酒饮料和精制茶制造业、烟草制品业,2016年前三季度占比为11.59%)和服饰鞋帽类(包括纺织业、纺织服装服饰业、皮革毛皮羽毛及其制品和制鞋业,2016年前三季度占比为7.26%)的占比则逐年上升(见图1-45)。

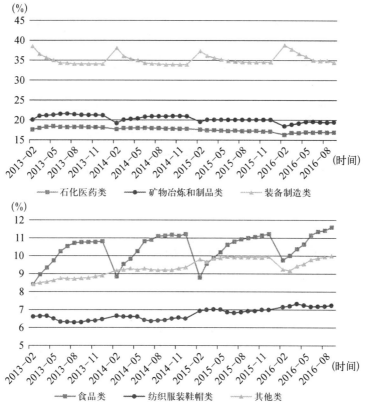

图1-45　制造业各大类行业固定资产投资占比

资料来源:根据国家统计局数据计算、绘制。

从固定资产投资增速看,各类制造业投资增速均出现不同程度的下滑。2016年,食品类和服装服饰鞋帽类固定资产投资增速较高,保持在7%以上,而其他行业增速降幅较大、增速较低。截至2016年第三季度,食品类、服装服饰鞋帽类固定资产投资增速分别为8.5%和7.4%,石化医药类、矿物冶炼和制品类、装备制造类固定资产投资增速分别为1.3%、0.1%和3%(见图1-46)。

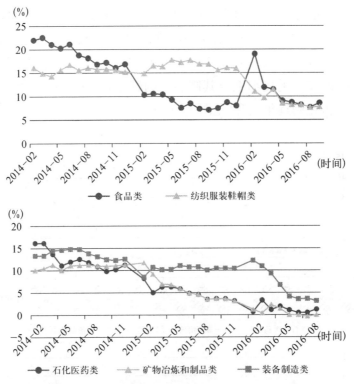

图 1-46　制造业各大类行业固定资产投资名义增速

资料来源：根据国家统计局数据计算、绘制。

4. 民间投资占比较高，但增速大幅下降

分类型看，我国投资以民间投资[①]为主，2015 年以来，民间投资占比不断下降。2015 年二季度开始，民间固定资产投资占比缓慢下滑，进入 2016 年之后，下滑速度有所加快，出现断崖式下滑。截至 2016 年 9 月，我国民间固定资产投资比重由 2015 年 5 月的 65.3％下降至 61.36％，下降了近 4 个百分点。从增速看，民间投资增速低，非民间投资增速高。近年来，民间投资增速不断下滑，且下滑幅度增大，2016 年总体增速远低于上年同期，1～9 月，民间固定资产投资累计增速为 2.47％，比 2015 年同期下降了 8 个百分点。相反，国有及国有控股企业的固定资产投资增速大幅上升，由 2015 年的 10.9％迅速上升至 2016 年 9 月的 21.1％（见图 1-47）。

分行业看，除教育业外，各行业民间投资增速均出现了较大幅度下滑。

① 民间固定资产投资是指具有集体、私营、个人性质的内资企事业单位以及由其控股（包括绝对控股和相对控股）的企业单位在我国境内建造或购置固定资产的投资。

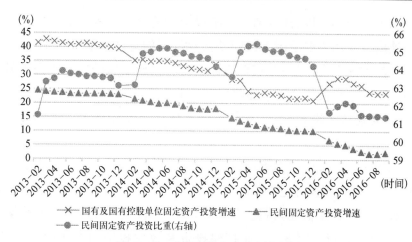

图1-47　分类型固定资产投资增速

资料来源：根据国家统计局数据绘制。

其中,占比较大的几个行业中,制造业2016年1~9月份固定资产投资同比增长2.52%,比上年同期下降了6.82个百分点;交通运输仓储和邮政、水利环境和公共设施管理业增长率出现较大幅度下滑,2016年9月增速分别为−0.42%和5.15%,比上年同期均下降了约25个百分点;农业、电热燃气和水的生产和供应业投资增速也分别由2015年的32.76%和33.35%下滑至2016年9月的16.36%和18.23%;此外,采矿业、建筑业和公共管理社会保障和服务业的固定资产投资为负增长状态(见图1-48)。

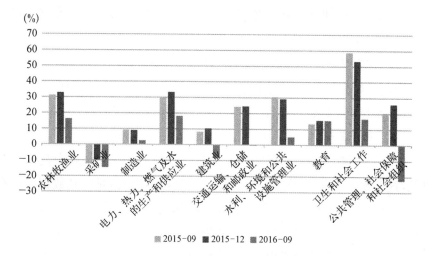

图1-48　民间固定资产投资分行业增速

资料来源：根据国家统计局数据绘制。

从上述数据可以看出,国有资本投资增速增长是固定资产投资增速下滑速度变缓的主要原因。民间整体对经济的总体预期仍然不高,投资增速仍然加速下滑,保持在较低水平。随着基础设施的完善以及财政约束,预计 2016 年投资增速总体将保持较低水平。

5. 新建以及建筑安装工程固定资产投资占比高,粗放式增长方式未扭转

从固定资产投资的性质构成看,固定资产投资以新建为主,其占比在 50% 以上。近年来,新建投资占比进一步上升。2015 年,全国新建固定资产投资 284 980 亿元,占比 51.7%。2016 年 1～9 月,新建投资累计 229 503 亿元,占比 53.8%。而扩建投资和改建投资均在 10%～15%。从增速看,新建增速最高,增速在 10% 以上。2016 年,新建增速略高于上年同期,但同比增速不断下降,由 2 月的 16.5% 下降至 9 月的 11.9%。扩建增速最低,2016 年,扩建增速远低于上年同期,在 5% 以下,但同比增速有所回升,由 2 月的 −1.8% 回暖至 9 月的 3.1%。2016 年,改建投资增速在 5%～10%,远低于上年同期增速,且增长率不断下降,由 2 月的 11.1% 下降至 9 月的 6.6%(见图 1 - 49)。

从固定资产投资的分类别构成看,固定资产投资以建筑安装工程为主,其占比在 60% 以上。近年来,建筑安装工程占比进一步上升。2015 年,全国建筑安装工程固定资产投资 379 728.39 亿元,占比 68.8%。2016 年 1～9 月,建筑安装工程投资累计 300 975 亿元,占比 70.5%;设备工器具投资在 15%～20%。从增速看,其他费用增速最高,增速在 10% 以上。建筑安装工程增速同样较高,基本在 10% 以上,2016 年,其增速先增后降,整体低于 2015 年同期,最高为 4 月的 11.8%,最低为 8 月的 9.5%。2016 年以来,设备工器具增速出现较大幅度下滑,由 2015 年的 10.2% 快速下降至 2016 年 9 月的 1.2%(见图 1 - 50)。

2016 年,我国投资需求主要以新建为主,改建占比低,其中技改比例更低,这表明依靠增量增长的发展模式没有根本改变,对于基数庞大的存量没有进行大规模改造,落后产能没有得到技术性改善。同时,从分类别构成看,投资中以传统劳动与资本密集的建筑安装工程为主,而技术与知识密集的设备工器具投资少,且增速快速下滑,投资结构与增长方式未发生根本性改善,仍然以大量的资源投入为主,未实现粗放型增长的转型。

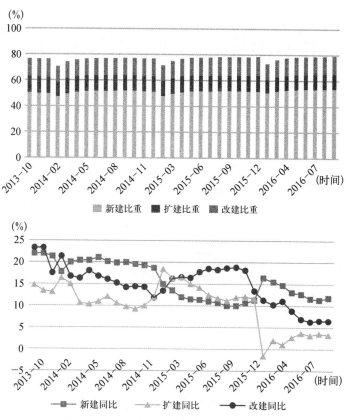

图 1-49　固定资产投资分性质构成情况

资料来源：根据国家统计局数据绘制。

1.2.3　进出口需求总体概况

1. 国际需求萎缩,出口仍然负增长

近年来,我国出口持续负增长。2015年,我国出口22 749亿美元,同比下降2.94%。2016年前三季度,累计出口15 370亿美元,低于上年同期。2月份增速迅速下降至-19.6%,之后出口降幅有所收窄,但仍维持负增长状态,同比下降7.5%(见图1-51)。总体而言,我国出口形势无根本好转,前景并不明朗。

分地区看,我国主要出口地区为美国、欧盟、日本和中国香港,各地出口情况出现分化。2015年,我国出口美国4 095亿美元,占出口总额的18%,同比增长3.4%;出口欧盟3 559亿美元,占出口总额的16%,同比下降4%;出口日本1 357亿美元,占出口总额的6%,同比下降9.2%;出

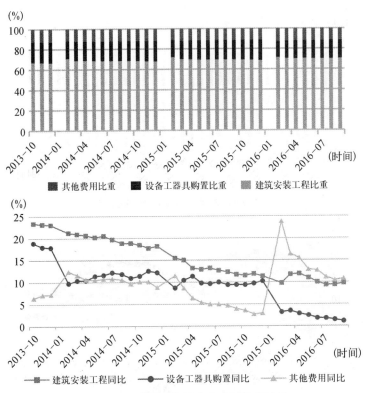

图 1－50　固定资产投资分类别构成情况

资料来源：根据国家统计局数据绘制。

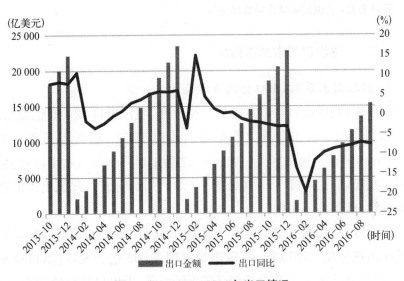

图 1－51　2013～2016 年出口情况

资料来源：根据国家统计局数据绘制。

口中国香港 3 308 亿美元,占出口总额的 15%,同比下降 8.9%。2016 年前三季度,对美国出口的增长率与上年同期相比大幅下降,日本和中国香港小幅上升,欧盟基本持平;美国、欧盟、日本、中国香港四个地区的出口占比和同比增速分别为 18%、16%、6%、13% 和 - 7.8%、- 4.3%、-5.5%、-7.7%(见图 1 - 52)。

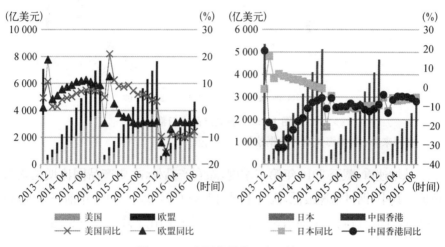

图 1 - 52　主要贸易地区出口情况

资料来源:根据海关总署数据绘制。

2016 年上半年,美国、欧盟、日本和中国香港制造业 PMI 指数分别为 53.2、48.1、52.8 和 45.4,第三季度末为 51.50、50.40、52.60、49.30,始终在 50 上下浮动,景气指数集体走弱。这表明外部需求增长依然有限,外需乏力使得出口持续疲软。人民币贬值在一定程度上有利于提升出口水平,但由于全球范围内需求总体疲弱和发达国家的进口依赖度下降,加之我国产品出口竞争力总体处于下降趋势,出口增速整体难改疲弱态势。

2. 机电产品、传统劳动密集型产品仍为出口主力

从产品看,我国出口产品以农产品、纺织品、服装、鞋类、钢材、电话、自动数据处理设备、塑料、集成电路、高新技术和机电等产品为主。这些产品中,除集成电路、电话、自动数据处理设备外,其他产品均为传统劳动密集或资源密集型产品。2016 年前三季度,我国共出口高新技术产品 4 252 亿美元,占出口总额的比重为 27.7%;出口机电产品 8 759 亿元,占出口总额的 57%(见图 1 - 53)。

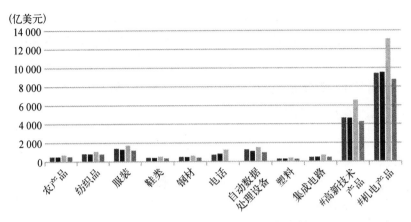

图 1 - 53　主要产品出口额

资料来源：根据海关总署数据绘制。

从增速看,截至 2016 年第三季度,除农产品外,主要产品同比增长均为负值。其中,钢材增速最低,比上年同期下降了 14.9%。2016 年前三季度,高新技术产品出口同比下降 7.8%;机电产品出口同比下降 7.6%(见图 1 - 54)。

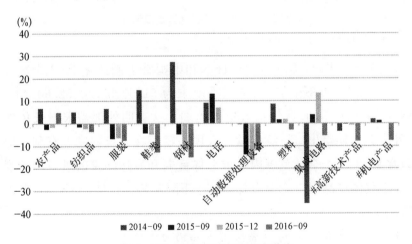

图 1 - 54　主要出口产品同比增速

资料来源：根据海关总署数据绘制。

3. 进口有所好转,但未来很难持续走高

近年来,我国进口同样持续负增长。2015 年,我国进口 16 795 亿美元,同比下降 14.27%。2016 年前三季度,累计进口 11 406 亿美元,低于上年同期。2016 年以来,进口增速开始回升,由 1 月份的 -19.5% 回暖至三季度末的－8.2%(见图 1－55)。然而,受国内经济形势的影响,我国进口形势难以在短期内根本好转。

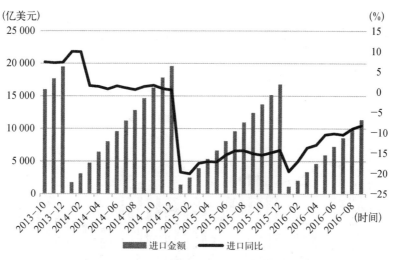

图 1－55　2013～2016 年进口情况

资料来源:根据国家统计局数据绘制。

分地区看,我国主要进口地区为美国、欧盟、日本和韩国。2015 年,从我国美国进口 1 487 亿美元,占进口总额的 8.9%,同比下降 6.5%;从欧盟进口 2 089 亿美元,占进口总额的 12.4%,同比下降 14.5%;从日本进口 1 430 亿美元,占进口总额的 8.5%,同比下降 12.2%;从韩国进口 1 745 亿美元,占进口总额的 10.4%,同比下降 8.2%。2016 年前三季度,从美国和韩国进口的增长率与上年同期相比小幅下降,从日本和欧盟地区小幅上升。2016 年 2 月份之后,主要进口国家的增速均有所回升,截至第三季度,美、欧、日、韩的进口同比增速分别为－12.9%、－2.2%、－1.2%、－9.5%(见图 1－56)。

2016 年以来,大宗商品价格、基建和地产增速较好,上游企业出现补库存行为,这些因素共同推动进口数据的持续好转。然而,随着基建投资已出现回落,工业投资和增长持续下行,未来内需很难有进一步走高的空间,进口的负增长状态将持续。

4. 进口产品以原料产品和机电产品为主

从产品来看,我国进口产品以农产品、工业原材料、汽车、飞机、高新技术和机电等产品为主,进口结构中原材料和高技术产品占很大比例。2016

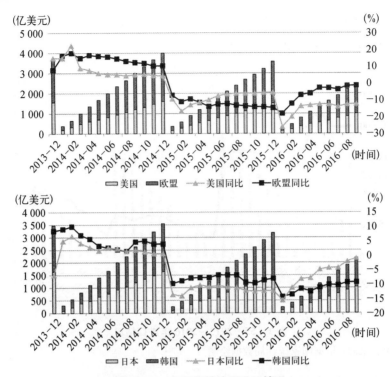

图 1-56　主要贸易地区进口情况

资料来源：根据海关总署数据绘制。

年前三季度，我国共进口高新技术产品 3 752 亿美元，占进口总额的 32.9％；进口机电产品 5 552 亿元，占进口总额的 48.7％（见图 1-57）。

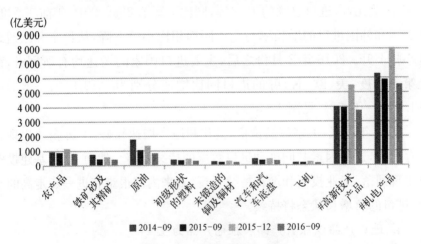

图 1-57　主要产品进口额

资料来源：根据海关总署数据绘制。

从增速看,截至 2016 年第三季度,主要产品同比增长均为负值。其中,原油增速最低,比上年同期下降了 41.1%。2016 年前三季度,高新技术产品出口同比下降了 4.7%,机电产品出口同比下降了 5.2%(见图 1-58)。

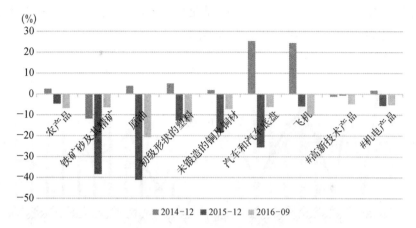

图 1-58　主要产品进口增速

资料来源:根据海关总署数据绘制。

对比我国进出口情况,进口增速低于出口增速,反映出我国经济增长总体乏力。从产品来看,农产品和原材料国内供给不足,依赖国际市场补充,而纺织服装为净出口。高新技术产品和机电产品进出口双高说明我国高新技术产品和机电产品主要以加工为主,尤其是高新技术产品,进口金额与出口金额的比重为 0.88。这说明在全球分工体系中,我国对于资源的掌控处于不利地位,劳动密集型产品具有比较优势,总体上处在价值链环节中的低端环节。

1.3　产业供给总体概况

1.3.1　消费品产业供给总体概况

1. 农产品产量增长缓慢,供给不足

从主要农产品产量来看,我国粮食作物总产量高于经济作物总产量,粮食作物中谷物总产量最高,经济作物中糖料总产量最高,棉花产量最低。2015 年全年粮食产量 62 144 万吨,比上年增长 2.4%,其中,谷物产量 57 225 万吨,比上年增产 2.7%;棉花产量 561 万吨,比上年减产 9.3%;油料产量 3 547 万吨,增产 1.1%;糖料产量 12 529 万吨,减产 6.2%。2010 年以前,主要农产品增长率波动幅度较大。2011 年开始,粮食、糖料增长率在 0%~3% 浮动,棉花增长率逐年下降,由 2011 年的 10.7% 下降至 2015 年的 -9.3%(见图 1-59)。

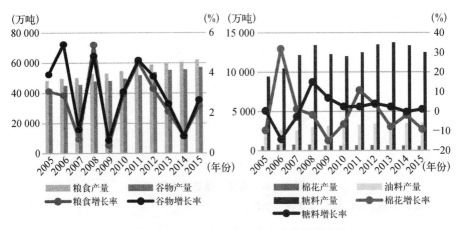

图 1-59　2005～2015 年主要农产品产量及增长率

资料来源:根据国家统计局数据计算、绘制。

近年来,我国农产品以净进口为主,尤其是粮食。然而,由于总体经济不振,进出口呈双降态势。2016 年前三季度,农产品进出口总额分别为 821 亿美元和 522 亿美元。净进口 299 亿美元,其中,鲜、干水果及坚果进口 311 万吨,同比减少 9.4%,进口金额 44 亿美元,同比减少 8.5%;谷物及谷物粉共进口 1 811 万吨,同比减少 30.6%,进口额 46 亿美元,同比减少 38.2%。

　2. *房地产持续扩大供给,占用较多产业发展资本*

在房地产供给方面,受到资源的约束,房地产土地供给持续减少,近几年一直持续负增长,2016 年,增长率较上年有所提高,但截至第三季度末仍保持在 -6.1% 的负增长。而房地产土地成交价款增速始终高于土地面积增长,2016 年,其增速由负转正,9 月累计增速高达 13.3%。在量减价增的情况下,土地单位面积价格持续上升,2016 年 9 月,其单价上升至 3 733 元/平方米,比上年同期增长了 20.7%。土地成本的快速上升并没有导致房地产供给的减少;相反,2016 年以来,房地产投资增速总体呈上升趋势。2016 年 1~9 月,房地产新开工施工面积增长 6.8%,竣工面积增长 12.1%,施工面积增长 3.2%,远高于上年同期水平,房地产供给持续扩大(见图 1-60)。

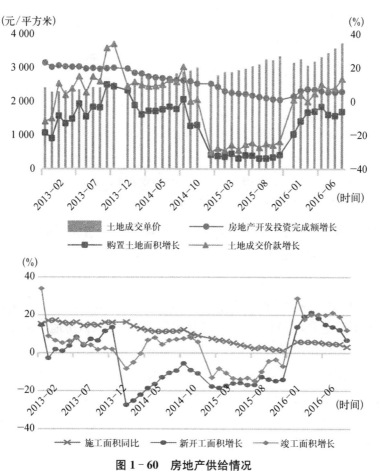

图 1-60 房地产供给情况

资料来源:根据国家统计局数据计算、绘制。

2015 年以来,在需求增加和成本上升的双重作用下,商品房销售面积和销售额不断增长,单位售价也不断提高。2015 年,商品房销售单价平均 6 793 元/平方米,全国商品房销售面积同比增长 6.5%,销售额同比增长 14.4%。2016 年,房价、销售面积和销售额增速大幅增加。截至第三季度末,商品房销售单价平均 7 625.5 元/平方米,同比增长 11.4%;全国商品房销售面积同比增长 26.9%,比上年同期增加了 19.4 个百分点;销售额同比增长 41.3%,比上年同期增加了 26 个百分点(见图 1-61)。

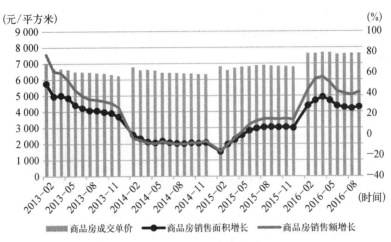

图 1 - 61　房地产销售情况

资料来源：根据国家统计局数据计算、绘制。

2016 年 1～9 月，房地产业固定资产投资总额占全国固定资产投资额的 23%。房地产的片面发展壮大不利于我国产业供给体系的发展和优化。首先，房地产产业成本和投资规模的快速上升占用了较大的产业资本，不利于实体产业的发展。其次，房地产价格的持续上升导致企业经营成本不断上升，不利于企业经营状况的改善。最后，房地产价格的过快上涨增加了居民居住成本，挤占了居民其他方面的消费支出，并增加了居民的中长期负债，实体企业的需求增长受阻，不利于企业的发展。

3. 工业消费品中低端产品竞争激烈，高端产品主要依赖进口

(1) 纺织服装。2016 年，我国规模以上纺织服装、服饰业企业数第二季度出现大幅下降，之后缓慢增长。2016 年 2～3 季度，纺织服装服饰业利润总额和主营业务增长率呈下降趋势，而成本增长率持平，导致销售利润由 2016 年 2 月的 6.06% 下降至 9 月的 5.33%。企业经营情况持续恶化（见图 1 - 62）。

总体而言，我国服装纺织行业处于供过于求的状态，随着行业需求进入低速增长，内部竞争进一步加剧，企业利润空间压缩。我国纺织服装行业整体呈"橄榄型"，产业链上下游之间的供需情况不完全匹配。具体来说，印染、纺织等中间环节产能严重过剩。我国印染、纺织企业多是由家庭式小作坊发展而来，行业规范化水平低，大多为简单的流水线加工，增值服务少，因而产出多为低端产品，在市场上缺乏竞争力。

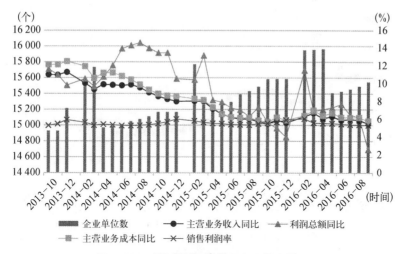

图1-62　纺织服装、服饰业企业基本情况

资料来源:根据国家统计局数据绘制。

在国际市场上,我国服装纺织行业主要以低成本劳动力减低成本,获取价格优势,打开国际市场。据海关统计,2015年,我国纺织品服装累计贸易额3 095.1亿美元,下降4.8%,其中:出口2 839亿美元,下降4.9%;进口256.1亿美元,下降3.5%。累计贸易顺差2 582.9亿美元,下降5%。在产品结构中,我国纺织服装出口产品多为低端产品和再加工品,产品附加值低、利润率低。在全球需求低迷的大背景下,欧美发达国家的传统优势与印度、越南等新兴国家的快速发展,使得纺织服装行业的国际竞争更加激烈。我国纺织服装行业竞争力下降,而自主创新能力低、品牌效益弱是造成竞争力削弱的主要原因。在低端竞争激烈的同时,高端服装以及高端面料则主要依赖进口。海关资料显示,我国年均消耗服装面料超过250亿米,共进口各类面料50亿米左右,进口数量在20%左右,但金额占据30%~40%,以档次较高的化纤制品和毛制品为主。

(2)食品。2016年,我国规模以上食品制造业企业数总体高于2015年,但在第二季度出现大幅下降,之后缓慢增长。2016年2~3季度,食品制造业企业成本增长率上升,而收入同比基本稳定,导致利润总额增长率快速下降,销售利润由2016年2月的8.84%下降至9月的8.34%(见图1-63)。

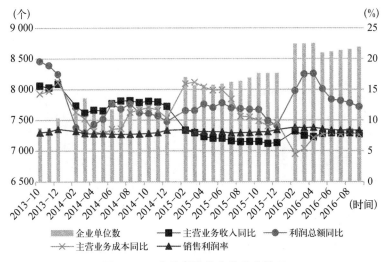

图 1-63　食品制造业企业基本情况

资料来源：根据国家统计局数据绘制。

随着我国国民收入快速增长，人们生活水平普遍提高，对食品的要求不断提高。然而，在我国食品安全事件频发，农药、过期、劣质、掺假、非法添加剂等问题让广大群众饱受食品质量之苦，我国对于国内供应的食品满意度和信任度不断下降。在这种情况下，进口食品越来越受到消费者青睐。

近年来，我国食品进口额持续增长，2015 年为 505 亿美元，比上年增长 36.73 亿美元（见图 1-64）。来自欧美、韩国、日本、东南亚及我国港澳台地区等 100 多个国家和地区的健康进口食品满足了人们日益多样化、

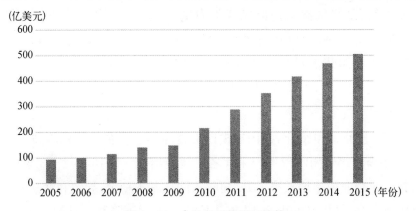

图 1-64　食品及活物进口趋势

资料来源：根据万德数据绘制。

个性化、细分化的食品需求。同时,随着跨境电商的兴起,越来越多的居民选择直接消费国外产品。据易观智库数据显示,食品占据 2014 年进口电商交易总额的 25%,其中绝大部分为奶粉。

(3) 汽车。2015 年,我国生产汽车 2 483 万辆,同比增长 2.7%,汽车制造业增加值同比增加 6.7%。2016 年 1～9 月,我国生产汽车累计 1 971.8 万辆,累计同比增长 12.3%,汽车制造业增加值同比增加 14.6%(见图 1–65)。总体而言,近年来我国汽车增加值增速高于产量同比增速,说明汽车价格和供应质量有所上升。

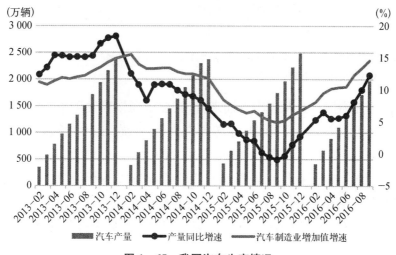

图 1–65　我国汽车生产情况

资料来源：根据万德数据绘制。

然而,我国汽车产业总体供应仍然不足,需要进口补充。2015 年,我国汽车及其零配件进口额 696 亿美元,同比减少 22.2%;出口额 626 亿美元,同比减少 2.4%。净进口 30 亿美元。2016 年 1～9 月,我国汽车及其零配件进口额 512 亿美元,同比减少 3.2%;出口额 504 亿美元,同比减少 5.4%。净进口 8 亿美元,进口增速开始大于出口,净进口金额增加。

除了数量上的不足,我国汽车供应质量也难以满足日益增长的消费需求。我国高端车和汽车的核心零部件,如发动机等依然主要依赖进口。

4. 高端服务供给不足,有效需求难以满足

服务业方面,虽然总体维持较快增长速度,但部分生活性服务业有效供给不足,难以满足人民群众日益增长的服务需求。

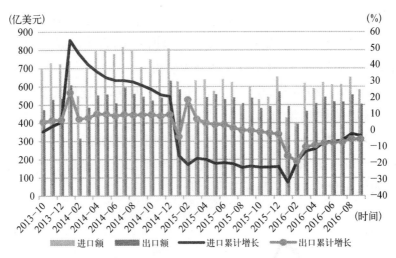

图 1-66　汽车及其配件进出口情况

资料来源：根据万德数据绘制。

（1）旅游服务。从需求方面来看，旅游市场格局发生了结构性变化，国民游和出境游兴起，节假日旅游异常火爆，旅游细分市场如老年游、儿童游、青年游等也逐渐形成规模。从供给方面看，旅游产业边界不断扩大，产业融合持续深化，商业形态与产业组织形式不断创新。然而，旅游业结构和从业人数的增速远远低于旅游业的发展增速（见图 1-67），且发展极不规范，服务水平低，相关政策的制定也滞后于行业发展。

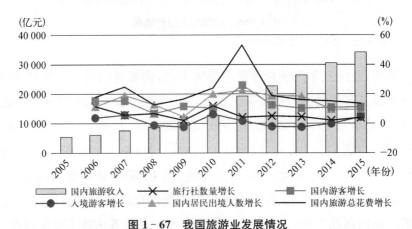

图 1-67　我国旅游业发展情况

资料来源：根据国家统计局数据计算、绘制。

（2）医疗服务。医疗服务业供求矛盾尤其突出，一方面，"看病难"、"看病贵"问题长期得不到解决，医疗资源紧张，医疗体制改革推进缓慢；

另一方面,随着人口老龄化来临和人们生活方式、生活理念的改变,对医疗服务的需求持续增加,供需矛盾在短期内难以解决。

(3) 文化产业。近年来,我国文化产业快速增长。2015 年我国文化产业实现增加值 25 829 亿元,比 2013 年增长 21.0%(未扣除价格因素影响);年平均增长 10.0%,比同期 GDP 现价增速高 2.3 个百分点。文化产业增加值占 GDP 的比重为 3.82%,比 2013 年增加 0.19 个百分点。2016 年 2 月,我国内地票房累计 69.7 亿元(折合 10.49 亿美元),首次超越北美市场(美国+加拿大)的 8 亿美元,成为全球第一票房。

然而,我国文化产业还存在诸多问题。一个突出的问题是总体质量不高。以电影行业为例。2015 年,我国上映电影 358 部,其中,引进片 80 部,占比 22.4%。总票房达 438.63 亿元,其中,引进片票房 169.16 亿元,占比高达 38.6%,平均票房为国产电影的两倍。且在票房最高的 25 部电影中,引进片占比超过一半。

1.3.2 投资品产业供给总体概况

1. 供给侧改革进入实质阶段,去库存成效初显

2016 年,我国供给侧结构改革的成效开始逐步显现,企业产销率停止下滑,库存增长率持续下降。2012 年以来,我国工业企业产销率持续降低,2015～2016 年,产销率波动幅度减小。2016 年以来,产销率基本与上年同期持平,虽然产销率仍保持在较低水平,但下滑趋势得到缓解。截至 8 月份,2016 年累计产销率为 97.5%,与上年同期一致。与此同时,2014 年以来,工业企业库存增长率持续降低。2016 前 7 个月均保持负增长状态,工业企业库存逐渐减少。下半年,随着经济总体形势的回暖,企业库存增长缓慢增长,同比增长由 6 月底的-1%上升至 0.1%,库存总量与上年同期相比基本持平(见图 1-68)。

2. 基础性原材料产业产能过剩依然严重,企业经营状况有所改善

据测算,截至 2015 年底,钢铁、煤炭、水泥、平板玻璃、电解铝五大重点产能过剩行业的产能利用率分别为 66.99%(粗钢)、64.82%(原煤)、73.76%(水泥熟料)、67.99%(平板玻璃)、80.55%(电解铝)。通过对发达国家的经验观察,通常将 79%～83%的产能利用率认定为合理的正常水平区间,超过 90%被认为是产能不足,低于 79%则表示产能过剩,设备

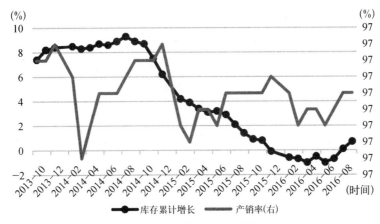

图 1-68　产销率和库存增长率

资料来源：根据国家统计局数据绘制。

利用率低下。目前，煤炭、钢铁、平板玻璃等行业产能严重过剩情况没有根本改变，供给侧结构性改革需要持续发力。

从 2016 年第一季度开始，主要能源、原材料开采加工行业工业企业利润总额累计降幅出现明显收窄，到第二季度，钢铁和有色金属冶炼及压延加工行业利润总额累计同比增速由负转正，煤炭开采洗选业利润增速也在第三季度开始转正（见图 1-69、图 1-70）。但是，这些行业产能过剩严重情况没有根本改变，行业内竞争仍然异常激烈，将抑制这些行业工业企业经营状况改善势头。

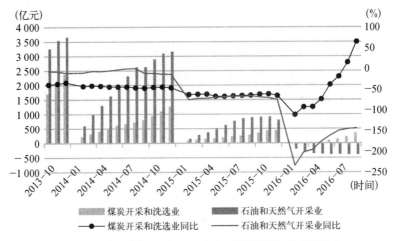

图 1-69　主要能源行业工业企业利润总额累计同比增速

资料来源：根据国家统计局数据绘制。

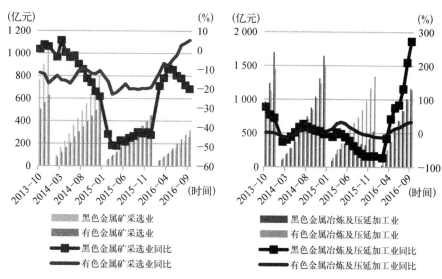

图1-70 主要原材料行业工业企业利润总额累计同比增速

资料来源：根据国家统计局数据绘制。

3. 高端零部件大量依赖进口，自主创新能力薄弱

在投资品方面，我国高端零部件大量依赖进口，自主创新能力薄弱。

(1)轴承。根据中国轴承工业协会的统计，2005～2014年，我国轴承出口量年平均增长10.84%，进口量年平均增长2.01%；出口金额年平均增长15.79%，进口金额年平均增长11.29%。我国进口轴承的附加值明显高于出口产品，2014年我国进口轴承20.1亿套，金额37.7亿美元；出口54.3亿套，金额50.9亿美元(见图1-71、图1-72)。进口的轴承一般都为高端轴承。数据表明，近年来市场对高端轴承的需求量呈增长态势，

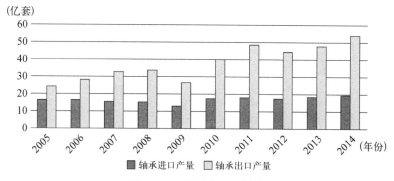

图1-71 轴承进出口数量

资料来源：新材料全球交易网。

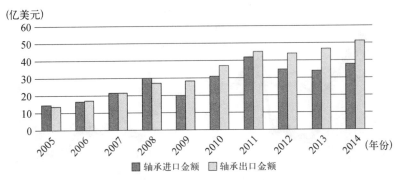

图 1-72　轴承进出口金额

资料来源：新材料全球交易网。

这与我国高端装备与汽车工业快速发展趋势相符。

（2）高端医疗器械。目前我国医疗器械生产厂家有近万家，其中90％以上为中小型企业，市场竞争力相对薄弱。而在高端医疗器械市场，国外产品在大部分市场处于垄断地位，我国本土企业与欧美竞争对手之间仍存在巨大差距，国内医疗器械生产企业的集中度亟待提高。进口占比较多的产品包括彩色超声波诊断仪、注射器、针管等，我国高值耗材市场除了支架类产品实现国产化外，大部分被进口产品垄断，导致高值耗材市场整体价格偏高。我国医疗器械进口情况如图 1-73 所示。

图 1-73　我国医疗器械进口情况

资料来源：根据中国海关数据绘制。

此外，我国高端发动机、高端集成电路、特种钢、高端数控机床等都严重依赖进口。

4. 生产性服务业①较为落后,物流成本较高

在我国的产业体系中,生产性服务业总体较为落后。近年来,各地区先后提出了大力发展生产性服务业的目标。在已经公布的"十三五"规划中,国家以及 29 个省份均提出要发展生产性服务业。2005 年以来,我国生产性服务业规模有所上升,但总体仍维持在较低水平。2005～2007年,生产性服务业占服务业增加值比重从 34.9％增加至 36.3％,2008 年开始下降,降至 2009 年的 34.9％,之后又逐年上升至 2013 年的 37.6％。生产性服务业占 GDP 比重更低,2013 年仅为 17.66％。我国生产性服务业发展水平与发达国家相比有较大差距。相关资料表明,发达国家服务业收入占国民经济总产值的 70％左右,生产性服务业又占服务业收入的70％左右,生产性服务业占 GDP 比重高达 50％。由此可见,2000 年以来,尤其是最近几年,中国服务业快速发展,而这种发展在很大程度上并非依托生产性服务业而是消费性服务业的高速发展。

物流是生产性服务业的重要组成部分。消费与供给的衔接均依靠流通产业的发展,流通产业是产业体系的重要组成部分,其状况如何在很大程度上影响产业体系的运行效率。然而我国物流成本长期偏高。2015年,我国物流成本占国内生产总值的比重高达 16.6％,高于世界平均水平 5 个百分点。中国交通物流综合效率效益不高是物流成本居高不下的主要原因,突出表现在多式联运"瓶颈"制约突出、运输组织环节冗余、标准化集装化水平较低、信息化水平整体不高等,抬升了转运、装卸、组织等物流总体成本。

1.4 本章小结

1.4.1 我国 2016 年产业发展总体状况评价

1. 2016 年以来,我国产业和经济运行的宏观环境没有得到实质性改善

从国际环境看,政治、经济等因素导致的外部环境动荡加剧,经济发

---

① 生产性服务业是指为保持工业生产过程的连续性、促进工业技术进步、产业升级和提高生产效率提供保障服务的服务行业。本研究所指生产性服务业包括交通运输、仓储和邮政业,信息传输、计算机服务和软件业,金融业,租赁和商务服务业,科学研究、技术服务和地质勘查业五大行业。

展的不确定因素增多;全球经济无显著增长,国际贸易持续低迷。国内环境方面,人民币的国际化持续推动我国汇率改革,人民币贬值压力持续增加,这一对外贸易利好因素并没有促进出口的增长,反而加速了国际资本的流出,不利于我国经济增长。货币环境依然宽松,货币供给保持较快增速,然而,M1 和 M2 之间的"剪刀差"不断增加,反映了高企的货币量与低收益率之间的矛盾,货币宽松政策在刺激经济增长方面的作用有限。

2. 从 2016 年二季度开始,国民经济增速停止下滑,初显经济企稳迹象

随着各项宏观政策相继发挥作用以及产业结构调整的深化,2016 年前三季度,我国 GDP 维持在 6.7% 的增速。在三次产业构成中,服务业比重不断上升,2016 年第三季度,服务业占比 52.81%,同比增速 7.6%,同时服务业吸纳就业的比重也不断上升。三次产业产值占比及同比增速的差异,将持续改变我国国民经济的产业结构状况。然而,我国服务业结构并没有显著改善,仍以批发零售业、金融业和房地产业为主,2016 年,传统批发零售业、房地产业增速有所上升,而金融业增速快速下降。供给侧结构改革持续发力,2016 年第三季度,工业增速回升,产业分化持续,传统能源和原材料行业规模压缩,煤炭和钢铁行业盈利情况有所改善,而高新技术产业与新兴产业增长较快,利润增速较高。需求方面,消费对于国民经济的贡献持续增加,2016 年三季度末,占比高达 71%。供给方面,"三去一降一补"为产业结构调整的重要着手点,各地纷纷出台具体措施。

3. 2016 年,消费需求总体维持较快增长,但中长期增长空间受限

2016 年上半年,初步核算的最终消费为 250 028 亿元(不变价)。社会消费品零售总额维持在 10% 以上的增速,但增速持续下降。从产品构成看,汽车类、石油类以及粮油食品类为社会消费的主要产品。从部门构成看,最终消费以居民消费支出为主,增速放缓。在居民消费中,人均消费的增长远低于居民总体消费增速。食、住、行、衣等必需消费品占据居民消费的绝大部分,消费构成和消费模式未根本性改变,总体消费需求有限。从消费能力看,居民可支配收入增速快速下降,已经低于 GDP 增速,而居民新增贷款不断上升,其中,属于中长期贷款的个人住房贷款比重快速上升,居民消费能力受限。从消费偏好看,海外高品质商品更受消费者青睐,海外消费快速增长,挤占国内消费空间。从中长期来看,我国消费

将总体承压。

4. 2016年,投资需求增速持续下滑,三季度的小幅回暖难以持续

近年来,固定资产投资增速逐年放缓,9月累计同比增长8.2%。从三次行业构成看,固定资产投资第三产业投资额最多,第一产业投资增速最高,第二产业投资增速加速下滑。分行业看,受"一带一路"和宏观调控的影响,基建和房地产投资强力托底,是经济企稳的重要原因。除房地产外,消费的需求并没有反映到相应行业的产业投资需求上,投资需求并未出现根本性改善。受国家宏观调控及财政约束,高速增长无法长期维持。从构成部门看,民间投资占比不断下降,2016年出现断崖式下滑。国有资本投资增速增长是固定资产投资增速下滑速度变缓的主要原因,民间整体对经济的总体预期仍然不高,投资增速仍然加速下滑,保持在较低水平。从投资性质和分类构成看,以传统劳动与资本密集的新建以及建筑安装工程固定资产投资为主,粗放式增长方式未扭转,尚未实现内涵式发展。

5. 2016年,进口需求仍然维持负增长状态,对经济增长的促进作用减弱

受国内外经济形势的影响,2016年前三季度,出口同比下降7.5%,进口同比下降8.2%。进口增速低于出口增速,反映我国经济增长总体乏力。从进出口产品结构看,我国出口产品以农产品、纺织品、服装、鞋类、钢材、塑料、高新技术和机电等产品为主,进口产品以农产品、工业原材料、汽车、飞机、高新技术和机电等产品为主。农产品和原材料国内供给不足,依赖国际市场补充,而纺织服装为净出口。高新技术产品和机电产品进出口双高说明我国高新技术产品和机电产品主要以加工为主。在全球分工体系中,我国对于资源的掌控处在不利地位,劳动密集型产品具有比较优势,总体处在价值链中的低端环节。

6. 2016年,我国消费品产业存在一定程度的供需错配,有效供给不足

农产品产量增长缓慢,部分主要农产品出现负增长,供给不足,需要进口补充。房地产持续扩大供给,土地成本和销售价不断上升,投资增速高于上年同期,占用过多产业发展资本,挤占了居民其他方面的消费支出并增加了居民中长期负债,实体企业的需求增长受阻,不利于企业的发

展。工业消费品中低端产品竞争激烈,纺织服装、食品等企业利润率不断下降,高端产品主要依赖进口。汽车供应量、价格和质量有所上升,然而我国汽车产业总体供应仍然不足,尤其是高端汽车,需要进口补充。高端服务同样供给不足,有效需求难以满足。

7. 2016 年,我国投资品产业供给情况有所改善,但产能过剩情况没有根本性转变,竞争力仍然薄弱

供给侧改革的成效开始逐步显现,企业产销率停止下滑,库存增长率持续下降。钢铁和煤炭企业经营状况有所改善,但基础性原材料产业产能过剩依然严重,行业内竞争仍然异常激烈。我国高端零部件大量依赖进口,自主创新能力薄弱。生产性服务业较为落后,物流成本较高。高新技术产业发展迅速,高技术企业规模小,研发投入低,竞争力明显偏弱。

1.4.2 产业发展的问题及原因分析

总体来看,我国现有产业体系并不能很好地满足现有及未来的需求,产业供给的绝对过剩与结构失衡并存。究其原因,可能存在以下几个方面因素:

1. 外部需求疲软

全球经济恢复疲软,缺乏强有力的经济发动机。美元走强对全球各大经济体而言抽血效应明显,引发全球的流动性危机与经济衰退;欧洲在欧债问题和难民问题的泥潭中艰难前行;日本经济依然不景气;而以金砖国家为代表的新兴市场受全球需求低迷与美元加息影响,整体面临货币贬值与经济下行压力。另外,汇率改革以后中国对外依存度较高,进出口贸易受国际环境影响较大,全球市场衰退带来的负外部效应愈发明显,外部需求总体不振。

2. 传统竞争优势丧失

从我国人口结构来看,出生率最高的年份集中在 20 世纪 80~90 年代,之后的 30 年中人口净增长呈下降趋势,供给和需求两端的人口红利逐渐消失。在供给方面,我国劳动人口的占比在不断下滑,2015 年占比下滑至 72%,伴随着劳动人口比重的不断下降,以及劳动力价格不断上升,企业经营中劳动力成本压力大。在需求方面,农村需求的开发促进了我国消费的快速增长,然而随着人口增速的放缓,以及供给的相对饱和,

消费需求增速将进一步降低。

3. 内部需求结构变化,供给结构难以及时调整

随着我国基础设施的不断完善,对于基础性传统产业的需求不断减少,投资对于竞争增长的带动作用不断减弱,消费成为主要拉动力量。同时,随着收入的提高和生活条件的改善,民众对于高品质、多样化产品以及文化娱乐、教育需求大幅增高。然而,由于投资的滞后效应导致供给结构难以及时调整。以钢铁行业为例,截至2015年底,我国人均粗钢产量为585千克,已经进入峰值区间;而钢铁行业产能具有一定的黏性,产能基数却仍然庞大,很难在短时间内调整,这意味着供需失衡的矛盾将逐步凸显。其他工业品的情况大多类似。

4. 产业结构单一,议价能力弱

在上游产业中,我国原材料供应不足,铁砂、原油等主要原材料缺乏,进口依赖度高,难以取得原材料的定价权。而在中游制造业中,由于一开始我国就以低劳动力成本优势加入国际市场,以技术含量低的加工制造为主,进入门槛低,导致企业数目众多,产能庞大,竞争激烈。在下游产业中,以加工组装为主的制造业结构导致我国品牌效应薄弱。总体而言,我国现有产业结构体系以低附加值的劳动密集型产业为主,竞争优势不突出,没有在价值链环节中取得主导地位,在国际贸易中处于不利地位。

5. 研发投入低,创新能力不足

与发达国家相比,我国研发投入强度仍然偏低,尤其是企业的研发投入,即使在研发投入水平较高的高技术行业,企业平均研发投入强度也只有1.5%左右,远低于发达国家。此外,我国自主创新能力不足。一方面表现在科技成果转化率低;另一方面我国在核心技术、关键技术上对外依存度高,新能源汽车的核心材料、高档数控机床的数控系统、集成电路芯片、汽车关键零部件等长期依赖进口,加大了我国经济的脆弱性,使之受经济波动的影响明显。

1.4.3　对策建议

近年来,我国需求结构的改变主要表现在两个方面:一是对于产品和服务品质和多样性要求的提高;二是对于新产品和服务需求的增加。因此,未来我国产业供给体系的改革应从这两个方面入手,进行产业体系

的更新。

1. 加大传统产业改革力度,发展新实体经济

传统产业需求仍然旺盛,在消费构成中,衣食住行等必需品仍然占绝大比重;在投资构成中,传统制造业比重同样很大。值得注意的是,我国消费者对于消费品的质量和多样性提出了新的要求,国外质量好、设计优美、品种多样的产品更受消费者青睐。因此,需要进一步加大传统产业的改革力度,实现存量的转型与升级,逐步实现进口替代。具体措施包括加大创新投入,提高技术水平,引导传统产业开发、引进和应用新技术、新模式,开发高质量产品;建立公平市场环境,鼓励兼并重组,实现落后产能的有序退出;持续推进“三去一降一补”供给侧改革,改善企业经营状况,提高企业能力;围绕“一带一路”,以互连互通为抓手,以金融合作为前导,进一步刺激需求,共享发展新成果,激发大市场活力。

2. 规范并促进新经济的发展,实现产业体系更新

技术的发展、收入水平提高、生活方式与理念的转变使得新能源、新材料、医药健康、先进制造、文化娱乐、互联网等产业迅速发展。这些产业的发展不仅是拉动经济增长的新动力,同时为传统产业的升级提供了新的方式。因此,要积极引导新经济的发展,实现增量的有序调整。具体措施包括:注重发挥市场的基础作用和企业的主体作用,引导企业投资方向;规范市场行为,促进新兴产业健康发展,满足日益增长的需求;利用互联网发展成果,实现传统产业的互联网改造;提高企业运行效率和供给的有效性;围绕“制造业2025”,加快信息技术与制造业的深度融合,最终实现生产方式的转变。

在此过程中,政府应注重综合采取各项调控措施,充分发挥政府引导经济健康发展的功能,平衡短期政策与中长期政策,控制由于部分行业过快过热增长而给整个产业体系带来的系统性风险,预防产业空心化;同时,要注重发挥市场的基础作用,维护市场环境,最大限度地提高市场运行的有效性。

2

中国居民消费需求变化及其对产业发展影响

消费能否最终成为推动经济增长的关键,与居民消费收入支出的总体情况紧密相关。居民收入不断增长,且自身需求结构的改变得到满足,消费才能成为经济持续增长的动力。本章将分析近年来中国居民收入支出结构及未来需求结构的变化,并观察中国的供给侧投资是否与这些变化相互匹配,进而给出满足需求升级需要的供给侧结构升级政策。

2.1 消费收入支出总量与结构变化分析

我国最终消费额不断上升,2014 年后,最终消费率重回 50％以上,且由支出法统计的 GDP 中消费占比迅速由 2014 年的 51.2％上升至 2016 年上半年的 73.4％。显示重投资的增长模式逐渐减弱,经济增长的主要动力来自于消费。但我国的消费收入支出结构是否合理、能否持续支撑消费经济的增长,这是关系未来我国经济持续发展的重要问题。

2.1.1　居民消费收入总量分析

1. 居民收入持续增长,但增速低于同期 GDP 增速

我国居民人均可支配收入不断增长,进入中等收入国家的初级阶段(见图 2-1)。2014 年第四季度人均可支配收入总额已经突破 2 万元,2015 年进一步增长至 21 966.2 元。尽管具有一定的季节周期性,2016年前三季度,居民每季度可支配收入增加已经稳定在 5 000 元以上。截至 2016 年前三季度,居民人均可支配收入达到 17 735.4 元。

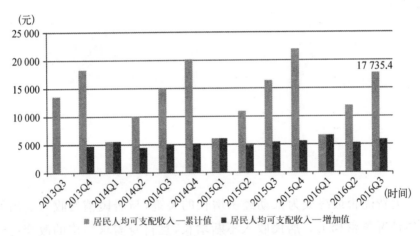

图 2-1　我国居民人均可支配收入情况

资料来源:根据国家统计局数据绘制。

但与此同时,我国居民的人均可支配收入增长速度不断放缓,并在2016 年第一季度起低于 GDP 增长速度(见图 2-2)。我国 GDP 总量大,2015 年后居世界第二,但人均 GDP 较低,2015 年仅排在 80 位左右;同时,居民人均可支配收入在世界的排位更低,2015 年排在 90 位左右。2000 年以来,我国居民的人均可支配收入一直呈追赶趋势,增速远快于GDP。但 2016 年上半年,我国居民人均可支配收入实际增长速度保持在6.5%,而 GDP 增速实现"反超",达到 6.7%。2016 年第三季度,这一趋势更加明显,居民人均可支配收入的增长减速至 6.3%,而 GDP 增长依然维持在 6.7%。

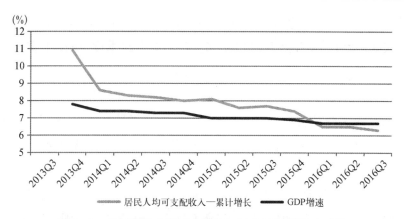

图 2‑2　我国居民人均可支配收入与 GDP 增长速度对比

资料来源：根据国家统计局数据计算、绘制。

2. 可支配收入结构显示工资与经营性收入仍是主要收入来源[①]

2013 年以来，工资与经营性收入仍是我国居民收入的重要基础。如图 2‑3 所示，2013 年末，居民工资性收入为 10 410.8 元，占比 56.86%；经营

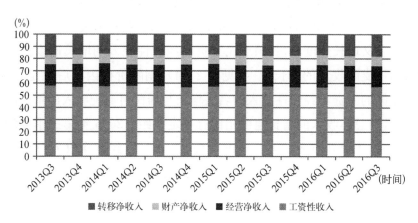

图 2‑3　我国居民人均可支配收入结构

资料来源：根据国家统计局数据绘制。

---

① 当前，中国统计的家庭总收入包括四个类别：工资性收入，是指劳动者从工作单位得到的全部劳动报酬和各种福利；经营净收入，是指全部生产经营收入中扣除生产成本和税金后所得的收入；财产性收入，是指家庭拥有的动产（如银行存款、有价证券）、不动产（如房屋）所获得收入，包括出让财产使用权所获得的利息、租金、专利收入、财产营运所获得的红利收入、财产增值收益等，不包括出售财物获得的收入；转移收入，是指国家、单位、社会团体对居民家庭的各种转移支付和居民家庭间的收入转移，包括政府转移给个人的离退休金、失业救济金、赔偿等，以及单位转移给个人的辞退金、保险理赔、住房公积金，家庭间的赠送和赡养等。

净收入 3 434.7 元,占比 18.76％;财产净收入 1 423.3 元,占比 7.77％;转移净收入 3 042.1 元,占比 16.61％。至 2015 年第四季度,居民工资性收入 12 459 元,占比 56.72％;经营净收入 3 955.6 元,占比 18.01％;财产净收入 1 739.6 元,占比 7.92％;转移净收入 3 811.9 元,占比 17.35％。

从收入来源结构看,居民可支配收入结构仍然较为"年轻"。我国的工资与经营性收入合计占比 75％左右,仍然是收入的主要来源。我国居民财产性收入相对美国等发达国家仍然较低。根据美国 2016 年一项最新调查显示,金融经营是美国家庭财富增长的重要方式[2]:美国家庭的 44％财富来自于房屋净值,38％财富来自于金融资产。美国年轻家庭(家庭平均年龄 35 岁以下)的收入主要来源是薪水收入,但美国老年家庭(家庭平均年龄 65 岁以上)的收入来源中,养老金和金融收入排名前二。而 2016 年第三季度的数据显示,我国居民的工资性收入占比为 57.10％,经营净收入的占比为 17.08％,财产净收入占比为 8.01％,转移净收入占比为 17.81％,人均可支配收入结构仍然有进一步提升的空间。

3. 工资与经营性收入增长速度放缓,产业调整成为关键

从名义增长速度看,我国居民工资与经营性收入的增长速度慢于居民人均可支配收入的增长速度(见图 2-4),剔除价格因素后也是如此,表明我国的工资与经营性收入的名义增长与居民可支配收入的增长同步放缓,且与总体收入的增长速度相比有一定差距。2016 年第三季度的数据更显示,工资性收入的增长速度放缓至 7.91％,经营净收入"反超"工资性收入增长速度,也仅为 7.99％,增长速度双双"破8"。

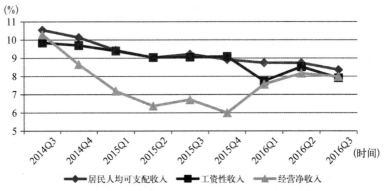

图 2-4　我国居民人均可支配收入及工资性与经营收入增长速度
资料来源:根据国家统计局数据绘制。

工资与经营性收入占比的下降反映了我国收入结构改变的趋势。工资收入与经营性收入的总占比总体来看不断下降,2016年占比已经低于75%。由于存在季节性波动,所以我们选取2013年至2016年第三季度数据进行横向对比。不难发现,工资＋经营收入的占比已经逐步减少至74.18%,整体收入结构正发生改变(见图2-5)。

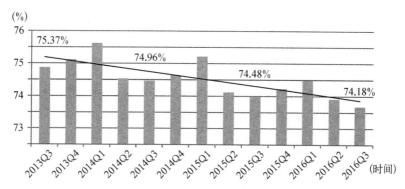

图2-5 我国居民工资与经营性收入占比下降

资料来源:根据国家统计局数据计算、绘制。

这一占比下降更反映了我国经济下行与产业结构调整面临的压力。居民工资与经营性收入占比下降的原因尽管可能与收入结构调整、金融体系不断发展变化有关,但更重要的是,我国正在经历着经济不断下行、产业结构问题严重而导致传统行业的员工工资性收入增长下降,从而对居民工资性收入增长形成了一定的冲击。根据国家统计局住户调查办公室主任王萍萍的相关发言,2016年上半年,我国的工资性收入增长主要来自于服务业,而传统制造业、批发零售业、建筑业、住宿餐饮业、采矿等行业的工资出现了下滑。“上半年,来自房地产、教育、卫生、公共管理等行业的人均工资性收入增速均在15%左右;来自交通运输仓储邮政、信息技术服务、金融、文体娱乐等行业的人均工资性收入增速均在10%左右;来自租赁和商务服务、居民服务等行业的人均工资性收入增速在7%以上。”从工业企业主营业务收入数据上看,考虑到工资调整的滞后性,2015年工业企业主营业务收入的低速增长是当前工资增长进一步放缓的重要原因(见图2-6)。我国经济是否企稳,产业调整能否尽快完成,重新提振居民的工资性收入与经营性收入的增长速度,是未来一段时间内居民收入恢复增长的关键。

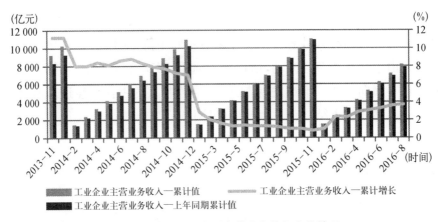

图 2 - 6　我国工业企业主营业务收入变化情况

资料来源：根据国家统计局数据计算、绘制。

4. 转移净收入高增长,消费驱动增长面临多重压力

　　我国财产性收入增长速度尽管高于工资性收入与经营性收入,但呈现较大波动,而转移净收入始终是居民可支配收入增长最快的部分(见图2-7)。消费结构的转变表现在财产性收入与转移净收入的高增长上,但两者之间有一定区别。财产性收入的增长速度呈现较大的波动。相对地,尽管 2016 年增长速度有所下滑,但 2014 年第三季度至 2016 年第三季度,转移净收入基本保持两位数的高速增长。

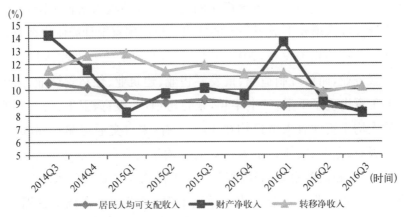

图 2 - 7　我国居民人均可支配收入及财产与转移净收入变化情况

资料来源：根据国家统计局数据计算、绘制。

　　财产净收入的变化与房地产业的增加值变化有强相关性,与金融业的增加值相关性逐步增强(见图 2-8)。我国居民的财产性收入与房地产业呈明显的正相关性。2015年,伴随着房地产业增长速度的回升,财产净收入稳步增长。2016年第一季度,伴随房地产业的高速增长,居民财产净收入也随之快速增长。在房地产业保持快速增长的后两个季度,由于金融业的增长速度放缓,居民财产净收入开始受到一定影响,增长速度放缓。总体来看,居民财产净收入逐步由仅受房地产业强烈影响向受房地产业与金融业综合影响过渡。

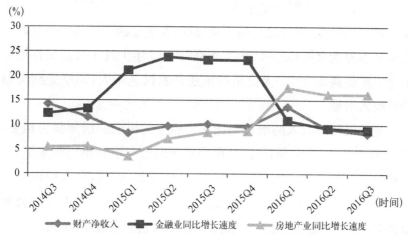

图 2-8　财产净收入与金融业、房地产业增加值增长速度对比
资料来源:根据国家统计局数据计算、绘制。

转移性收入的快速增长与政府推动紧密相关,主要有以下几个原因:
一是贫富差距,大量贫富差距补贴投入到农业与住房中。农村改革与扶贫支出增长成为转移收入增长的重要原因。2015年,中央对退出种粮农民的直接补贴资金为140.5亿元,农贸综合补贴政策资金为1 071亿元,其余还有种植作物补贴、农机购置与报废补贴等。同时,农村医保、农村低保的扶持幅度也相应增加。国家卫生和计划生育委员会《关于做好2016年新型农村合作医疗工作的通知》[3]提出,2016年,各级财政对新农合的人均补助标准在2015年的基础上提高40元,达到420元。民政部的消息显示,2015年全国农村低保人均补助标准为1 766.5元,比上年增长13.8%。农村补贴增加在一定程度上增加了农民的财富。另一方面,城市居民的保障性住房政策成为部分居民重要的转移收入。2015年,各级财政用于保障性安居工程支出4 881.01亿元,同比增长11.3%。中央财政一般公共预算用于保障性安居工程的补助资金达2 548.31亿元,比上年增加 326.1 亿元,增长 14.7%。两项支出的增长与转移性收入在 2015 年的高增长速度基本一致。2016 年上半年,中央财政一般公共预算用于保障性安居工程的补助资金有所下降,为 1 216.22 亿元,转移性收入增长速度也有所放缓。

二是退休金、养老金的增长,反映了人口结构对未来收入的影响。根据 2015 年出版的《中国养老金发展报告》[4]显示,截至 2014 年底,全国所有试点省份累积个人账户基金 5 001 亿元,较 2013 年增加 20.39%,增长速度加快。同时,随着各地调高工资标准,养老金的标准也相应提高。退休人员基本养老金标准迎来"十二连涨",2016 年 1 月 1 日起又在原来基础上进一步提高 6.5%。无论是城镇还是农村老年人,均享受到大幅度的转移收入增加。

三是居民转移收入的增长与住房公积金的提取额增加紧密相关(见图 2-9)。"十二五"末期,居民住房公积金的缴存增长出现明显下滑,大量住房公积金被提取。根据 2016 年 6 月住建部、财政部、人民银行联合发布《全国住房公积金 2015 年年度报告》[5]显示,2015 全年住房公积金提取额 10 987.47 亿元,比上年增长 44.92%;占全年缴存额的 75.52%,比上年提高 17 个百分点。提取总额 48 815.64 亿元,占缴存总额的 54.55%。据统计,2015 全年住房公积金缴存额 14 549.46 亿元,比上年增长 12.29%。2015 年末,住房公积金缴存总额 89 490.36 亿元,缴存余额 40 674.72 亿元,分别比上年末增长 19.56% 和 9.79%。2015 全年住房

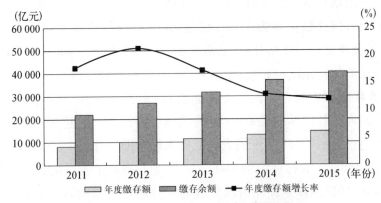

图 2-9　"十二五"期间住房公积金缴存情况

资料来源:《全国住房公积金 2015 年年度报告》。

公积金实缴单位231.35万个,实缴职工12 393.31万人,分别比上年净增24.85万个、515.92万人,增长12.03%和4.34%。

5. 小结

总体而言,作为我国居民消费的基础,居民可支配收入的增长情况反映了现行经济与产业发展的状况,同时也提示我国消费拉动经济发展的潜在力量不足:

(1) 我国居民收入的增长速度正逐渐放缓,并且逐步低于增长速度,反映我国居民消费增长面临挑战。其中主要由于经济下行、制造业转型压力与服务业的发展压力,造成居民的工资性收入与经营性收入增长放缓。

(2) 居民财产性收入与房地产业的发展关系紧密,但与金融服务业的发展尚未完全建立相关关系。房地产一旦出现下行问题,将导致居民财产性收入面临较大风险,而与此同时,我国金融体系尚未发展完全,居民投资渠道不多,财产性收入增长不快。

(3) 在居民其他收入增长受到影响的情况下,转移性收入增长成为维持居民可支配收入增长的重要组成。但转移性收入的增长主要受到贫富差距、人口结构的影响,其收入指向食品与住房支出,且主要由政府推动。

(4) 总体来看,2015年至2016年底,我国居民收入的增长变化情况受到经济与产业发展状况、房地产业与政府补贴的影响较大。如今,居民收入增长这一状况逐渐暴露出其特有的缺陷,目前居民收入增长已经低于GDP增长速度。

2.1.2　居民支出情况分析

1. 居民消费支出增长速度逐步放慢,但居民储蓄意愿并未出现明显上涨

近年来,我国居民人均消费支出随居民收入一同不断增长,但有下降趋势(见图2-10)。2015年末,居民人均消费支出达到15 712元,同比增长6.9%。2016年上半年,居民人均消费支出达到8 211元,同比增长6.6%。2016年的居民消费支出预计将突破16 000元。

从增长率看,居民消费支出不仅与GDP存在剪刀差,更与收入增长存在交叉。图2-10还显示我国居民消费支出增长速度在第三季度慢于GDP增长速度,为6.6%,并连续三个季度略高于6.5%的居民收入

增长速度。尽管消费支出单季度大于居民可支配收入增长速度属于正常现象,但连续两个季度低于居民收入,说明居民的可支配收入中进行储蓄的部分正逐步减少。

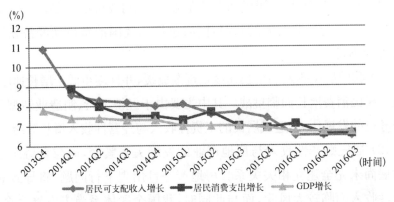

图 2-10 居民收入支出增长速度与 GDP 的对比

资料来源:根据国家统计局数据计算、绘制。

居民可支配收入增加,但居民储蓄率出现下降态势(见图 2-11)。理论上,如果居民收入增长,则新增收入中储蓄的比重将增加,从而带来居民储蓄率的相应增加。但数据显示,近两年,尽管消费收入快速增加,储蓄率依旧未突破 33%,且有下降的趋势,说明居民消费偏好可能改变。

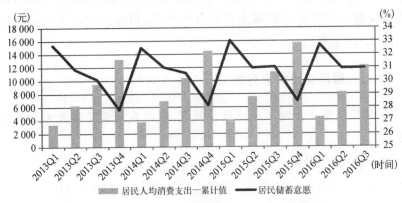

图 2-11 居民人均消费支出增长及储蓄意愿变化

资料来源:根据国家统计局数据计算、绘制。

2. 食品烟酒与居住支出仍占半壁江山,交通通信与教育文化娱乐支出占比缓慢增长

在所有支出栏目中,食品烟酒与居住支出长期占到 50% 以上,但支

出占比正逐步下滑(见图2-12)。虽然食品烟酒及居住支出存在一定的波动性,但总体而言,这两项支出长期占据我国居民消费支出的50%以上,表明我国消费结构尚处于初级阶段。食品研究与居住支出的占比正逐步下滑,2016年第三季度,占比缩减到51.76%,表明我国居民消费结构有改进的趋势。

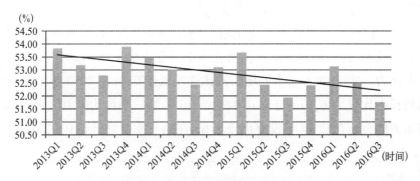

图2-12 食品+居住支出占比变化情况

资料来源:根据国家统计局数据计算、绘制。

交通通信支出与教育文化娱乐支出快速增长(见图2-13)。支出之中占比上升最快的是交通通信门类。我国居民人均交通通信支出已经由2013年第一季度的11.72%逐步提升至2016年第二季度的13.45%,以私家车为代表的出行升级需求与以智能手机为代表的信息通信需求正通过消费支出兑现。同时,2013~2015年,居民人均教育文化与娱乐支出出现增长,占比逐步上升到10%以上,成为消费增长的新热点。但是,教

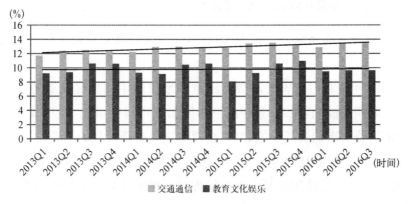

交通通信 ■ 教育文化娱乐

图2-13 交通通信与文化娱乐支出占比变化情况

资料来源:根据国家统计局数据计算、绘制。

育文化娱乐支出在 2016 年第三季度的增长速度出现下滑,增长速度与上一季度基本持平,为 6.2%。

3. 边际消费支出[①]增加值显示基本生活用品对居民消费支出增长的影响逐步稳定

通过边际消费支出的变化情况,我们能够了解到食品烟酒、衣着、其他用品及服务这三大门类对消费支出的增长占比呈整体向下态势(见图 2-14)。这几大门类对消费支出增长的影响基本同向,且整体占比逐步下降。其中,食品烟酒支出在消费支出增长逐步小于 0.3,2016 年第三季度占比为 0.299;衣着支出的增长占比逐步低于 0.1,在 2015 年前两季度的增长占比仅为 0.015 与 0.019,而 2016 年第三季度为 0.07;其他用品与服务的占比在 2016 年没有出现增长,在第三季度降低至 0.025。

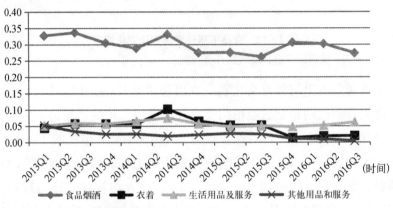

图 2-14　边际消费支出占比相对降低或占比较少的四大门类
资料来源:根据国家统计局数据计算、绘制。

4. 生活用品及服务支出占比较低,显示耐用消费品大规模消费趋势已经过去

2010 年左右占据居民消费支出重要地位的生活用品及服务增长经历一段时间的波动,在 2016 年前三季度出现小幅度增长,显示我国耐用品家电消费初次购买逐步饱和后,正逐步进入更新换代的消费阶段(见图 2-14)。生活用品及服务这一门类包括空调、洗衣机、电冰箱等众多生活耐用品。当前,生活用品及服务有缓慢增长的趋势,2016 年前三季度,我

---

① 边际消费倾向是指居民消费支出每增加一单位,各门类支出相应增长的占比。

国生活用品及服务的占比分别为 0.059、0.061、0.062。

5. 交通通信、教育文化娱乐等"中高端消费"支出增加,导致边际消费支出变化,但与居住和医疗保健消费存在一定的挤出关系

交通通信、教育文化娱乐两大类别呈现较快消费增长,显示出我国中高端消费需求正逐步增加(见图 2-15)。尽管增速较 2013～2015 年有所放缓,但 2016 年前三季度,交通通信的边际消费支出增长分别为 0.132、0.138、0.150,教育文化娱乐的占比分别为 0.246、0.136、0.161,引领消费增长。其中,交通通信支出在 2016 年第三季度重新走上高速增长渠道。而在第一季度,教育文化娱乐支出一度超过了居住支出,成为我国消费经济发展的重要支柱。

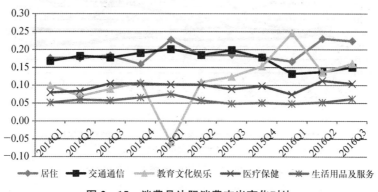

图 2-15　消费品边际消费支出变化对比
资料来源:根据国家统计局数据计算、绘制。

从图 2-15 看,居住支出与医疗保健支出的增长变动基本同向,但对教育文化娱乐、交通通信和生活用品及服务支出形成一定挤出效应。2016 年前三季度,居住支出的占比分别为 0.167、0.230、0.224,医疗保健支出的占比分别为 0.074、0.113、0.104,无论是短期还是长期,两者的波动趋势基本一致。而从教育文化娱乐、交通通信和生活用品及服务支出中,则可以发现它们之间存在明显的反向趋势,在可支配收入约束下,这两类消费支出存在一定的此长彼消的关系。

6. 城镇居民与农村居民边际消费支出结构整体类似,居住支出上升挤出其他消费增长

从图 2-16、图 2-17 对比来看,城镇居民与农村居民的边际消费支出结构整体类似,居住支出与医疗保健支出对交通通信、教育文化娱乐和

生活用品及服务存在挤出效应。考虑到我国城乡结构的差异,我们分别分析了城镇与农村的收入支出结构。无论是城镇还是农村,整体的收入支出结构占比比较类似。食品烟酒、衣着及其他用品及服务的支出占比下降。在剩余的门类中,尽管各门类占比有所区别,但总体而言,交通通信、教育文化娱乐支出的占比较高。其中,2016 年第三季度,城镇居民的教育文化娱乐、交通通信占比分别为 0.181 与 0.139,农村分别为 0.126 与 0.176,均快速增长。

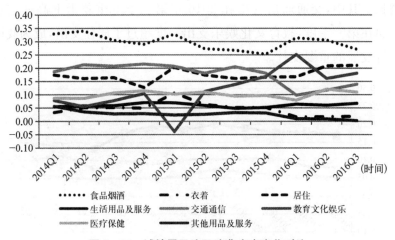

图 2-16　城镇居民边际消费支出变化对比

资料来源:根据国家统计局数据计算、绘制。

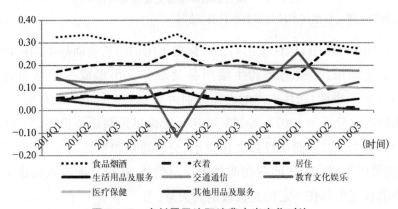

图 2-17　农村居民边际消费支出变化对比

资料来源:根据国家统计局数据计算、绘制。

同时,我们可以发现,无论是城镇还是农村,中高端消费与居住与医疗保健支出的占比变动呈相反趋势,挤出效应不随城镇农村的不同而改变

(见图 2 – 16、图 2 – 17)。尽管波动幅度有所不同,但当居住支出与医疗保健支出边际增长较快时,其余生活用品及服务、交通通信与文化娱乐服务的支出就会相应减少。

7. 城镇居民与农村居民"中高端消费"结构的不同,显示两者所处消费阶段不同

我们用生活用品及服务、交通通信及教育文化娱乐这三类消费来反映消费者以家庭耐用品为主的消费结构,用汽车和手机设备、电脑和文化娱乐设备这三类消费品代表居民家庭中高端消费品为主的消费结构。通过此大类消费品消费状况的对比,可以大致了解中国城镇与农村所处的消费阶段差异。

从生活用品及服务消费状况来看,我国农村居民已经度过家庭耐用品初次购买的阶段,而城镇居民则已经进入全面更新换代需求、高端需求的阶段。从图 2 – 18 来看,2015 年第一季度农村居民生活用品及服务类消费的高速增长基本代表了初次消费阶段的结束。在此之后,农村居民的生活用品及服务类消费占比出现了较长时期的低迷。2016 年前三个季度,城镇居民的该类消费支出重新上升,显示出城镇居民开始对家庭耐用品更新换代与高端需求的新动向。[6]

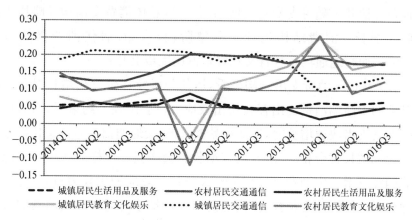

图 2 – 18 城镇农村边际消费支出结构分析
资料来源:根据国家统计局数据计算、绘制。

城镇居民在交通通信消费方面的高速增长阶段已经过去,农村居民仍处在交通通信消费高速增长阶段。图 2 – 18 中,2016 年前三个季度的数据显示,城镇居民的交通通信消费在经历了爆发式的增长后出现下降,

农村居民的交通通信消费则保持高速增长。这一趋势可能是由于智能手机的普及造成的。根据 eMarketer 的数据显示,2015 年,我国智能手机的普及率为 38.6%,其中,一线城市普及率为 55%,二、三、四线城市的普及率在 30%左右,乡村普及率仅 10%。智能手机的普及使得 2014 年至 2015 年末,城镇的交通通信消费快速增长,也逐渐形成了市场饱和。2016 年的消费增速逐步放缓,第三季度的快速增长与汽车市场的快速增长有关。与此同时,伴随着智能手机普及率的上升,乡村的交通通信边际消费也随之上升。[7]

2016 年,无论是城镇居民还是农村居民,教育文化娱乐边际支出均出现高速增长。城镇居民与农村居民在 2016 年第一季度的边际消费支出占比均超过了 0.25,显示出消费结构的转变。城镇居民的教育文化娱乐支出增长是所有门类中增长最快的,显示出城镇居民已经开始追求文化娱乐消费。而农村居民的相关支出尽管低于交通通信支出,但仍然有较为快速的增长。这显示教育文化娱乐在我国的消费者支出增长中有较大潜力。

8. 小结

(1) 从总体消费支出看,我国居民消费支出的高速增长已经开始放缓,消费结构正逐步向以中高端消费品为主的阶段过渡。近年来我国居民储蓄意愿并未随可支配收入增加而上升,总体消费支出增长略快于消费收入增长。消费结构仍处于调整阶段,食品、居住消费仍然占到 51.76%,而交通通信及教育文化娱乐占比逐步上升。

(2) 从边际消费支出结构来看,居住与医疗保健支出增长对我国居民其他的中高端消费支出存在挤出效应。在居民收入约束下,当居住与医疗保健支出快速增长时,生活用品及服务、交通通信及教育文化娱乐支出的边际增长就会相应减慢,需求增长就会缓慢。这样的状况并不能支持我国经济增长中消费已经成为对经济拉动效应的主导力量,只能说明房地产对经济影响力很强,但高涨的房地产价格对居民现实消费的挤出是很严重的,对消费品产业有直接的影响,且经济风险很大。

(3) 从边际消费支出的城乡区别来看,我国城镇居民已经度过以汽车、智能手机为代表的交通通信耐用品初次购买阶段,正向高端消费结构转型。而我国农村居民则度过了耐用品消费的阶段,正处在交通通信耐用品的购买阶段,并都有着较快的教育文化娱乐消费需求趋势。

2.1.3 城乡二元结构对收入支出影响分析

城乡二元结构是我国经济结构的重要特征,降低城乡二元结构反差,进行城乡一体化发展是我国经济未来的发展方向,也是经济增长的潜在动力。这里,我们将重点关注城乡居民收入支出结构的不同及相应需求对经济增长影响的潜力。

1. 中长期来看,我国城乡差距逐步缩小

我国人民生活相关的统计方法于 2013 年发生变更①,本部分据此予以讨论。

2005 年,农村居民收入支出显示出快速增长,增速逐步超越城镇,城镇与农村之间的贫富差距缩小。图 2 - 19 显示,2005 年至今,城镇居民收入支出的增长速度与 GDP 增长速度变化基本保持一致,收入增长对消费支出的影响较大。统计口径发生变更后,城镇居民的收入支出增长依然保持相同的趋势。而 2010 年后,农村居民收入支出的增长速度明显提高,并且超越同期城镇居民的收入支出增长速度。过去曾一度拉大的城乡差距逐步缩小(见图 2 - 20)。

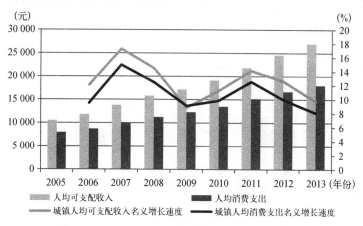

图 2 - 19　2005～2013 年城镇居民收入支出情况
资料来源:根据国家统计局数据绘制。

---

① 国家统计局住户调查办公室从 2012 年四季度起实施城乡一体化住户收支与生活状况抽样调查。新口径城镇和农村人均可支配收入等数据的覆盖人群主要变化:一是计算城镇居民人均可支配收入时包括了在城镇地区常住的农民工,计算农村居民人均时则不包括;二是由本户供养的在外大学生视为常住人口。新城镇居民和农村居民消费口径主要变化是:计算城镇居民和农村居民人均可支配收入和消费支出时,包括了自有住房折算租金。

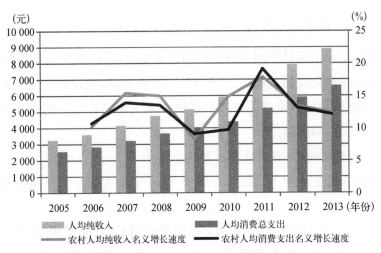

图 2‑20　2005～2013 年农村居民收入支出情况

资料来源：根据国家统计局数据绘制。

2. 城镇居民消费稳步增长，但已经低于 GDP 增速

总体而言，城镇居民消费稳步增长，2015 年末，总消费收入已经突破 30 000 元，支出也已经突破 20 000 元。总额的突破预示我国城镇居民的消费结构将随之变化，消费对经济的拉动基础在城镇已经形成（见图 2‑21）。

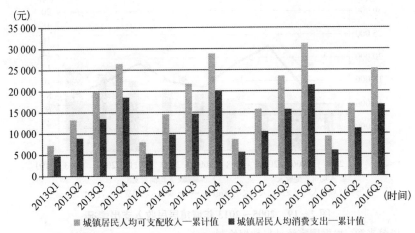

图 2‑21　2013 年第一季度至 2016 年第三季度城镇居民收入支出情况

资料来源：根据国家统计局数据计算、绘制。

从增长率来看，我国城镇居民的人均消费支出增长速度已经低于 GDP 增长，并且区别于农村居民，城镇居民的可支配储蓄随收入不断上升（见图 2‑22）。城镇居民的消费支出累计实际增长仅为 5.3%，远远低

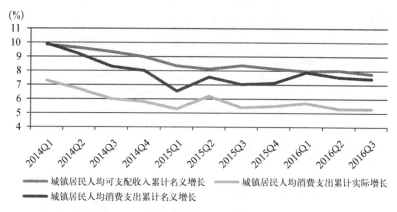

图 2-22　城镇居民收入增长率变动情况

资料来源：根据国家统计局数据计算、绘制。

于 6.7% 的全国水平。伴随着收入的上升,城镇居民的边际消费意愿也逐步下降。

3. 农村居民消费增长是当前消费支出快速增长的主要动力

2016 年上半年,农村居民收入支出保持高于 GDP 的增长速度。我国农村居民人均可支配收入 6 050 元,同比名义增长 8.9%,扣除价格因素,实际增长 6.7%。农村居民人均可支配收入名义增速和实际增速均高于城镇居民 0.9 个百分点。同期城镇居民人均可支配收入 16 957 元,同比名义增长 8.0%,扣除价格因素,实际增长 5.8%;城镇居民收入支出增长乏力,而农村居民增长依然保持较好态势(见图 2-23、图 2-24)。

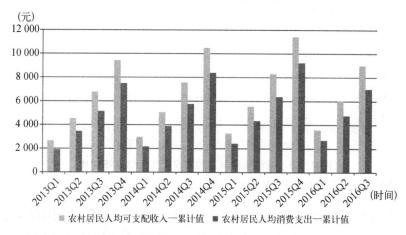

图 2-23　2013 年第一季度至 2016 年第三季度农村居民收入支出情况

资料来源：根据国家统计局数据计算、绘制。

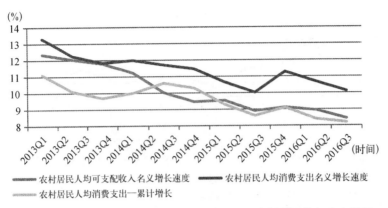

图 2‒24 2013 年第一季度至 2016 年第三季度农村居民收入支出情况

资料来源：根据国家统计局数据计算、绘制。

4. 农村消费支出的增长可能主要来源于转移效应

农村储蓄率一直相对稳定，保持较低水平，在统计口径变化后，2012 年以来农村储蓄率不断下降，与农村居民收入增长呈相反态势（见图 2‒25）。城镇居民储蓄率的不断上升与城镇居民的收入增长的趋势基本相符合，但 2012 年后，可以看出农村居民出现明显的储蓄率负增长（见图 2‒26）。农村居民的收入边际增长慢于支出边际增长是造成这一现象的主要原因，但也可能是统计口径变化所导致。[8]

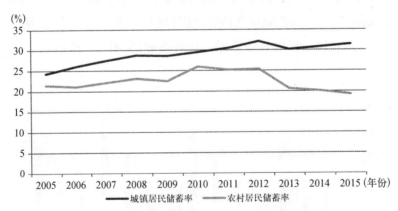

图 2‒25 城镇居民与农村居民可支配储蓄率对比

资料来源：根据国家统计局数据计算、绘制。

根据 2013 年前后的统计口径变化，我们能明显观察到中国存在城镇财富向农村转移进而消费的转移效应。2013 年改变统计口径后，由于城镇打工的农村居民计入城镇统计，农村的储蓄率出现明显的下滑，而城镇

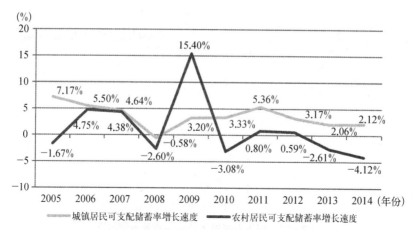

图 2‑26　城镇居民与农村居民可支配储蓄率增长速度对比

资料来源：根据国家统计局数据计算、绘制。

储蓄率依然保持增长的趋势。加上农村供养的学生计入农村消费，农村消费支出的快速增长有迹可循。近年来，农村的储蓄率出现下降，当期农村居民收入用于消费的比例不断上升，在居民消费观念不发生巨大改变的情况下，收入的转移是更为合理的解释：在城镇打工的农村居民将收入转移至农村，农村的消费支出伴随生活的改善不断增加。根据国家统计局发布的2015年农民工监测调查报告，农民工月均收入为3 072元，月均生活消费支出1 012元，占比为32.94%，小于城镇平均水平。农民工储蓄在城镇，消费则年末转移至农村，引起消费增长。

从城镇农村边际消费增长对比中，可以较为明显地观察到农村支出受到城镇收入增长的支持(见图2‑27)。农村的边际消费增长超过0.9，2016年三个季度分别为0.92、0.93与0.92，每单位收入增长都能带来相应的消费增加。城镇居民的边际消费增长则不断小幅下降，在2016年第三季度小幅回升，三个季度分别为0.64、0.62、0.64，每单位收入增长依旧会带来相应的储蓄增长。支持农村消费增长的不仅仅是农村收入，还有城镇向农村的收入转移。

同时，结合前文分析，农村更为优厚的补贴条件也是农村居民消费率自然偏高的重要原因。农业补贴、家电下乡等政策并不能真正提高农民的收入，而是使得农民的收入支出同时上升。这也会使农村居民消费率偏高。

5. 各地区城镇农村消费结构分析

我们选取收入与支出相对类似的上海、北京、浙江三个东部地区，与

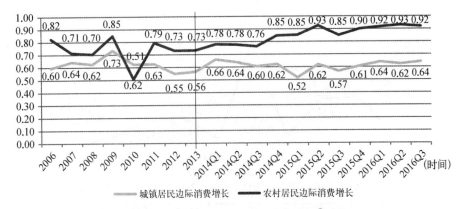

图 2 - 27　城镇农村居民边际消费增长①对比

资料来源：根据国家统计局数据计算、绘制。

和上述三者收入支出结构有差异的西部的青海，东北部的吉林，中部的河北、湖北，以比较各地区城镇农村消费结构。从图 2 - 28 可见：

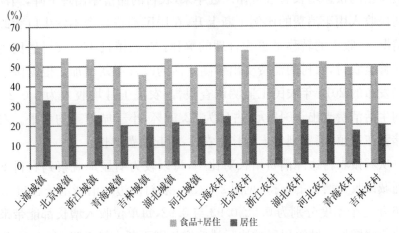

图 2 - 28　2014 年各地区城镇农村居民食品＋居住占消费支出比重

资料来源：根据《2015 年中国统计年鉴》计算、绘制。

（1）人均消费支出越高的地区，其生活性支出的占比越大。我们将这些地区按照人均收入排列，可以发现，在城镇或农村居民消费结构中，支出越高，生活性支出占比越大。上海的城镇与农村食品＋居住消费支出比重均占据首位，北京、浙江紧随其后。

---

①　边际消费增长＝（当期消费支出－上期同比消费支出）/（当期可支配收入－上期同比可支配收入）。

（2）各城镇居民的食品支出开支占比近似,居住支出直接决定生活性支出占比。消费支出越大的地区,其消费受到居住支出的挤出效应也越大。上海、北京的居住占消费总支出比例达到了 30% 以上,直接表明中国最发达地区的消费增长被住房成本所抑制。

（3）农村居民消费支出明显呈现由东向西、由南向北的排列,实际上与城镇化推进进程相类似。农村居民的生活性消费支出占比与居住占比的相关程度较低,而与食品的相关程度较高。从地理位置看,东部相对于西部、南方相对于北方的生活性支出占比较高。在东部与南部,城镇与农村的消费支出差距较为接近,农村的生活支出价格与城市类似。而在西部或北部,农村与城镇的发展程度差距较大,因此消费支出结构呈现较大的不同。城镇化推进越深入,其生活性成本的占比上升越明显。

6. 小结

（1）伴随着我国经济的不断发展,我国城镇与农村之间的收入与支出差距有所缩小。农村居民的消费支出增速快于城镇居民。农村是我国当前消费增长的推动主力。近年来,尽管农村居民的消费增长速度有所减低,但依然快于城镇居民的消费增长。

（2）从城乡一体化推进角度来看,由于我国居民收入存在地区不平衡且城镇居民收入大于农村居民收入水平,大量农民工的存在导致其储蓄在城镇、消费到农村的普遍现象。这就是城镇储蓄率为什么没有大的下降的原因。我国农村高速的消费增长并不完全是农民消费偏好的大规模变化,其中农民工收入在城镇、消费在农村是重要因素。

（3）由于城镇大量引入农村人口,但未能让这些农村人口属地化,导致这些人口挤占城镇公共资源,但他们主要并不在城镇消费,其结果是导致城镇消费总量增长与消费结构升级趋势速度不快,进而对我国消费类产业现在与未来发展产生不利影响,对城镇化的推进也不利。

2.2 居民消费偏好变化分析

要使得消费拉动经济可持续增长,需要经济体具备消费经济发展的潜在动力。也就是说,中国产业的发展、供给侧的改革需要与居民消费偏好的潜在变化相一致,以保证可持续的可支配收入增长与相应的消费支出的增长。居民消费偏好与产业之间的互动发展是消费拉动经济增长的关键所在。根据中国未来的生活需求变化,新经济发展与人口结构变化的情况,我们分析了居民消费偏好可能的变化,且进一步分析中国相关产业在适应消费者偏好变化时所面临的问题与挑战。

2.2.1　需求随收入升级视角下的居民消费偏好变化分析

1. 消费者信心显示需求有随收入升级潜力

中国的居民消费有潜在的随收入增长的变化趋势,一个典型的指标是消费者对未来的信心较强。根据麦肯锡 2016 年 3 月发布的中国消费者调研报告显示,中国的消费者对于自己收入继续增加的信心十分充足。当被问及未来收入预期时,55% 的受访者相信未来 5 年中自己的收入将显著增长,较 2012 年仅下降 2 个百分点。相比美国和英国,2011 年持这一说法的消费者分别为 32% 和 30%。尽管中国南北地区的消费信心有一定差异,北方消费信心相对不足,但总体而言,相信自己未来能获得收入增长,并由此带来消费增加的中国消费者占到了多数(见图 2 - 29)。[9]

图 2 - 29　中国消费者信心指数与英、美国家对比

资料来源:麦肯锡,《2016 年中国消费者调查报告》。

我国居民有着较高的储蓄率,同时工资收入依然保持一定增长速度。伴随着收入增长,居民消费偏好也将改变。这里,重点探讨这一变化趋势如何影响中国消费经济的发展。

2. 服务需求偏好:收入提高后首先购买服务

中国居民的消费支出在随收入增加的同时,购买服务全面超越购买基本生活必需品,成为居民收入增长后首先要考虑的开支对象。中国消费者对于把钱花在何处更为挑剔,普遍的快速的市场增长已经不复存在。

消费者开始增加提升生活品质及体验的开支,如 SPA、旅游和休闲娱乐等。麦肯锡的调查显示,超过 1/4 的消费者声称愿意在休闲娱乐上花更多的钱。与此同时,居家食品消费和饮料消费停滞不前,甚至出现了大幅的增长衰退(见图 2 - 30)。

收入提高后首先增加支出的前三大品类百分比

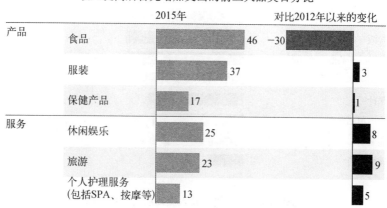

图 2 - 30 中国居民收入提高后的支出分配

资料来源: 麦肯锡,《中国消费者调研报告》。

3. 品质需求偏好:消费升级趋势明显,本土品牌被忽视

消费升级正呈现旺盛的势头和活力,高端产品的品类增速超过了大众产品和价值型产品的品类(见图 2 - 31)。而过去消费增长较快的低端产品,尤其是快速消费品食品和饮料则增长乏力。

在高端产品中,国际品牌依然主导着高端产品市场格局,而本土品牌则固守大众产品市场。本土品牌商对高端产品市场的渗透仍属有限,像华为在高端智能手机市场份额的增长案例只是少数。在诸如护肤品、高级轿车、运动和时尚相关产品的高端市场,本土品牌并没有受到重视。这与大众产品市场形成鲜明对比。在这一市场,本土品牌商凭借更优的产品定位赢得市场份额。大众产品市场的强势增长有力推动着本土品牌的发展。

本土品牌的后续增长乏力,同时面临外部收购与内部竞争的挑战。本土制造业未能在高端市场获取立足之地,就无法从消费增长中获取更多的回报,进而影响我国经济增长。在化妆品、酒类、牛奶等类别中,中国品牌的占有率,尤其是高端品牌的占有率并不高,而且有被收购的风险。以化妆品品牌为例,中国化妆品品牌排名第一的大宝,于 2007 年就被美国强生

百分比

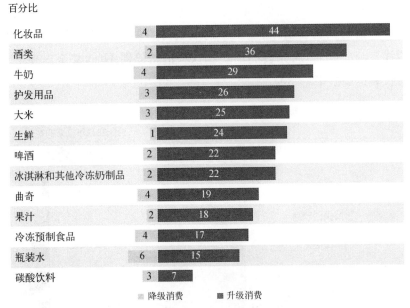

图 2 - 31　中国居民收入提高后的消费选择

资料来源：麦肯锡,《中国消费者调研报告》。

收购。与此同时,根据中国产业信息网公布的数据,CR30 的中国本土品牌中,本土品牌占有率仅为 22%。本土品牌在发展过程中,往往喜欢相互模仿、同质竞争,又面临恶性竞争、技术瓶颈、企业融资等多重挑战。内外交困,本土的产业品质升级之路并不平坦,消费经济发展面临挑战(见图 2 - 32)。

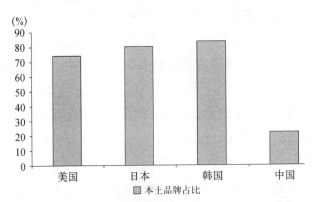

图 2 - 32　中、美、日、韩四国 CR30 中本土品牌占比

资料来源：中国产业信息网,www.chyxx.com[10]。

4. 便利需求偏好

百货、大卖场进入下行通道,便利店和生活方式门店迅速崛起,与高效的平台电商发展形成互补(见图 2 - 33)。随着生育率的降低以及单身群体的增加,中国国内家庭规模持续小型化,导致消费习惯的逐渐改变。单个家庭批量采购需求下降,对便利服务、外食与生鲜供应提出了更多需求,便利店凭借其密集的社区终端优势、便捷性以及聚客能力,近几年在一、二线城市迅速扩张,对比消费习惯接近的日本及中国台湾地区经验,我们预计未来中国国内便利店进一步加密以及向人口密度较高的部分二、三线城市拓展的趋势仍将持续,同时便利店也将承载更多的服务内容。

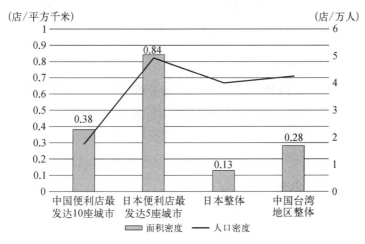

图 2 - 33　中国便利店市场情况分析

资料来源:中国产业信息网、东方证券研究所[11]。

家庭规模的小型化对餐饮、到家服务等 O2O 行业的需求同样带来明显的变化(见图 2 - 34)。作为独生子女的 80 后、90 后普遍成为家务甩手族,由于国内女性就业比例普遍较高,这部分独生子女中无论是单身群体还是组建的小家庭,对外出就餐、鲜食外卖、家政等到家服务的需求都将推动这些产业的积极发展。

便利化需求是中国目前发展较好的领域,但地缘形势上,本土企业普遍布局二、三线城市。从市场占有率来看,2014 年深耕于广东省的美宜佳便利店的市场份额达到 15.9%,是目前国内规模最大的便利店;外资品牌全家和 7 - Eleven 便利店,分别排名第二、第三。而在 O2O 服务上,我国的平台化发展也处在较快水平,涌现了一批线上线下多行业的服务平台。但值得注意的是,北京、上海、深圳等城市中,便利店仍然以国际品牌为主,本土企业缺乏相应的竞争力。

图 2-34　中国 O2O 市场情况[12]

5. 健康需求偏好

中国消费者逐渐发现,收入的增长和生活水平的提高反而可能会影响生活品质,因而更注重健康的消费需求(见图 2-35)。42%的消费者称越来越难以享受生活,45%的消费者则认为未来的压力将更大。这反映在注重健康饮食、定期体检和保健以及从事运动健身方面。过去 5～10 年的多起食品安全丑闻,提高了中国消费者对食品安全的重视度——72%的消费者坦承担心吃的东西对健康不利,而在 2012 年为 60%。

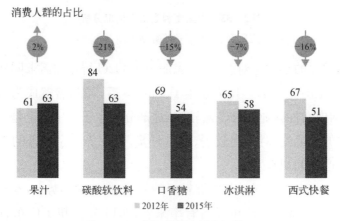

图 2-35　中国食品饮料市场情况

资料来源:麦肯锡,《2016 年中国消费者调查报告》。

受健康需求影响,一方面运动、健身等需求大幅度增长,另一方面食品安全被愈发重视,而快速消费品尤其是低端快速消费品销售量出现大幅度下滑。以健身行业为代表的行业催生大量消费需求:经常参与体育锻炼的人数大幅度增加,健身俱乐部数量不断增长,随之带来商业健身产业的大发展,上下游消费均有所增加(见图 2 - 36、图 2 - 37)。而在快速消费品行业中,曾经安全问题频发的中国乳制品行业增长陷入停滞,而健康程度不佳的软饮料行业消费增长出现了大幅下跌(见图 2 - 38、图 2 - 39)。

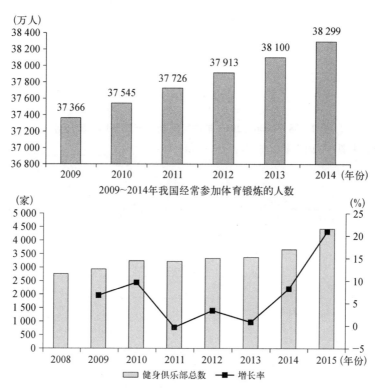

2009~2014年我国经常参加体育锻炼的人数

健身俱乐部总数　■ 增长率

图 2 - 36　中国健康市场增长情况[13]

资料来源:中国产业信息网,www.chyxx.com。

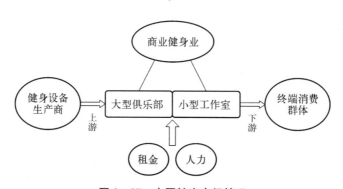

图 2 - 37　中国健康市场情况

资料来源:中国产业信息网,www.chyxx.com。

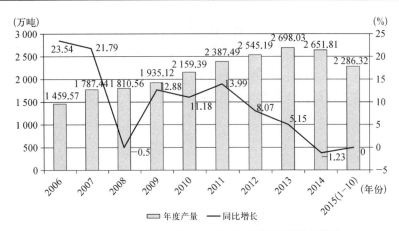

图 2-38　2006~2015 年中国乳制品产量及增长率统计

资料来源：中国产业信息网，www. chyxx. com。

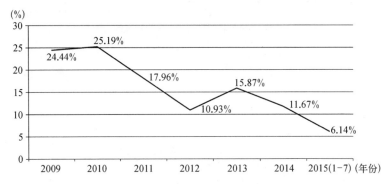

图 2-39　软饮料行业增速走势[14]

资料来源：中国产业信息网，www. chyxx. com。

保健品市场也相应发展，消费者需求由基础保健向健康美丽演进升级。过去保健品市场主要是中老年消费者，需求也以基础保健需求为主。近年来，新生代消费者群体的崛起，叠加消费观念转型将有效扩容保健品市场整体需求。体重保持、消化调节等功效精准对接当代女性塑形保养等需求，含有葡萄籽、蔓越莓、胶原蛋白等成分的保健品受到女性消费者的青睐，"美丽经济"有望成为保健品行业的新增长点。此外，在"全民健身"、"健康消费"潮流下，运动营养型保健品也从专业运动员渗透到消费大众，各大厂商纷纷顺势推出运动健康保健品。综合来看，可预见未来中国保健品的发展将呈现"老龄人群向中青年人群"、"基础保健向健康美丽"等方向变化。2011~2015 年，运动营养品类的复合增长率高于保健品行业的平均水平，显示出健康需求偏好明显增加（见图 2-40）。

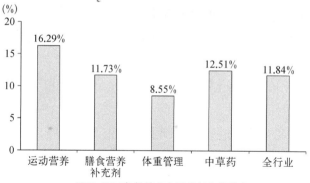

2011~2015年保健品各子类复合增长率

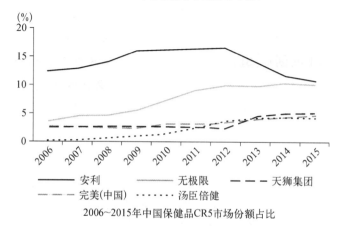

2006~2015年中国保健品CR5市场份额占比

图2-40 中国保健品市场情况

资料来源:中国产业信息网,www.chyxx.com。

图2-40还显示,保健品市场本土品牌发展迅速,但仍以混合所有制为主要经营项目。无限极、完美(中国)均属于代运营性质。安利的市场占有率不断下滑,显示我国保健品市场的竞争激烈。本土品牌在相关行业领域的发展处于相对弱势。

6. 小结

(1)收入的增长已经引发了居民消费需求及其偏好趋势的变化。尽管国际宏观经济的情况不容乐观,但我国居民在经济增长的情况下,对自己的消费持有较强的信心。居民消费向着更多服务、更高品质、更便利、更健康的方向发展。具体表现为低端的食品、饮料产业消费增长停滞,而与收入增长引起的消费趋势相匹配的行业获得较快增长。

(2)对居民消费增长偏好较为敏感的是国际领先企业挑战。国际领先品牌抢先布局,针对高收入消费人群的趋势变化,推出较好的产品与服务。同时,国际企业也积极推进对相关领域的国内领先品牌收购与合并步伐。大部分本土企业无法在相应领域对国外品牌形成有力挑战。

(3) 本土企业的发展仍不能在相关领域满足消费者的需求。产业内的本土企业本身缺乏服务、品质较低,便利性与安全性广受质疑,不受高收入消费人群信任和欢迎。同时,企业相互之间因生存压力又往往陷入同质竞争,而过度竞争则进一步限制了本土企业的发展。

2.2.2　新经济发展视角下的居民消费偏好变化分析

1. 平台经济、体验经济时代来临

计算机信息技术、互联网技术和人工智能技术正逐步改变民众的消费经济形态;不断创新,引起居民消费偏好变化,并带动潜在生产模式的变化。从逐步增长的居民交通通信消费与教育文化娱乐消费中,我们不难发现新经济带来的潜在消费增长影响。

平台经济在我国快速发展,明显改变居民消费的习惯模式。平台经济属于新经济的组成部分,是一种新的交易组织模式,已经开始改变传统交易供需见面的模式,改变生产分销的组织形态,对供给与消费的连接有新的影响。电商平台的发展成为平台经济发展的关键。我国电商蓬勃发展,在各个领域中的渗透率越来越高,线下交易纷纷走上线上转型之路。

同时,目前从美国到欧洲,正以发达的服务经济为基础,并紧跟“计算机信息”时代,在逐步甚至大规模开展体验经济。从工业到农业、计算机业、互联网、旅游业、商业、服务业、餐饮业、娱乐业(影视、主题公园)等各行业都在上演着体验或体验经济,尤其是娱乐业已成为当今世界上成长最快的经济领域。所谓体验,就是企业以服务为舞台、以商品为道具,环绕着消费者,创造出值得消费者回忆的活动。其中的商品是有形的,服务是无形的,而创造出的体验是令人难忘的。与过去不同的是,商品、服务对消费者来说是外在的,但是体验是内在的,存在于个人心中,是个人在形体、情绪、知识上参与的所得。没有两个人的体验是完全一样的,因为体验是来自个人的心境与事件的互动。体验经济的灵魂或主观思想核心是主题体验设计,而成功的主题体验设计必然能够有效地促进体验经济的发展。

2. 网购消费偏好:新模式发展较快,产品服务仍然低端

影响交通通信消费增长的重要新经济因素是电商平台与网购消费,

它为民众提供了更好的消费渠道,替代传统零售平台。

网购消费是我国发展较快的新经济领域。2016 年,中国网购市场的增速尽管有所放缓,但仍然保持了较大幅度的增长,上半年的网络零售额达到了 22 367 亿元,同比增长 28.2%。根据国家统计局 2014 年全年社会消费品零售总额数据,2014 年,网络购物交易额大致相当于社会消费品零售总额的 10.7%,年度线上渗透率首次突破 10%。而当前,这一比重已经上升到 11.6%。

具体来看,我国网购进一步追求方便,但消费结构上与我国居民消费支出结构总体类似。移动互联网网购用户规模经历了爆发式的增长,网购的主要客户端由 PC 转为了移动终端,进一步便利化(见图 2 - 42)。但在支出结构上,依然以日用品和消费品为主,这与我国社会消费品零售额的情况类似(见图 2 - 43)。

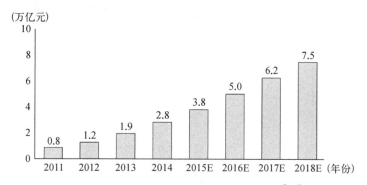

图 2 - 41　2011～2018 年中国网购市场规模[15]

资料来源:艾瑞咨询,《中国网购市场调研报告 2015》。

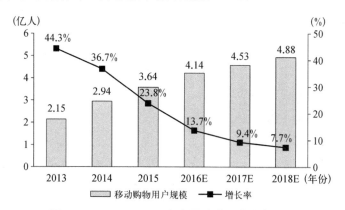

图 2 - 42　2011～2018 年中国移动网购用户规模

资料来源:艾瑞咨询,《中国网购市场调研报告 2015》。

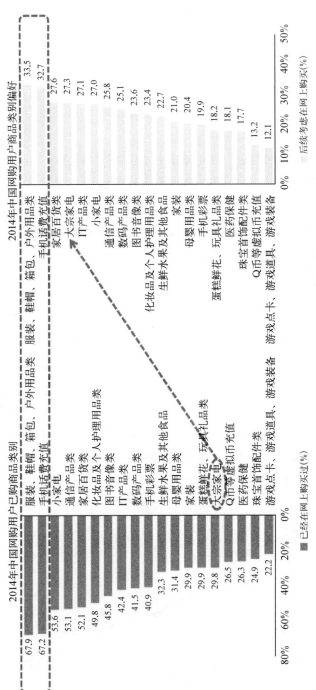

图 2 - 43　2011～2018 年中国网购用户已购与偏好类别

资料来源：艾瑞咨询，《中国网购市场调研报告 2015》。

网购消费未来的潜在增长方向之一是日用品、消费品升级的方向。网购的渗透目前仍然以快速消费品为主。中国国内消费发展在快速消费品方面的销量相对较高。但中高端产品,如彩妆、护肤品等高端日用品及高级服装、运动装备渗透率相对较低,当前在快速上升中(见图2-44、图2-45)。

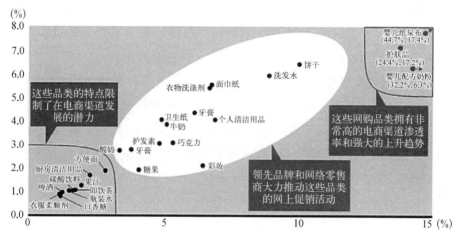

图 2-44　网购渗透率(2012～2015 年)

资料来源:东方证券,《新经济、新消费孕育新亮点》。

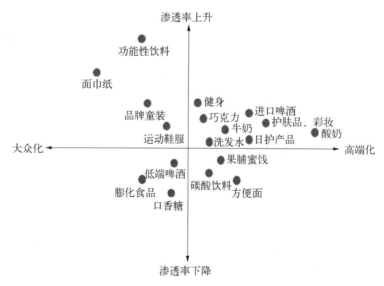

图 2-45　中国网购偏好分类

资料来源:东方证券,《新经济、新消费孕育新亮点》。

网购消费的另一个发展方向是通过模式升级进一步发展更好的零售服务,使中国的平台经济服务水平追上发达国家。实体店销售额出现了分化,大量以自身专业化服务为特色并保持创新动力的平台依然保持较好的增长。在日本、韩国、欧洲,实体店的销售额依然保持了较好占比。以中、日、韩 2014 年的消费指标为例,尽管三国百货业占比不断下降,但仅在中国,电商出现了大规模爆炸式增长,消费额远高于百货、购物中心及其他实体店(见表 2 - 1)。在日本,各类专业店铺销售额填补了空缺,电商的营业额增长并不如中国的实体店一般爆炸式地增长。电商零售额在人均消费中的占比仅为 6.37%,而购物中心的占比为 21.09%。零售实体店铺出现大量专门类别的分化,各类专业化商店的营业模式不断创新,已经对传统百货业形成了替代,迫使线上平台提供更高品质的服务。韩国则居于中日之间,零售业态不如日本丰富,但由财阀垄断的百货业与购物中心依然有较强的竞争力,两者相加的消费总额要高于电商平台。电商销售额与餐饮行业、大型零售百货同步增长,百货业的消费额为三国最高。三国的数据与各自零售行业的业态密切相关。

表 2 - 1　　　　　　　　　　中、日、韩人均消费指标对比

2014 年人均消费指标	中　国	日　本	韩　国
人均国民总收入(万元)	4.3	24.2	17.4
人均社会消费品零售额(元)	19 294	58 530	44 506
人均电商消费品零售额(元)	2 051	3 730	5 241
人均百货店消费(元)	662	2 575	3 263
人均购物中心消费(元)	1 176	12 347	3 263
人均奥特莱斯消费(元)	28	290	431

资料来源:《百货行业发展报告 2015》。

3. 娱乐休闲消费偏好:体育、旅游、娱乐偏好增强,但国际产品影响较大

大众体育随着群众自发需求兴起,近几年来以足球、马拉松(跑步)、瑜伽、冰雪等为代表的体育运动项目的兴起,成为大众体育与全民健身需求迅速膨胀的一个缩影。这其中,中产阶级更强、更稳定的消费力带动了整个大众体育产业的快速成长。正如在健康需求分析中提到的,这一部分增长迅速,且辐射范围较大。

以周边游和短途出境游为代表的休闲度假是 70 后、80 后对生活质量

的又一大消费投入(见图 2-46)。陪伴家人的亲子游或家庭出游成为周边游最重要的目的及增长动力,周边游的主要客源也均为 70 后、80 后的夫妻或情侣。未来随着休闲化需求的继续升级,这一趋势有望进一步发酵。

图 2-46 中国在线周边游市场规模预测

资料来源:易观智库、东方证券研究所。

以电影、戏剧、音乐会、展览为代表的精神文化消费进入越来越多中产阶级家庭闲暇时间消费清单。口碑传播加速市场需求向优秀内容集中,其中电影市场经过近 5 年的高速增长,已经在低线城市实现快速渗透;演出市场随着内容质量的提升,在一、二线城市实现了从粉丝消费(演唱会)向文化消费(剧目类)的过渡(见图 2-47)。2015 年北京市戏剧类(包括话剧、音乐剧、儿童剧、戏曲等戏剧演出类型)演出实现票房收入为

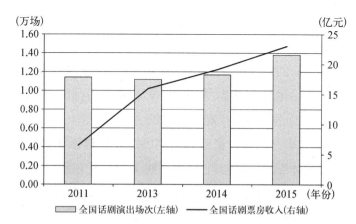

图 2-47 2011~2015 年全国话剧演出场次和票房收入

资料来源:万德数据、东方证券研究所。

6.2亿元,比上年同期5.2亿元增长了21%,其中话剧与儿童剧演出票房之和占戏剧类演出票房的60%,成为戏剧类演出发展的重要动力。以乌镇戏剧节为代表的长三角商业演出市场同样在短短3年里经历了从最初的尝试到一票难求的快速发展。

但无论何种新兴消费,境外产品的偏好都要优于国内产品。2016年,大众体育发展过程中,中国的体育服务业在整个体育产业中占比仅为18%,而美国的体育服务产业占比达到57%。如此大的差距显示我国体育产业相对不成熟。由此产生的影响是伴随着体育赛事转播渠道的互联网化,我国购买国外体育转播权甚至球队的情况普遍发生,国内投资则看不到明确的回报。

境外旅游,尤其是与购物相关的境外旅游业展现了相较于国内旅游更大的消费额度。2015年中国出境旅游超过7 000万人,平均每人1.5次。购物是中国消费者境外游的"保留节目":80%的消费者在海外购物,将近30%的人甚至根据购物机会来决定旅游目的地。出境游的消费额度超千亿美元,人均额度达到5 000元。而与之对比,国内游的人数尽管有所增加,超过3亿人次,但对应的人均消费数额约为840元,远远比不上出境旅游,使得消费需求对我国经济的拉动减弱。

4. 理财消费偏好:高净值人群国际化与海外资产转移

在新经济的发展过程中,我国经济发展中的短板也将逐步补足。但从我国的金融服务发展来看,理财消费服务与产品并未跟上相应的需求,导致我国可能存在消费及资产的外流。以高净值人群的理财消费偏好为例子,说明相关的情况[①]。

高净值人群的理财偏好需要大致可以分为五类,即收购并购、海外投资、传统金融产品、创新金融产品、艺术品投资。其中,海外投资意向明显,且金融产品的国际化现象明显(见图2-49)。由于对国内市场的不确定性估计及自身企业国际化和资产配置分散的考量,大量企业走向国际化,购买国际产品,如王健林购买投资洛杉矶高端综合性地标项目、郭广昌以78亿美元收购葡萄牙三家保险公司等,这些购买与投资在使自身企业国际化的同时,也把资产配置分散,不再对国内经济产生直接投资拉动效果。

---

① 高净值人群是指个人总资产超过5亿元的人群,他们的理财消费偏好应当是被优先满足的对象。截至2014年9月末,中国高净值人群约6.7万人,上升3.9%。

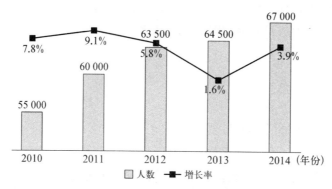

图 2 - 48　中国高净值人群数量

资料来源：胡润财富榜，《中国高净值人群需求调研》[16]。

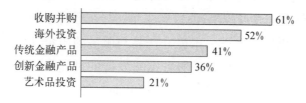

图 2 - 49　高净值人群个人及家族企业投资计划

资料来源：胡润财富榜，《中国高净值人群需求调研》。

　　而在非金融的理财消费需求上，国内大部分的产品与服务无法满足高净值人群的需要，如：健康需求中，高净值人群需要固定的私人医生团队和国际医院的就医通道；家族传承的相关子女教育及财产传承计划需要由国际化的团队设计；等等(见图 2 - 50)。这些在国内相关领域内的发展仍然有所欠缺，使得高净值人群的相关服务以国际产品为主，即使有中国代理。

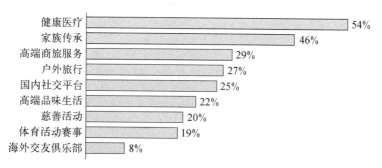

图 2 - 50　高净值人群非金融服务的主要需求

资料来源：胡润财富榜，《中国高净值人群需求调研》。

由高净值人群推衍,我国的金融服务发展仍然有所欠缺,国内缺乏满足需求的相关产品与服务,说明我国经济发展的短板补足有待加强。这与我们有关财产性收入的变化情况相一致,金融服务业需要为居民提供更好的产品与服务,使得居民的财富不断增长,满足消费者的高端需求。

5. 小结

(1) 在交通通信支出与教育娱乐文化消费支出大幅度增长的当下,中国经济的发展不仅与互联网企业息息相关,也与娱乐消费产业的发展紧密联系,两者正朝着平台经济与体验经济的新形态发展。中国消费者在互联网信息产业大发展的背景下充分利用网购消费,提升了消费水平,同时也越来越积极参与更加丰富的文化娱乐活动,增加了支出。

(2) 尽管渠道发展较快,消费模式变化与新经济形态较为符合,中国新经济的发展仍然需要进一步提升产品与服务的质量,以满足消费者的需求。在网购消费和文化娱乐服务消费发展的过程中,政府引导起到了较强作用,但中国国内的产品与服务提升面对较长的发展之路。消费者依然偏好国外的产品与服务,对中国消费经济的长远发展不利。

(3) 同时,我们也注意到,在新经济的发展过程中,中国在弥补原先经济发展过程中的短板,追赶发达国家消费经济的基础过程中依然有所欠缺。在高端产品与服务领域,中国的发展水平仍然无法与先进国家持平。这对新经济的进一步发展同样不利。

2.2.3　人口结构视角下的居民消费偏好变化分析

未来,中国的人口结构将呈现两头宽、中间窄的格局。中国可能步入四位老人、两位成年人、两个孩子构成的超级老龄化社会,消费结构会随之发生变化。这带来潜在的居民消费偏好变化,同时也面临未来经济发展的挑战。

1. 老年人消费偏好:银发经济发展缺少器材与人才

老龄化加剧,孕育银发经济巨大潜力。截至 2014 年底,中国 60 岁以上老年人口达到 2.1 亿,占总人口的比例为 15.5%,随着 20 世纪 60~70年代出生的共和国第二代婴儿潮将在未来 20 年逐步进入退休年龄,老龄人口数量与占比都将快速提升,预计到 2040 年老龄人口总数将达到 4 亿人。老年人退休后出于"乐生"的需要,在身体条件允许的情况下,会更多寻求体验消费,对吃、穿等物质消费的需求下降,对旅游、养生、健康、医疗等服务需求上升(见表2-2、图2-51)。日本在迈入老龄化社会之后,家庭消费支出中的医疗保健与旅游支出占比都有明显的提升,西方发达国家老年人的出游比例普遍达到60%以上。另一方面,与当前老年人消费偏好中恩格尔系数偏高不同,60~70年代出生的消费群体基本上享受到了改革开放以来的制度红利与人口红利,无论是在收入水平、储蓄、社会保障制度还是在教育水平、消费偏好上都远高于上一代,这决定了这个年龄段的消费群体会更早也更舍得对自己的投入,意味着未来中国的银发经济将面临一个量价齐升(老年人口增加+人均消费提升)的趋势。

表2-2　　　　　城市老年人平均月收入和消费金额(恩格尔系数)

	饮食	水电煤	给子女	娱乐	家居	旅游	衣服	雇工	保健	通信	月消费	月收入
金额(元)	1101.74	181.46	118.71	3.09	42.75	4.25	22.07	3.56	13.63	77.34	1558.6	1853.08
比例(%)	70.69	11.64	7.62	0.20	2.74	0.27	1.42	0.23	0.87	4.96	100.00	

资料来源:国家统计局、招商证券[17]。

图2-51　老年人消费需求

资料来源:东方证券研究所。

　　尽管获得了大量金融政策的支持,我国养老产业发展仍存在明显瓶颈,专业服务设施与人才的缺失使得相关产业发展缓慢。养老机构的服务设施状况缺口颇大。目前我国大多数养老机构设施简陋,医疗卫生设施条件较差,护理人员专业技术服务水平低,以收住、托管老年人和老年人日常生活照料、基本护理服务为主,疗养保健型、休闲娱乐型养老机构数量不多,难以满足部分老年人多层次养老生活的需求。人才缺口上,以提前老龄化的上海为例,上海老龄人口达到30.2%,现有700多家养老机构,全市养老人员仅2万。上海做了一个统计,发现老龄护理人员存在着地位低工作强度大、薪酬低流动高、技能低年龄大等现象,从事养老的中大专以上学历的人不到整个养老机构人员的1%,30岁以下的人员也不到1%,养老护理人员过于老龄化。

2. 人口主力军偏好:家庭消费需求偏好带动众多消费领域升级

对70后、80后这部分人口数量最大的主力消费群体来说,消费支出的出发点基本上围绕着家庭生活展开。中国人对家庭的重视程度要远高于国外。根据麦肯锡2016年的调查显示,约有75%的受访者表示拥有幸福的家庭是成功的重要标准,而有钱人这一标准仅有50%的人认同。这一趋势带来了众多影响。

家庭体验活动带来了大量消费机会。尽管电子商务风生水起,"购物休闲体验"(retailtainment)却越来越吸引着人们。有2/3的消费者表示,逛街吃饭购物是与家人共度时光的最好方式,与3年前相比上升了21%(见图2-52)。购物中心是这一趋势的最大受益者。消费者从百货商店和大卖场之类的大型零售商场转向购物中心,后者集购物、餐饮和娱乐等多种体验于一体,可以满足全家人的休闲需求。

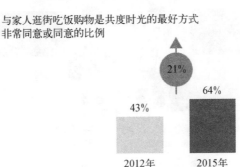

与家人逛街吃饭购物是共度时光的最好方式
非常同意或同意的比例

图2-52　人口主力军家庭消费需求

资料来源:麦肯锡,《2016年中国消费者调查报告》。

对子女的投入是未来最重要的消费方向之一。随着80、90后先后迈入婚育年龄以及二孩政策的全面实施,中国进入第四波生育小高峰。与欧美及日本不同的是,国内"421"型的家庭结构决定了父母与祖父母两代人将更注重也更舍得对第三代的投入,这其中婴童护理用品、童装、早教、课外辅导、海外留学、亲子游等，逐步从可选消费转变为必需消费，这也是婴童经济维持快速增长的一大驱动因素。中国母婴童市场（-1～14 岁）整体规模由 2010 年的 8 000 亿元增长至 2015 年的 1.8 万亿元，年复合增长 17%，其中婴童产品与服务占据整体市场 90%的份额。

　　但在消费决策时，专业化产品与服务成为最重要的影响因素。在家庭消费领域，国外产品在生活必需品中领先。《2016～2021 年中国母婴行业发展分析及投资潜力研究报告》显示，2015 年整体行业规模已经达到 2.3 万亿元，而其中线上交易的占比上升到 40%。大量海外产品占据产品品类销售的前列。如根据图 2-53 显示，销售额排名前 5 的母婴品类均为外国产品。这些外国产品都具有较好的质量与安全口碑，具备较好的专业性。国际学校在教育行业的发展也令人瞩目。截至 2015 年，国内国际学校总数为 597 所，成为全球国际学校数量最多的国家，这主要归功于民办国际学校的迅猛增长。优质教育正成为家长青睐的对象（见图 2-54，图 2-55）。

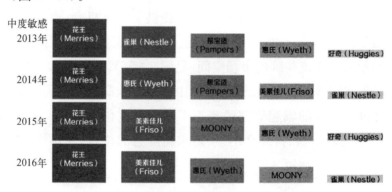

图 2-53　京东品质用户母婴品类销售额变化

资料来源：京东大数据平台。

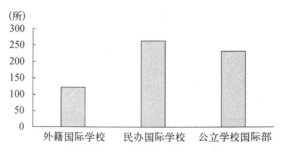

图 2-54　2015 年各类国际学校数量

资料来源：中国产业信息网，www.chyxx.com。

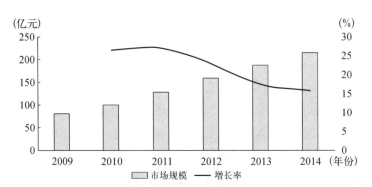

图 2 - 55   国际学校市场规模

资料来源：中国产业信息网，www.chyxx.com。

3. 90 后消费偏好：个性化消费偏好要求产品升级

国内消费需求维度经历了"实用"到"炫耀"再到"个性"的过程。随着 90 后成为消费主力，市场对品牌的细分定位提出了越来越高的要求，传统品牌所传导的价值观与品质一旦无法得到 90 后的认可，势必将面临份额流失的局面，这为中小品牌提供了卡位机会，通过满足年轻群体细分需求、差异化的定位、情感上的认同、充分的互动提升体验等方式不断蚕食传统品牌的市场空间（见图 2 - 56）。现实中，品牌服饰行业越来越多潮牌的兴起、快速消费品中许多小众品牌的流行、珠宝行业里个性设计品牌的崛起等都脱离不了社会个性化的背景。另一方面，90 后注意力转移快、持续性不强、追求新鲜感的特点，使得许多新品的生命周期也越来越短。

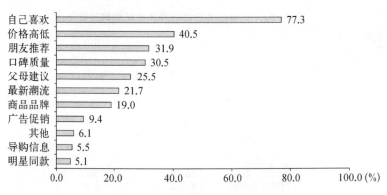

图 2 - 56   90 后购物出发点分析

资料来源：北京大学市场与媒介研究中心、东方证券研究所。

个性化带来的重大改变是过去本土品牌擅长的模仿战略与价格战略开始失效,取而代之的则是能够良好适应消费者需要的高品质产品,市场开始明显表现为品质高者增长。以快速消费品行业为例,根据尼尔森发布的《2016 年中国快速消费品预测报告》[18]显示,小众、高端商品正逐渐成为消费者青睐的对象。报告认为,近年来,随着中国城市化进程加速,中国消费者的收入水平和消费能力增长显著。这一趋势不仅使得居民的可支配收入得到提高,也使中国消费者日益成熟,对于高品质产品的诉求不断提高。而小众化的产品更能够吸引消费者的眼球,这一趋势在个人护理品类中尤为明显。根据尼尔森的研究,2015年中国个人护理品的销售额增长率远远超过销售量,分别为 7% 和1%。以牙膏为例,高价位的高端产品如美白和多效修护牙膏,都受到消费者青睐。尼尔森截至 2015 年 10 月的数据显示,牙膏的销售量与2014 年几乎持平,但是由于消费者倾向于购买更昂贵的产品,驱动其销售额增长达到 6.7%。

4. 小结

(1)总体而言,由于成长的生活环境不同,中国各个年龄段消费者的偏好都有所不同,这为中国相应的消费产业带来了多元化的发展机会。但这也对产业发展提出更高的要求:如果产业的模式单一,不能满足大量同一年龄层次消费者的需要,那么将无法取得足够的市场份额,获得长足的发展。

(2)不同年龄段的消费者都向个性化、集成化、便利化发展,需求的层次大大丰富。各个消费者始终以更优秀的产品与服务作为自身判断的标准,这对中国的产业发展提出了更为明确的方向:产业必须具备相应知识的人才,提供专业化、高品质的产品与服务。我国的相关产业发展仍然有所欠缺,导致消费流向境外的趋势明显。

2.3 产业投资情况分析及未来消费经济发展趋势

我国消费者已经对我国相应的产业升级提出了切实的要求:更好的产品、更好的服务、更优秀的新经济模式。这一需求的满足不仅仅是单一产业或经济环节的升级,更需要整个消费品产业从生产、制造到消费服务的全面升级。在这些领域中,工业的发展更是我国目前仍然有所欠缺而亟须发展的环节。这里,通过对各行业固定资产投资的对比分析及工业、服务行业的发展情况分析,判断未来消费经济发展的趋势是否能够满足居民消费偏好的变化,形成良好的消费经济结构。

2.3.1　固定资产投资分析

1. 固定资产投资产业链视角分类

根据产业链理论,我们将整个宏观经济的产业投资分解为原材料产品投资、中间产品投资、消费品工业投资及消费品服务业投资。其中,剔除了房地产业。对每一门类投资进行具体分类。

(1)原料型产品投资。该门类包括所有与原材料开采相关的行业,同时也包括原料初加工的行业。行业内包含我国大量过剩产能。具体包括:采矿业,煤炭开采和洗矿业,石油和天然气开采业,黑色金属矿采选业,有色金属矿采选业,非金属矿采选业,开采辅助活动业,其他采矿业,石油加工、炼焦及核燃料加工业,化学原料及化学制品制造业,非金属矿物制品业,黑色金属冶炼及压延加工业,金属制品业,电力、燃气和水的制造业。

(2)中间产品投资。该门类主要包括设备制造业、零部件产品制造业。我国大量新兴产业投资与之相关。具体包括:通用设备制造业,专用设备制造业,铁路、船舶、航空航天和其他运输设备制造业,电气机械及器材制造业,仪器仪表制造业,其他制造业。

(3)消费品工业。该门类主要包括消费品的生产制造业、轻工业,其是我国过去的支柱产业。具体包括:农副食品加工业,食品制造业,酒、饮料和精制茶制造业,纺织业,纺织服装、服饰业,皮革、毛皮、羽毛及其制品和制鞋业,木材加工及木、竹、藤、棕、草制品业,家具制造业,造纸及纸制品业,印刷业和记录媒介的复制,文教、工美、体育和娱乐用品制造业,医药制造业,化学纤维制造业,橡胶和塑料制品业,汽车制造业,计算机、通信和其他电子设备制造业。

(4)消费服务行业。该门类主要包括除房地产业外,所有为服务而进行的固定资产投资。具体包括:批发和零售业,交通运输、仓储和邮政业,住宿和餐饮业,信息传输、软件和信息技术服务业,金融业,租赁和商务服务业,居民服务、修理和其他业,教育行业,卫生和社会工业行业,文化、体育和娱乐业。

2. 固定资产投资产业链视角下的投资变化情况分析

按照分类,我们观察 2012 年第一季度至 2016 年第三季度四大类别固定资产投资的完成情况。季度投资完成额具有周期性,但四大类别的周期性一致,因此我们可以进行对比(见图 2-57)。

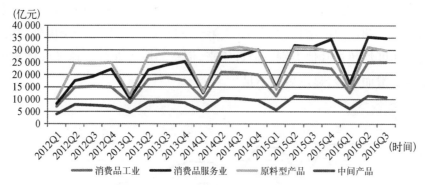

图 2-57 产业链视角下的投资变化情况

资料来源:根据国家统计局数据计算、绘制。

从原料型产品投资来看,我国原材料及初级加工领域的过剩产能正逐步去除,相关工业投资逐步减少或保持原有数额。2012 年时,在四大类别中,我国的原料型产品投资尚处于首位,单季度投资额在 25 000 亿元左右。2014 年至今,原料型产品各行业的每季度总投资保持零增长,第一季度在 15 000 亿元左右,其余季度基本维持在 30 000 亿元左右。这显示我国"三去一降一补"政策的引导效率有所发挥,相关领域的产能去除正在进行。

取而代之成为投资重点的是消费品服务业,这与新经济的发展趋势相一致。第三产业的投资迅速增长,从 2015 年第四季度起,其投资一举超过了其他所有类别,成为资本流入的重点。2016 年第二季度、第三季度,消费品服务业的投资分别达到了 35 307.89 亿元、34 780.88 亿元,成为投资增长的主要动力。

我国消费品工业保持稳步增长,但投资规模不如消费品服务业,两者差距有所扩大。消费品工业的投资总额在 2016 年第二季度与第三季度分别为 25 000 亿元,其投资额低于同期消费品服务业。我国实体消费品生产的投资落后于消费品服务。

我国中间产品的投资相对较少,结构存在一定问题。相较于其他三个类别,我国的生产用设备、零件投资总体较少。2016 年第二季度、第三季度,我国的中间产品投资仅为 11 422.39 亿元、10 865.17 亿元,投资数额仅为原料新产品的 1/3,消费品行业的 28%。

从投资额的增长情况来看(见图 2-58),消费品服务业已经长期保持高增长,当前投资增长正逐步放缓。2013 年至今,我国消费品服务业长期保持两位数的增长,除 2013 年第三季度及 2016 年第一季度外,其他增长速度均超过其他类别。但近年来,消费品服务业的增速随整体投资增速下滑而放缓,显示后劲不足。

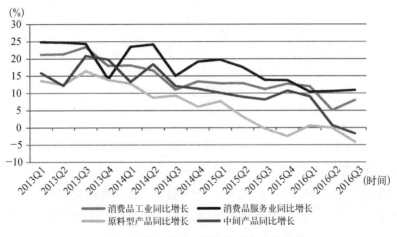

图 2-58　产业链视角下的投资增长率变化情况

资料来源:根据国家统计局数据计算、绘制。

2015 年以来,消费品工业的投资增速较为稳定,并未与消费品服务投资共同快速增长。在消费品服务业快速增长的 2014~2015 年,消费品工业的增速一直较为稳定。尽管 2016 年第二季度增速减缓,仅为 5%,但第三季度增速重回 7.99%,消费品工业的投资避免萎缩。但从总体增速来看,我国消费品工业的投资数额并未显示出明显的产品更新换代趋势。

中间产品投资并未受到消费品服务业的拉动,反而受到原料产品的带动,投资停滞(见图 2-59)。中间产品的行业主要与设备制造企业及零件企业相关。这一领域既可能受到消费品工业、服务业增长影响而增长,也可能随原材料产品投资衰退而衰退。根据2016年前三季度的数据,我国中间产品投资受到后者的影响更大,整体投资出现了停滞和衰减。

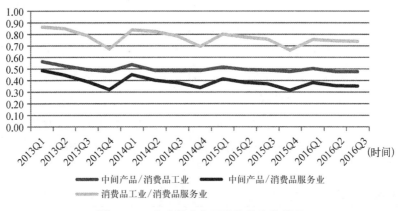

图2-59 产业链上各环节比值变化情况

资料来源:根据国家统计局数据计算、绘制。

3. 固定资产投资经济类型分类

为了进一步分析我国消费品工业、中间产品投资较少的问题,我们以消费品工业投资数据、房地产业投资数据及公共产品业投资数据进行对比,分析我国投资的经济类型变化情况。

消费品工业分类与前节中的分类相同。

房地产业的投资情况摘自国家统计局房地产业的相关统计数据。

公共产品业投资包含基础设施建设与公共服务业投资两方面,具体包括:交通运输、仓储和邮政业,教育行业,卫生和社会工业行业,电力、燃气和水制造业,铁路、船舶、航空航天和其他运输设备制造业。

4. 固定资产投资经济类型分类下的变化情况分析

从图2-60来看,房地产业依旧是这三大类型中投资额最大的领域,但在2014年后,公共产品业的投资增速逐步增长,其单一季度的投资额已经稳定,大于消费品工业的总体投资。在三大类别中,消费品工业的增长相对稳定,而公共产品的投资显示出极高的增速。2016年第二季度、第三季度,公共品的投资分别达到29 593.86亿元、28 847.04亿元,其投资总额相当巨大。

从图2-61来看,可以发现房地产业的投资的确逐步萎缩,但公共产品的快速增长替代了房地产业,成为超过消费品工业投资的领域。2013

年以前,房地产业的增速快于消费品工业,而消费品工业的增速快于基础
设施建设业。2013 年第三季度至 2014 年第一季度,消费品工业一度是
增长最快的领域。但此后,在投资总体衰减的背景下,公共产品的投资增
速逆势拉升,以两位数的速度高速增长,并成为投资增长最快的领域。

　　从图 2-61 中可以发现,消费品工业的投资增长与公共产品的投资
增长存在挤出性。2015 年后,消费品工业的增速上扬必然伴随着公共产
品的增速下降,而公共产品的增速快速拉升也伴随着消费品工业的增速
相对下降。2016 年前三季度,消费品工业的投资增速为 11.97%、5.07%
与 7.99%,而公共产品的同比增长为 12.66%、17.42%、10.50%。

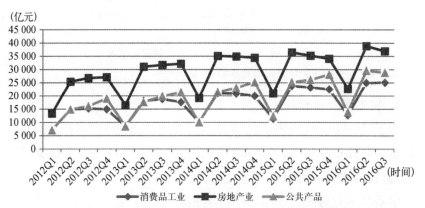

图 2-60　固定资产投资经济类型分类下的变化情况

资料来源:根据国家统计局数据计算、绘制。

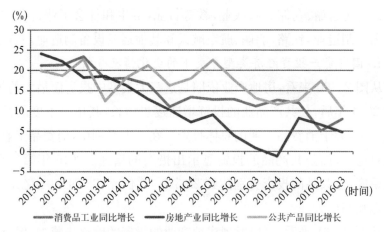

图 2-61　固定资产投资经济类型分类下的增长变化情况

资料来源:根据国家统计局数据计算、绘制。

5. 小结

（1）从固定资产投资来看，中国消费经济的发展重视消费服务的追赶与升级，但缺乏对消费产品及相应的产品制造的投资。在整个产业链上，消费品服务业的投资占比逐渐扩大，显示出中国消费服务的发展进步趋势。但中间产品、消费品工业的占比有不断降低的趋势，尤其是消费品工业的占比不断下降，显示中国消费行业的发展缺乏生产企业的发展配套支撑。消费经济的发展只有服务的升级，缺乏产品的支撑，并不能支持中国消费经济的长远发展，无法真正满足消费者高品质产品的偏好。

（2）过去一段时间，大量公共产品成为中国消费服务快速增长的重要支撑，而消费品工业的投资反而受到挤出。这显示政府对消费经济的拉动可能存在偏差。结合居民收入的相关分析，中国消费品服务的快速增长有相当一部分是因为政府推动转移新收入增长或是满足城镇化推进的需求，进而出现的公共产品服务增长。这拖慢了高品质产品与服务的发展，影响了中国消费经济的整体升级进程。

2.3.2　工业企业收入、成本及利润分析

这里我们将对我国工业企业的主营业务收入、主营业务成本、主营业务利润及税金数据进行综合性的分析，透视消费品工业进一步发展的瓶颈。由于统计数据的限制，主要分析 2012～2015 年的工业变化情况。

依旧沿用前文中提及的产业链分类方法，将产业分解为原料型产品、中间品产业及消费品工业产业进行对比分析。

1. 主营业务收入对比

从图 2-62 来看，产业链下游的我国消费品工业的主营业务收入大于中间产品与原料型产品的业务收入总和，显示出我国消费品工业的支撑地位，同时显示我国中间产品与原料型产品工业相对较弱。消费品工业的营业收入总和在 2015 年第四季度达到 404 096 亿元；中间产品工业的营业收入约为其 1/4，为 112 954 亿元；原料型产品的营业收入为 95 214 亿元。我国中间产品的营业收入相对较低，但最终消费品的业务收入相对较高，符合我国出口导向型经济与加工代工发达的经济特征。

从增长率来看，我国工业的业务收入出现了大幅度的下滑（见图

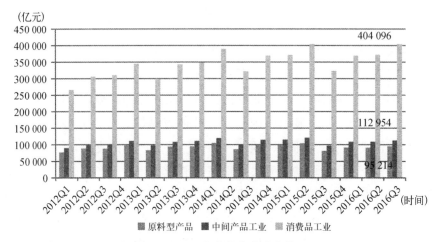

图 2‑62　工业企业主营业务收入

资料来源：根据国家统计局数据计算、绘制。

2‑63），其中：原料新产品与中间产品工业的业务收入，2015 年以来持续负增长；消费品工业在 2015 年第四季度出现－0.06% 的负增长，增长陷入停滞。从增长率情况看，2014 年以来，所有工业的营业收入均不断下滑。原料新产品与中间产品工业的营业收入均负增长。从 2015 年的数据来看，工业的整体主营业务收入不断下滑，是消费品工业投资在 2016年增长停滞的重要原因。

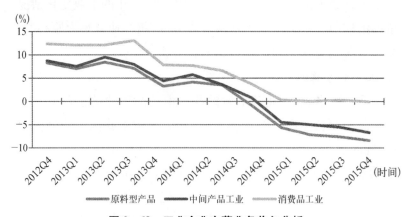

图 2‑63　工业企业主营业务收入分析

资料来源：根据国家统计局数据计算、绘制。

2. 主营业务成本对比

从主营业务成本来看，我国原料型产品正经历去产能阵痛，业务成本高于业务收入(见图2-64)。三大类工业的主营业务成本高低顺序与主营业务收入顺序颠倒。2012年以来,原料型产品的主营业务成本最高,而消费品工业的主营业务成本相对较低。从绝对数值来看,2015年第四季度,我国原料型产品的主营业务成本高达102 749亿元,高于主营业务收入。整个类别的企业处于入不敷出的阶段,原料型产品类别整体处于去产能的阶段。

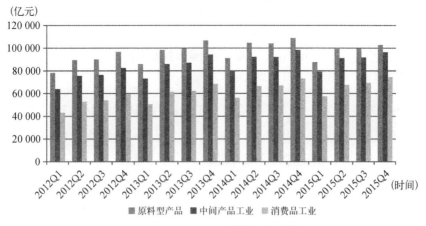

图2-64　工业企业主营业务成本

资料来源:根据国家统计局数据计算、绘制。

相对而言,我国中间产品工业的主营业务成本较高,显示出我国中间产品工业处在产业链低端,存在附加值不高的问题(见图2-64)。我国中间产品工业的主营业务成本与主营业务收入的差距较小。相对于消费品产业,我国中间产品工业的总体收入水平不高,但成本要远大于消费品。这说明,在工业器材制造这一中间品领域,我国的发展水平相对较差,所能产生的附加值较低。我国消费品工业的发展缺少高附加值的生产产品。

从增加值情况来看,我国原料型产业的主营业务成本正伴随着主营业务收入的下降而不断下降,但我国中间产品工业的成本减少速度慢于业务减少速度,消费品工业的成本增速要高于主营业务收入的增速,工业尤其是消费品工业发展面临挑战(见图2-65)。我国原料型产业的主营业务成本正与主营业务收入同步,逐步下降,显示去产能工作正有条不紊地进行。但与此同时,2015年,中间产品产业的主营业务成本下降速度低于主营业务收入下降速度,第四季度的成本下降速度为-1.98%,而主

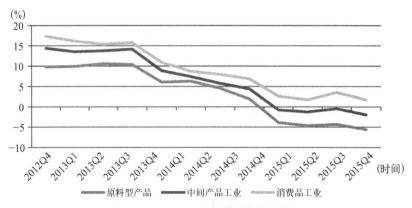

图 2 - 65　工业企业主营业务成本增长

资料来源：根据国家统计局数据计算、绘制。

营业务收入下降为－6.68%。消费品工业存在同样的问题，2015 年第四季度，在主营业收入出现 0.06% 衰减的情况下，主营业务成本出现了 1.73% 的上升，工业发展的挑战显现。

3. 工业企业利润分析

从工业企业利润来看，从 2014 年开始，无论是何种类别的工业企业，其利润均不断下降（见图 2 - 66）。原料新产品工业的利润因去产能快速下降，在总利润上已经从高于中间品产业转为低于中间品产业。但中间型产品与消费品产业的总利润也不断下降，显示我国工业整体面临巨大的转型挑战。

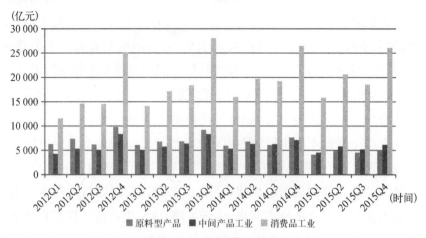

图 2 - 66　工业企业利润

资料来源：根据国家统计局数据计算、绘制。

从增长率变动情况,我们可以更清晰地观察到工业利润的整体下滑。2014年第四季度后,我国原料品工业与中间产品工业的利润常年保持两位数的衰退,整体利润下滑明显(见图2-67)。消费品工业的利润增长在2015年整体停滞,总体利润较2014年没有明显变化。考虑到通货膨胀的因素,我国消费品工业的利润同样整体下滑。

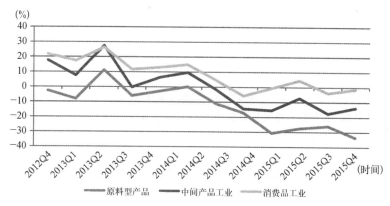

图2-67　工业企业利润增长

资料来源:根据国家统计局数据计算、绘制。

不过,从2016年以来,中间产品工业波动与消费品工业波动逐步接近,显示我国工业有向消费经济的转型趋势。从主营业务利润来看,中间产品工业的转型可能正在推进,利润减速幅度正波动减缓,且波动趋势与消费品工业更为类似。

4. 主营业务税金

为了考察我国政府对工业发展的影响,我们整理了工业企业主营业务税金的相关数据。

从税金数额及税率来看,我国原料型产品在2015年后因去产能需要税率大幅上升,原料新产品的税率较其他工业企业更高(见图2-68)。伴随着去产能政策的影响,2015年第一季度后,我国原料新产品的税金大幅度上升,税率接近45%。

相对而言,我国中间产品工业及消费品工业税率有所上升(见图2-69),这一上升可能与我国出口下降有关。由于出口退税政策的影响,我国出口的消费品及中间产品的税率相对较低。伴随着我国出口的不断下降,新增的消费品及中间产品营业收入将转向国内。国内较高的税率会整体拉高相应的工业企业缴税。

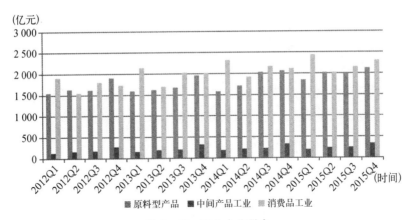

图 2－68　工业企业税金

资料来源：根据国家统计局数据计算、绘制。

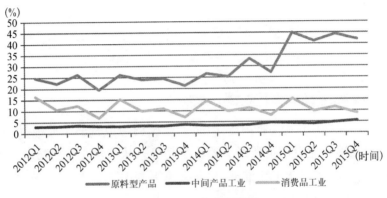

图 2－69　工业企业税率

资料来源：根据国家统计局数据计算、绘制。

从工业企业的税率变动情况来看，我国的原料型产品的去产能政策已经发挥一定作用，中间产品与原料型产品的相关性更高，消费品产业转向国内的趋势较为明显（见图 2－70）。我国原料型产品的税金增长在2015 年第三季度与第四季度趋于停滞，说明我国的原料新产品工业的利润增长已经停滞，间接说明相关产能正逐步减少。同时，我们观察中间产品的税金波动，在 2015 年第一季度及第二季度，当原料型产品的税金出现大幅度上升时，中间产品的税金也跟随上升，波动趋势显示我国中间产品仍然受到原料新产品影响较大。而在消费品工业方面，在 2015 年第四季度，相关税金出现重新上涨。结合出口的相关分析，消费品工业的内需转向已经出现。

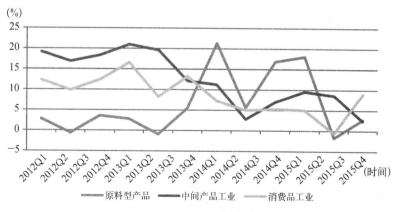

图 2-70　工业企业税金增长率

资料来源:根据国家统计局数据计算、绘制。

5. 小结

(1)中国工业的整体盈利增长陷入停滞,直接导致向工业的投资大幅度减少。尽管工业投资的减少与中国的去产能政策有关,但原料型工业只是整个工业利润下降的代表,几乎所有的工业领域都迎来了收入与利润的下降。这一方面显示中国的工业整体业态相对低端,所有工业都受到去除低端产能的冲击;另一方面也显示中国工业发展面临巨大转型升级挑战,投资因对工业获利的预期较低而减少,升级停滞,获利增加困难。

(2)中国的中间产品工业,也就是工业设备、零件的产业水平相对低端,目前无法对未来消费经济发展形成有效支撑,但有向好趋势。中国中间产品工业的波动趋势与原料型工业的波动趋势较为一致,显示我国的中间产品工业产能仍然较为过剩与低端,无法与消费品工业的发展相互匹配。但从趋势来看,2016 年以来,中国中间产品工业的波动逐步与消费品工业的波动类似,显示一定的转型趋势。

(3)为了促进中国消费品工业的进一步发展,有必要在高端领域推进一定的减税措施。我国消费品工业面临转型压力,收入增长近乎停滞,而成本依然波动增长,利润因此下降。这导致了相关的投资波动影响。定向、有目的性的减税,增加工业的相关利润,有利于消费经济的进一步发展。

2.3.3　部分消费品行业分析

1. 食品制造业及餐饮服务业发展分析：食品制造稳步增长，餐饮服务投资过热

在制造业整体营业收入增长减速的背景下，我国食品制造业相对成熟，当前稳步增长，利润率保持在 8% 以上（见图 2-71）。2016 年前三季度，我国食品制造业的营业收入分别为 5 268 亿元、5 602.6 亿元、6 032.7亿元，营业利润分别为 460.4 亿元、451.2 亿元、497.4 亿元，利润率分别为 8.74%、8.05%、8.25%。食品制造业整体发展平稳。

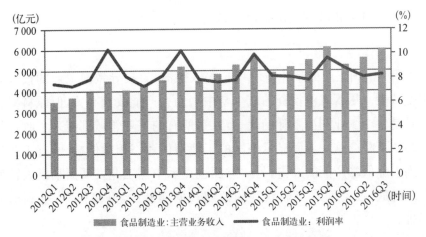

图 2-71　食品制造业主营业务收入及利润数据
资料来源：根据万德数据计算、绘制。

在投资能够获利的情况下，食品领域的投资正逐步由餐饮服务业重回食品制造工业领域（见图 2-72）。我国餐饮服务业的固定资产投资在2013 年高速增长，之后固定资产投资逐步放缓。相对地，我国食品制造业投资的增长率保持在较为稳健的水平上，投资保持 15% 左右的增长速度。2016 年以来，食品制造业领域的投资逐步超过餐饮服务业，而餐饮服务业面临投资过剩的阵痛，固定资产投资有所减少。在 2016 年前三个季度，我国的餐饮服务业投资出现连续三个季度的衰减，增速分别为−8.18%，−10.61%，−9.81%。投资由服务业向制造业流动，表明在食品制造领域存在相应的产品升级趋势。

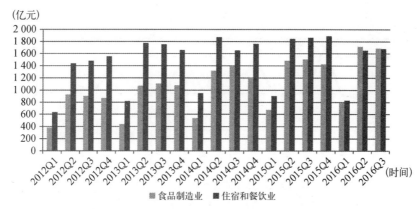

图2－72　食品制造业主营业务收入及利润数据

资料来源：根据万德数据计算、绘制。

2. 纺织服装业发展分析：纺织服装业增速放缓，利润微降，投资停滞

相较于食品制造业，近年来，纺织服装业出现明显的增速放缓，利润率尽管保持在5%以上，但总额有所下降(见图2－73)。2016年前三季度，我国纺织服装业的营业收入分别为4 926.5亿元、5 739.6亿元、6 071亿元，其增长率分别为6.63%、7.74%、6.42%。前三季度，利润总额分别为275.9亿元、307.4亿元、309.6亿元，同比第三季度出现一定的下降，为－3.67%。

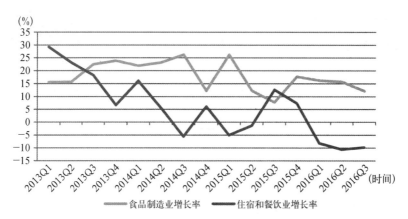

图2－73　食品制造业及住宿和餐饮业固定资产投资增长率

资料来源：根据万德数据计算、绘制。

从固定资产投资来看，纺织服装、服饰业的投资出现了明显的探底回升趋势。自2015年开始，纺织服装、服饰业的固定资产投资增长率出现了连续6个季度的下滑，表明我国纺织服装、服饰业经历了一定的调整和

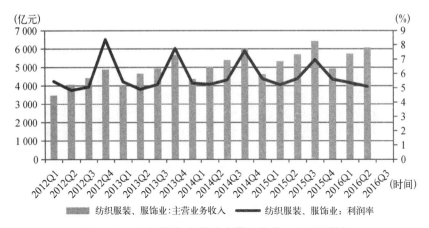

图 2－74　纺织服装、服饰业主营业务收入及利润数据

资料来源：根据万德数据计算、绘制。

蛰伏期（见图 2－74）。伴随着 2016 年第三季度的投资增速重回 8.8％，我国纺织服装业的相应生产升级可能展开（见图 2－75）。

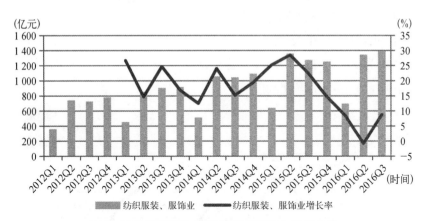

图 2－75　纺织服装、服饰业固定资产投资增长率

资料来源：根据万德数据计算、绘制。

3. 文教娱乐用品及服务发展分析：行业利润迅速增长，制造业总量偏小，投资快速增加，服务业增速有所放缓

在制造业领域，我国文教、工美、体育和娱乐用品制造业的总量增长在 2016 年有所放缓，利润快速上升（见图 2－76）。我国 2016 年前三季度的相关制造业的主营业务收入分别为 3 509.2 亿元、4 024 亿元、4 247.6 亿元，同比增长率分别为 7.93％、8.21％、3.70％；利润分别为 182.4 亿元、213 亿元、225.9 亿元，同比增长率分别为 11.88％、13.61％、7.75％。

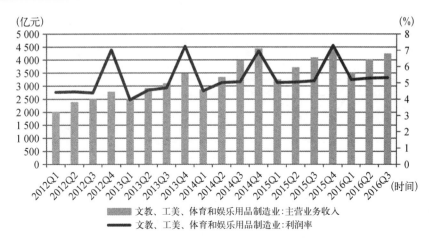

图 2‑76 文教、工美、体育和娱乐用品制造业主营业务收入及利润数据
资料来源:根据万德数据计算、绘制。

整体利润率保持在 5.3% 左右。

从图 2‑77、图 2‑78 来看,由于我国文教、工美、体育和娱乐用品投资体量小于相关服务业,2014 年以来获得了快速增长。2016 年第三季度,制造业与服务业固定资产投资增长再度交叉,显示相关制造业投资有一定程度的饱和。我国文化娱乐服务业的固定资产投资近年来呈下降趋势,相对地,制造业投资出现了快速增长。但伴随着相关制造业利润的下降,行业投资逐步饱和,服务业同比增速再度快于制造业,显示我国文化娱乐服务业的前一次制造业升级已经结束,新一轮的制造品升级有待开启。相对而言,文化娱乐服务的发展仍然具备一定潜力。

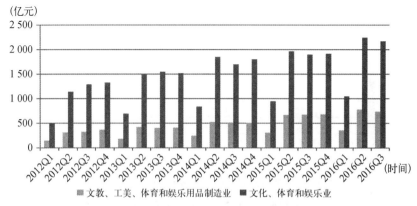

图 2‑77 文教、工美、体育和娱乐用品制造业及服务业固定资产投资额
资料来源:根据万德数据计算、绘制。

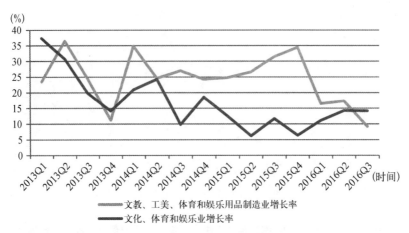

图 2‑78　文教、工美、体育和娱乐用品制造业及服务业固定资产投资增长率

资料来源：根据万德数据计算、绘制。

4. 家用电力器具制造业发展分析：利润有所上升，更新换代时代到来

至 2015 年，家用电力器具制造业的利润率出现了明显回升，结合消费者支出结构分析，我国城市消费者的更新换代需求推动了相关制造业的发展（见图 2‑79）。尽管在主营业务收入上家用电力器具制造业的增长逐步放缓，在 2015 年前三季度分别为 5.63％、0.04％、2.53％，但在这三个季度的利润率上，一、三季度分别同比增长 14.63％、16.98％，尽管在家电销售的旺季第二季度利润有所减少，为－1.13％，但总体利润有所

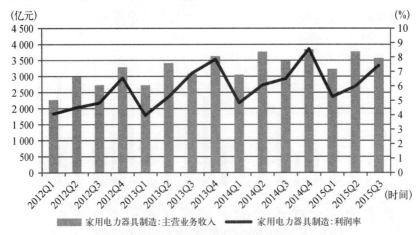

图 2‑79　家用电力器具制造业主营业务收入及利润数据

资料来源：根据万德数据计算、绘制。

上升。家用电力器具的购买习惯变化显示,我国家用电力器具制造业的消费者需求已经由初次购买向更新换代发展。

5. 汽车制造业分析:主营业收入与利润重获增长,利润率有所下降,固定资产投资增长停滞

在汽车制造业领域,2015年的主营业务收入增长陷入停滞,利润负增长(见图2-80)。2015年前三季度,汽车制造业主营业务收入同此增长分别为 5.52%、2.91%及 0.43%,利润同比增长分别为 -0.01%、-3.76%、-8.37%。2016年前三季度,尽管利润率有所下降,汽车制造业主营业务收入及利润总额出现了大幅度的增长。2016年前三季度,汽车制造业的主营业务收入增长分别为 9.61%、10.98%、20.88%,利润总额同此增长分别为 8.74%、4.26%、28.98%。但利润率出现了下跌,分别为 8.17%、8.70%、7.76%。

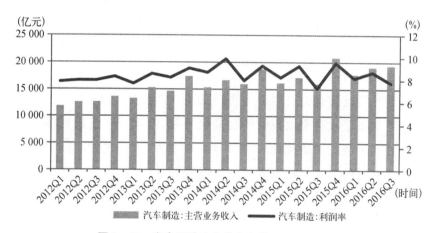

图 2-80 汽车制造业主营业务收入及利润数据

资料来源:根据万德数据计算、绘制。

在固定资产投资方面数据显示,营业收入的增长可能来自于2015年末、2016年初的固定资产投资,但2016年的固定资产投资增长陷入停滞(见图2-81)。2015年末、2016年初,汽车制造业出现了高于20%的固定资产投资加速增长,汽车制造业整体投资在营业收入下降的背景下迎来了一波制造业升级,由此带来2016年前三季度我国汽车制造业营业收入的整体上升。但与此同时,由于2015年的营业收入数据表现不佳,2016年前三季度的固定资产投资又出现了断崖式下跌,行业未来发展前景仍不明朗。

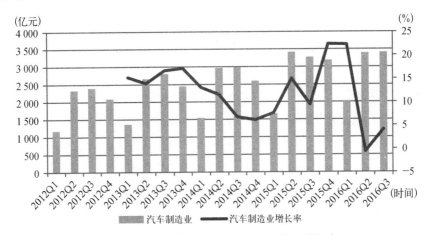

图 2 - 81　汽车制造业主固定资产投资及增长率

资料来源：根据万德数据计算、绘制。

6. 信息服务业、公共服务业固定资产投资快速增长

在所有行业领域中，信息服务业、教育业及卫生和社会工作行业的固定资产投资快速增长（见图 2 - 82）。2013 年第二季度至今，这三大领域的固定资产投资增速保持在 15% 以上。信息服务业的快速增长固然与相应服务业的发展有关，也与信息服务基础设施的建设相关。整体而言，这三大产业属于政府重点投资的公共服务业，固定资产的投资体现了政府对于公共领域的消费拉动。2016 年前三季度，这三大领域的固定资产投资增速有所放缓。伴随着固定资产投资的放缓，相应的公共服务消费拉动可能不再持续（见图 2 - 83）。

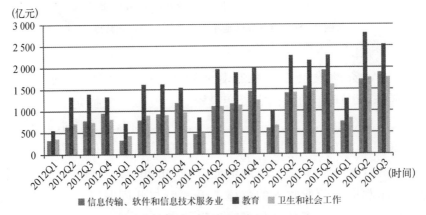

图 2 - 82　公共服务领域固定资产投资

资料来源：根据万德数据计算、绘制。

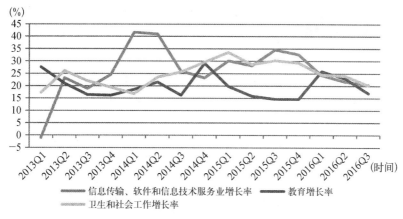

图 2 - 83　公共服务领域固定资产投资增长率

资料来源：根据万德数据计算、绘制。

7. 小结

（1）工业收入与利润变化显示出周期性，大部分产业在 2016 年第三季度迎来新一轮上升周期，收入与利润探底回升。但从总体情况来看，所有企业的收入与利润增速峰值均有所下降，显示我国工业的高速增长一去不返，未来将迎来转型升级带来的波动增长。

（2）食品制造、纺织、电器、汽车等行业的情况显示，对符合消费者需求的转型升级工业投资能够获得较为优秀的回报。我国过去产业缺乏高品质产品与服务，伴随着消费者偏好的变化，释放消费潜力的最好方式是通过产品与服务的升级，以吸引消费者更多的购买。汽车产业通过大规模的产业线投资，在 2016 年第三季度引来了巨大的消费反弹，显示升级投资能够在中国市场收获回报。在衣食住行领域，进一步加强相关产品与服务升级的工业投资，有利于我国消费经济的整体发展。

（3）消费者服务、公共服务领域的投资回报逐渐降低，相关投资增速逐步被工业超越，显示未来消费经济的发展重点在工业投资。伴随着业界、政府对消费类基础设施投资的逐步饱和，过去快速增长的消费投资增速逐步放缓，相关投资增速逐步下降。而数据显示，2016 年以来，投资重点正向工业领域转移，显示我国消费经济发展的潜在动力正逐步由政府引导为主要力量的基础设施建设转向消费品工业的自我发展。我国消费能够成为未来发展的主导力量，当前正处在关键窗口期。

2.4　本章小结

我国居民消费发展处在何种状态? 本章中,我们从居民收入支出变化入手,进而分析未来消费者偏好的变化与当前产业,尤其是消费相关的制造业变化,得出我国消费经济发展的现状、问题及未来方向。

1. 从居民收入支出变化情况来看,我国消费经济仍然以政府及房地产拉动为主

由于政府保障、房地产业挤出与城乡一体化挑战的不利影响,我国居民收入的增长速度正逐渐放缓,并且逐步低于经济增长速度,而消费支出高速增长已经开始放缓,消费结构向中高端消费品过渡的过程不断受到收入以及房地产波动与城镇农村收入转移挑战。政府为了解决贫富差距、人口结构的问题,推动了居民转移性收入的增长,其收入指向食品、住房与医疗支出,变相引导投资转向,导致居民消费结构转型升级受到一定挤出。而房地产业发展在收入上与居民财产性收入联系仍然较强,一旦出现下行问题,居民收入受到影响。同时,从支出来看,房地产对经济影响力很强,但高涨的房地产价格对居民现实消费的挤出是很严重的,对消费品产业有直接的影响,且经济风险很大。在城乡一体化视角下,我国城镇居民已经度过以汽车、智能手机为代表的交通通信耐用品初次购买阶段,正向高端消费结构转型。我国农村居民则度过了耐用品消费的阶段,正处在交通通信耐用品的购买阶段,并都有着较快的教育文化娱乐消费需求趋势。但由于我国居民收入存在地区不平衡且城镇居民收入大于农村居民收入水平,大量农民工的存在导致其储蓄在城镇,消费到农村的普遍现象。由于城镇大量引入农村人口,但未能让这些农村人口属地化,导致这些人口挤占城镇公共资源,但他们主要并不在城镇消费,其结果是导致城镇消费总量增长与消费结构升级趋势速度不快,进而对我国消费类产业现在与未来发展产生不利影响。

2. 我国消费经济的发展实际上具备较强的潜力,但需要通过产业的发展兑现,要求中国本土企业能够根据消费者的消费偏好变化,提供更专业化的产品与服务,在与国际企业的竞争中脱颖而出

收入的增长已经引发了居民潜在的消费趋势变化。尽管国际宏观经

济的情况不容乐观,但我国居民在经济增长的情况下,对自己的消费持有较强的信心。同时,我国消费者也较快迎来平台经济与体验经济的发展,更好地适应新经济的消费模式。中国各个年龄段消费者的偏好有所不同,这为中国相应的消费产业带来了多元化的发展机会。但与此同时,我国消费经济的相关产业普遍缺乏好产品、好服务,且产业模式仍然低端,缺乏专业化的发展思想。本土企业的发展仍不能在相关领域满足消费者的需求。产业内的本土企业本身处在发展的追赶期,缺乏高品质的服务,产品品质较低,便利性与安全性广受质疑。在与消费者偏好的变化趋势背离的同时,企业相互之间因生存压力又往往陷入同质竞争,过度竞争进一步限制了本土企业的发展。国际领先品牌抢先布局,针对高收入消费人群的趋势变化,推出较好的产品与服务;同时,国际企业也积极推进对相关领域的国内领先品牌的收购与合并力度。大部分本土企业无法在相应领域对国外品牌形成有力挑战。这导致消费者偏好国外产品,不利于良性的消费经济发展。

3. 为了进一步发展消费品产业,很有必要抓住当前消费品产业的重要窗口期,全面提升我国与消费相关的产品与服务品质水平,脱离政府拉动的消费经济模式,发展以满足居民消费偏好为目标的消费品工业产业体系

当前,我国的消费经济投资仍然以公共产品为主要支撑,而消费品工业的相关投资被挤出。去除产能不仅使得原有的原料型产品工业受到影响,更使得我国原本相对低端的中间产品工业、消费品工业受到全面冲击。整体工业收入与利润的低下使得相关企业的再投资缺乏动力,无法真正发展起与消费经济相互匹配的工业。当前,转型升级趋势有一定的显现。2016年以来,食品制造、纺织、电器、汽车等行业的情况显示,对符合消费者需求的转型升级工业投资能够获得较为优秀的回报。我国过去产业缺乏高品质产品与服务,伴随着消费者偏好的变化,释放消费潜力的最好方式是通过产品与服务的升级,以吸引消费者更多的购买。汽车产业通过大规模的产业线投资,在2016年第三季度引来了巨大的消费反弹,显示升级投资能够在中国市场收获回报。在衣食住行领域,进一步加强相关产品与服务升级的投资,则有利于我国消费经济的整体发展。同时进一步有针对性地为消费品产业、中间品产业领域企业减负,鼓励向消费经济的生产转型,推动我国消费成为经济增长的主导力量,真正转变成为消费拉动为主的经济增长模式。

3

基于需求视角的大类产业
发展动态分析

我国经济增长模式正在从"投资驱动模式"转型为"消费拉动模式"。这一转变从产业发展与结构变化来看,就是从产业体系内的产业链"上游推动"向"下游拉动"过渡,其中投资品产业、消费品产业的发展能否紧随需求的变化适时调整,各环节相互匹配、有序衔接对我国经济的稳定健康可持续发展至关重要。本章基于需求视角对消费品产业和投资品产业大类行业发展进行分析,以期发现产业链"上游推动"向"下游拉动"过程中的结构性变化、把握不同类型产业大类行业发展态势,从而为我国供给侧结构性改革提供更加精准的参考依据。

3.1 基于需求视角的大类产业分类

马克思在分析资本简单再生产和扩大再生产的实现条件时,根据产品再生产过程中的不同作用,在实物形成上将社会总产品分为两大部类,即将生产生产资料的部门划归为第Ⅰ部类,将生产消费资料的部门划归为第Ⅱ部类。然而,其分类方法只包括物质生产部门,非物质生产部门如商业/运输等均无法包括在内[19]。

霍夫曼出于工业化发展阶段的需要把产业分为三类,即消费资料工业、资本资料工业和其他工业。其中,消费资料工业包括食品业、纺织业、皮革业、家具业等;资本资料工业包括冶金及金属制品业、一般机械工业、运输机械业、化学工业等;其他产业包括橡胶、木材、造纸、印刷等工业。为了避免某些产品既可作为消费资料又可作为资本资料,他将产品用途有75%以上属于资本资料的产业划分为资本资料工业,将产品用途有75%以上属于消费资料的产业划分为消费资料工业,难以用以上标准划分的产业则被列入其他工业。其分类方法为他关于工业化过程中工业结构演变规律及工业化阶段理论奠定了基础。然而,这一划分方法的缺点是75%的划分界限在实际工作中难以划分和度量。

本研究基于产品的需求,在马克思产业分类体系及霍夫曼产业分类体系的基础上进行扩展与补充,将全部产业划分为两大类,即消费品产业和投资品产业。

3.1.1　消费品产业概念界定

本章中,消费品产业是指提供消费品以满足人们物质和文化生活需要的那部分社会产品的产业。根据消费品形态的不同,我们将其分为实体型消费品产业和服务型消费品产业。其中,实体型消费品产业主要包括农业消费品和工业消费品;服务型消费品产业主要以生活性服务业为主。之后的研究中我们主要分析消费品工业和生活性服务业。

消费品工业是指提供、生产消费品的工业,以国民经济行业分类中轻工业为主。依据 GB/T22760-2008《消费品安全风险评估通则》,我国的消费品共分17大类,包括纺织制品、服装鞋帽、儿童用品、家用电器、通信设备、交通运输工具、家具及配件等。依据工信部消费品工业司分类,主要包括轻工、纺织、食品、家电、医药、烟草等。本研究以农副产品加工、食品制造、纺织服装等14大类工业行业为主,为方便研究分析,将其归并为6类。其中,食品工业包括农副产品加工业,食品制造业,酒、饮料和精制茶制造业;烟草工业包括烟草制造业;纺织工业包括纺织业,纺织服装、服饰业,皮革、毛皮、羽毛及其制品和制鞋业;轻工业包括家具制造业,造纸及纸制品业,印刷和记录媒介的复制业,文教、工美、体育和娱乐用品制造业,化学纤维制造业;医药工业主要为医药制造业;汽车工业主要为汽车制造业。

生活性服务业直接向居民提供物质和精神生活消费产品及服务,其产品、服务用于解决购买者生活中(非生产中)的各种需求,主要包括餐饮业、住宿业、家政服务业、洗染业、美发美容业、沐浴业、人像摄影业、维修服务业和再生资源回收业等服务业态。根据《国务院关于印发服务业发展"十二五"规划的通知》,大力发展生活性服务业主要包括的重点内容有:商务服务业、文化产业、旅游业、健康服务业、法律服务业、家庭服务、体育产业、养老服务业、房地产业等。

3.1.2 投资品产业概念界定

投资品产业是指为国民经济各部门提供技术装备、动力和原材料等生产资料及生产服务支撑的产业。根据产品形态的不同,可分为实体型投资品产业和服务型投资品产业。其中,实体型投资品产业主要包括重工业、化学工业等投资品工业及建筑业等;服务型投资品产业主要是生产性服务业。之后的研究中我们主要分析投资品工业和生产性服务业。

投资品工业是指生产生产资料的工业,主要为传统产业分类中的重化工业,是资金和知识含量都较高的基础原材料产业,其产品市场覆盖面广,为国民经济各产业部门提供生产手段和装备,是一个地区经济的"脊梁",是国民经济实现现代化的强大物质基础,包括能源、机械制造、电子、化学、冶金及建筑材料等工业。本章以采矿业、石油加工、设备制造等 27 大类工业行业为主,为了便于研究分析将其分为采掘行业、原料行业、化工行业、设备行业、电子行业及其他共 6 类,其中:采掘行业包括煤炭开采和洗选业,石油和天然气开采业,黑色金属矿采选业,有色金属矿采选业,非金属矿采选业,开采辅助活动和其他采矿业;原料行业包括非金属矿物制品业,黑色金属冶炼及压延加工业,有色金属冶炼及压延加工业,电力、热力的生产和供应业,燃气生产和供应业,水的生产和供应业;化工行业包括石油加工、炼焦及核燃料加工业,化学原料及化学制品制造业,橡胶和塑料制品业;设备行业包括金属制品业,通用设备制造业,专用设备制造业,铁路、船舶、航空航天和其他运输设备制造业;电子行业包括电器机械及器材制造业、计算机、通信和其他电子设备制造业,仪器仪表制造业;剩余的为其他类型,包括木材加工及木、竹、藤、棕、草制品业,废弃资源综合利用业,金属制品、机械和设备修理业及其他制造业。

生产性服务业是指为保持工业生产过程的连续性、促进工业技术进步、产业升级和提高生产效率提供保障服务的服务行业。它是与制造业直接相关的配套服务业,是从制造业内部生产服务部门而独立发展起来的新兴产业,本身并不向消费者提供直接的、独立的服务效用。它依附于制造业企业而存在,贯穿企业生产的上游、中游和下游诸环节中,以人力资本和知识资本作为主要投入品,把日益专业化的人力资本和知识资本引进制造业,是二、三产业加速融合的关键环节,主要包括研发设计与其他技术服务、货物运输、仓储和邮政快递服务、信息服务、金融服务、节能与环保服务、生产性租赁服务、商务服务、人力资源管理与培训服务、批发经纪代理服务、生产性支持服务等[20]。

3.1.3　两大类产业内在关联

1. 投资品产业与消费品产业的互动关系

投资品产业和消费品产业之间存在密切的互动关系。一方面,投资品产业决定消费品产业的发展。投资品产业是消费品产业的上游产业,生产消费品产业所需的原材料、能源、技术装备等,投资品产业的发展直接决定着消费品产业的发展。另一方面,投资品产业会间接受到消费品产业发展的制约。产业活动以消费为最终导向,消费品产业直接提供面向最终消费的产品,而投资品产业所生产的产品,并不是社会生产的最终目的,而是人们为了生产更多的消费品而制造的一种手段[21],若脱离了生产消费品的最终目的,投资品产业的生产价值无法体现,因此投资品产业的发展最终受到消费品产业发展的制约。

2. 消费对投资品需求的传递效应

消费需求的变化会直接引起消费品产业发展的变化,而通过投资品产业和消费品产业之间的产业关联,会间接引起投资品产业发展的变化(见图3-1)。白暴力教授[22]在马克思两大部类平衡模型的基础上,研究消费对生产资料需求的传递效应,结果表明:当消费需求增加时,生产消费资料的部门会产生扩张的趋势,而生产消费资料部门的扩张趋势会导致对生产消费资料使用的生产资料的需求的增长;生产消费资料使用的生产资料的需求的增长又同样会导致生产生产资料使用的生产资料的需求的增长,从而导致生产资料需求的全面增长。

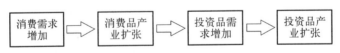

图 3-1　消费对投资品需求的传递效应示意

因此,消费对消费品产业及投资品产业具有巨大的反作用。这要求我们强化从需求侧对供给侧反作用的视角,为供给侧结构性改革寻找目标、方向和动力。我国产业改革需要注重需求结构的新变化,通过引导和扩大有效消费需求的方式进行消费品产业的改革,进而"倒逼"投资品产业结构性改革,以新的消费需求结构确立有效投资和有效供给范围,从供给侧与需求侧两侧共同发力,最终实现产业结构调整与升级这一远大目标。

3.2　消费品产业分析

3.2.1　消费品产业发展态势分析

1. 实体型消费品产业发展态势

(1) 农业生产基本平稳。近 10 年我国农业生产总体平稳增长。农业总产值逐年增加,2015 年农业总产值达 107 056.4 亿元;农业总产值增长指数小幅波动,2008 年以来波动中略有下降,2013 年以来逐年小幅上升,到 2015 年农业总产值指数为 104.7%(见图 3-2)。

2016 年以来农业生产逐季趋缓,种植业增速回落最大。2016 年前三季度,我国农林牧渔业总产值为 72 058.3 亿元,同比增长 6.14%,增速较上半年回落 3.12%,较第一季度下降 7.21%。细分行业来看,种植业总产值为 37 845.4 亿元,同比增长 4.02%,增速较上半年回落 2.01%;林业总产值为 2 728.8 亿元,同比增长 3.73%,增速较上半年回落 1.53%;畜牧业总产值为 2 185.3 亿元,增速较上半年回落较大,高达 5.47%,同比增长 9.21%;渔业总产值为 6 575.6 亿元,同比增长 7.59%,增速较上半年略有回落(见图 3-3)。

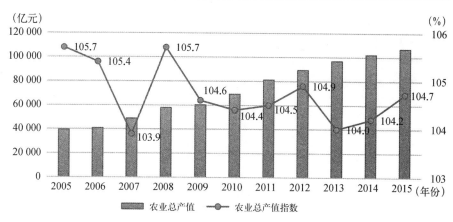

图 3-2　近 10 年中国农业生产情况

资料来源：根据国家统计局数据绘制。

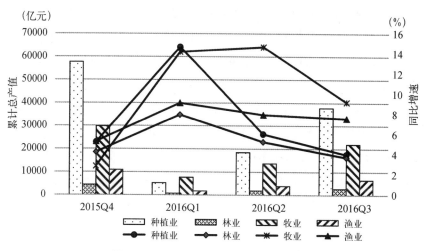

图 3-3　近一年农业行业总产值及增速

资料来源：根据国家统计局数据绘制。

(2) 消费品工业发展速度逐步趋缓,但高于工业整体平均水平。近年来消费品工业主营业务收入逐年增加,但增速逐步放缓。2010～2011年,消费品工业发展保持高速增长,2011 年 14 大类消费品工业主营业务收入 23 214 亿元,同比增长 34.78%;2012 年增速迅速下降至 13.9%,主营业务收入为 254 244.3 亿元;2013 年增速略有回升但之后继续持续下滑,2015 年消费品工业主营业务收入 337 740.3 亿元,同比增速下降至5.36%(见图 3-4)。2012 年开始,消费品工业增速保持高于全部工业的水平,其中 2012 年增速差距最大,高达 8.38%。

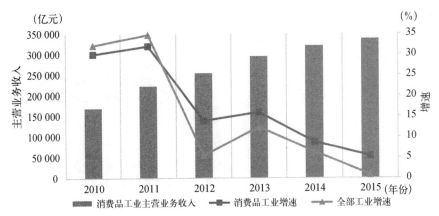

图 3 - 4　近几年消费品工业主营业务收入及其增速变化

资料来源：根据国家统计局数据整理绘制。

近一年来，消费品工业生产运行波动幅度较大，整体趋稳向好，增速远高于全部工业整体水平。2015 年第四季度，消费品工业主营业务收入逐月增加，2016 年 2 月有较大幅度的降低，之后波动中逐渐增加，到 9 月份消费品工业主营业务收入上升至 32 438.3 亿元。相比全部工业平稳增长的主营业务收入同比增速，消费品工业增速则波动幅度较大，2015年 11 月消费品工业增速大幅增长至 8.26％，远高于全部工业 0.77％的增速，其后两个月增速连续下降，到 2016 年 2 月份下降至 5.26％，仅高于全部工业增速 4.82％；3 月份增速又快速上升至 8.42％，而 4、5 月份又再次下滑，低至 4.01％，仅高于全部工业增速 2.36％；6 月份大幅回升后趋于平稳，与全部工业的增速差距再次拉大，到 9 月份消费品工业同比增速为 7.65％，远高于全部工业 2.50％的增速（见图 3 - 5）。

（3）消费品工业组成结构变化。从近一年消费品工业大类行业来看，汽车制造业高速增长，医药制造业紧随其后，烟草制造业大幅下降，其他类消费品工业生产相对平稳。其中：食品工业生产所占份额最大，增长速度相对平稳，2016 年以来主营业务收入小幅波动中趋升，9 月份达10 040.7 亿元，同比增长 5.2％；纺织工业和汽车制造业生产所占份额基本相当，但两者同比增速两极分化，纺织工业增速波动中趋缓，持续低于消费品工业增速平均值，2016 年 9 月份低至 1.47％，而汽车制造业增速波动中趋于上升，增速一直保持高于消费品产业平均水平，到 2016 年 9 月份，主营业务收入达 7 298.1 亿元，同比增长 24.29％；轻工业生产相对平稳增长，增

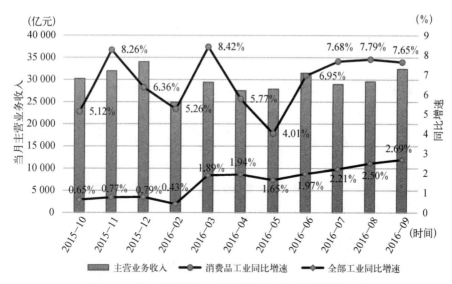

图 3-5 近一年消费品工业主营业务收入及其增速变化

注：2月份数据为1~2月平均值，下同。

资料来源：根据国家统计局数据绘制。

速波动中略有下降，2016年9月份主营业务收入为4 775.8亿元，同比增长2.84%，低于消费品工业平均增速；医药制造业生产增速保持较高的水平，主营业务收入增长相对平稳，2016年9月份达2 553.3亿元，同比增长10.38%，仅次于汽车制造业增速；烟草制造业生产所占份额较小，但增速波动幅度很大，主营业务收入整体趋于负增长(见图3-6、图3-7)。

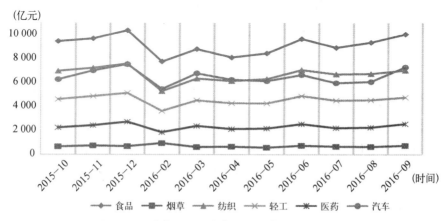

图 3-6 消费品工业大类行业主营业务收入变化

资料来源：根据国家统计局数据计算绘制。

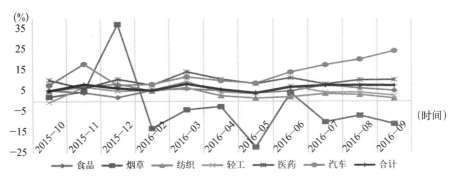

图 3-7　消费品工业大类行业主营业务收入同比增速变化

资料来源：根据国家统计局数据计算绘制。

2. 服务型消费品产业发展态势

（1）生活性服务业快速增长。近年来我国服务业发展取得显著成效，成为国民经济和吸纳就业的第一大产业。国民收入水平的提升扩大了生活性服务消费新需求，信息网络技术不断突破拓展了生活性服务消费新渠道，新型城镇化等国家重大战略实施扩展了生活性服务消费新空间，人民群众对生活性服务的需求日益增长，从而推动生活性服务业的快速发展。旅游、文化、体育、健康、养老等生活性服务业快速发展，为改善民生、拉动消费、促进消费升级持续发力。2016 年第一季度，生活性服务业营业收入同比增长 10.7%，营业利润同比增长 15.4%，其中：居民和家庭服务业需求旺盛，营业收入同比增长 16.7%，营业利润同比增长 76.6%；法律服务业企业营业收入和营业利润同比分别增长 22.2% 和 25.1%；教育培训服务业营业收入和营业利润同比分别增长 15.5% 和 25.3%[23]。

　　旅游业营业收入平稳增长，增速逐步放缓趋稳。近年来我国旅游业快速发展，尤其 2011 年旅游业收入增速高达 53.46%，2012 年开始增速逐渐回落至 20% 以下，但仍保持着较快的增速。2015 年，全国国内旅游人数 40.0 亿人次，比上年增长 10.5%，全国国内旅游收入 34 195.1 亿元，比上年增长 12.8%（见图 3-8）。全年全国旅游业对 GDP 的直接贡献为 3.32 万亿元，占 GDP 总量比重为 4.9%；综合贡献为 7.34 万亿元，占 GDP 总量的 10.8%。2016 年上半年，我国旅游市场规模继续稳步扩大，领跑宏观经济，其中国内旅游 22.36 亿人次，比上年同期增长 10.47%，上半年实现旅游总收入 2.25 万亿元，增长 12.4%。

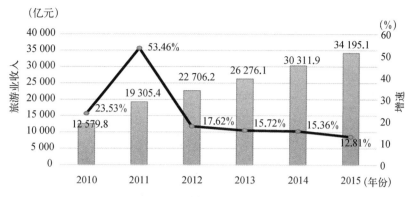

图 3-8　近年旅游业收入及其增速变化

资料来源:根据国家统计局数据计算绘制。

文化服务业增长迅速。根据对全国规模以上文化及相关产业 4.9 万家企业调查,2016 年前三季度,我国文化服务业快速增长,总营业收入达 14 680 亿元,同比增长 15.0%。其中,以"互联网+"为主要形式的文化信息传输服务业营业收入 3 917 亿元,增长 30.8%;文化休闲娱乐服务业 878 亿元,增长 20.1%;文化艺术服务业 203 亿元,增长 17.7%;广播电影电视服务业 1 081 亿元,增长 13.6%;文化创意和设计服务业 6 678 亿元,增长 9.7%;新闻出版发行服务业 1 923 亿元,增长 4.9%(见图 3-9)。

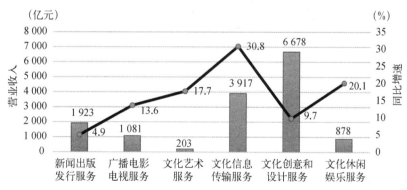

图 3-9　2016 年前三季规模以上文化服务业企业营业收入及其增速

资料来源:根据国家统计局数据计算绘制。

体育服务业快速增长,增速先降后升。近年来,我国体育服务业快速增长,2011 年增速高达 32.8%,2012 年开始逐步回落,2014 年增速降至 20.5%,但到 2015 年又迅速提高,营业收入达 1 060 亿元,同比增长 26.9%(见图 3-10)。2016 年 1~8 月,根据规模以上服务业企业调查,

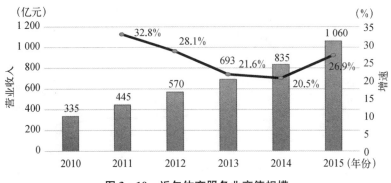

图 3-10　近年体育服务业产值规模

资料来源：根据网络数据整理绘制。

体育服务业营业收入同比增长 30.7%。

随着社会经济的进一步发展及居民收入水平的进一步提升，居民对服务品质的要求将不断提高，生活性服务消费蕴含巨大潜力。然而，尽管我国生产性服务业发展迅速，但仍然相对滞后，有效供给不足、质量水平不高、消费环境有待改善等问题突出，迫切需要进一步加快发展。

（2）服务业新兴业态蓬勃兴起。随着"互联网＋"向服务业各领域的深度融合与渗透，以网上购物、网络约车、网上订餐等为代表的新兴服务业态如雨后春笋般兴起，其借助现代化的新技术、新业态和新方式改造传统服务产业，实现功能、附加值的优化提升，逐步成为我国经济发展的重要力量。

例如，"货车帮"平台利用大数据搭建国内货运车辆公共运力池，减少了货运车辆空驶乱跑造成的资源浪费，提高了社会物流效率，货物运输日均交易量达 60 亿元。再如，作为新兴消费业态的典型代表，网络购物继续保持快速发展势头。数据显示，2016 年前三季全国网上零售额同比增长 26.1%。其中，实物商品零售额增长 25.1%，增速高于社会消费品零售总额增速 14.7 个百分点，拉动社会消费品零售总额增速 3 个百分点左右；网络零售带动邮政快递业高速增长，1～9 月预计全国邮政业务总量同比增长 47.1%，增速比上年同期提高 12.4 个百分点。1～9 月预计全国快递业务总量同比增长 55%，增速比上年同期提高 9 个百分点。

3. 消费品产业固定资产投资分析

（1）农业固定资产投资保持高位增长。近年来，农业固定资产投资持续快速增长,2012 年以来农业固定资产投资平均增速高达 29.32%,2015 年农业固定资产投资达 19 061.13 亿元,同比增长 29.69%(见图 3 - 11)。

图 3 - 11　近年农业固定资产投资及其增速

资料来源:根据网络数据整理绘制。

近一年来,农业固定资产投资增速略有放缓,但仍处于高位。其中,种植业固定资产投资增速最快,2016 年前三季固定资产投资额达 7 193.64 亿元,同比增长 32.21%;农林牧渔服务业 2015 年第四季度增速较快,但 2016 年以来逐步放缓趋稳,前三季固定资产投资额为 2 844.61 亿元,同比增长 17.10%;林业固定资产投资增速在前半年持续大幅下降,第三季度以来逐步缓慢回升,截至 9 月份,固定资产投资额为 1 596.93 亿元,同比增长 8.84%;畜牧业固定资产投资增速在 2016 年 3 月份前逐步降低,但 4 月份开始回暖趋稳,1~9 月份投资总额为 3 866.60 亿元,同比增长 11.68%;渔业固定资产投资增速相对平稳,2016 年 2~4 月逐步上升,5 月份开始逐步回落趋稳,前三季固定资产投资额为 744.92 亿元,同比增长 17.1%(见图 3 - 12)。

(2) 消费品工业固定资产投资增速回落趋稳,增速高于全部工业。近年来消费品工业固定资产投资额逐年增加,但增速上升后逐渐回落趋稳,2012 年前增速逐年上升,2013 年开始增速又逐渐下降(见图 3 - 13)。2015 年第四季度,消费品工业固定资产投资增速大幅上升后又急剧下滑,2015 年 11 月同比增长高达 19.19%,12 月下降至 10.04%,到 2016 年前半年增速进一步下降,2016 年 6 月下降至 4.57%,而 2016 年第三季度开始又在波动中回升,9 月份增速上升至 8.05%(见图 3 - 14)。整体来看,消费品工业固定资产投资增速远高于整体工业。

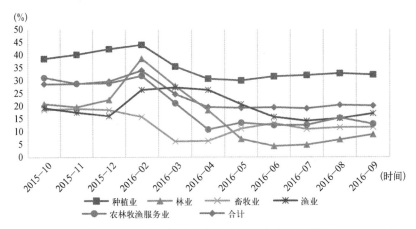

图 3‑12　近一年农业分行业固定资产投资增速

资料来源：根据网络数据整理绘制。

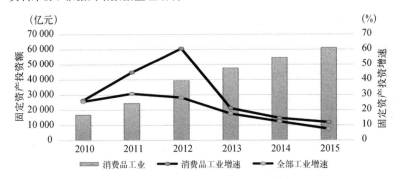

图 3‑13　近几年消费品工业固定资产投资及其增速

注：2012 年开始汽车制造业纳入消费品工业统计范围，数值波动有较大影响，可忽略不计。

资料来源：根据国家统计局数据整理绘制。

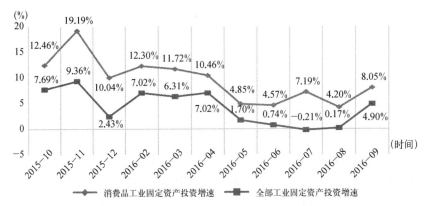

图 3‑14　近一年消费品工业及全部工业固定资产投资增速对比

资料来源：根据国家统计局数据整理绘制。

分行业类型来看,食品工业固定资产投资额最高,增幅波动最大,2015年第四季度逐步下降,2016年以来逐步升高,2016年9月固定资产投资额为2 344.5亿元,同比增长15.09%;其他类型消费品工业固定资产投资增幅变化相对较小,其中纺织、轻工、医药略有增加,9月份固定资产投资额分别为1 419.6亿元、1 199.8亿元和637.6亿元,分别增长7.02%、13.90%和4.15%;而汽车制造业和烟草制造业固定资产投资略有减少,9月份分别为1 085.1亿元和23.8亿元,分别同比增长−6.34%和5.58%(见图3−15)。

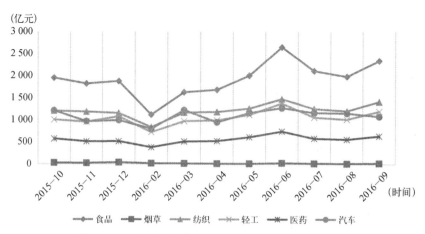

图3−15 近一年消费品工业细分行业固定资产投资额
资料来源:根据国家统计局数据整理绘制。

3.2.2 消费品产业需求变化分析

1. 社会消费品零售额保持高位增长

"十二五"前四年社会消费品零售总额年均增长13.7%,2013年我国最终消费规模达到29.2万亿元,成为仅次于美国的全球第二大消费市场。新型消费类型或业态不断涌现,消费结构升级换代步伐加快。2015年后半年社会消费品零售额逐月增加,尤其第四季度涨幅很大,2015年12月社会消费品零售总额高达28 634.6亿元,同比增速为11.1%。2016年初社会消费品零售额大幅下调,4月份降至24 645.8亿元,而5月份有较大回升,上升至26 610.7亿元,此后逐月增加,到9月份上升至27 976.4亿元;2016年以来,社会消费品零售额增速波动中趋升,每月同比增速均大于10.0%,始终保持较高速度的增长(见图3−16)。

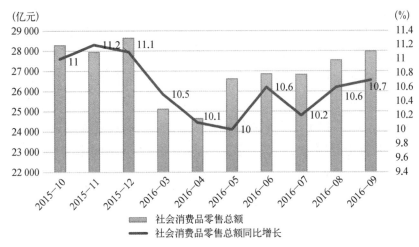

图 3‒16　社会消费品零售额及其增速变化

资料来源：根据国家统计局数据整理绘制。

本文为了方便归类研究，将国家统计局 16 类消费品依据用途分为 7 大类。其中，生活用品类包括：粮油、食品、饮料、烟酒类，服装鞋帽、针纺织品类和日用品类；交通通信类包括：通信器材类，石油及制品类和汽车类；奢侈品类包括：化妆品类和金银珠宝类；文化用品类包括：体育、娱乐用品类，书报杂志类，家用电器和音像器材类，文化办公用品类；居住类包括：家具类和建筑及装潢材料类；健康类包括：中西药品类；除此之外为其他类。

分商品类型看，交通通信类和生活用品类商品批发和零售额份额最大，且波动幅度较大，奢侈品和居住类商品零售额占比相对下降，而文化类与健康类商品零售额所占份额相对增加。从表 3‒1 可以看出，交通通信类商品所占份额最大，从 2015 年的 42.88% 上升到 43.42%，其中：汽车类商品占主导地位，零售额从 3 117.5 亿元上升到 3 558 亿元，增长幅度相对较大；生活用品类商品占比紧随其后，所占份额从 28.56% 小幅下降到 28.48%，其中：粮油食品、饮料烟酒类商品销售额有较大幅度的提升，从 1 722.4 亿元上升至 1 975.5 亿元，其他变幅相对较小。其余类型商品所占份额较小，其中：奢侈品和居住类商品零售额有小幅上升，但占比有所下降，说明居民对奢侈品和居住类商品需求有所减弱；文化用品和保健品类商品零售额占比有所增加，其中：保健品类占比增幅较大，从 5.48% 上升到 6.07%，说明居民对文化休闲及身体健康等方面的需求旺盛（见图 3‒17）。

表 3-1　　　　　　　　　　　近一年分大类限上商品零售额　　　　　　　　单位：亿元

时间 / 大类	2015-10	2015-11	2015-12	2016-03	2016-04	2016-05	2016-06	2016-07	2016-08	2016-09
生活用品	3 368.5	3 644.0	4 094.3	3 001.2	2 928.9	3 085.5	3 394.5	3 071.2	3 154.2	3 615.1
奢侈品	430.0	445.9	512.1	422.0	384.2	411.5	423.6	370.2	403.8	440.7
文化用品	1 146.6	1 286.8	1 410.1	1 054.1	1 036.9	1 052.9	1 292.4	1 090.7	1 084.1	1 247
保　健	647.0	726.4	812.4	687.5	656.6	666.5	711.2	649.8	698.5	770.5
居　住	529.8	559.0	643.2	457.6	455.3	491.6	543.9	500.5	512.4	548.4
交通通信	5 058.4	5 365.0	6 209.4	4 902.5	4 631.8	4 920.4	5 317.5	4 856.7	5 084.0	5 511.6
其　他	616.2	671.8	802.5	525.8	496.4	536.2	579.3	519.3	537.9	561.8
合　计	11 796.4	12 698.9	14 484.0	11 050.7	10 590.1	11 164.6	12 262.4	11 058.4	11 474.9	12 695.1

资料来源：根据国家统计局数据计算制成。

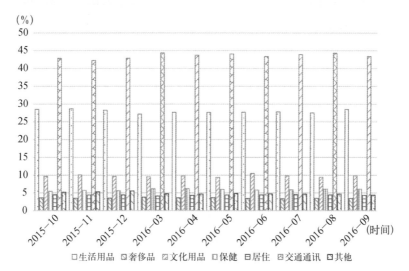

图 3-17　近一年分大类限上商品零售额占比

资料来源：根据国家统计局数据整理绘制。

2. 居民消费结构特征及其变化

新一轮技术变革推动下,随着居民收入水平提高和中等收入群体扩大,居民消费结构升级的步伐加快,个性化、多样化消费渐成主流,网络消费、服务消费、大众消费和绿色消费成为新亮点,对产品品质、质量和性能的要求明显提高,保证产品质量安全、注重用户体验、通过创新供给激活需求的重要性显著上升[24]。

从消费主体看,人口老龄化进程加快,劳动人口抚养比逐步提高,年轻群体改变了低消费、高储蓄的传统,二代农民工等新型城市消费群兴起,都对消费稳定增长形成一定支撑,消费潜力得到一定释放。与此同时,我国传统消费升级缓慢、新兴消费供给滞后,特别是居民消费能力不足等问题仍然突出,制约消费的体制性因素仍然很多。

从消费类型结构看,实物消费结构升级换代,食品、生活必需品、烟草等消费比重逐步下降,消费类型结构由"吃穿用"向"住行"等方面升级;同时,教育文化、交通旅游、通信娱乐、医疗等服务型消费快速增长,网络购物、信息消费等新型消费呈爆发式增长态势。从近三年居民消费支出数据可以看出,食品烟酒消费占比从 2013 年的 31.2% 下降至 2015 年的30.6%,衣着消费占比从 7.8% 下降至 7.4%,居住消费从 22.7% 下降至21.8%,而交通通信从 12.3% 上升至 13.3%,教育文化娱乐从 10.6% 上升至 11.0%,医疗保健从 6.9% 上升至 7.4%(见图 3-18)。

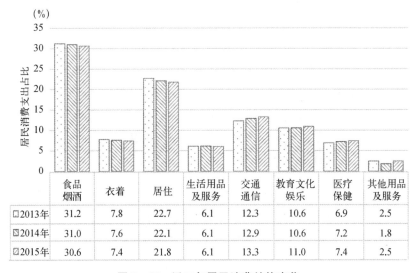

图 3-18　近三年居民消费结构变化

资料来源:根据国家统计局数据整理绘制。

从近一年人均消费支出来看,我国居民人均消费支出整体有所下降,其中食品烟酒、衣着有较明显的下降,居住略有下降,生活用品及服务、交通和通信、医疗保健、其他用品及服务波动幅度较小,而教育、文化和娱乐在 2015 年底到 2016 年上半年逐步下降,2016 年第三季度又大幅提升(见图 3-19)。

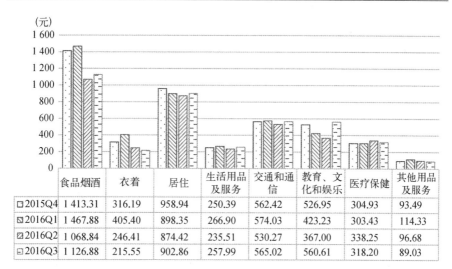

图 3‑19　近一年全国人均消费支出构成

资料来源：根据国家统计局数据整理绘制。

　　从近一年人均消费支出同比增速来看，教育文化娱乐、医疗保健需求旺盛，保持较高速度的增长，但 2016 年第三季度略有回落；生活用品及服务、交通和通信增速波动中逐渐加快；食品烟酒、居住增速在较大幅度的增长之后，2016 年第三季度有所下降；衣着需求增速相对较低，波动中呈下降趋势；其他用品及服务增速持续下降，2016 年第三季度增速由正变负，反映出比较明显的需求下降(见图 3‑20)。

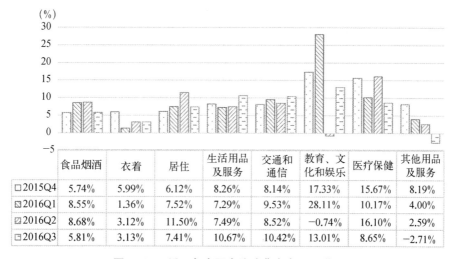

图 3‑20　近一年全国人均消费支出同比增速

资料来源：根据国家统计局数据整理绘制。

3. 消费品工业出口变化分析

整体来看,近几年我国消费品工业出口在 2014 年之前逐年增加,增速在 2013 年开始逐步放缓,到 2015 年增速由正转负,总量开始下降(见图 3 - 21)。

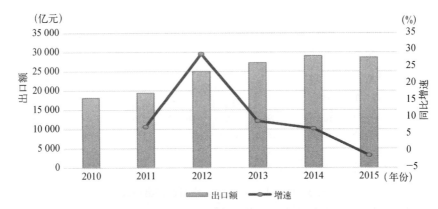

图 3 - 21　近六年全国消费品工业出口额及其增速

资料来源:根据国家统计局数据整理绘制。

分类型来看,纺织类在消费品工业出口中占主导位置,2014 年前出口额逐年上升,增速波动中趋降,2015 年增速由正转负,出口额略有降低;2014 年前轻工类消费品出口额逐年增加,增速相对较高,尤其 2012 年增速高达 54.82%,到 2015 年出口额开始下降;食品类消费品出口额在 2014 年前逐年增加,但增速逐步减小,2015 年增速降至 -3.4%;医药和汽车类消费品出口额逐年增加,但其增速日趋减小;烟草在消费品工业出口中所占份额较小,2015 年其增速相对较高,与其他消费品出口形成鲜明对比(见图 3 - 22、图 3 - 23)。

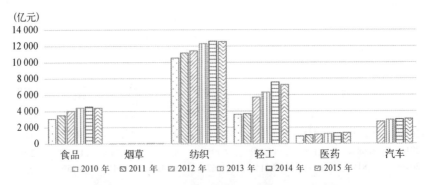

图 3 - 22　近六年全国 6 大类消费品工业出口额

资料来源:根据国家统计局数据整理绘制。

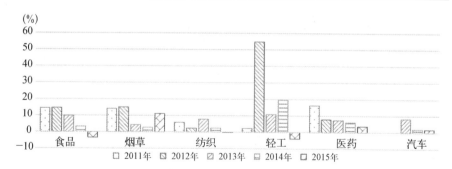

图 3 - 23　近六年全国 6 大类消费品工业出口同比增速

资料来源：根据国家统计局数据整理绘制。

从近一年消费品工业出口来看,6 大类消费品工业出口额波动中增长基本平稳,2016 年 9 月与 2015 年 9 月相比,纺织类消费品工业出口额下降 50 亿元;烟草和医药基本不变;食品、轻工和汽车有所增加,增幅分别为 18.4 亿元、33.7 亿元和 18.6 亿元(见图 3 - 24)。

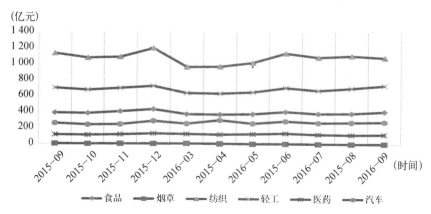

图 3 - 24　近一年全国 6 大类消费品工业出口额

资料来源：根据国家统计局数据整理绘制。

4. 消费品价格变化及其对需求的影响

从近十年数据来看,居民消费品价格指数(CPI)经历了 2007～2008 年和 2010～2011 年两次短期攀升,2009 年因宏观经济形势影响急剧下降至 99.3, 2012 年之后逐步平稳下降。到 2015 年,CPI 回落至 101.4(见图 3 - 25)。

从近一年居民消费品价格指数来看,2015 年 10 月～2016 年 2 月平稳上升,2016 年 2～4 月保持高位平衡,2016 年 5 月开始逐步回落, 到 8 月居民 CPI 同比增速下降至 1.3%,而 9 月份又急剧回升至 1.9% (见图 3 - 26)。

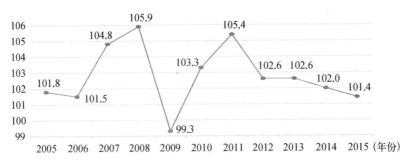

图 3-25　居民消费品价格指数(CPI)

资料来源：根据国家统计局数据整理绘制。

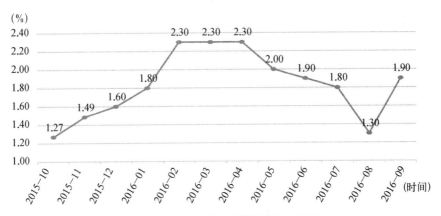

图 3-26　居民消费品价格指数当月同比

资料来源：根据国家统计局数据整理绘制。

从近一年大类 CPI 来看，食品烟酒 CPI 增速最快，虽然 4 月份后开始回落，但仍处于高位；医疗保健、居住、教育文化和娱乐以及其他用品 CPI增速持续上升，而医疗保健及其他用品和服务增幅更显著；衣着和生活用品及服务类 CPI 增速持续平稳下降；交通和通信 CPI 一直保持下降，降幅在 2016 年 4 月份以来略有收窄(见图 3-27)。

虽然 CPI 上涨幅度总体平稳，但 2015 年年底以来我国房地产价格快速上涨是不争的事实。从 2015 年年底开始，北京、上海、深圳等一线大城市房价又开始一轮新的轮番上涨，进而扩展到东部地区大部分二线城市。从上年到 2016 年第三季度，深圳很多楼盘已经上涨了 150%，合肥、厦门、苏州等地的大部分楼盘价格也差不多翻了一番，其他很多城市也上涨了 50%(见图 3-28)。

CPI 的快速上涨，会对消费需求的扩大和消费结构的升级产生一定

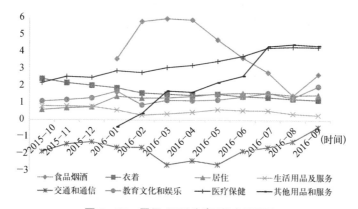

图 3-27　居民 CPI(分类型)当月同比

资料来源:根据国家统计局数据整理绘制。

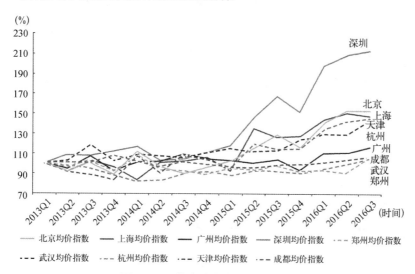

图 3-28　代表城市商品房均价指数

资料来源:万德资讯。

的抑制作用。马丽君[25](2014)以 1985~2009 年相关数据为基础,进行居民消费价格指数(CPI)与国内旅游需求的相关关系研究,结果表明:CPI 与国内游客、旅游花费、人均旅游花费的环比增长率呈负相关关系,与城镇及农村国内客流量、人均花费及总花费均呈反比关系。

2015 年底以来,房地产价格的飙升对居民消费需求的抑制作用尤为明显。2016 年前 8 月,全国社会消费品零售总额同比增长 10.3%,与上年同期持平。在消费大类中,除与房屋购买直接相关的家具及房屋装修消费超过平均增速外,与改善家庭生活品质的服装鞋帽、针纺织品,家用电器和音像器材等消费均低于平均增速。这些情况表明,热点城市拥有住宅不动产的"被富豪"普通家庭,其消费意愿并未出现可持续性积极变化[26]。

3.2.3　消费品产业行业差异性分析

随着中国消费者群体结构的变化,消费结构呈现明显的升级态势。以低收入人群为主体的传统消费品需求不断萎缩;以中产阶级群体为主体,注重质量、注重品质的新兴消费品需求快速增长并成为消费增长的主要来源,新兴消费对传统"衣食住行"产生一定的替代,而同类消费中,高端消费亦对低端消费产生一定的替代。消费结构的变化引起传统消费品产业与新兴消费品产业发展双轨分离的现象:传统消费品产业需求萎缩,相关行业发展萎靡不振;新兴消费品产业需求旺盛,相关行业发展势头强劲。

1. 传统消费品产业需求萎缩,发展迟滞

传统消费品产业多为劳动密集型、原料密集型等物耗较高的行业,产业发展对外部环境的变化较敏感。受消费结构升级、人均可支配收入增速放缓等诸多因素影响,传统消费品产业需求出现不同程度的下降,而农副食品加工业、纺织业等行业是传统消费品产业需求下滑的典型代表。

农副食品加工业增速持续下滑,2016 年以来略有回升。尽管农副食品加工业主营业务收入逐年增加,但 2011 年以来增速不断下滑,2015 年主营业务收入为 65 125.6 亿元,同比增速下降至 2.51%(见图 3 - 29)。

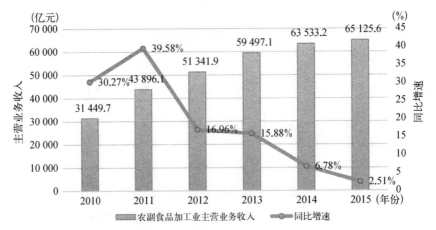

图 3 - 29　近几年农副食品加工业主营业务收入及其增速

资料来源:根据国家统计局数据整理绘制。

2016 年以来,增速略有回升,呈趋稳态势,2016 年 1~9 月,农副食品加工业主营业务收入 48 516.7 亿元,同比增长 4.61%(见图 3-30)。

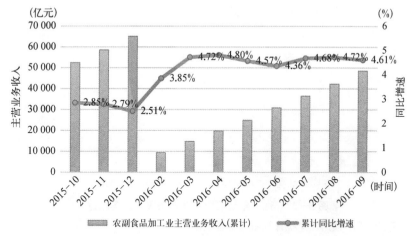

图 3-30 近一年农副食品加工业主营业务收入及其增速

资料来源:根据国家统计局数据整理绘制。

纺织业增速波动中趋缓,2016 年以来下降更加显著。2011 年前,纺织业发展保持较高速度,但 2012 年增速大幅下降,主营业务收入增速低至 -1.83%;2012 年后发展速度波动中逐步趋缓,2015 年纺织业主营业务收入 40 173.3 亿元,同比增长 5.47%(见图 3-31)。2016 年以来,纺织业发展速度持续下滑,2016 年 1~9 月,纺织业主营业务收入 29 220.9 亿元,同比增速低至 1.36%(见图 3-32)。

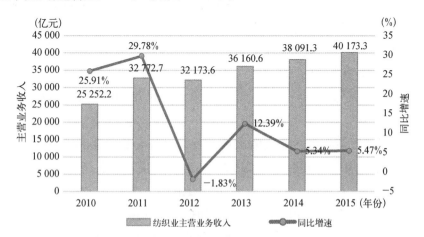

图 3-31 近几年纺织业主营业务收入及其增速

资料来源:根据国家统计局数据整理绘制。

图 3 - 32　近一年纺织业主营业务收入及其增速

资料来源：根据国家统计局数据整理绘制。

2. 新兴消费品产业需求旺盛、发展迅速

近年来，顺应世界新一轮科技革命和产业变革孕育突破大势，迎合消费需求多样化、个性化趋势，我国新兴消费品产业发展迅速，开拓出一些新的消费领域，新兴消费品产业的发展逐步成为我国经济发展新的支撑点，如消费级无人机行业、智能硬件行业等。

消费级无人机爆发式增长。全球领先的移动互联网第三方数据挖掘和分析机构权威 iiMedia Research（艾媒咨询）《2016 年中国无人机行业研究报告》显示，2015 年中国民用消费级无人机市场规模约为 8 亿元，预计 2016 年可达 32 亿元，较上年增长 3 倍[27]。近年来随着技术的进一步成熟，无人机成为中国出口增长强劲的商品之一。据海关出口数据显示，深圳海关消费级无人机出口额逐季度递增，2015 年出口额高达 30.9 亿元，预计 2016 年消费级无人机出口仍将保持高位运行（见图 3 - 33）。

消费级智能硬件产业蓬勃发展。智能硬件是指具备信息采集、处理和连接能力，并可实现智能感知、交互、大数据服务等功能的新兴互联网终端产品，是"互联网＋"人工智能的重要载体。在手机、电视等终端产品实现智能化之后，新一代信息技术正加速与个人穿戴、交通出行、医疗健康、生产制造等领域集成融合，催生智能硬件产业蓬勃发展，带动模式创新和效率提升。目前，智能硬件市场已经进入启动期，智能硬件范围不断

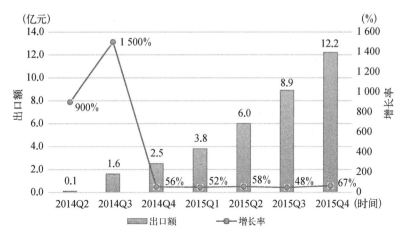

图 3-33　2014～2015 年深圳海关消费级无人机出口额及增长率

资料来源：艾媒咨询。

扩张,目前主要包括智能手机、智能出行、可穿戴设备、智能家居等。2012 年和 2013 年智能硬件产业处于萌芽期,市场规模分别为 13 亿元和 33 亿元。2014 年为智能硬件元年,国内市场规模达到 108 亿元。2015 年销量达到 424 亿元,较上年增加近 3 倍,其中智能家居 155.2 亿元,所占份额为 36.6%;智能穿戴 99.6 亿元,所占份额为 23.5%;智能交通 57.7 亿元,所占份额为 13.6%;智能医疗 17.4 亿元,所占份额为 4.1%,其他类 94.1 亿元,所占份额为 22.2%(见图 3-34、3-35)。预计 2016 年国内智能硬件市场规模有望达到 552 亿元,同比增长 30.19%,未来几年智能硬件市场规模将保持较高的增长速度。

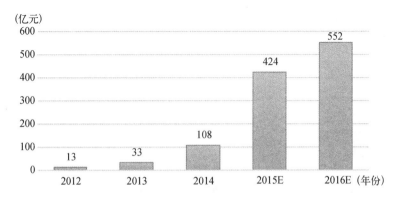

图 3-34　2012～2016 年中国智能硬件市场规模增长情况

资料来源：根据前瞻产业研究院数据整理。

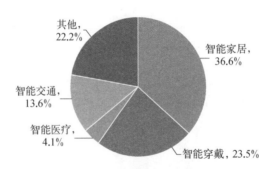

图 3－35　2015 年中国智能硬件细分市场结构

资料来源：根据前瞻产业研究院数据整理绘制。

3.2.4　消费品市场供需结构矛盾凸显

近年来，我国消费结构正发生着深刻的变化，原本生存型的传统消费逐步转向品质型的新兴消费。然而，我国消费品市场的供给未能很好地匹配市场需求，消费品市场供需结构矛盾凸显，低端产品供给过剩、中高端产品供给不足，而日趋旺盛的境外消费折射出我国消费供需结构的失衡，且我国服务出口相对滞后、国际服务贸易逆差日益扩大。当前供给端的不完善已经成制约消费品产业发展的主要因素，因此，我国消费品产业的发展应围绕消费需求的变化，强化供给侧结构性改革。

1. 低端产品供应过剩，中高端产品供应不足

我国消费市场当前的主要矛盾在于低端产品供应过剩，中高端消费品有效供给不足，供给与需求出现错位。供给过剩表现在同质、低水平生产能力的过剩，而对适应城乡居民消费升级的新产品却开发不力，不能满足这部分消费需求。供给层次与消费需求层次错位表现在消费品供给没能充分满足低收入人群的生活需求，也没有跟上高收入人群的需求变化[28]，高端消费需求主要通过大量的进口得以满足。

例如啤酒行业，当前啤酒行业提供的主流产品以中低端为主，行业盈利主要以中低端市场扩大销量取胜。然而，随着啤酒行业消费结构的变化，中低端啤酒销量急剧下降，产品供过于求，而超高档、高档啤酒销量快速增加，产品供不应求。根据百威中国的报告，2015 年各档次啤酒销量增长分别为超高端 18％、高端 9％、中端 3.8％、低端－10.8％，但由于低端产品仍占较高比重，因此总销量有明显的下滑[29]（见图 3－36）。与此

同时,以高端产品为主的啤酒进口量保持高速增长,2015 年中国啤酒进口数量为 53.8 万千升,同比增长 59.4%;2015 年中国啤酒进口总额为 5.75 亿美元,同比增长 41.3%(见表 3-2)。啤酒进口的快速增长亦从侧面反映出我国高端啤酒供给的不足。

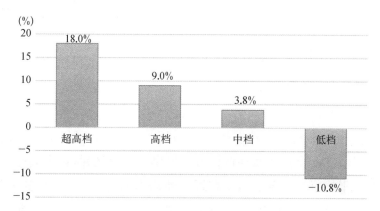

图 3-36　2015 年各档次啤酒销量增速

资料来源：百威中国,海通证券研究所。

表 3-2　　　　　　　　**2015 年 1~12 月中国啤酒进口量统计表**

月　份	数量（千升）	金额（千美元）	数量同比（%）	金额同比（%）
1	25 894	30 640	75.7	57.6
2	13 908	15 334	38.5	21.7
3	35 030	35 459	95	56
4	43 449	45 692	75.8	45.1
5	48 571	54 250	47.1	36.5
6	54 896	58 775	58	34.1
7	74 187	81 707	62.4	64
8	67 241	71 256	75.9	60.6
9	67 628	68 965	62.3	36.8
10	42 378	43 100	42.9	24.1
11	31 348	33 406	44.7	27.3
12	33 889	36 541	31.9	15.7

资料来源：根据国家统计局数据整理。

2. 海淘海购消费者日趋增多,国内消费品供给亟须转型

近年来境外消费持续高速增长。根据商务部数据,2005~2014 年我国境外消费平均每年增长 25.2%,是同期国内社会消费总额增速的 2 倍。2015 年,我国出境游人数达到 1.2 亿人次,境外消费(购物加住宿旅费)1.5 万亿元,其中自由行出境人次达 8 000 万,平均消费 1.16 万元,同比增长 24.1%,有相当部分是中高收入阶层的购物需求。根据国家旅游局近日发布的 2016 年上半年的旅游统计数据,中国公民出境旅游人数达 5 903 万人次,比上年同期增长 4.3%,2016 年出境旅游人次和消费额将再创新高。

与此同时,海淘海购消费爆发式增长。《2016 上半年中国海淘消费报告》指出,2015 年在线海外购物市场规模近 1 万亿元,占国内生产总值的 1.3%,平均每个中国人每年在线海外购物消费 655 元(见图 3 - 37)。另外,海购消费人群由一线城市向二三线城市延伸。2016 上半年数据和上年同期对比发现,北上广深等一线城市 2016 上半年海购增速占比较上年同期上涨 77.57%,二线城市上涨 84.32%,而三线城市增速更为明显,达到 108.65%[30]。

当前境外消费日趋旺盛,海淘海购消费者日益增多,折射出我国消费品尤其是中高端消费品供需结构矛盾。一方面,低消费阶层正逐步向中高消费阶层转移,中高消费阶层正在崛起,我国消费结构进入新阶段;另一方面,由于产业结构调整迟缓,创新能力欠缺,存在着大量的低水平过

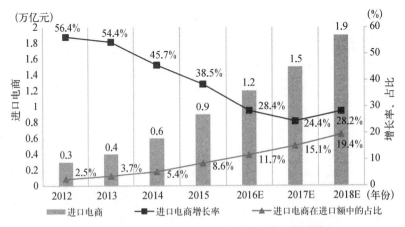

图 3 - 37　2012~2018 年中国跨境电商交易规模

资料来源:《2016 上半年中国海淘消费报告》。

剩产能,难以满足居民消费结构升级的内在要求,许多现实消费需求的中高端产品和服务无法获得,因而以海淘海购满足其消费需求。因此,我国产业发展亟须推进供给侧结构性改革,着力解决消费品产业供需结构失衡的问题,以促进消费结构加快升级,进一步释放消费潜力。

3. 服务出口长期滞后,国际服务贸易逆差日益扩大

国家外汇管理局数据显示,我国服务贸易从 1995 年至 2015 年已连续 21 年逆差,而且逆差规模总体呈扩大趋势。2007 年之前,逆差变化较为平稳,2008 年逆差额首次超过 100 亿美元,达到 111 亿美元,2014 年服务贸易逆差达到 1 724 亿美元,2015 年服务贸易逆差进一步扩大至 1 824 亿美元(见图 3‐38)。

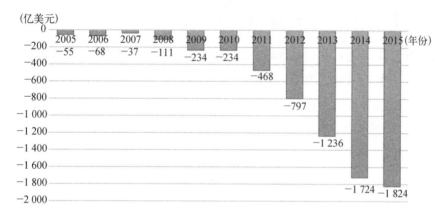

图 3‐38 历年服务贸易差额变化

资料来源:根据国家外汇管理局数据绘制。

从近一年数据来看,每月服务贸易逆差均在 200 亿美元上下波动,2016 年下半年以来服务贸易逆差加速扩大。中国国家外汇管理局数据显示,8 月份服务贸易逆差 254 亿美元,较 7 月增加 12.89%,创 2014 年 1 月以来新高,其中旅行逆差额为 232 亿美元。9 月份贸易逆差略有收窄,其值为 233 亿美元,环比增速为-8.15%(见图 3‐39)。

分行业来看,境外旅游是中国服务贸易逆差的最大来源,也即出境游远远大于外国游客来华旅游,旅游贸易逆差能占到服务贸易逆差总额的九成以上。

服务贸易逆差长期存在并呈现逐步扩大的态势,尤其旅游贸易逆差居高不下,说明我国服务供给不能很好地满足服务消费需求,服务贸易基

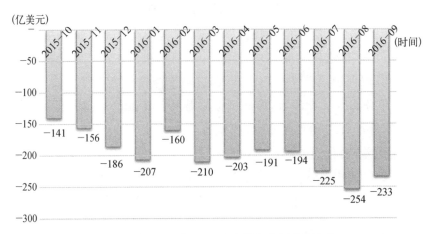

图 3 - 39　2015 年 10 月以来服务贸易差额变化

资料来源：根据国家外汇管理局数据绘制。

础仍较薄弱。随着我国居民收入提高、生活水平的改善,居民更多地开始由普通消费转向服务消费,消费能力逐步增强。因此,消费品产业的发展亟须加强消费型服务业供给侧改革,不断优化服务环境,提供高品质的消费服务,以增强国际服务贸易竞争力。

3.3　投资品产业分析

3.3.1　投资品产业发展动态分析

1. 投资品产业整体发展态势

投资品工业发展逐步趋缓,整体增速低于全部工业。2011～2013年,27 大类投资品主营业务收入逐年增加,增速逐步加快,2013 年增速高达 11.0％。2014 年投资品工业增速开始迅速下滑,至 2015 年增速转正为负,低至－1.1％,主营业务收入总额下降至 765 560.2 亿元(见图 3 - 40)。整体来看,消费品工业主营业务收入增速低于全部工业,发展能力在全部工业中处于滞后水平。近一年来,投资品工业发展逐步回暖,主营业务收入同比增速波动中逐步趋升。2015 年第四季度投资品工业主营业务收入逐月增加,同比下降的速度波动中逐步收窄,到2016 年 3 月,主营业务收入同比增速上升至 2.61％,4、5 月份增速再次

回落至负值,但后半年开始逐步回升,2016 年 9 月,主营业务收入为
68 882.4 亿元,同比增长 2.49%(见图 3-41)。投资品工业主营业务收
入增速基本低于全部工业平均增速。

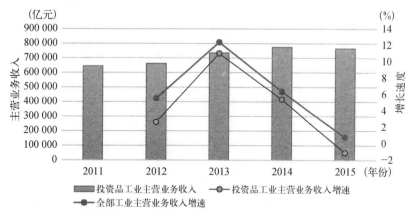

图 3-40　近几年投资品工业主营业务收入及其增速

资料来源:根据国家统计局数据整理绘制。

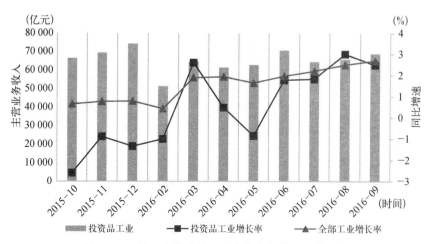

图 3-41　近一年投资品工业主营业务收入及其增速

资料来源:根据国家统计局数据整理绘制。

　　建筑业增速逐步趋缓。2011~2014 年建筑业发展基本平稳,建筑业
增加值增速波动中略有降低,2015 年第二、三季度建筑业增加值增速有
较大幅度的下降,第四季度开始增速有所回升,但短暂两季度的回升之后
又开始下降。2016 年第三季度建筑业增加值为 13 315 亿元,同比增长
6.0%(见图 3-42)。

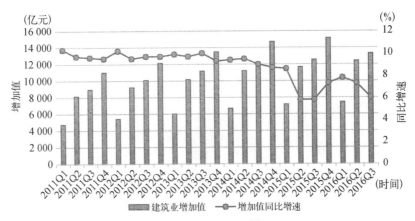

图 3-42　近几年建筑业增加值及其增速

资料来源：根据国家统计局数据整理绘制。

生产性服务业快速增长。2016 年第一季度，规模以上服务业企业生产性服务业营业收入同比增长 9.1％，营业利润同比增长 13.8％，其中：铁路货物运输、道路货物运输等行业生产稳定、效益提升，营业收入同比分别增长 7.4％和 8.6％，营业利润分别增长 43.1％和 20％；租赁和商务服务业相关行业发展良好，其中企业管理服务营业收入同比增长 10.7％[23]。1～8 月规模以上服务业企业营业收入比上年同期增长 10.1％，其中：信息传输、软件和信息技术服务业增长 15.5％，租赁和商务服务业 13.4％。在新经济发展的推动下，战略性新兴服务业营业收入同比增长 15.3％、高技术服务业增长 10.8％、科技服务业增长 11.0％、文化及相关产业服务业增长 14.7％、生产性服务业增长 9.5％[31]。

2. 投资品产业需求变化分析

（1）国内基础设施建设完成情况及其对投资品产业需求的影响。近年来，我国基础设施建设固定资产投资逐年增加，但增速波动幅度较大。全球金融危机前的几年，固定资产投资波动中趋缓，2007 年增速下降至 16.2％；2008 年为应对金融危机出台经济刺激政策，很大程度上加速了我国基础设施建设，至 2009 年基础设施建设增速高达 42.2％；2010 年开始随着政策红利的消退，基础设施建设固定资产投资增速逐渐放缓，2011 年增速低至 3.3％，创近些年来最低水平；2012 年基础设施建设再次回暖，固定资产投资增速开始增加，到 2013 年上升到 21.3％；然而 2014 年又小幅回落，到 2015 年，基础设施建设固定资产投资额达 13.13 万亿元，增速回落至

17.0%(见图3-43)。近一年来,我国基础设施建设相对平稳,固定资产投资增速小幅波动,较2015年略有上升。2016年1～9月,我国基础设施建设固定资产投资额为10.74万亿元,同比增长17.9%(见图3-44)。

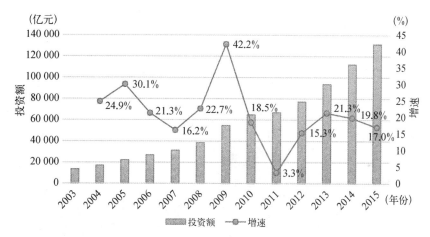

图3-43　近年来基础设施建设固定资产投资额及其增速

资料来源:根据国家统计局数据整理绘制。

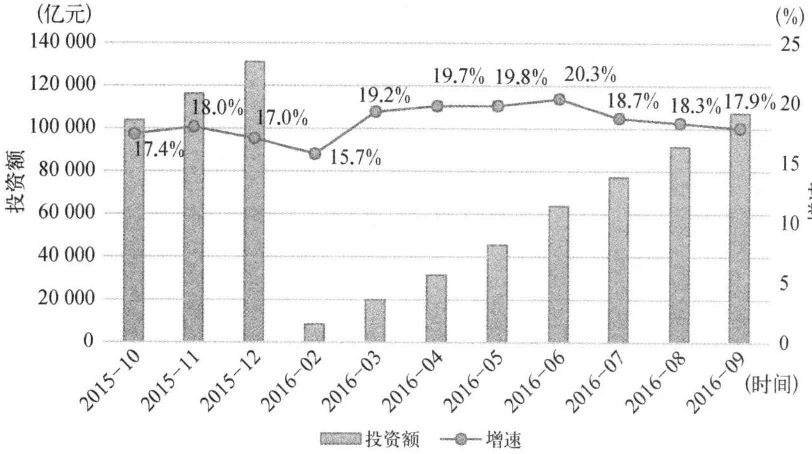

图3-44　近一年基础设施建设固定资产投资额及其增速

资料来源:根据国家统计局数据整理绘制。

为应对2008年以来金融危机的影响,我国出台4万亿元投资计划,从而在一定程度上拉动经济的增长,其中基础设施建设是很重要的一个方面。近两年来,伴随着我国基础设施建设步伐的放缓,其对投资品产业需求逐步下降。尽管我国基础设施建设依然存在着可观的发展空间,但主要依靠基础设施建设拉动经济增长的发展模式所发生的效用在逐步下降,后续经济的发展应更多地从挖掘消费潜力方面着手筹备。

（2）近期房地产价格攀升、销量增加对投资品产业需求的影响。一方面,房地产价格渐增,对上游投资品产业需求增加,但拉动作用有限。首先,房地产升温,短期对上游投资品产业的需求会增大,因其涉及的上游投资品行业较多,短期内会拉动上游钢铁、水泥、玻璃、工程机械等诸多投资品产业发展;其次,房地产投资增速逐月下降,该先行指标预示着房地产行业发展的回落,长远来看对投资品产业的需求的拉动有限。自2014年起,房地产投资增速连续20个月呈下滑趋势,截至目前,房地产投资同比增速已从两年前的20%以上跌至不足4%,且8月土地购置费增速由7月的增长9.5%转为下降9.1%。与房地产价格交易的量价回升格局不同,地产业投资仍持续疲软。

另一方面,房地产热对制造业发展产生挤出作用。房地产价格攀升,利润空间加大,因而吸引更多的投资,与此同时制造业行业发展不景气,投入产出率较低。在房地产行业和制造业双重因素共同作用下,因投资资本的趋利性的特点,驱使社会资本从制造业行业流向房地产行业,且其他社会资源随之流入房地产行业,从而对其他制造业产生"抽水机效应"。例如佛山市,2015年外商对佛山直接投资23.78亿美元,其中:房地产实际投资额为11.09亿美元,同比增长36.6%,而对制造业的实际投资额为10.19亿美元,同比减少30.8%。

（3）国外经济低迷、需求疲软对投资品产业需求的影响。在国外经济发展低迷、国际贸易连创新低的影响下,我国投资品产业的外部需求锐减,直接影响我国投资品产业的发展。

自2008年美国次贷危机引发全球经济危机以来,全球经济发展一直在泥潭中艰难爬行。经济进一步增长面临着重大挑战。综观全球主要经济体,依然没能从此次危机中走出困境:美国经济仍然复苏乏力,美元加息不断推迟,就业增幅不稳、大选不确定性等诸多因素使得美国下半年经济复苏预期承压;欧盟债务危机的阴影依然笼罩着各个国家,从上半年欧盟各主要经济体的经济数据表现来看,复苏依然乏力,整体经济实力衰退;日本经济表现一直不稳定,呈波浪线式的发展轨迹。总体来看,国外主要经济体增长缓慢,经济形势并未得到根本性好转。

受全球经济发展低迷不振的影响,全球需求长期处于疲软状态,国际贸易不断创新低。世贸组织的统计数据显示,今年第一季度,全球货物贸易额下降了1.1%,虽然第二季度有所反弹,但反弹幅度仍低于预期,只有0.3%。世贸组织最新预测意味着,今年将是15年来全球贸易增速首次低于全球经济总产出的增速[32]。

3. 投资品产业出口状况分析

近年来我国投资品工业出口呈下降趋势。2011年我国投资品工业出口总额为78 428.4亿元,同比增长13.7%;2012年投资品工业出口总额增速大幅下降10个百分点,增速下降至3.62%;2013年开始投资品工业固定资产投资增速有较平稳的回升,2014年出口总额达91 390.6亿元,同比增长6.57%;然而,2015年出口总额首次出现下降,增速下降至-2.11%(见图3-45)。

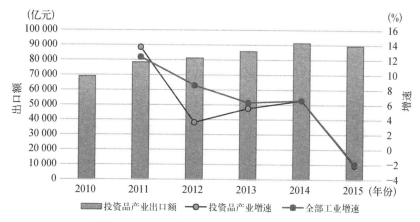

图3-45　近几年投资品工业出口额及其增速

资料来源:根据国家统计局数据计算绘制。

分类型来看,采掘业出口下降最为显著。电子行业在投资品工业出口中占主导地位,2014年前出口额逐年上升,但增速逐渐下降,2015年出口额首次出现下降,其值为58 895.0亿元,同比下降0.91%;设备行业出口额波动幅度较大,2011年增速为17.08%,而2012年下降至-10.75%,之后略有回升,但幅度较小,2015年出口额为14 978.1亿元,同比下降2.13%;化工行业和原料行业出口额2014年前逐年上升,但增速下降趋势较明显,2015年出口额分别为8 323.1亿元和5 557.0亿元,分别下降5.62%和9.72%;采掘业出口额近几年持续高速下降,而其他投资品工业亦呈现下降趋势,但下降幅度相对较小(见图3-46)。

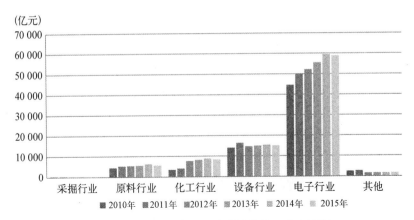

图 3 - 46　近几年全国 6 大类投资品工业出口额
资料来源：根据国家统计局数据计算绘制。

近一年来,消费品工业出口波动中略有回升,投资品工业大类行业增速逐步收敛。电子行业波动幅度最大,2016 年 4 月份之前出口额逐月降低,5、6 月份略有回升,第三季度略微下调后再次呈现上升态势,9 月份电子行业出口额为 5 685.3 亿元,而同比增长略有下降,其值为－0.75％;采掘行业扭转了近年来不断下降的趋势,增速转负为正、低位波动;原料行业、化工行业和设备行业同比增速均表现出波动中趋升的态势,出口额平稳缓慢增长,而其他行业出口额增速波动中趋于下降。6 大类行业间月度同比增速差距较一年前逐步收窄,呈低位收敛态势(见图 3 - 47、3 - 48)。

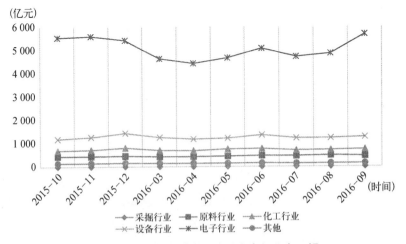

图 3 - 47　近一年投资品工业大类行业出口额
资料来源：根据国家统计局数据计算绘制。

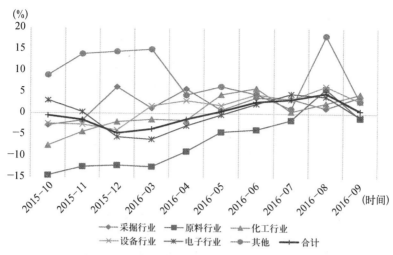

图 3 - 48　近一年投资品工业大类行业出口额同比增速

资料来源：根据国家统计局数据计算绘制。

3.3.2　投资品产业结构变化分析

1. 投资品产业组成结构变化分析

近年来投资品工业发展逐步趋缓,但其内部大类行业间发展情况有所差异,从而导致各大类行业在投资品工业中的占比有所变化。采掘业2012年前逐步上升,但2013年开始逐渐下降,2015年主营业务收入额为53 406.2亿元,在投资品工业中的占比为6.98%,较2009年下降1.29%;原料行业和其他类投资品产业变化比较平稳,分别维持在30.9%和2.8%上下小幅波动;化工行业占比有较大幅度提升,尤其2013年变化明显,2015年主营业务收入148 830.6亿元,占比为19.44%,较2009年上升5.21%;设备行业占比大幅下降,2015年占比为17.76%,较2009年下降6.52%;电子行业在投资品工业中增速相对较快,占比平稳提升,2015年主营业务收入168 660.3亿元,占比为22.03%,较2009年提升2.41%(见图3-49)。

近一年来投资品工业不同大类行业发展情况各有差异,但其引起的投资品工业内部组成结构变化幅度相对较小。采掘行业主营业务收入同比下降速度最大,但降幅逐月收窄的趋势明显,其在投资品工业中所占比例从6.88%下降至6.26%;原料行业主营业务收入增速波动中不断上

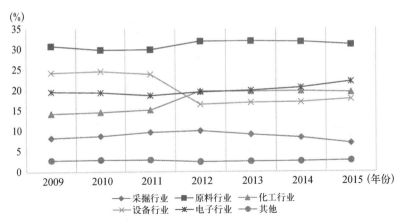

图 3‑49　近几年投资品工业大类行业主营业务收入占比

资料来源：根据国家统计局数据计算绘制。

升,但在 2016 年 6 月前基本均为负值,2016 年第三季度开始增速逐月上升,9 月份主营业务收入 20 667.9 亿元,占比较 2015 年 10 月下降 0.3%;化工行业 3 月份前增速持续升高,而 4 月份开始先下降后上升,主营业务收入在投资品工业中所占份额基本不变;设备行业增速缓于投资品工业平均水平,近一年主营业务收入所占份额下降 0.43%;电子行业发展速度在投资品工业中处于相对较高的水平,2015 年 9 月主营业务收入为 16 613.3 亿元,在投资品工业中所占份额为 24.12%,较一年前上升 1.37%(见图 3‑50、图 3‑51)。

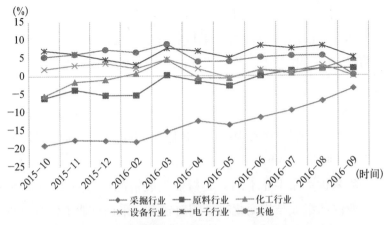

图 3‑50　近一年投资品工业大类行业主营业务收入增速

资料来源：根据国家统计局数据计算绘制。

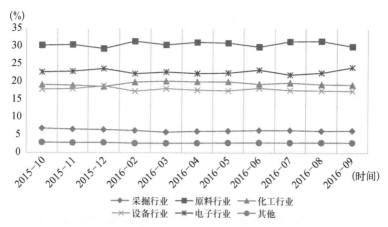

图 3-51　近一年投资品工业大类行业主营业务收入占比

资料来源:根据国家统计局数据计算绘制。

2. 投资品产业固定资产投资变化分析

近年来投资品产业固定资产投资增速逐年下降。2011 年固定资产投资额为 96 117.01 亿元,同比增长 27.66%,到 2015 年增速降至5.96%,固定资产投资额为 158 733.07 亿元,固定资产投资增速逐年下降。分大类行业来看,采掘行业 2013 年后固定资产投资增速加快下滑,2015 年低至 -11.64%;原料行业固定资产投资增速变化最小,2015 年增速为 7.83%,较增速最快时低 6.86%;化工行业近年固定资产投资增速持续下降,从 2010 年最高时的 46.97% 下降至 2015 年时的 1.36%;设备行业固定资产投资增速在 2011 年有较大幅度的上升,高达 40.46%,但2012 年之后持续下降,2015 年固定资产投资 38 433.67 亿元,同比增长8.92%;电子行业固定资产投资增速降幅最大,2011 年增速最高达42.19%,而到 2015 年下降至 11.08%,但相比其他行业仍处于高位;其他行业固定资产投资增速虽有所下降,但在投资品工业中相对较高,2015年固定资产投资 8 075.15 亿元,同比增长 15.94%(见图 3-52)。

近一年来,投资品工业固定资产投资增速下降趋稳回升,部分行业固定资产投资回暖趋势明显。投资品工业固定资产投资增速在 2015年 12 月大幅下降后迅速回升,2016 年 4 月之前基本平稳,5 月份开始再次下滑,到 8 月份增速降幅开始收窄,9 月份增速转负为正,固定资产投资额为 16 394.2 亿元,同比增长 3.66%,表现出趋稳回升的态势。分行业来看,采掘行业增速持续为负值,且其数值大小波动幅度很大;

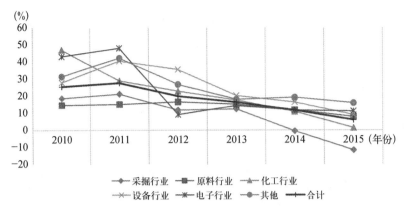

图 3-52　近几年投资品工业大类行业固定资产投资增速

资料来源：根据国家统计局数据计算绘制。

原料行业在 2016 年 4 月之前基本保持平稳趋升的态势，但 5 月份开始快速下降，8 月份增速低至 -1.44%，而 9 月份又回升至 6.25%；化工行业固定资产投资增速一直在 0 上下波动，2016 年 8、9 月份表现出投资回暖的态势；设备行业固定资产投资增速波动中持续走低，2016 年 8、9 月份降幅略有收窄，但仍处于负值；电子行业固定资产投资增速波动中略有趋升，2016 年第三季在投资品工业中一直保持最快的增长速度；其他行业固定资产投资增速先下降，后逐渐上升，回暖趋势明显（见图 3-53）。

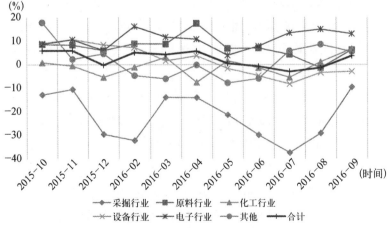

图 3-53　近一年投资品工业大类行业固定资产投资增速

资料来源：根据国家统计局数据计算绘制。

近年来建筑业固定资产投资增速波动中趋于下降。2008 年后,受 4 万亿元经济刺激政策的影响,建筑业固定资产投资逐年加速,2011 年固定资产投资额达 3 239.87 亿元,同比增长 44.53%;2012 年后随着政策影响力的消退,建筑业固定资产投资增速大幅下滑,2013 年增速仅有 1.4%;2014 年增速开始回升,但 2015 年又呈下降态势(见图 3-54)。

图 3-54　近几年建筑业固定资产投资额及其增速

资料来源:根据国家统计局数据计算绘制。

近一年来,建筑业固定资产投资增速触底回升。2015 年底建筑业固定资产投资增速急剧上升,12 月同比增速高达 198.88%;2016 年以来建筑业固定资产投资开始降温,但高速增长持续到 2016 年第一季度;2016 年前半年增速持续下降,7 月份增速触底,低至-32.17%,8 月份增速降幅收窄,到 9 月份转负为正(见图 3-55)。

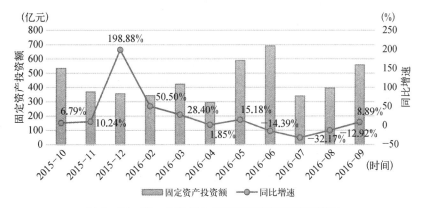

图 3-55　近一年建筑业固定资产投资额及其增速

资料来源:根据国家统计局数据计算绘制。

3. 投资品产业技术结构变化分析

技术创新是产业发展保持竞争优势的根本,国家及企业对其重视程度日益加深。国内科技研发经费方面的支出不断增加,其中企业对技术创新研发的投入增长更快,研究与试验发展经费支出与国内生产总值之比逐年提升。我国总体研究与试验发展经费支出从 2005 年的 2 449.97 亿元逐步增加到 2015 年的 14 220 亿元,11 年间增加近 5 倍,增长的幅度逐年增大;研究与试验发展企业资金经费支出增幅更大,从 2005 年的 1 642.5 亿元增加到 2014 年的 9 816.51 亿元,平均每年增加 50%,其在我国研究与试验发展经费总支出中的占比从 67.0%攀升至 75.4%;研究与试验发展经费支出在 GDP 中的占比逐年提升,从 2005 年的 1.31%增加到 2015 年的 2.1%(见图 3-56)。

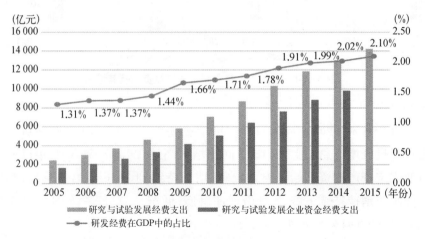

图 3-56　近十年研发经费及其在 GDP 中的占比情况

资料来源:根据国家统计局数据绘制。

依靠高新科技推动各个行业的技术创新,能为国民经济的发展注入持续且强劲的动力。伴随着我国科技创新方面巨大的投入及其取得的令人瞩目的成就,我国高新技术产业和装备制造业迅速繁荣发展。据统计,2000 年我国高新技术产业主营业务收入突破 1 万亿元,到 2014 年达到 12.7 万亿元,15 年间我国高新技术产业收入增长了近 12 倍,并呈加速发展趋势(见图 3-57);同时,我国高新技术产业出口交货值占制造业的比重从 2000 年的 19.0%提高到 2014 年的 27.1%,快速发展的高新技术产业已成为我国产业结构优化调整的重要推动力[33]。2016 年 1~7 月份,

高新技术产业增加值同比增长 10.5％,占工业比重 12.1％,占比较上年
同期提高 0.7 个百分点。其中,7 月份同比增长 12.2％,增速较 6 月份加
快 0.6 个百分点,高于整个工业 6.2 个百分点;1～7 月份,装备制造业增
加值同比增长 8.5％,占工业比重 32.5％,占比较上年同期提高 1.2 个百
分点。其中,7 月份同比增长 10.7％,增速较 6 月份加快 1.9 个百分点,
高于整个工业 4.7 个百分点,连续 3 个月增长加快[34]。

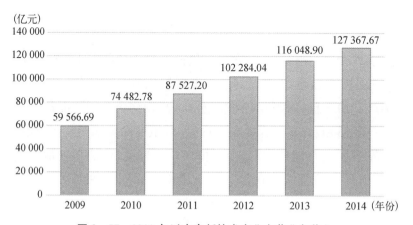

图 3‐57　2009 年以来高新技术产业主营业务收入

资料来源：根据国家统计局数据计算绘制。

当今世界,科学技术日新月异,以信息技术、生物技术为代表的高新
技术及其产业迅速发展,改变着人们的生产、生活方式,并对我国产业发
展国际竞争力的提升起到极大的推动作用。伴随我国投资品产业中高新
技术产业占比日益扩大,在产业发展的传导效应作用下,我国整体产业发
展的国际竞争力将进一步增强。

3.3.3　传统投资品产业产能过剩问题依然严峻

1. 产能总量过剩问题尚未缓解

面对当前中国产业发展中的突出矛盾与问题,今年以来,我国在去产
能、去库存、去杠杆方面推出一系列举措,上半年"三去一降一补"取得了
一定的成效。然而,钢铁、煤炭等传统投资品产业去产能进度并不理想,
产能总量过剩问题依然突出。到 2016 年 7 月底,我国钢铁行业去产能仅
仅完成全年目标任务的 47％,下半年钢铁行业去产能的任务艰巨;我国
煤炭产能压减 9 500 多万吨,仅完成全年任务量的 38％,煤炭行业淘汰落

后产能的效果并不理想。

传统投资品产业中,钢铁行业较为典型。中国钢铁工业协会公布的
2016 年上半年钢铁工业运行情况表明,上半年钢材价格触底反弹,但仍
处于低位;粗钢产量继续下降,但仍然过剩[35]。今年上半年,全国粗钢总
产量尽管同比下降 1.1% 至 4 亿吨,但产量降幅逐月收窄。6 月国内钢材
产量突破 1 亿吨,而粗钢和钢材日产量则达到 231.5 万吨和 335.7 万吨,
也创下历史新高(见图 3-58)。从中国钢铁工业协会会员企业的钢材库存
来看,近一年来钢材库存量从 1 521 万吨降低至 1 278 万吨,但库存量增减
上下波动,库存降低幅度有限,库存总量依然处于较高水平(见图 3-59)。
最近的一项调查显示,全国已有 68 座高炉恢复生产,估计产能将达到
5 000 万吨。由于价格和利润率的反弹,这些钢铁企业把产能过剩抛到了
脑后。产能不降反增的一个主要原因是,政策层面要求调整产业结构,逐
渐淘汰高污染、低产能的钢厂,而对很多企业来说,存活下去最要紧。这
样的恶性循环使得钢铁产业走出“囚徒困境”的路更加漫长[36]。

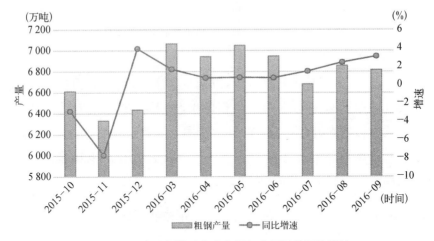

图 3-58　全国规模以上企业粗钢产量及其同比增速
资料来源:根据国家统计局数据计算绘制。

除了钢铁、煤炭等产业外,其他传统投资品产业亦依然面临着严峻的
产能总量过剩问题。2016 年上半年,水泥产量有所回升,达到 11.09 亿
吨,但是产能利用率仅为 64.5%,与 80% 的合理运转率目标存在一定差
距,去产能之路任重道远;到 2015 年我国实际生产电解铝 3 141 万吨,产
能利用率在 70% 左右;2015 年我国光伏行业整体产能利用率约为 77%,

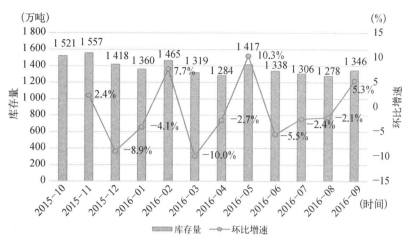

图 3 - 59 会员钢铁企业各月末钢材库存量及其环比增长率

资料来源:根据国家统计局数据计算绘制。

200 兆瓦以下企业的产能利用率只有 50%,化解产能过剩的过程也必将是光伏产业内部优胜劣汰的过程;2016 年上半年全国风电弃风率再次提高,已达到 21%,其中风电大省甘肃和新疆的弃风率均高达 45%,这不仅造成清洁能源大量浪费的尴尬局面,也对能源结构调整造成一定阻碍[37]。

综上所述,当前全球经济增长依然乏力,国际市场需求仍旧低迷,国内经济发展进入"调速换挡"期,钢铁、水泥、电解铝、平板玻璃、船舶等传统投资品产业的产能总量过剩问题尚未缓解,并有进一步加剧的趋势,且伴随着投资规模的加大,产能总量过剩问题逐步开始向光伏、风电等战略性新兴产业蔓延。

2. 结构性产能过剩问题依然突出

我国传统投资品产业的发展,虽然绝对产能过剩问题明显,但结构性产能过剩的问题尤为突出,主要表现在产业供需结构错配,部分行业中低端产品供给过多、产能相对过剩,而高端产品供给短缺、产能严重不足,难以满足多样化、个性化、高端化的消费需求。其中,同一产业内部低端供给过剩、高端供给不足的现象折射出我国企业创新能力的不足;而产业间的过剩与短缺并存,则突出地反映国内供需结构的错位,其背后更多的是体制性的因素,如地方政府在晋升激励下的产业结构偏向以及我国各产业间的行政性限制[38]。

例如石化产业,虽然总量问题与结构性问题并存,但主要矛盾是结构性产能过剩,基础化工产品、通用化工产品等低端供给过剩,化工新材料、专用化学品等高端供给不足,有效供给不能适应需求总量和结构性变化。从产能利用率来看,原油加工 65.5%、尿素 71.1%、烧碱 78%、聚氯乙烯 69%、甲醇 63%、草甘膦 42%、醋酸 70.2%、聚丙烯 74.1%、钛白粉 78.3%[39],均低于国际通行的产能利用率合理区间(79%～83%)(见表 3-3)。同时,大量的产品需要进口,造成巨额的贸易逆差,2015 年石化进出口总额 5 263 亿美元,其中出口 1 821 亿美元、进口 3 442 亿美元,逆差 1 621 亿美元。贸易逆差的行业有:石油和天然气逆差 1 500 亿美元,有机化学品 87 亿美元、合成树脂 363 亿美元(聚乙烯 PE 进口 986 万吨,用汇 126 亿美元;聚丙烯 PP340 万吨,用汇 44.4 亿美元)、合成橡胶 35 亿美元、合成纤维 80 亿美元、化学矿山 10 亿美元(见表 3-4)。

表 3-3   石化产业子行业产能利用率

行　业	原油加工	尿　素	烧　碱	聚氯乙烯	甲　醇
产能利用率(%)	65.5	71.7	78	69	63
行　业	草甘膦	醋酸	聚丙烯	钛白粉	
产能利用率(%)	42	70.2	74.1	78.3	

资料来源:根据中国石油和化学工业联合会数据整理制成。

表 3-4   石化产业子行业贸易逆差

行　业	石油天然气	有机化学品	合成树脂	合成橡胶	合成纤维	化学矿山	化工产业合计
贸易逆差(亿美元)	1 500	87	363	35	80	10	1 621

资料来源:根据中国石油和化学工业联合会数据整理制成。

再如造船业,在新订单下滑背后,一方面是我国中低端产能过剩,国内外竞争激烈,另一方面是高端产品供给不足,结构性矛盾突出。2015 年中国船企在经营接单上受到的影响最大,未来几年的生产任务将明显不足。然而,虽然新船市场较为低迷,但在超大型集装箱船和油船订单上,韩国船企凭借技术优势承接大量订单;在散货船订单上,日本船厂借本币贬值的机遇和我国抢夺订单。我国过去几年虽然是世界第一大造船国,但是生产主要以干散货船为主,这是航运使用的最基本货船,技术含量低,很容易受到航运业变化影响。像 LNG 船这种技术难度高、新型环保的运输船,近年来订单一直增长较快,但是我国占有量却比较少。

3.3.4　新兴投资品产业发展势头良好

1. 高新技术产业发展迅速

经济下行压力之下,诸如电子及通信设备制造业等高技术含量、高附加值的相关投资品产业,依然保持着蓬勃发展的良好势头,展现出新经济的独特魅力。一系列数据表明,高技术附加值、符合转型升级趋势的新产品,已悄然成为引领我国产业乃至经济提质升级的核心力量。

国家统计局数据显示,2016 年上半年,高新技术产业增加值同比增速为 10.2%,较一季度加快 1 个百分点。其中,航空、航天器及设备制造业、信息化学品制造业、电子及通信设备制造业实现较快发展,上半年增加值增速分别达 26.4%、22.3%、12%,显著快于全国规模以上工业增加值整体的增速。另外,高端装备制造、新材料、节能环保等战略性新兴产业也同样实现快速崛起。数据显示,2016 年上半年,战略性新兴产业工业增加值同比增长 11%,高于全部规模以上工业 5 个百分点,二季度增长 11.8%,较一季度加快 1.8 个百分点。其中,工业机器人产量增速达 28.2%,在上半年领跑装备类产品。此外,在电子类产品中,与新兴产业发展密切相关的光纤、光缆、太阳能电池、光电子器件等产品产量也实现较快增长,上半年产量同比增速分别为 28.2%、17.6%、28%、17.1%[40]。

前三季度,战略性新兴产业同比增长 10.8%,增速比规模以上工业高 4.8 个百分点。工业加快向中高端迈进,高新技术产业增加值、装备制造业增加值增速分别比规模以上工业快 4.6 个百分点和 3.1 个百分点,占比分别提高 0.6 个百分点和 1.2 个百分点。

从制造业采购经理指数来看,高技术制造业和装备制造业继续保持较快增长。2016 年 9 月高技术制造业和装备制造业 PMI 分别为 52.4% 和 51.9%,高于制造业总体 2 个百分点和 1.5 个百分点。其中,医药制造业,汽车制造业,铁路、船舶、航空航天设备制造业,计算机通信及其他电子设备制造业等行业 PMI 均在 52% 以上。同时,本月高技术制造业和装备制造业新订单指数均在 53% 以上,未来有望继续保持稳步增长[41]。

2. "互联网＋"推动生产性服务业快速发展

"互联网＋"是互联网产业相关技术向传统产业领域扩展之后的结果,使之呈现出在线化和数据化的新形态,优化其生产要素配置、革新其商业模式[42]。互联网和传统产业有机结合,依托互联网途径实现传统产业之间的互联互通,打破信息不对称的状态,实现信息交换,是"互联网＋"这一经济形态的主要特征,已成为传统产业转型发展的重要趋势。互联网渗透下的生产性服务业的发展,对我国制造业发展的支撑作用日益凸显,同时"互联网＋"相关的生产性服务业亦呈现出优越的增长形势。

国家统计局数据显示,2016 年 1～8 月规模以上服务业企业中,信息传输、软件和信息技术服务业营业收入同比增长 15.5％。从"互联网＋"相关的生产性服务业重点领域来看,战略性新兴服务业、高技术服务业、科技服务业都实现较快增长,1～8 月份规模以上企业营业收入分别同比增长 15.3％、10.8％和 11.0％[31]。与此同时,上述这些新兴行业也成为资本竞逐的热门领域。其中在高新服务业中,信息技术服务、数字内容及相关服务、研发与设计服务实际使用外资的涨幅较高,今年 1～5 月同比增长 305.9％、67.9％和 34.9％。

3. 生产性服务业对实体经济的支撑有待加强

尽管我国生产性服务业发展迅速,但其发展中依然存在着诸多问题,整体发展水平不高,尚不能很好地满足企业发展的需求,亟须进一步优化提升。

例如物流业,尽管其取得了快速的发展,但尚有诸多物流问题制约着企业(尤其是制造业企业)的发展。一方面,我国企业物流成本总体比例过高,对企业发展的利润空间形成了较强的挤占。据世界航运巨头马士基发布的《马士基集团在中国影响力报告》显示,发达国家物流成本平均占成品最终成本的 10％～15％,发展中国家各种低效现象导致物流成本显著增高,占成品成本的 15％～25％,甚至更高,而对我国的制造商而言,物流成本可高达生产成本的 30％～40％。另一方面,我国物流信息化程度相对滞后,企业物流技术水平远远落后于发达国家企业物流技术水平,许多企业由于资金不足,在物流信息设施上投入不足,设施老化、物流作业手段落后等问题,导致物流作业效率低下,费时费力,生产经营成本居高不下,并且许多企业的信息化建设滞后,企业电子化水平低,导致信息加工和处理手段落后,远远不能满足企业和顾客的要求。

再如金融行业,2016年以来增加值增速大幅下降,2016年第三季度,金融业增加值下降至15 274.0亿元,同比增长8.19%(见图3-60)。我国金融服务业发展速度的回落,加剧了持续存在的中小企业融资难、融资贵问题,当前金融行业对实体经济的支持力度明显不足。究其原因,是以大型银行为主的金融体系难以满足中小企业融资需求,而资本市场发展滞后又导致众多有需求的企业无法获得直接融资。金融体系向实体经济企业的融资供给结构性不足,一定程度上加大了经济的下行压力,延缓了经济结构的改善。因此,金融服务业发展亟须围绕企业需求,加快供给侧结构改革的步伐,从而更好地发挥金融服务业对实体经济的支撑作用。

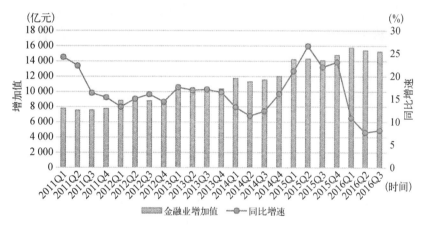

图3-60 近年来我国金融业增加值及其增速

资料来源:根据国家统计局数据整理绘制。

3.4 本章小结

基于需求变化的视角,将全部产业分为消费品产业和投资品产业,分析两者之间存在密切的关联,即上游投资品产业发展可以直接决定下游消费品产业的发展状况,同时消费品产业发展对投资品产业的发展产生拉动效应。2016年服务经济、消费经济时代全面来临,我国消费品产业、投资品产业发展呈现出不同的走势与特征。

1. 消费品产业整体发展速度趋缓,2016年下半年以来表现出趋稳回升的态势

从消费品产业需求来看,社会消费品零售额保持高位增长,其中奢侈

品、居住类消费相对下降,而文化类、健康类消费相对上升;居民消费结构升级的步伐加快,实物消费结构升级换代,教育、文化、医疗等服务型消费快速增长,网络购物、信息消费等新型消费呈爆发式增长;消费品工业出口增速放缓,纺织、烟草等传统消费品产业出口增速下滑明显;消费品价格指数波动中趋升,尤其上半年食品烟酒、交通通信等类型商品价格上升明显,房地产等消费品价格的快速上升,对居民其他类型消费需求有极大的抑制作用。同时,消费品产业各行业发展分异明显,传统消费品产业需求萎缩,发展停滞不前,而新兴消费品产业需求旺盛,消费级无人机、智能硬件产业爆发式增长。然而,消费品产业发展市场供需结构矛盾突出,主要表现在:低端产品供应过剩,中高端产品供应不足;海淘海购消费日趋增多,国内消费品供给不能满足需求;服务出口长期滞后,国际服务贸易逆差日益扩大。

2. 投资品产业发展逐步趋缓,整体增速低于消费品产业

受基础设施建设增长由高速向中高速过渡、房地产等价格上升的挤出效应、国外市场需求低迷等多种因素综合影响,投资品产业需求相对萎缩,投资品工业出口下滑趋势明显。从投资品产业内部组成来看,采掘行业、原料行业、设备行业增长速度相对较低,所占份额逐渐下降,而电子行业增长速度相对较快,所占份额逐渐上升,相应大类行业固定资产投资亦反映出类似的趋势;伴随着我国科技创新方面巨大的投入及取得的瞩目成就,我国高新技术产业和先进装备制造业迅速繁荣发展,产业整体技术结构不断升级。同时,投资品产业发展亦呈现出两极分化。一方面,传统投资品发展大幅放缓,产业产能过剩问题依然严峻,钢铁、煤炭、水泥等行业产能总量过剩问题尚未从根本上得以缓解,而产业供需结构错配、结构性产能过剩问题更加凸显,中低端产品供给过剩,而高端产品供给不足,需要通过大量的进口满足需求。另一方面,新兴投资品产业发展势头良好,其中高新技术产业发展十分迅速,已悄然成为引领我国产业发展的核心力量,且"互联网+"助推下生产性服务业快速发展;尽管如此,生产性服务业的发展尚不能很好地满足企业发展的需求,亟须围绕企业发展需求进行结构性改革,增强其对实体经济的支撑作用。

4

需求变化视角下的区域产业
发展比较分析

　　中国地域辽阔,经济发展水平和工业化程度差异都比较大,为此有必要按照大区域进行分类,比较分析不同区域 2016 年度产业发展状况,从而进一步深入剖析中国年度产业发展的状况及问题。与 2015 年的报告一致,我们依然将全国分成四个大的区域,即东部、中部、西部以及东北三省地区,其中:东部地区包括北京、天津、河北、上海、江苏、浙江、福建、山东、广东和海南,共 10 省份①;中部地区包括河南、湖北、湖南、安徽、江西和山西,共 6 省份;西部地区包括广西、甘肃、青海、陕西、新疆、西藏、贵州、宁夏、四川、重庆、云南和内蒙古,共 12 省份。

---

　　① 省、自治区、直辖市统称为省份。

4.1　中国区域产业发展及其比较分析

4.1.1　区域产业发展及其比较分析

1. 区域产业总体发展情况

（1）产业发展规模与速度比较分析。从经济总体情况来看，我国四大区域呈现"东部基本持稳，中部稳中有升，西部稳中向好，东北下行趋缓"的特征。2016 年前三季度，东部地区除北京、上海两地前三季度 GDP 增速与全国 6.7% 持平外，其余省份 GDP 增幅均跑赢全国；中部地区 GDP 增速除山西外，均保持在 7.5% 以上，山西同比增长 4%，虽低于全国水平，但经济逐步企稳，工业增加值增速逐步走出负增长区间；西部地区 GDP 增速较快增长，继续处于"四大板块"首位，资源型省份经济增速普遍提高；东北地区仍然延续疲软态势，辽宁省 GDP 增速为负，全国垫底（见图 4-1）。从人均

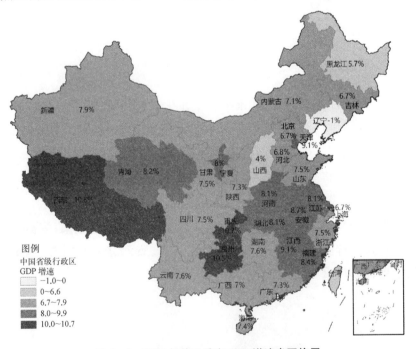

图 4-1　2016 年前三季度 GDP 增速省区格局

注：仅包含 31 省份增速情况，其中东北地区为 2016 年上半年增速。

资料来源：根据各省统计局或人民政府数据绘制。

GDP 来看,东部最高、东北次之,但增速较低,其中东北增速几近为零;中西部人均总量较低(见表 4-1)。

表 4-1　　　　　　　2016 年不同地区人口与经济发展状况

地　区	GDP (亿元)	GDP 占比 (%)	GDP 增速 (%)	人均 GDP (元/人)	人均 GDP 增速(%)
东部地区	287 181	54.2	7.6	74 760	5.2
中部地区	111 475	21.0	7.8	44 190	9.5
西部地区	107 043	20.2	8.0	48 360	24.1
东北地区	24 048	6.9	2.2	53 150	0.4

注:GDP 总量及占比除东北为上半年外,其余为前三季度数据;GDP 增速为上半年数据[43];人均 GDP=(2016 年前三季度 GDP＋2015 年第四季度 GDP)/(2015 年人口×2015 年人口同比增速),其中东北地区 2016 年前三季度 GDP＝2016 年上半年 GDP/2×3。

资料来源:根据各省统计局或人民政府、国家统计局数据制成。

(2)区域产业结构比较分析。从三次产业结构来看,除中部地区外,东部、西部、东北地区已形成"三二一"产业结构。通过表 4-2 可以看出,2016 年前三季度东部地区三次产业结构为 5.0∶42.3∶52.8,三产占比优于全国其他地区,且同比升高 2.6 个百分点,"三二一"产业结构优化升级;中部地区第三产业比重虽从 2015 年前三季度的 41.3%上升到 2016年前三季度的 44.6%,但仍呈现 10.7∶44.7∶44.6 的"二三一"产业结构;西部地区第三产业迅猛发展,三产占比已高出二产占比 1.4 个百分点,先于中部地区形成 10.3∶44.1∶45.5 的"三二一"产业结构;而东北地区虽也呈现"三二一"的发展态势,三次产业结构为 6.8∶42.7∶50.5,第三产业比重仅低于东部地区第三产业比重 2.3 个百分点,但这并未说明东北地区第三产业取得了较大发展,而是由于资源型和重化工特征突出的工业下滑导致第二产业比重从 2015 年前三季度的 46.4%下降到2016 年前三季度的 42.7%。

表 4-2　　　　　　　四大区域三次产业结构比较分析

区　域	一产增加值 (亿元)	二产增加值 (亿元)	三产增加值 (亿元)	2015 年前三季度 三次产业结构	2016 年前三季度 三次产业结构
东部地区	14 244.2	121 380.2	151 557	5.1∶44.7∶50.2	5.0∶42.3∶52.8
中部地区	11 888.7	49 856.3	49 729.8	10.8∶47.9∶41.3	10.7∶44.7∶44.6

续表

区　域	一产增加值 （亿元）	二产增加值 （亿元）	三产增加值 （亿元）	2015 年前三季度 三次产业结构	2016 年前三季度 三次产业结构
西部地区	10 966.1	46 748.1	48 241.5	10.8：46.7：42.5	10.3：44.1：45.5
东北地区	1 628.9	10 271.4	12 147.5	7.4：46.4：46.2	6.8：42.7：50.5
全国（统计 公报数据）	40 666	209 415	279 890	8.0：40.6：51.4	7.7：39.5：52.8

注：东北地区为 2016 年上半年数据。

资料来源：根据各省统计局或人民政府、国家统计局数据制成。

从工业内部结构来看，消费品工业方面，2010～2014 年规模以上消费品工业企业主营业务收入东部增速最慢，年均增速仅为 9.5%；西部增速最快，年均增速达 25%；东北消费品工业占工业的比重最大（35%），主要与汽车制造业占比较高有关；投资品工业方面，2010～2014 年规模以上投资品工业企业主营业务收入东北增速最慢，年均增速仅为 8.9%；西部增速最快且占比最大，年均增速为 18%，2014 年规模以上投资品工业企业主营业务收入占工业的比重高达 75%，说明西部地区消费品工业发展相对不足（见表 4 - 3）。

表 4 - 3　　　　2014 年四大区域消费品及投资品工业主营业务收入情况

地　区	规模以上消费品工业 企业主营业务收入			规模以上投资品工业 企业主营业务收入		
	2014 年 规模 （亿元）	2010～ 2014 年均 增速（%）	2014 年 占工业 比重（%）	2014 年 规模 （亿元）	2010～ 2014 年均 增速（%）	2014 年 占工业 比重（%）
东部地区	185 126.9	9.5	29.0	452 592.3	10.9	71.0
中部地区	69 332.4	18.6	30.4	158 832.6	16.6	69.6
西部地区	33 554.0	25	25.2	99 346.1	18	75
东北地区	30 500.0	12.8	35	56 310.4	8.9	65

注：东部地区和西部地区为产值数据。

资料来源：根据各省统计年鉴数据制成。

2. 区域需求结构及其比较分析

（1）需求结构变化及其驱动机制比较。从需求结构来看，投资需求仍然是驱动经济增长的主要因素。从需求结构变化来看,东部地区消费需求占比小幅增长,中西部地区投资需求占比增幅较大,东北地区净出口需求占比降幅较大(见图4-2)。总体上看,2014年四大区域消费需求占比基本低于50%,净出口需求占比仅东部地区实现增长,其他地区均呈现负增长,投资需求占比基本高于50%,远高于世界平均水平的30%[44],表明需求结构的主体仍为投资需求。分需求看,消费需求方面,2005～2014年,仅东部地区消费需求占比增长1.6%,其他地区消费需求占比均出现下降;投资需求方面,除东部地区投资需求占比增长3.0%外,其他地区投资需求占比增长均超过15%,尤其是中西部地区投资需求占比增长最快,分别增长达16.5%和16.0%;净出口需求方面,四大区域净出口需求占比均呈现不同程度的下降,其中东北地区下降最为严重,降幅达到12.6%(见表4-4)。

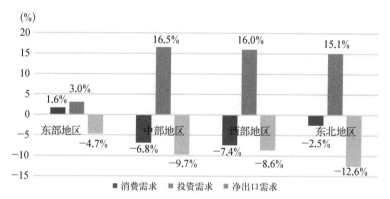

图4-2　2005～2014年四大区域三大需求占比变化

资料来源:根据各省统计局或人民政府、国家统计局数据绘制。

表4-4　　　　　　　　　四大区域三大需求结构比较分析

区　域	2005年三大需求结构 (消费：投资：净出口)	2014年三大需求结构 (消费：投资：净出口)
东部地区	45.6：46.5：7.8	47.3：49.5：3.2
中部地区	54.0：45.8：0.2	47.2：62.3：-9.5
西部地区	58.3：53.6：-11.8	50.9：69.6：-20.4
东北地区	47.7：48.6：3.7	45.2：63.6：-8.9

资料来源:根据国家统计局数据制成。

　　从三大需求贡献率来看,东部地区正向消费驱动为主转型,中西部地区经济发展主要驱动力仍为投资,东北地区由于投资骤降出现消费驱动领先的假象(见图4‐3)。分地区看,一方面是东部地区和东北地区结构表面趋同,贡献率呈现"消费需求＞投资需求＞净出口需求"特征,其中东部地区自 2012 年以来,消费需求贡献率长期保持领先,初步实现投资驱动向消费驱动的转型;而东北地区三大需求贡献结构从 2013 年的57.5：79.2：－36.7 变成 2014 年的 57.6：37.0：5.5,是由于资本形成总额增速从 2013 年的 10％骤然下降到 3％造成的,消费需求实际贡献并未大幅增长。另一方面是中西部地区结构相对较为类似,投资需求贡献率最大,消费需求贡献率其次,净出口需求贡献率均为负值,其中西部地区消费需求贡献率虽未超过投资需求贡献率,但消费需求贡献率增长 11.9％,表明西部地区扩大消费需求初见成效(见表4‐5)。

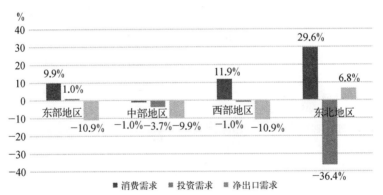

图4‐3　2006～2014 年四大区域三大需求贡献率占比变化

资料来源:根据各省统计局或人民政府、国家统计局数据绘制。

表4‐5　　　　　　　　四大区域三大需求贡献率结构比较分析

区　　域	2006 年三大需求贡献率 (消费：投资：净出口)	2014 年三大需求贡献率 (消费：投资：净出口)
东部地区	42.7：41.6：15.8	52.5：42.6：4.8
中部地区	43.6：60.6：－4.2	42.6：56.9：－14.1
西部地区	42.4：57.7：－0.1	54.3：56.5：－10.9
东北地区	27.9：73.4：－1.3	57.6：37.0：5.5

资料来源:根据国家统计局数据制成。

(2)消费需求变化及其比较。居民收入方面,我国四大区域收入水平"东高西低"、城乡收入差距"东低西高"的格局并未改变。从城乡收入水平来看,2015年东部地区人均可支配收入水平最高,城乡居民人均可支配收入分别达 36 603 元和 14 291 元;东北地区人均可支配收入水平次之,但增速最低,城乡居民人均可支配收入增速分别仅为 7% 和 6%;中西部地区人均可支配收入水平较低,但收入增长较快,尤其是西部地区城乡居民人均可支配收入增速分别达 11% 和 13%。从城乡收入差距来看,2015年东北地区城乡居民收入差距仍最小,虽较 2014 年小幅增长,但相对 2013 年(2.41)仍保持缩小趋势;中部地区和东部地区城乡居民收入差距次之且略有缩小;西部地区城乡居民收入差距最大,但由于农村居民收入的快速增长,差距缩小幅度也最大(见表 4-6)。

表 4-6　　　　　　　　2015 年四大区域城乡居民人均可支配收入

地　区	城镇居民人均可支配收入(元/人)	城镇居民人均可支配收入增速(%)	农村居民人均可支配收入(元/人)	农村居民人均可支配收入增速(%)	2015 年城乡收入差距	2014 年城乡收入差距
东部地区	36 603	8	14 291	9	2.56	2.57
中部地区	26 812	8	10 917	9	2.46	2.47
西部地区	26 956	11	9 524	13	2.83	2.89
东北地区	27 414	7	11 483	6	2.39	2.37

注:各地区平均值为人口加权平均值。
资料来源:根据各省统计局或人民政府、国家统计局数据制成。

居民消费方面,我国四大区域城镇消费均达富裕水平,农村消费水平基本呈现"东北富裕、东部小康、中西部温饱"格局。从城镇居民消费结构来看,四大区域城镇居民食品消费支出占比(即恩格尔系数)均小于 40%,处于富裕水平以上(见表 4-7)。从农村居民消费结构来看,东北地区农村居民食品消费支出占比为 39.5%,已达富裕水平(30%~40%);东部地区紧随其后,食品消费支出占比为 43%,处于小康水平(40%~50%);中西部地区食品消费支出占比分别为 54% 和 51%,仍停留在温饱水平(50%~59%)(见表 4-8)。

表 4 - 7　　　　　　　　　　2014 年四大区域城镇居民人均消费支出

支出项目	东部地区（元）	东部地区占比（％）	中部地区（元）	中部地区占比（％）	西部地区（元）	西部地区占比（％）	东北地区（元）	东北地区占比（％）
食　品	7 025	31	4 474	31	5 980	33	5 035	28
衣　着	1 721	8	1 345	9	1 667	9	1 880	10
居　住	4 709	21	3 052	21	3 362	18	3 833	21
家庭设备及用品	1 290	6	937	7	1 226	7	1 057	6
医疗保健	1 323	6	1 011	7	1 300	7	1 619	9
交通通信	3 099	14	1 593	11	2 289	13	2 251	12
文教娱乐	2 840	12	1 641	11	1 892	10	2 009	11
其　他	715	3	356	2	458	3	580	3
总　计	22 722		14 410		18 174		18 263	

资料来源：根据各省统计局或人民政府、国家统计局数据制成。

表 4 - 8　　　　　　　　　　2014 年四大区域农村居民人均消费支出

支出项目	东部地区（元）	东部地区占比（％）	中部地区（元）	中部地区占比（％）	西部地区（元）	西部地区占比（％）	东北地区（元）	东北地区占比（％）
食　品	3 398	43	2 375	54	2 104	51	2 269	40
衣　着	582	6	515	6	354	5	562	8
居　住	2 172	16	1 664	16	1 205	13	1 579	16
家庭设备及用品	608	5	483	4	351	4	345	3
医疗保健	1 369	11	809	10	694	8	984	11
交通通信	958	12	810	11	630	11	1 011	12
文教娱乐	810	6	745	7	577	6	1 008	9
其　他	225	2	152	2	104	2	152	2
总　计	10 123		7 552		6 601		6 601	

注：2013～2014 年湖南数据缺失，2010～2014 年宁夏数据缺失。

资料来源：根据各省统计局或人民政府、国家统计局数据制成。

　　从城镇居民消费支出占比变化来看，居住消费支出占比增幅较大，除医疗保健、文教娱乐（中部地区、东北地区）略微增长外，其余支出占比全线下跌。其中，东部地区居住消费支出（10.8％）、西部地区医疗保健（0.4％）、东北地区文教娱乐（0.4％）增幅相对较大；东部地区家庭设备及用品（－1.0％）、交通通信（－3.1％），东北地区食品（－6.9％）、衣着（－3.0％）等降幅相对最大（见图4-4）。

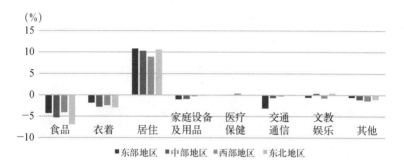

图4-4　2010～2014年四大区域城镇居民家庭人均消费支出占比变化

注：支出占比变化为2014年占比减去2010年占比。

资料来源：根据各省统计局或人民政府、国家统计局数据绘制。

　　从农村居民消费支出占比变化来看，食品、交通类消费支出占比普遍增加，居住、家庭、文娱类占比普遍减少。其中，西部地区食品（7.2％）和交通通信（4.2％）、中部地区衣着（0.2％）、东北地区医疗保健（1.2％）等增幅相对较大；东部地区医疗保健（－0.9％）、中部地区家庭设备及用品（－1.4％）、东北地区衣着（－0.4％）和文教娱乐（－1.8％）、西部地区居住（－8.9％）等降幅相对较大（见图4-5）。

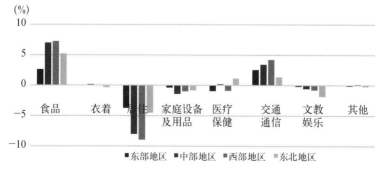

图4-5　2010～2014年四大区域农村居民家庭人均消费支出占比变化

资料来源：根据各省统计局或人民政府、国家统计局数据绘制。

从社会消费品零售总额来看,我国四大区域消费增速缓中趋稳,东部地区仍为消费主力军。2010~2015 年,我国四大区域社会消费品零售总额增速持续放缓,但仍保持在 10% 左右的增长水平,其中 2015 年东部地区社会消费品零售总额占全国比重为 52%,在四大区域中继续保持领先(见图 4-6)。

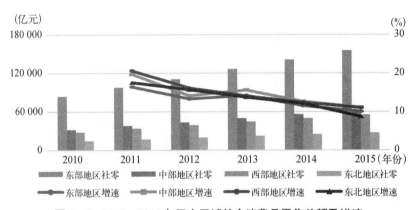

图 4-6　2010~2015 年四大区域社会消费品零售总额及增速

资料来源:根据各省统计局或人民政府、国家统计局数据绘制,此处为现价数据。

(3) 投资需求变化及其比较。从固定资产投资总额来看,中西部地区增长较快,东北地区降幅较大。2016 年前三季度,中西部地区固定资产投资总额分别同比增长 13.1% 和 12.7%,高出东部地区固定资产投资总额增速 3 个百分点左右;东北地区固定资产投资总额仅为 22 800 亿元,同比下降 28.9%,与其他地区相比投资收幅较大。从历年固定资产投资总额增速来看,四大区域固定资产总额增速自 2012~2013 年经历峰值后,整体呈现下降趋势,未来几年中国固定资产投资增速可能会继续回落(见图 4-7);从历年固定资产投资总额占 GDP 比重来看,除中部地区略微增长外,东北地区固定资产投资总额占 GDP 比重自 2013 年开始下降,东部地区和西部地区也自 2016 年开始有所减缓(见图 4-8)。

从民间固定资产投资来看,东部地区增长较快,东北地区下滑严重。2016 年前三季度东部民间投资增速达 7.1%,中西部分别为 5.8% 和 2.5%,东北则呈现"断崖式"下滑,同比下降 30.1%(见图 4-9)。

分类型来看,东部地区转型升级类投资加快,中、西部地区基础设施投资高速增长,东北地区有效投资不足。从东部来看,金融业、租赁和商

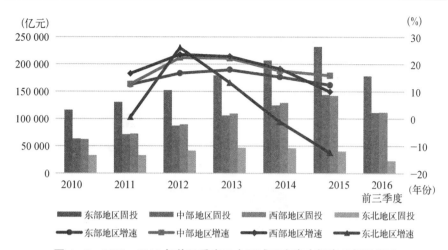

图 4-7 2010～2016 年前三季度四大区域固定资产投资总额及增速

资料来源：根据各省统计局或人民政府、国家统计局数据绘制，此处为现价数据。

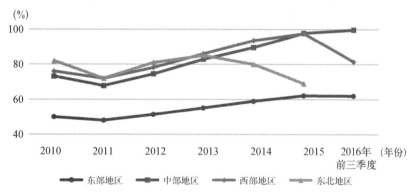

图 4-8 2010～2016 年前三季度四大区域固定资产投资总额占 GDP 比重

资料来源：根据各省统计局或人民政府、国家统计局数据绘制。

务服务业、科学研究、技术服务和地质勘查业等投资品服务业增速较快，民间资本也更多地流向工业技改、装备制造等转型升级类投资；从中西部来看，基础设施投资增长较快，2016 年前三季度中部地区基础设施投资 18 791 亿元，增长 23.6%，占全部基础设施投资的比重为 22.5%，比去年同期提高 0.7 个百分点；西部地区基础设施投资 29 630 亿元，增长 32.7%，占全部基础设施投资的比重为 35.6%，比去年同期高 7.8 个百分点[45]；从东北来看，以往大部分投资流向了钢铁、煤炭、水泥、火电等过剩产业，在城乡建设等基础民生方面投资本就较少，而近两年房地产和建筑业投资又大幅下滑，有效投资进一步缩减。

（4）进出口需求变化及其比较。从进出口总额来看，东、中部降幅

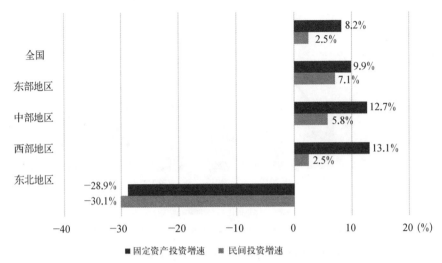

图 4 – 9　2016 年前三季度四大区域全部及民间固定资产投资增速

资料来源：根据国家统计局数据绘制。

加大,西部、东北降幅收窄。2016 年前三季度,全国进出口总额全线下跌,其中东部及中部地区进出口总额分别同比下降 7.3％和 6.2％,较 2015 年全年降幅分别下降 1.3 个百分点和 4.2 个百分点,外贸形势更为严峻;西部及东北地区进出口总额分别同比下降 12.4％和 14.1％,较 2015 年全年降幅分别减少 5 个百分点和 10.1 个百分点,情况有所好转(见图 4 – 10)。

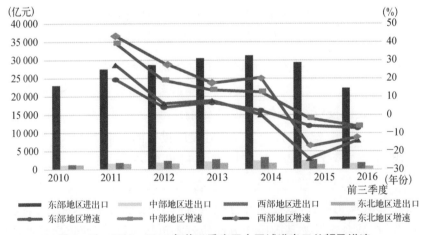

图 4 – 10　2010～2016 年前三季度四大区域进出口总额及增速

注：2016 年前三季度数据为商务部按收发货人所在地划分数据。

资料来源：根据各省统计局或人民政府、国家统计局数据绘制,此处为现价数据。

从贸易差额来看,东部贸易顺差略增,中西部贸易顺差收窄,东北贸易逆差加剧。2016年前三季度,东部地区实现净出口总额3 164.2亿美元,同比增长5.6%;中、西部地区分别实现净出口总额509.4亿美元和405.0亿美元,同比缩减6.1%和46.9%;东北地区净出口总额为−114.3亿美元,贸易逆差增加87.7%(见图4−11)。

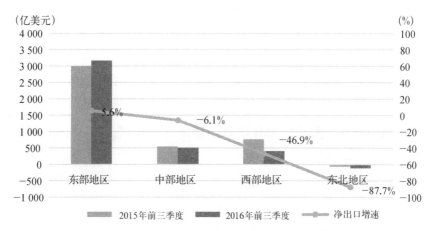

图4−11 2015～2016年前三季度四大区域净出口总额及增速
资料来源:根据各省统计局或人民政府、国家统计局数据绘制,此处为现价数据。

分产品来看,东部地区高新技术产品进出两旺,东北地区机电产品进出口仍占大头。从东部来看,受外需和内在转型升级需求影响,生命科学技术、计算机集成制造技术、航空航天技术产品等高新技术产品进出口增长较快;从东北来看,机电产品进出口占比最高,出口依次为钢材、农产品、高新技术产品、船舶;进口依次为原油、农产品、高新技术产品。

4.1.2 四大区域产业发展差异性分析

由于四大区域自身发展基础和条件存在一定差异,尤其是资源禀赋、发展阶段与水平不同,由此导致四大区域的空间分工和产业分工也不同,产业的发展特征与结构特征各有差别,由此所表现出的主导性产业或代表性产业也不一样。

1. 资源禀赋及其特征

中国区域要素禀赋呈现出产品生命周期式[46]分布特征。中国四大区域生产要素分布不均衡,地区间差异明显。西部和中部地区的自然资源和劳动力资源相对丰裕,而技术相对最为薄弱;东部地区资本、技术远远领先于其他地区,然而劳动力资源匮乏;东北地区技术相对成熟,但资本、劳动力、自然资源都较为稀缺。由此,四大区域要素禀赋由东向西演绎产品生命周期式分布特征[47]:东部地区运用其先进的技术研发新的产品(技术和资本密集型产品),向中西部地区输出产品,待生产进入标准化阶段,东部地区为降低成本而转向劳动密集型产品,并将产品生产地转移到中西部。同时,在区域产业分工方面,中西部和东北地区是静态比较优势产业较多的区域,而东部地区是动态比较优势产业居多的地区[48]。由此,中国四大区域间由东部到中西部、中部到西部这样自东向西的产业梯度转移现象已经形成。

四大区域资源禀赋的不同导致各地区产业发展差异(见表4-9)。任何区域经济发展都是建立在区域的资源禀赋基础上的,因此区域资源禀赋对地区经济发展有着至关重要的影响,区域资源要素的差异影响了地区间产业结构和布局的差异。区域资源禀赋对经济发展也有一定的消极作用。资源贫乏的地区往往在经济增长方面表现更好,即自然资源丰裕与经济增长之间呈现反方向变化,即"资源诅咒"理论。我国资源富集的中西部地区和东北地区与资源相对稀少的沿海地区之间经济发展的差距就说明了这一点。尤其是东北地区陷入"资源诅咒"的特点最为突出,作为中国"地广人稀"的重要地区,其丰富的自然资源导致经济发展的路径依赖、产业结构单一化,导致"新东北现象"的发生。此外,由于经济体制、投资主体的不同,同等强度的投资在不同地区的效果是有差异的。中西部地区和东北地区受投资体制和投资环境的影响,投资效果要低于东部地区[49],尤其是民间投资。

表4-9　　　　　　　　我国四大区域资源禀赋差异

地　　区	区位及资源禀赋特征	产业发展特点
东部地区	沿江靠海,技术和资本密集	外向型经济,资本和技术密集
中部地区	煤炭、有色金属等资源,劳动密集	内向型经济,劳动密集型产业
西部地区	邻边、天然气等能源,土地资源丰富	面向欧亚外向型、资源型产业
东北地区	邻边、农业资源、能源、技术密集	面向东北亚外向型、重化工业

2. 消费偏好及其特点

总体来看,四大区域的消费偏好有一些共性特征,如海外高品质商品消费快速增长,传统物质生存型消费为主的需求逐渐转向发展享受型消费需求。其中,东部地区最具有代表性。此外,中部、西部和东北地区的消费偏好由于发展阶段的不同也略有一些差异。

东部地区消费需求正向品质型、高端日用型转变。一是从大众化向品质型消费转变。目前,东部地区人均 GDP 已经超过 10 000 美元,有些甚至超过 15 000 美元,中高收入消费人群正在聚集。这个阶层不满足于大众化的消费,中低端商品和服务难以满足其消费需求,因此境外购物在不断增加。二是消费偏好从奢侈品为主转向高端日用品等为主。从境外购物的情况来看,海购主要商品为奶粉、保健品、化妆品、纸尿片等;并且消费偏好由以前各种名表、珠宝等奢侈品为主,改为更加实用的化妆品、服装和食品为主。

中部地区消费需求正向发展型、改善型、服务型转变。一是从生存型消费向发展型消费的升级,汽车、通信、文娱、医药类消费品备受青睐。二是楼市升温、改善性购房需求释放,带动居住家装类消费快速增长。三是从物质型消费向服务型消费升级,耐用消费品趋于饱和、服务型消费增长较快。西部地区消费需求表现为住房改善型特征,通信器材、建筑及装潢材料类、家具类等消费品需求增长较快。随着西部地区科技信息服务的提升和房地产业的不断发展,通信器材、建筑及装潢材料类、家具类等消费品的零售额增长较快。东北地区消费需求体现为向医药、文娱类需求转变的特征,体育、娱乐用品类、家具类、粮油、食品、饮料、烟酒类、中西药品类等社会消费品零售总额增速较快;而石油及其制品类、汽车类等产品销售呈现负增长。

3. 产业分工及其主导产业

区位环境、资源禀赋和产业发展阶段的不同决定了四大区域产业分工及主导产业的差异(见表 4-10)。从四大区域所处的区位环境来看,东部地区的市场发育规模、工业化水平、经济外向度和交通条件都明显优于其他地区,东北地区的城市化水平领先于中西部地区,而西部和中部地区在各方面都处于落后地位,区位环境外向吸引力总体较差。从四大区域所处的工业化发展阶段来看,东部地区处于后工业化阶段,东北地区处于工业化后期阶段,中部和西部地区处于工业化中期阶段。由此,四大区域在空间分工、产业分工及其主导产业方面也存在一定的差异性。东部地区以资本及技术密集型产业、智能装备等战略性新兴产业为主,基本符合所处的后工业化阶段特征,并与东部地区经济发展水平、资金供应条件和科技发展程度基本协调。中部及东北地区能源、原材料型工业比重较大,重化工业和装备制造业具有一定基础,资源转换和加工型产业占一定的比例,基本符合这些地区以能源原材料产业为基础的工业化中后期阶段要求。西部地区优势产业以能源原材料型产业及相应的资源加工型产业为主,传统资源型产业仍占主导地位,充分反映了西部地区产业结构的资源导向型特征。

表 4 - 10　　　　　　　我国四大区域主要产业带或产业集群空间分布

地　　区	主要产业带
东部地区	长三角电子信息产业带、长三角汽车产业带、浙江纺织产业集群、深圳电子产业集群
中部地区	晋豫煤焦化产业带、鄂豫皖汽车产业带、长株潭工程机械产业带、郑州智能终端产业集群
西部地区	成渝电子信息产业带、重庆汽车产业集群、陕西高新技术产业带、黔成渝制药业走廊
东北地区	哈大齐工业走廊、沈铁工业走廊、辽宁沿海经济带、长春—沈阳汽车产业带、辽西北煤化工产业基地、哈尔滨医药产业集群

通过对比分析四大区域产业发展的差异(见表 4 - 11),可以发现东部地区新兴产业发展势头良好,电子信息制造业和汽车制造业是具有比较优势的支柱产业和主导产业,但由于中低端产业可以向中西部进行转移,所以东部地区企业的天然创新动力不强。中部地区虽然在总量和增速上正在或已经走出"塌陷",但在人均 GDP、人均财政支出、城乡居民收入等方面,跟全国和东部地区相比还有差距,产业整体发展水平相对落后,工程机械等传统产业转型升级的步伐缓慢。西部地区随着西部大开发基建类投入的不断加大,以及承接东部和中部产业转移的推进,生态农业和旅游业发展势头良好,大数据产业成为后起之秀。东北地区长期以来以国家的政策倾斜投资为主导的发展模式难以为继,在宏观经济形势低迷的背景下传统产业遭遇了断崖式下滑,传统装备制造业发展迟缓,能源及资源型产业持续萎缩,亟须培育高端装备制造等战略性新兴产业作为替代产业。受 2016 年中国汽车消费靓丽增长影响,东北地区汽车制造业一枝独秀,逆势上扬。

表4-11　　　　　　　　　　　我国四大区域产业发展特色

地　　区	消费品产业	投资品产业
东部地区	汽车制造业、文化产业、网络消费、时尚消费等新兴消费	智能装备、电子信息制造、知识密集型服务、工业互联网等新兴产业
中部地区	汽车制造业、家具制造业	能源产业(煤炭)、工程机械、节能环保
西部地区	绿色农业、食品加工业、旅游业	原料开采和加工、能源与化工、大数据产业
东北地区	特色农业、汽车制造业	资源型产业、装备制造业

4.2　东部地区产业发展动态分析

东部地区包括北京、天津、河北、上海、江苏、浙江、福建、山东、广东和海南,共10省份。改革开放以来,随着经济迅速发展、居民收入水平快速提高,东部地区需求结构呈现新的发展特点,消费对经济增长的拉动作用日益明显。然而,东部沿海地区反映出供需错配而导致的消费增长乏力,并由此引致的经济结构调整动力作用疲弱等问题,对于东部沿海地区能否最终实现率先向消费主导型经济转变、通过扩大消费推动经济增长方式转型,从而成功跨越"中等收入陷阱",是未来迫切需要关注的问题[50]。

4.2.1　东部地区产业发展总体情况

1. 东部地区经济基本持稳

2016年前三季度,东部地区GDP总量达287 181.37亿元,占全国比重为54.19%,虽较2010年占比下降2.55%,较2015年占比下降0.90%,但中国经济的重心仍在东部。其中,广东、江苏、山东3省依次位居全国GDP总量前三,且均超过4万亿元,遥遥领先于其他省份;除海南外,其余7省份GDP总量均超过万亿元(见图4-12)。从增速来看,北京、上海GDP同比增幅与全国持平(6.7%),其余省份均高于全国水平,其中天津(9.1%)、福建(8.4%)增长较快,增速排位挺进前10名,但其他省份增速远不及诸多西部省份(见图4-13)。

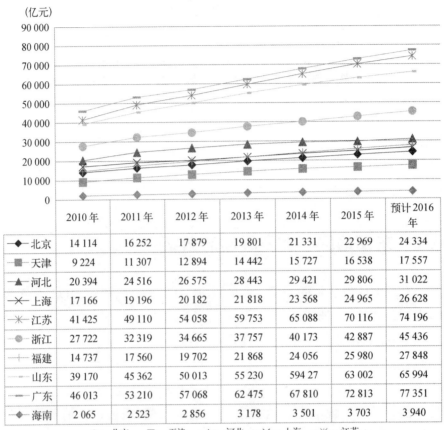

	2010 年	2011 年	2012 年	2013 年	2014 年	2015 年	预计2016年
◆ 北京	14 114	16 252	17 879	19 801	21 331	22 969	24 334
■ 天津	9 224	11 307	12 894	14 442	15 727	16 538	17 557
▲ 河北	20 394	24 516	26 575	28 443	29 421	29 806	31 022
✕ 上海	17 166	19 196	20 182	21 818	23 568	24 965	26 628
✻ 江苏	41 425	49 110	54 058	59 753	65 088	70 116	74 196
● 浙江	27 722	32 319	34 665	37 757	40 173	42 887	45 436
＋ 福建	14 737	17 560	19 702	21 868	24 056	25 980	27 848
— 山东	39 170	45 362	50 013	55 230	594 27	63 002	65 994
— 广东	46 013	53 210	57 068	62 475	67 810	72 813	77 351
◆ 海南	2 065	2 523	2 856	3 178	3 501	3 703	3 940

◆ 北京　　■ 天津　　▲ 河北　　✕ 上海　　✻ 江苏
● 浙江　　＋ 福建　　— 山东　　— 广东　　◆ 海南

图 4‑12　2010～2016 年东部地区 GDP 总量变化趋势

注：2016 年全年数据为 2015 年第四季度与 2016 年前三季度数据之和（如无特别指出，下同）。

资料来源：根据各省统计局或人民政府、国家统计局数据绘制。

2. 产业结构优化升级，三产增速快于全国平均水平

2016 年前三季度，东部地区"三二一"产业结构比例优化为 5.0：42.3：52.8，三产比重较 2015 年前三季度上升 2.6%。从各省产业结构变化来看，相比 2015 年，三产比重全线上升 0.5%～3.5%，二产除江苏外、一产除海南外比重均呈现下降趋势。从各省产业结构水平来看，部分省份服务业发展水平较高，尤其是北京、上海三产比重分别高达 81.8%、70.9%，与美国（78.1%，2013 年）、英国（78.4%，2014 年）等发达国家较为接近，其次是海南、天津三产比重分别为 54.2%、53.8%，均高于全国

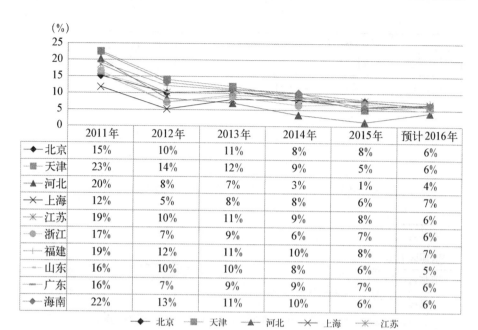

	2011年	2012年	2013年	2014年	2015年	预计2016年
◆ 北京	15%	10%	11%	8%	8%	6%
■ 天津	23%	14%	12%	9%	5%	6%
▲ 河北	20%	8%	7%	3%	1%	4%
✕ 上海	12%	5%	8%	8%	6%	7%
✳ 江苏	19%	10%	11%	9%	8%	6%
● 浙江	17%	7%	9%	6%	7%	6%
┼ 福建	19%	12%	11%	10%	8%	7%
― 山东	16%	10%	10%	8%	7%	5%
― 广东	16%	7%	9%	9%	7%	6%
◆ 海南	22%	13%	11%	10%	6%	6%

◆ 北京　　■ 天津　　▲ 河北　　✕ 上海　　✳ 江苏
● 浙江　　┼ 福建　　― 山东　　― 广东　　◆ 海南

图 4 - 13　2010～2016 年东部地区 GDP 增速变化趋势

资料来源：根据各省统计局或人民政府、国家统计局数据绘制,此处为现价数据。

平均水平(见表 4 - 12)。从增速来看,二、三产增速较快,一产增速较慢,其中:除北京(7.3%)外,三产增速均快于全国平均水平,尤其是上海(10.3%)、福建(10.2%)三产增速大于 10%(见图 4 - 14)。

表 4 - 12　　　　　　　　　2016 年前三季度东部地区三次产业结构

地　区	一产增加值 (亿元)	二产增加值 (亿元)	三产增加值 (亿元)	三次产业结构
北　京	91.6	3 064.5	14 211.7	0.5 : 17.6 : 81.8
天　津	144.4	6 018.0	7 177.1	1.1 : 45.1 : 53.8
河　北	2 369.8	10 755.5	9 370.8	10.5 : 47.8 : 41.7
上　海	61.1	5 630.3	13 838.3	0.3 : 28.8 : 70.9
江　苏	2 151.1	25 308.0	27 822.4	3.9 : 45.8 : 50.3
浙　江	1 251.0	14 330.0	16 653.0	3.9 : 44.5 : 51.7
福　建	1 385.4	9 170.3	7 731.3	7.6 : 50.1 : 42.3
山　东	3 517.2	21 970.5	23 216.1	7.2 : 45.1 : 47.7

续表

地　区	一产增加值 （亿元）	二产增加值 （亿元）	三产增加值 （亿元）	三次产业结构
广　东	2 588.7	24 497.3	29 975.2	4.5∶42.9∶52.5
海　南	684.0	635.8	1 561.1	23.7∶22.1∶54.2
东部地区	14 244.2	121 380.2	151 557.0	5.0∶42.3∶52.8
全　国	40 666	209 415	279 890	7.7∶39.5∶52.8

资料来源：根据各省统计局或人民政府、国家统计局数据制成。

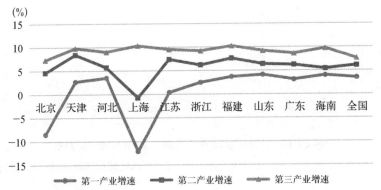

图 4 - 14　2016 年前三季度东部地区各省份三次产业增速

资料来源：根据各省统计局或人民政府、国家统计局数据绘制，此处为现价数据。

4.2.2　东部地区需求变化及其特点

1. 东部地区需求结构持续优化，呈向消费驱动为主转型态势

2005～2014 年，东部地区内需逐年增加，外需波动下滑。虽然投资需求总量仍大于消费需求，但消费需求长期保持 10% 以上的增速，且于 2012 年赶超投资需求增速；境外需求受国际经济环境的影响，波动较大且呈下降趋势，年均下降严重的有天津（-222%）、河北（-192%）和海南（-71%）等，出口拉动经济能力减弱（见图 4 - 15、图 4 - 16）。从贡献率来看，消费贡献率从 2006 年的 43% 上升至 2014 年的 53%（见图 4 - 17），初步实现经济增长由投资和外贸拉动为主，向由内需特别是消费为主转型，江苏（78%）、北京（76%）、上海（68%）等地消费贡献率远超全国平均水平（50.2%）。

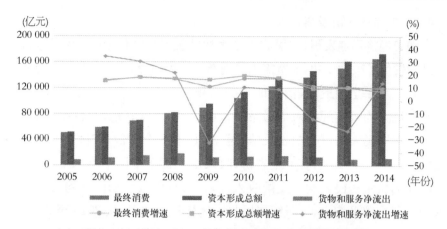

图4-15　2005～2014年东部地区三大需求总量及增速

注：三大需求包括消费需求(最终消费支出)、投资需求(资本形成总额)、境外需求(货物和服务净出口)。下同。

资料来源：根据国家统计局数据绘制，此处为现价数据。

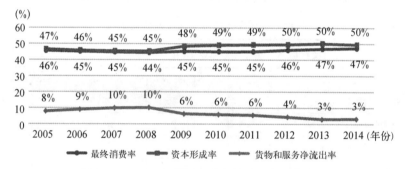

图4-16　2005～2014年东部地区三大需求占比

资料来源：根据国家统计局数据绘制。

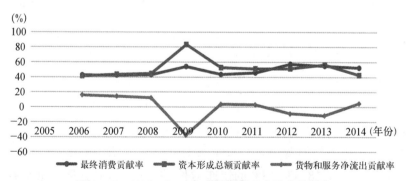

图4-17　2005～2014年东部地区三大需求贡献率

注：贡献率指三大需求增量与支出法国内生产总值增量之比，下同。

资料来源：根据国家统计局数据绘制。

2. 东部地区消费需求变化及其特点

随着经济迅速发展、居民收入水平快速提高,东部地区消费行为和消费结构发生了很大变化,消费需求呈现新的发展特点,主要包括以下方面:

收入水平全国最高,消费能力相对领先。2016 年上半年,东部地区城乡居民人均可支配收入全部保持 8.0% 以上增长;收入总额排名靠前,其中城镇居民人均可支配收入排名前 10 的有 8 个省份,农村居民人均可支配收入排名前 10 的有 9 个省份;收入水平优于全国平均水平,除海南和河北的城镇居民人均可支配收入外,其余省份城乡居民人均可支配收入均高于全国平均水平;城镇居民收入优势日益加大,从 2013 至 2015 年来看,东部地区城镇居民人均可支配收入超出全国平均水平的份额日益加大,农村居民人均可支配收入与全国平均水平的差额略有减少(见表 4-13)。收入作为消费的来源和基础,收入水平的高低决定了消费能力的高低,某种程度上表明东部地区的消费能力也是相对领先的。

表 4-13　　　　　　　东部地区居民人均可支配收入变化情况

居民人均可支配收入	2013 年	2014 年	2015 年
东部城镇(元)	31 096	33 798	36 603
东部城镇增速(%)		9	8
东部农村(元)	11 862	13 147	14 291
东部农村增速(%)		11	9
全国城镇(元)	26 955	28 844	31 195
全国农村(元)	8 896	10 489	11 422
东部地区与全国差距(城镇,元)	4 141	4 954	5 408
东部地区与全国差距(农村,元)	2 966	2 658	2 869

资料来源:根据各省份统计局数据计算。

城镇居住消费显著增长,其他消费挤出严重。一方面,城镇平均消费倾向止降反升,居住消费增长是主因。2014 年,东部地区城镇居民平均消费倾向"四升六降",出现增长的省份增幅也小于 2%;而 2015 年,东部地区城镇居民平均消费倾向大多保持 4%~6% 的增长幅度,尤其是北京和上海分别出现 18% 和 13% 的快速增长(见图 4-18)。从北京来看,居住消费支出成倍增长,2015 年北京城镇人均居住消费支出为 11 252 元,较 2014 年名义增长 411%,实际增长 9.2%。从上海来看,居住消费价格

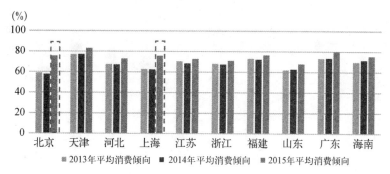

图4‐18　2013～2015年东部地区平均消费倾向

资料来源:根据各省统计局或人民政府数据制成。

持续领先,2015年居住消费价格同比增长5.6%,高于其他消费价格增幅;2016年前三季度居住消费价格同比增长5.1%,仅低于医疗保健。

另一方面,居住消费跳跃式增长,其他消费有效需求增长乏力。从占比来看,城镇居民家庭人均居住消费占比从2010年的10%上升到2014年的21%(见图4‐19);从增速来看,2010～2014年其他消费年均增速基本保持在3%～9%,远低于居住消费增速(32%)。从社会零售总额来看,2010～2016年前三季度,东部地区反映居民即期消费能力的社会消费品零售总额增速总体放缓,占全国比重持续下降(见图4‐20)。

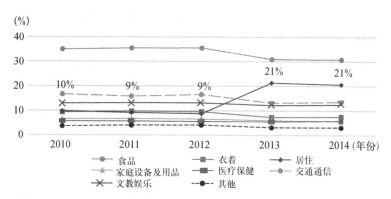

图4‐19　2010～2014年东部地区城镇居民家庭人均现金消费支出构成

资料来源:根据各国家统计局数据制成。

消费需求正向品质型、高端日用型转变。一是从大众化向品质型消费转变。目前,东部地区人均GDP已经超过10 000美元,有些甚至超过15 000美元,中高收入消费人群正在聚集。这个阶层不满足于大众化的消费,中低端商品和服务难以满足其消费需求,因此境外购物在不断增

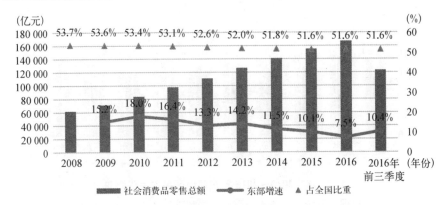

图 4 - 20　2010~2016 年前三季度东部地区社会消费品零售情况

资料来源：根据各国家统计局数据制成，此处为现价数据。

加。二是消费偏好从奢侈品为主转向高端日用品等。从境外购物的情况来看，广东方面，截至 2016 年 4 月 8 日，海关累计接受放行跨境进口商品申报单 53 590 票，主要商品为奶粉、保健品、化妆品、纸尿片等；上海方面，2015 年上海消保委调查显示，上海消费者在出境游时，境外购物需求发生了转移，并不像以前以各种名表、珠宝等奢侈品为主，而是改为更加实用的化妆品、服装和食品。

3. 东部地区投资需求变化及其特点

固定资产投资占比略微下降，增速持续下滑。2016 年前三季度，东部地区固定资产投资总额 178 076 亿元，占全国总量的 41.7%，同比下降0.3 个百分点。其中，江苏固定资产投资最大（34 898 亿元）；广东（12.3%）、天津（11.2%）、浙江（11.1%）等省份增速较快。从总量来看，2010~2015 年固定资产投资总量稳步上升；从增速来看，受经济下降压力的影响，总体呈现下降趋势，2016 年前三季度同比增长 9.9%，较 2015年增幅下降 2 个百分点，较 2010 年增速下降 11 个百分点（见图 4 - 21）。

投资重点仍在制造业和房地产业，服务产品投资增速较快。从行业情况来看，2014 年固定资产投资总额中制造业占比最高（35%），其次是房地产业（29%），其余产业占比均小于 10%。2005~2014 年，年均增速最快的依次为金融业（36%）、租赁和商务服务业（32%）、科学研究、技术服务和地质勘查业（30%），均为生产性服务业（见图 4 - 22）。

民间投资仍为主力，增速好于全国、结构不断改善。2016 年 1~8月，东部地区民间固定资产投资 101 639 亿元，占东部地区固定资产投资

图 4 - 21 2010～2016 年前三季度东部地区固定资产投资情况

资料来源：根据各省统计局、国家统计局数据绘制，此处为现价数据。

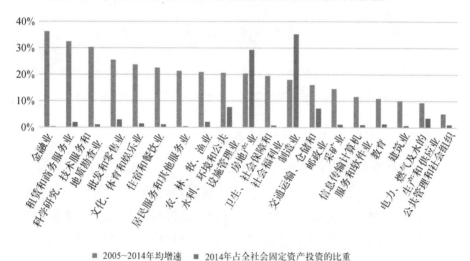

图 4 - 22 2005～2014 年东部地区分行业固定资产投资增速及比重

资料来源：根据各省统计局或人民政府数据制成。

总额的 65.9%，民间投资仍为投资主体；民间固定资产投资同比增长 7.1%，高出全国平均水平 5% 且快于其他三大地区，以民营企业为主的东部地区新旧动能转换较为平稳（见图 4 - 23）。同时，民间资本更多地流向工业技改、装备制造等转型升级类投资，产能过剩和"两高"行业民间投资下降。以浙江省为例，2016 年前三季度，制造业民间投资 4 683 亿元，增长 6.1%，拉动民间投资增长 2.3 个百分点；工业技改、装备制造、高新技术（制造业）产业、高技术服务业等转型升级、提质增效类投资分别为 3 905 亿元、2 254 亿元、1 361 亿元和 124 亿元，分别增长 8.9%、

13.1%、23.2%、20.8%,均远超民间投资增幅;而有色金属冶炼、化纤、造纸、非金属矿制品、化学原料等产能过剩和"两高"行业投资下降 11.6%、8.8%、7.6%、6.7% 和 6%。

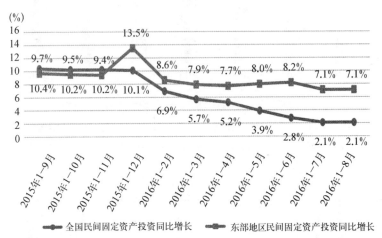

图 4-23 2015～2016 年全国及东部地区民间固定资产投资增速

注:东部地区包括辽宁。

资料来源:根据国家统计局数据制成。

4. 东部地区进出口变化及其特点

东部地区作为最早实施对外开放的区域,是我国参与对外贸易企业最为密集的集聚地,进出口贸易已经成为该地区经济发展最为重要的推动力量[51]。2016 年前三季度,东部地区进出口总额 30 288.2 亿美元,占全国比重的 83.4%,相对其他地区占据绝对优势。从贸易差额来看,贸易顺差继续加大,2010～2015 年贸易顺差年均增长 13.5%,2016 年前三季度贸易顺差同比增长 5.6%。但从增速来看,进出口总额增速持续下降,2016 年前三季度进出口总额下降 7.3%,其中出口总额 12 749 亿美元,下降 5.8%,较 2015 年降幅加大 4 个百分点;进口总额 9 584.8 亿美元,下降 9.1%,较 2015 年降幅收窄 3 个百分点(见图 4-24)。

从进出口结构来看,一般贸易出口比重上升,部分高新技术产品进出两旺。从贸易方式看,一般贸易情况显著好于加工贸易。2016 年前三季度,上海一般贸易出口 3 951.87 亿元,增长 1.0%;加工贸易出口 3 351.42 亿元,下降 10.8%;一般贸易出口占全市货物出口总额的比重达到 45.2%,比上年同期提高 1.8 个百分点。江苏一般贸易出口 7 475 亿

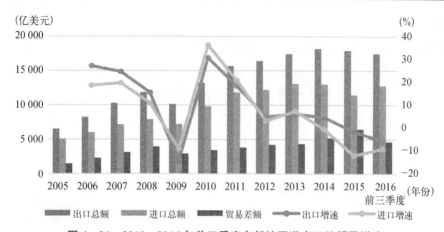

图 4 - 24　2010~2016 年前三季度东部地区进出口总额及增速
资料来源：根据各省统计局或人民政府数据制成,此处为现价数据。

元,同比增长 5.3%;加工贸易出口 6 628.7 亿元,同比下降 2.7%;一般贸易出口占全省出口比重 48.8%,同比提高 2.9 个百分点。天津一般贸易占出口的比重为 47.1%,同比提高 3.8 个百分点,高于加工贸易 1.5 百分点。从进出口商品来看,受外需和内在转型升级需求影响,部分高新技术产品进出口增长较快。2016 年前三季度,浙江高新技术产品出口值 810.3 亿元,增长 8.7%,进口值 381.4 亿元,增长 11.1%,增速高于全省进出口整体水平。江苏生命科学技术、计算机集成制造技术、材料技术、航空航天技术产品出口 290.1 亿元、130.5 亿元、99.4 亿元、53.5 亿元,同比增长 7.5%、10.3%、2.3%和 22.9%;生命科学技术、计算机与通信技术、航空航天技术产品进口 165.7 亿元、595.4 亿元、39.4 亿元,同比增长 19%、6.4%和 15.3%。

4.2.3　东部地区产业发展及其特点

1. 产业发展总体情况及其特点

通过前文分析,总结出东部地区经济存在以下特征：(1) 东部地区经济总体平稳,增速不及部分西部地区,但总量仍占绝对优势;(2) 三产比重继续上升且增速快于全国,服务业在东部经济中的地位和作用开始逐步显现;(3) 投资需求总量仍较大,但消费需求增速较高,需求结构不断优化;(4) 收入水平全国最高,城乡差距日益缩小;(5) 居住消费增长过快,高端日用品等境外消费增加;(6) 金融、商务、科技等服务投资增速较快,民间资本更多流向工业技改、装备制造等转型升级类投资;(7) 对外贸易下滑,但出口结构优化,一般贸易及高新技术产品出口增长。基于上述分析以及第三章对消费品产业和投资品产业的界定,接下来具体从消费品产业和投资品产业的内部结构及特征进行举证分析。

(1) 消费品工业增速开始反超投资品,投资品工业比重仍占大头。2010~2014 年,东部地区规模以上工业总产值总体呈现波动增长。从增速来看,规模以上消费品和投资品工业产值增速均先减后增,2013 年起规模以上消费品工业产值增速开始超过投资品;从占比情况来看,规模以上消费品工业产值比重基本徘徊在 28%~30%,并未随增速的增加而增长,投资品工业仍占较高比重(见图 4-25)。

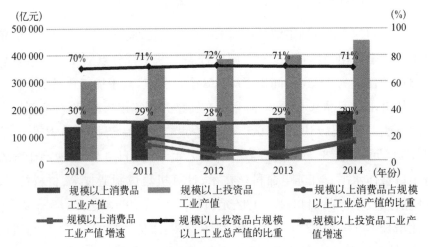

图 4-25　2010~2014 年东部地区规模以上消费品及投资品工业产值情况

资料来源:根据各省统计局或人民政府、国家统计局数据绘制,此处为现价数据。

从消费品产业来看,文娱、医药、汽车等制造增速较快。对应居民消费支出结构,将消费品产业也分为 7 类(见表 4-14)。2010~2014 年,文教娱乐、医疗保健和交通类规模以上消费品工业产值增速较快,尤其是医药制造业、文教、工美、体育和娱乐用品制造业、汽车制造业等产业增长较为明显;2014 年,衣着和食品类规模以上消费品工业产值占比高达57.1%,交通类汽车制造业占比 19.1%(见图 4-26)。下文将选取文化、医药等产业作进一步分析。

表 4-14　　　　　　　　　　　　　东部地区消费品工业分类

分 类	相 关 产 业	2010～2014年均增速(%)	2014年占规模以上消费品工业产值的比重(%)
食 品	农副食品加工业,食品制造业,酒、饮料和精制茶制造业,烟草制品业	13.1	24.4
衣 着	纺织业,纺织服装、服饰业,皮革、毛皮、羽毛及其制品和制鞋业,化学纤维制造业	8.8	32.7
医疗保健	医药制造业	18.1	6.7
交通通信	汽车制造业	19.6*	19.1
文教娱乐	印刷和记录媒介复制业,文教、工美、体育和娱乐用品制造业,工艺品及其他制造业,文教体育用品制造业	21.3*	8.8
家庭设备及用品	家具制造业	11.4	2.6
其 他	造纸及纸制品业,其他制造业	12.7*	5.8
规模以上消费品工业		10.5	

注：由于统计分类变动,涉及加 * 的产业类别增速为上一年同比增速。

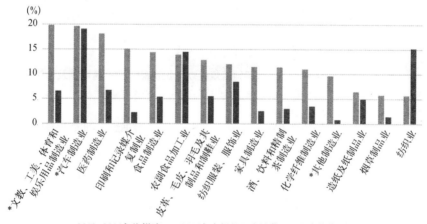

■2010~2014年均增速　■2014年占规模以上消费品工业产值的比重

图 4-26　2010～2014 年东部地区规模以上消费品工业产值增速及比重

注：由于统计分类变动,涉及加 * 的产业类别增速为上一年同比增速。

资料来源：根据各省统计局或人民政府、国家统计局数据绘制,此处为现价数据。

从投资品产业来看,装备制造业增速不快,高耗能行业占比较高。从装备制造业来看,7 大装备制造业占比达 41.0%,其中计算机、通信和其他电子设备制造业(14.9%)和电气机械及器材制造业(10.6%)比重较高;但装备制造业中增速较低,超过规模以上投资品工业总产值年均增速的仅有铁路、船舶、航空航天和其他运输设备制造业和专用设备制造业。从高耗能行业来看,6 大高耗能行业占比达 42.3%,尤其是化学原料及化学制品制造业、黑色金属冶炼及压延加工业两大传统重化工业占比仍占20.8%,去产能压力较大(见图 4 - 27)。

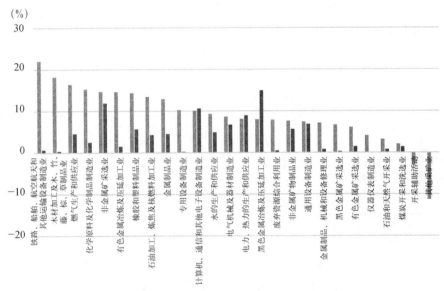

■ 2010~2014年均增速　■ 2014年占规模以上投资品工业产值的比重

图 4 - 27　2010~2014 年东部地区规模以上投资品工业产值增速及比重

注:铁路、船舶、航空航天和其他运输设备制造业,金属制品、机械和设备修理业,开采辅助活动年均增速为同比增速。

资料来源:根据各省统计局或人民政府、国家统计局数据绘制,此处为现价数据。

(2) 传统生活性服务业增速放缓,生产性服务业渐成主导。根据 2016年上半年东部 5 省份统计数据,梳理出东部地区服务业增加值的行业构成及变化趋势。从增速来看,2010~2015 年批发、零售、住宿餐饮等传统生活性服务业增速分别下降 17%、16%、9%;金融业、房地产业等服务业增速波动较大(见图 4 - 28)。从占比来看,2016 年上半年较 2010 年,仅金融业和其他服务业占比小幅增加,其余服务业比重均有所减少(见图 4 - 29)。

然而,生产性服务业正逐步发展壮大为占据经济半壁江山的主导性产业。2015 年,北京生产性服务业实现增加值 12 160.3 亿元,比 2005 年翻了两番多,占 GDP 比重达 52.9%,并创造了 70% 左右的国地税收入;

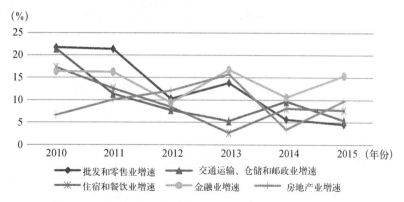

图 4 - 28 2010～2015 年东部 5 省份服务业增加值增长情况

注：东部 5 省份包括北京、天津、上海、浙江、广东。

资料来源：根据各省统计局或人民政府、国家统计局数据绘制,此处为现价数据。

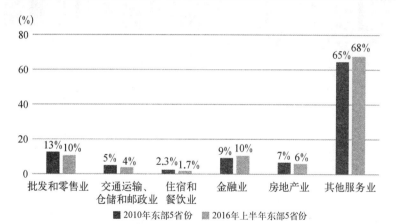

图 4 - 29 2010～2016 年上半年东部 5 省份服务业增加值构成变化情况

注：东部 5 省份包括北京、天津、上海、浙江、广东。

资料来源：根据各省统计局或人民政府、国家统计局数据绘制。

上海生产性服务业增加值 10 658.35 亿元,同比增长 10.1%,占 GDP 的比重跃升至 42.7%,占服务业的比重达到 63%;天津生产性服务业增加值为 6 142.96 亿元,比"十二五"初期翻了一番,占服务业的 71.4%,占 GDP 的 37.1%,生产性服务业增加值实现了质的飞跃。2016 年上半年,江苏生产性服务业占服务业比重超过 51%;广东部分规模以上服务业中生产性服务业实现营业收入 5 837.6 亿元,占规模以上服务业营业收入的 85.5%,同比增长 12.1%。

2. 消费品产业发展及其特点

(1)居民消费价格温和上涨,消费品出厂价格小幅下降。2016 年

1~8月,东部6省份居民消费价格指数(CPI)累计增长2.1%,整体呈现温和上涨。此外,医疗保健(4.9%)和食品(4.3%)价格涨幅较大,上海(8.3%)、江苏(10.4%)医疗保健消费涨幅较为明显;居住消费除北京(3.7%)、上海(5.0%)涨幅较高外,其余地区保持平稳(见图4-30)。2007~2016年上半年,东部地区生活资料工业生产者出厂价格指数(消费品PPI)自2012年起呈现下降趋势,但降幅较小,基本保持在3%以内,表明消费品经济尚未进一步恶化(见图4-31)。

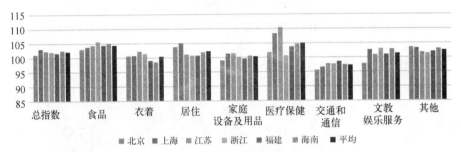

图 4-30 2016 年 1~8 月东部部分地区居民消费价格指数

资料来源:根据各省统计局或人民政府数据制成。

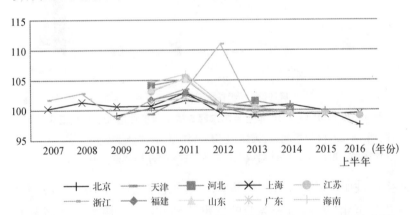

图 4-31 2007~2016 年上半年东部地区消费品工业生产者出厂价格指数

注:消费品工业生产者出厂价格指数为生活资料工业生产者出厂价格指数,以上一年为100。

资料来源:根据各省统计局或人民政府数据制成。

(2) 一线城市住房需求远大于供给,导致房价持续上涨。从住房需求的区域格局来看,由于中国常住人口统计口径的城镇化率已超过50%,人口由农村向城市流动的速度将减缓,而人口从小城市向大中城市集聚的状况将变得更加突出。由于中国当前的经济增长模式仍以劳动投入型为主,经济发展速度较快的城市和区域往往对高学历的劳动年龄人口吸引力相对较高,这种局面会加速中青年劳动力向东部沿海城市集聚,从而进一步降低东部地区的人口抚养比,并导致住房刚性需求的相对增加[52]。

尤其是北上广深等一线城市由于受到供地约束和人口过度集聚的影响,其住房刚性需求和改善性需求异常强烈。从2013～2016年上半年来看,一线城市土地供给不足,每年销售面积均高于拿地建筑面积,区间累计拿地建筑面积低于销售面积7 400万～8 400万平方米,楼面价从每平方米7 572元涨到每平方米16 970元,成为房价暴涨的重要推手[53](见图4-32)。从2015年商品住宅成交均价增长情况来看,排名前2位的是上海和北京,分别同比增长达31%和20.6%。

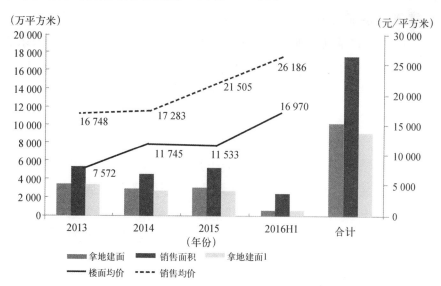

图4-32　2013～2016年上半年一线城市拿地建筑面积、销售面积及其均价

注:拿地建面1为建筑面积中剔除不可售部分,主要是配建公用设施如幼儿园等,折算系数0.9。

资料来源:万德资讯。

(3)医药品、化妆品、乳制品等产业过分依赖进口。随着东部地区居民收入的增长和消费结构的升级,消费者对高品质商品的需求日渐旺盛,甚至逐步拓展到对高品质日常消费品的需求。但高品质商品消费需求在国内还不能都得到满足,同时国人对中国产品存有质量、标准、安全的担心,致使医药品、化妆品、乳制品等日常消费品进口增长较快。

据海关数据显示,医药品方面,2016年1～8月上海和北京分别进口医药品 451.01 亿元和 190.43 亿元,实现同比增长 19.5％和 7.6％,海南(1～7月)同比增长甚至达到 165.6％;化妆品方面,2016 年 1～8 月上海美容化妆品及护肤品进口额达到 81.65 亿元,同比增长达 39.5％,海南(1～7月)、福建(1～7月)、广东分别同比增长达 362.6％、170.5％和 56.1％;乳制品方面,上海、广州、北京等地乳品进口总额较大,2016 年 1～8 月分别进口乳品 93.06 亿元、37.06 亿元和 22.15 亿元,福建(1～7月)、海南(1～7月)、上海等地乳品进口增速较快,分别同比增长 72.2％、41.6％和 23.3％。

不仅如此,这些商品已普遍存在进口比例过高的情况,如全国乳品进口量已占国内乳品消费总量的 1/3,药品进口比例高达 70％,食品和化妆品类消费品占中国进口产品比例增加到 20％等。随着东部地区大量进口日常消费品涌入国内市场,国产品牌生存空间等问题值得关注。

(4)文化产业优势明显,消费需求潜力巨大。2016 年前三季度,东部地区规模以上文化及相关产业企业实现的营业收入为 42 001 亿元,同比增长 6.5％,占全国的 75.2％[54]。2015 年全国省份文化产业指数表明,文化产业综合指数排名前 10 位中有 8 位来自东部地区。北京,2015 年北京电影票房收入 31.5 亿元,名列全国各大城市之首[55];上海,上海文化产业综合指数(2015)位居全国第一;广东,2015 年文化及相关产业增加值占全国文化产业增加值比重超过 1/7,连续 13 年位居全国首位,电影票房收入突破 62 亿元,连续 14 年成为全国最大的电影票仓,更占据了全国网络音乐 2/3 的产值、全国游戏产业七成收入、全国动漫产业 1/3 的产值、全国数字出版 1/5 的产值等[56];江苏,2015 年文化产业增加值达到 3 167 亿元,位列全国第二,占 GDP 比重超过 5％,具备国民经济支柱产业形态(见表 4-15)。此外,2016 年上半年全国电影票房同比增速达到 20.7％,其中国产电影票房 131.1 亿元,占比 53.1％,虽已小胜进口片,但仍有较大提升空间。

表 4-15　　　　　　　　　2015 年东部地区文化产业增加值

省　份	增加值(亿元)	同比增速(%)	占 GDP 比重(%)
广　东	3 648.8	2.7	5.01
江　苏	3 167	约 5	5
北　京	3 072.3	8.7	13.4

续表

省　份	增加值(亿元)	同比增速(%)	占 GDP 比重(%)
浙　江	2 490	18	5.81
山　东	2 370	—	3.8
上　海	1 632.68	8.1	6.5
河　北	1 120	20	—
福　建	1 000	—	4.1
天　津	超过 800	—	5
海　南	110.29	16.1	3.0
全　国	27 235	11	3.97

注:河北为 2014 年数据;北京为文化创意产业增加值;北京、浙江为 2010～2015 年年均增速。

资料来源:根据各省统计局或人民政府、国家统计局数据绘制。

(5)家庭服务供不应求,养老育儿需求旺盛。时下,东部地区家庭小型化、人口老龄化较为严重,2014 年江苏、浙江、山东、河北等省老龄化人口已超 15%,2015 年上海、北京人口老龄化程度分别达到 30.2% 和 23.6%[57]。据专家分析,一线城市普遍供需缺口均在 10 万～20 万人,春节前后一个月更会遭遇 30%～50% 的从业人员缺口,其中需求集中在育儿嫂、住家保姆和老人护理上,尤其是居家养老缺口高达 70%～80%。据北京家政服务协会测算,北京 600 多万户家庭中至少有 200 万户需要家政服务,其中老人陪护、病患护理和婴幼儿看护是北京需求量最大的家政服务业态,而家政服务员缺口达 150 万人[58]。上海市预计在 2018 年将有 170 万户家庭对家政服务有需求[59]。广州市妇联发布的《广州市家庭服务基本现状调查报告》显示,广州家政服务员缺口已达 30 万人,雇主的需求主要集中在保洁、婴幼儿护理等传统家政服务[60]。据云家政数据显示,深圳家政人员的缺口也在 10 万～20 万[61]。预计未来家庭服务业在北上广深等东部城市将逐步驶入发展的快车道。

(6)新兴消费发展日新月异。网络消费发展领先,消费层次不断升级。一是网络消费能力强。根据支付宝发布的 2004～2014 年 10 月 31 日对账单显示,10 年间网络消费最强的是东部地区,从总支付金额占全国比重来看,广东(15.5%)、浙江(12.5%)、上海(9.3%)、北京(9%)和江苏(8.8%)稳坐前五,被称为中国互联网经济的"土豪五省"[62]。二是网络零售金额大。《2014 年中国网络零售发展白皮书》显示,全国超过 1/4 的网络零售交易额来自广东(25.1%),紧随其后的是浙江(18.62%)、北京(16.32%)、上海(13.21%)、江苏(7.41%)等东部省份,很大程度上是原有制造业优势向线上转移的因素造成的。2016 年上半年,"土豪五省"限额以上网上零售额仍旧保持较快增长[63](见表 4 - 16)。三是网络消费层次走高。2016 年 4 月,北京、上海和江苏的享受型网络消费水平都超过生存型网络消费水平,其中享受型网络消费水平指数前 5 名依次是北京、上海、浙江、江苏和广东,后 5 名依次为贵州、河南、山西、宁夏和甘肃,说明经济越发达地区的居民越追求享受型网络消费[64](见表 4 - 17)。四是网络消费模式多元化。除了普通的网络购物,网络消费还延伸到餐饮(外卖)、娱乐(网游)、出行(网约车)、医疗(在线问诊)等各方面服务。

表 4 - 16　　　　　　2016 年上半年东部部分地区限额以上网上零售额

	广　东	浙　江	上　海	北　京	江　苏
网上零售额(亿元)	534.22	416.5	600.45	802.26	245.3
同比增长(%)	28.9	77.0	17.8	9.1	42.6

资料来源:各省统计局或人民政府、国家统计局数据。

表 4 - 17　　　　　　2016 年 4 月东部部分地区网络消费水平指数

	广　东	浙　江	上　海	北　京	江　苏	全　国
生存型	58.0	71.6	85.0	75.3	64.3	58.4
发展型	30.6	30.6	40.5	39.7	29.5	28.0
享受型	57.8	67.0	93.6	103.4	65.8	55.3

多样化智能生活终端热销。信息消费作为面向服务的商业模式,正促进智能终端产品的普及和创新发展。一方面,智能终端不断满足应用的多样化需求。如智能家居中智能环境监测器、智能空气净化器、智能净水器、智能门锁、智能大电器、智能插座、云摄像头、路由等产品层出不穷[65];智能穿戴中智能手环、智能手表和智能眼镜逐渐普及,血氧、血压、紫外线、气压等新型传感器陆续推出;此外,智能终端嵌入式的信息服务也日益丰富。另一方面,东部已成为智能终端消费主要市场。目前,智能

家居市场销售主要集中在东部地区,上海占全国 30% 的市场份额,广东占 14%,北京、山东以及浙江等沿海城市是全国智能家居消费的主要市场[66]。从智能电视受众来看,浙江、广东、江苏、上海、北京、山东、福建 7 个东部省份入围前 10 位,智能电视普及率较高[67]。从智能手机来看,东部地区 2014 年 1~5 月智能手机销量 1 384.8 万台,占全国比重的 45%[68]。从智能手环来看,2015 年,上海发布国内首款可支付的智能手环——刷刷手环,可直接刷公交、地铁、轮渡等,并已开通北京、上海、广东 21 城(含广州)、深圳、杭州等东部城市,覆盖城市及手环销量全国领先[69]。

时尚消费潜力加速释放。首先,从整体上看,东部时尚消费发展迅速。据《2015~2016 中国时尚指数白皮书》发布,上海 K11、深圳万象城、北京太古里、国贸商城等东部四大商圈正领跑国民时尚红利[70];据《2016 上半年白领女性时尚消费报告》统计,北京 47.3%、上海 46.3% 的女性上半年在时尚领域的消费金额比去年同期增加 2 000 元以上[71]。其次,年轻消费者正带动时尚品牌崛起。2015 年《中国奢侈品报告》显示,中国 78% 奢侈品消费都发生在境外,境内 LV、GUCCI、Burberry、Prada 等先后关闭 17 家门店。连续高速增长多年的中国奢侈品市场已经风光不再,而年轻消费者青睐的平价快时尚异军突起,国际上各大快时尚品牌均已进入北京、上海等地开设旗舰店。同时,原有的批发业态也在加速外迁,并被改造成时尚生活圈,如朝阳区的雅宝路地区等将重点发展以创意设计、时尚消费、外贸升级为主的产业形态。此外,航空、邮轮等高端消费将进一步普及。在航空、邮轮消费上,根据专家预测,未来 10~15 年,中国邮轮旅客量能达到美国的水平,约 1 000 万人,大约需要 200 艘邮轮,整体能拉动约 5 000 亿元的经济规模[72]。尤其是东部地区中高收入群体规模的率先壮大,将加速高端消费潜力的释放。

3. 投资品产业发展及其特点

(1)投资品出厂价格降幅较大,但有所收窄。2007~2016 年上半年,东部地区工业生产者出厂价格指数(PPI)自 2012 年起呈现逐渐下降趋势,其中:生产资料工业生产者出厂价格指数(投资品 PPI)降幅较大,为 5% 左右,但 2016 年上半年降幅出现收窄态势,表明工业品市场供需形势有所好转(见图 4 - 33)。

(2)智能装备应用需求旺盛,自主创新能力不强的掣肘有待突破。

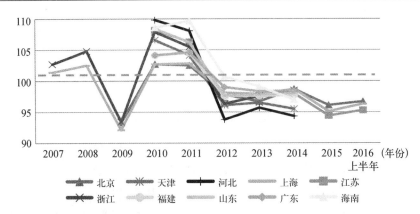

图 4‑33 2007～2016 年上半年东部地区投资品工业生产者出厂价格指数

注：投资品工业生产者出厂价格指数为生产资料工业生产者出厂价格指数，以上一年为 100。

资料来源：根据各省统计局或人民政府数据制成。

当前，东部地区 GDP 增速大多开始进入相对较低的增长区间，核心制造业地区人均 GDP 约为 1 万美元、人口增速低于 1‰、面临着劳动力短缺和制造业用人成本上升等困境[73]。为了冲破目前的困境，制造业领域迫切需要推广智能制造，而东部地区作为中国制造业的核心区域，最大的亮点是当地广泛的智能装备应用需求。

与国外已经发展了数十年的产业历程相比，东部地区智能装备制造业还处于起步阶段，但从全球的发展趋势来看，以机器人为代表的智能装备新一轮技术升级转换，给东部地区智能装备制造业迎头赶上创造了难得的发展契机[74]。从以数控机床为核心的智能制造装备来看，北京、江苏、山东、浙江、上海等已形成一些研发和生产企业；从工业机器人来看，北京、上海、广东、江苏已成为国内工业机器人应用的主要市场；从关键基础零部件及通用部件、智能专用装备产业来看，广东等地区也都呈现较快的发展态势[73]（见图 4‑34）。

但整体而言，东部地区在智能制造技术的基础研究能力方面，与国际水准差距仍大，原始创新匮乏。以机器人产业为例，据 2016 年《中国机器人产业发展白皮书》调查，中国机器人产业四大区域集群中有三个在东部地区，包括科研机构扎堆的环渤海地区以及产业基础雄厚、市场空间大的长三角、珠三角地区，但只有环渤海地区研发能力较强，其他区域还需要环渤海地区的"反哺"。在机器人技术水平 14 个小项评估中，中国仅有 2

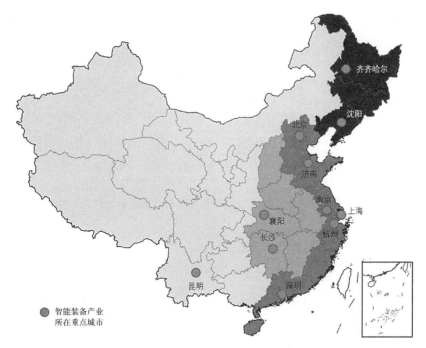

图 4 - 34　中国智能制造装备产业布局

资料来源：中国产业信息网。

个小项被评估为"先进"，其余皆是"落后"，而日本、美国、欧洲的评估结果大部分都是"先进"和"非常先进"[75]。总的来说，在设备方面，国内产品的可靠性相较国外品牌依然存在一定差距，核心零部件依靠进口，高端智能制造装备对外依存度高。

(3) 电子信息制造业内销市场逐步向中西部转移，外销市场疲软。2015 年，东部地区电子信息制造业完成销售产值 86 587 亿元，占全国比重的 76.4%，占据内销市场主体地位；但销售产值同比增长 8.7%，增速低于全国平均水平(10.2%)，且低于中、西部地区(中部 18.1%，西部 11.5%)，表明内销市场正逐步向中西部地区转移(见图 4 - 35)。同时，外销市场并不明朗，2016 年上半年全国电子信息产品出口额前 3 位依次为广东(1 371 亿美元、-5.5%)、江苏(620 亿美元、-8.6%)、上海(369 亿美元、-11.3%)，均呈现不同程度的下降(见图 4 - 36)。

(4) 金融、科技、信息等知识密集型服务领跑增长。2015 年，北京金融、科技、信息三大行业对 GDP 现价贡献率达 62.1%，有效支撑了首都经济的稳定增长；上海金融服务业、研发设计服务以及信息服务业分别同

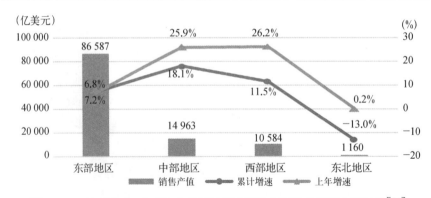

图 4-35　2015 年东、中、西、东北部地区电子信息制造业发展态势对比[76]

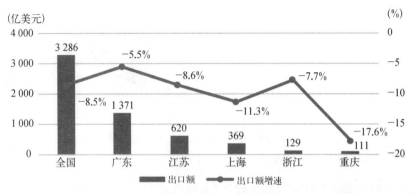

图 4-36　2016 年 1～6 月电子信息产品出口额全国及前 5 位省份情况[77]

比增长 22%、14% 和 12%；天津金融、科技服务、信息服务和商务服务等知识密集型服务业占生产性服务业比重达 53.8%。2016 年上半年，江苏以金融、工业设计、软件信息、商务服务业、现代物流等为主的生产性服务业迅速发展；广东金融业增加值同比增长 11.1%，互联网和相关服务业、软件和信息技术服务业分别实现营业收入 408.1 亿元和 680 亿元，增长 43.7% 和 19.6%，呈现高速发展态势。

（5）互联网与工业融合拓展空间巨大。目前，我国制造业与互联网融合总体处于起步阶段，主要集中在采购与销售端，制造环节还没有明显动作，特别是生产过程的融合更少之又少。另外，越是靠近下游和用户，如服装、家电等行业与互联网融合的步伐较快，但中游的装备与上游的原材料等行业，互联网嵌入领域仍在探索。

从融合路径看，不少制造企业选择自建互联网平台，虽然也出现了诸如上汽与阿里巴巴共同打造互联网汽车、东风和华为联手开发智能汽车、酷派与 360 公司共同致力于移动终端、美的与小米深耕智能家居市场等经典案例,但制造业与互联网企业跨界融合并未形成趋势或主流[78],未来的拓展空间巨大。一是工业互联网,开始呈现多元化融合态势。从表4-18 所示 2016 年中国"互联网+"在工业应用领域十大新锐案例来看,既涉及生产过程智能化、大规模个性化定制、云制造平台、协同制造和协同创新平台、智能产品开发工具、智能产品等多种融合模式,也涵盖了装备制造、电子信息、原材料工业、消费品工业等各大工业领域[79]。二是生产服务联网,B2B 服务进一步拓展。例如,检测行业,全国首个"互联网+检测"服务平台——浙江检验检测实验室开放公共服务平台正式开通运行等;物流行业,上海已建成全国最大的物流企业集成化服务平台——新跃"物流汇"等。三是能源互联网逐步普及。随着 2015 年 7 月中国首个工业园区能源互联网项目的启动,2015 年底上海首个能源互联网试点项目——华电闵行三联供项目也取得成功。面对东部地区大量的产业园区,未来能源互联网技术将获得巨大的发展空间。

表 4-18   2016 年中国"互联网+"在工业应用领域十大新锐案例

序　号	案例名称	所在地
1	1001 号云制造平台	南　京
2	BroadLink DNA Kit 平台	杭　州
3	华虹 IC 工厂的供应链网络协同	上　海
4	海尔互联工厂	青　岛
5	潍柴动力工业智能网络	潍　坊
6	中钢网——钢铁电商平台	北　京
7	极路客智能驾驶服务	北　京
8	红领大规模个性化定制制衣工厂	青　岛
9	航天云网	北　京
10	美克家居个性化定制智能制造项目	新　疆

4.3　中部地区产业发展及其特点

中部地区包括河南、湖北、湖南、安徽、江西、山西 6 省份。《促进中部地区崛起规划》实施以来,经过 10 年发展,中部地区经济持续保持快速增长,在总量上正在或已经走出塌陷,但在人均生产总值、人均财政支出、城乡居民收入等方面,跟全国平均值以及东部地区相比还有差距。相对于全国经济的减速换挡,中部地区的活力还未进一步释放,中部地区产业结构升级缓慢,与民众需求升级加快不合拍;所处区位不沿边不靠海,物流成本高,导致其在对外贸易上发展滞后;城镇化水平整体较低;等等。为此,2016年 5 月,中央进一步实施《新十年中部崛起规划(2016～2025 年)》战略之举,将设置内陆自贸区、城镇化改革试点等,进一步带动农业、装备制造业、能源工业、交通运输业、高新技术产业及产业整合等相关行业的发展[80]。因此,未来 10 年中部地区将面临加快发展与转型升级的双重任务。

4.3.1　中部地区产业发展总体情况

1. 中部地区经济发展稳中有进

2016 年前三季度,中部地区 GDP 总量为 111 474.92 亿元,占全国比重的 21.03%,其中:迈入"两万亿俱乐部"的省份有河南(28 840.57 亿元)、湖北(22 198.4 亿元)、湖南(21 771.1 亿元),3 省占全国的比重达13.74%(见图 4 - 37)。从 GDP 增速来看,中部地区除山西外,增速较2015 年前三季度略有放缓,但仍高于全国平均水平(6.7%)(见图4 - 38)。分省份看,江西同比增长 9.1%,增速在中部居于首位;安徽、河南、湖北、湖南增长势头总体较好(依次为 8.7%、8.1%、8.1%、7.6%),增速均保持在 7.5% 以上;山西同比增长 4%,虽低于全国水平,但经济逐步企稳,较上年同期加快 1.2 个百分点,好于预期。

2. 三产比重持续上升,区域发展分化明显

2016 年前三季度,中部地区三次产业结构为 10.7∶44.7∶44.6,虽仍为"二三一"的产业结构,但三产比重较 2015 年上升 2.8%(见图4 - 39);不仅如此,中部地区除山西外,三次产业增速均呈现"三产>二产>一产"的特征,表明服务业正逐步成为支撑经济稳定增长的主动力。但从各省来看,中部地区第二、三产业发展不均衡,湖南、湖北、山西 3 省已经呈现"三二一"的产业结构;此外,山西经济与其他 5 省明显不同,通过与全国对比可知,中部地区仅山西第二产业比重低于全国水平,第三产业比重高于全国水平(见表 4 - 19)。

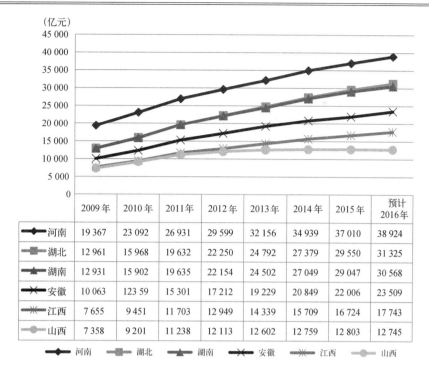

	2009年	2010年	2011年	2012年	2013年	2014年	2015年	预计 2016年
河南	19 367	23 092	26 931	29 599	32 156	34 939	37 010	38 924
湖北	12 961	15 968	19 632	22 250	24 792	27 379	29 550	31 325
湖南	12 931	15 902	19 635	22 154	24 502	27 049	29 047	30 568
安徽	10 063	123 59	15 301	17 212	19 229	20 849	22 006	23 509
江西	7 655	9 451	11 703	12 949	14 339	15 709	16 724	17 743
山西	7 358	9 201	11 238	12 113	12 602	12 759	12 803	12 745

图 4‑37　2010～2016 年中部地区 GDP 总量变化趋势

注：2016 年全年数据为 2015 年第四季度与 2016 年前三季度数据之和(如无特别指出,下同)。

资料来源：根据各省统计局或人民政府、国家统计局数据绘制。

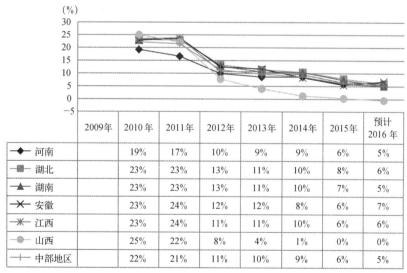

	2009年	2010年	2011年	2012年	2013年	2014年	2015年	预计 2016年
河南		19%	17%	10%	9%	9%	6%	5%
湖北		23%	23%	13%	11%	10%	8%	6%
湖南		23%	23%	13%	11%	10%	7%	5%
安徽		23%	24%	12%	12%	8%	6%	7%
江西		23%	24%	11%	11%	10%	6%	6%
山西		25%	22%	8%	4%	1%	0%	0%
中部地区		22%	21%	11%	10%	9%	6%	5%

图 4‑38　2010～2016 年中部地区 GDP 增速变化趋势

资料来源：根据各省统计局或人民政府、国家统计局数据绘制,此处为现价数据。

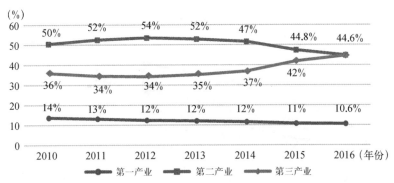

图 4 - 39　2010～2016 年前三季度中部地区三次产业结构变化趋势

资料来源：根据各省统计局或人民政府、国家统计局数据绘制。

表 4 - 19　　　　　　　　　　2016 年前三季度中部地区三次产业结构

地　区	一产增加值 （亿元）	二产增加值 （亿元）	三产增加值 （亿元）	三次产业结构
河　南	3 606.1	13 301.5	11 933.0	12.5：46.1：41.4
湖　北	2 691.7	9 660.2	9 846.5	12.1：43.5：44.4
湖　南	2 386.5	8 902.2	10 482.3	11.0：40.9：48.1
安　徽	1 502.4	8 337.5	7 292.1	8.8：48.7：42.6
江　西	1 100.8	6 275.3	5 211.1	8.7：49.9：41.4
山　西	497.8	3 250.5	4 822.7	6.7：37.8：55.5
中部地区	11 888.7	49 856.3	49 729.8	10.7：44.7：44.6
全　国	40 666	209 415	279 890	7.7：39.5：52.8

资料来源：根据各省统计局或人民政府、国家统计局数据制成。

4.3.2　中部地区需求变化及其特点

1. 投资拉动仍是中部地区经济发展主力

2005～2014 年，中部地区内需总量保持高速增长，但逐年趋缓；外需下降严重，尤其是河南 2014 年净出口额达到－9156.32 亿元（见图 4-40）。从占比来看，投资需求占比逐年升高。随着国家对中部地区投资力度的加大，投资需求比重从 2005 年的 46％增长到 2014 年的 62％（见图 4-41）。从贡献率来看，投资贡献率长期领先，2005～2014 年，投资贡献率均维持在 55％以上，长期超过消费贡献率 10％以上（见图 4-42）。

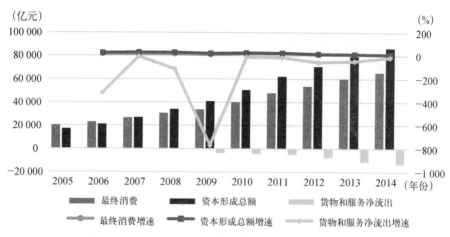

图 4 - 40　2005～2014 年中部地区三大需求总量及增速

资料来源：根据国家统计局数据绘制,此处为现价数据。

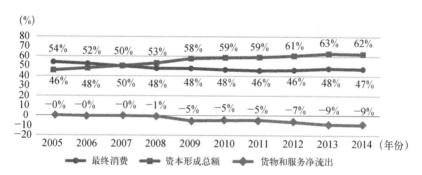

图 4 - 41　2005～2014 年中部地区三大需求占比

资料来源：根据国家统计局数据绘制。

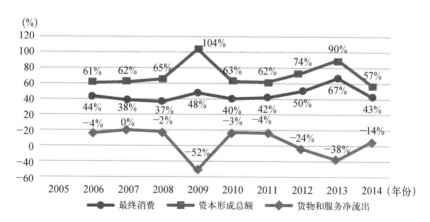

图 4 - 42　2005～2014 年中部地区三大需求贡献率

资料来源：根据国家统计局数据绘制。

2. 中部地区消费需求变化及其特点

近年来,随着中部经济的不断发展,社会保障的进一步完善,人民群众收入稳步提高(见表 4-20),城乡居民消费结构逐步转变,主要呈现以下主要特征。

表 4-20　　　　　　　　中部地区居民人均可支配收入变化情况

	2013 年	2014 年	2015 年
中部城镇居民人均可支配收入(元)	22 664	24 731	26 813
中部城镇居民人均可支配收入增速(%)		9	8
中部农村居民人均可支配收入(元)	8 983	10 012	10 917
中部农村居民人均可支配收入增速(%)		11	9

资料来源:根据各省统计局数据计算。

收入增长快于物价上涨,消费能力不断提升。2016 年上半年,中部地区除河南农村及山西外,城乡居民人均可支配收入增长基本保持在8.0% 以上,虽低于东部地区,但仍高出居民消费价格增速 4% 以上,消费能力日益增强(见图 4-43)。

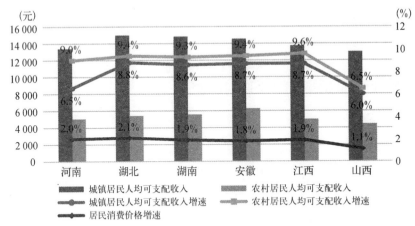

图 4-43　2016 年上半年中部地区居民人均可支配收入及居民消费价格情况
资料来源:根据各省统计局数据绘制,此处为现价数据。

城镇居民平均消费倾向较低,消费增长空间较大。2015 年,中部地区城镇居民平均消费倾向维持在 60%～68%,低于全国平均水平(68.6%),人均消费支出金额也最低,维持在 15 000～20 000 元,因此消费量可增长空间较大,有待进一步挖掘(见图 4-44)。

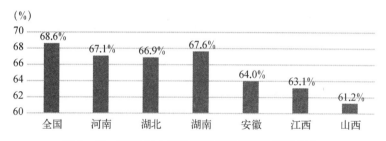

图4-44　2015年中部地区城镇居民平均消费倾向

资料来源：根据各省统计局数据绘制。

消费需求正向发展型、改善型、服务型转变。一是从生存型消费向发展型消费的升级,汽车、通信、文娱、医药类消费品备受青睐。2010～2014年,中部地区城乡居民恩格尔系数总体呈下降趋势,其中城镇居民恩格尔系数从2010年的36%下降到2014年的31%,表明中部地区城镇居民生存型消费比重不断降低。从2016年前三季度商品零售额来看,发展型消费增长较快,其中：汽车类零售额湖南、安徽分别同比增长15.1%、14.3%;通信器材类零售额江西、湖南分别同比增长19.3%、18.7%;江西体育娱乐用品类增长26.0%,湖南文化娱乐体育健康类增长24.4%,中西药品类江西增长20.5%、河南增长12.3%。二是楼市升温、改善性购房需求释放,带动居住家装类消费快速增长。2016年前三季度,湖南家具类增长32.5%,建筑及装潢材料类增长40.7%,同比分别加快14.3个百分点和21.4个百分点;安徽、江西、河南家具类分别同比增长22.5%、19.3%、16.7%;江西、安徽、河南建筑及装潢材料类分别同比增长22.8%、14.1%、13.9%。三是从物质型消费向服务型消费的升级,耐用消费品趋于饱和,服务型消费增长较快。以湖南省为例,2014年湖南城镇居民每百户拥有电视机、空调、电脑分别为116.58台、129.24台、71.28台,农村居民每百户拥有电视机、空调、摩托车分别为112.17台、34台、69.38辆,对大多数家庭而言,耐用消费品支出已不再是家庭的支出压力,以前流行的家庭"八大件"逐步淡出了消费领域。然而,居民用于饮食服务方面的开支每人每年达到560.5元,同比增长8.9%;用于文化娱乐方面的开支达到639元,增长39.4%;用于医疗服务方面的开支达到629.3元,增长12.1%;用于通信方面的开支达到533元,增长11.8%;用于其他服务方面的开支达到

112.5 元。仅这 5 项服务型消费就达到 2 474.3 元,占居民消费总额的 18.6%,比上年同期上升了 0.8 个百分点。服务型消费正以全方位发展进入居民日常生活。

3. 中部地区投资需求变化及其特点

总体上看,固定资产投资总额保持较快增长,制造业、房地产业占比减少,基建、生态、技改投资力度加大。2016 年前三季度,中部地区固定资产投资总额 111 108 亿元,占全国总量的 26%,同比增长 12.7%;中部 6 省固定资产投资增速均超过全国平均水平(8.2%),且仅次于西部地区增速 0.4 个百分点,尤其是一、三产业增速更快(见图 4-45)。从投资占比变动来看,制造业、房地产投资占比减少,基建投资占比加大。2015 年中部地区制造业和房地产业固定资产投资共计 8.4 万亿元,占比达 58%,较 2014 年减少 4%;基建投资占比共计 3.0 万亿元,占比达 21%,较 2014 年增加 3%。此外,生态和技改投资高速增长,2016 年前三季度河南生态保护和环境治理产业投资增速超过 30%,湖南生态保护和环境治理投资增速达 1.1 倍;安徽技术改造投资 4 786.2 亿元,增长 11.7%,江西技改投资 1 896.6 亿元,增长 41.2%。

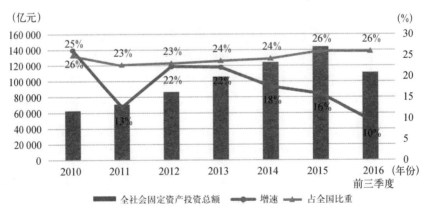

图 4-45　2010～2016 年前三季度中部地区固定资产投资情况
资料来源:根据各省统计局、国家统计局数据绘制,此处为现价数据。

分行业来看,信息、医疗、科技服务及建筑、能源等投资增速较快。2015 年中部地区信息传输计算机服务和软件业,卫生、社会保障和社会福利业,建筑业,科学研究、技术服务和地质勘查业,电力、燃气及水的生产和供应业等投资增速较快,同比增长均达 40% 以上(见图 4-46)。

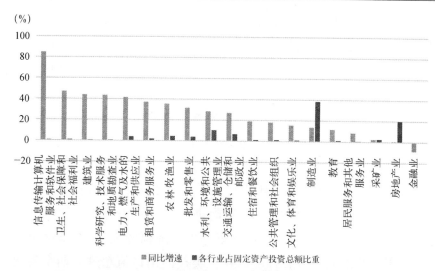

图4-46　2015年中部地区分行业固定资产投资总额增速及比重

资料来源：根据国家统计局、各省统计公报数据绘制。

4. 中部地区进出口变化及其特点

中部地区地处内陆，既不靠边，也不靠海，外贸进出口能力相对较差，导致对外贸易对地区经济的拉动作用不明显，经济发展从总体上看仍属于内向型模式。2016年前三季度，中部地区进出口总额1 674.1亿美元，占全国比重仅为6.3％，外贸依存度低。从增速来看，2010～2015年，进出口总体保持增长，年均增速达15.7％，其中出口增速（20.0％）大于进口增速（9.5％），造成贸易顺差高速增长（49.5％）；但2016年前三季度，进出口总额同比均下降6.2％，外贸形势下滑（见图4-47）。

图4-47　2010～2016年前三季度中部地区进出口总额及增速

资料来源：根据各省统计局或人民政府数据制成，此处为现价数据。

　　分省份看,外贸发展差别较大(见图 4 - 48)。一方面,山西外贸经济高速增长。2016 年前三季度,山西进出口总值以同比增长 19.4% 的速度位列全国第一,其中:加工贸易大幅增长,成为拉动山西外贸经济大幅增长的主力军,加工贸易进出口 550.1 亿元,增长 42.1%,比全省整体增幅高 22.8 个百分点,占全省外贸总值的 68.8%;此外,外商投资企业对外贸易经济持续高速增长,外商投资企业进出口 499 亿元,同比增长 50%。另一方面,其他 5 省均出现下降,湖南下降尤为严重。2016 年前三季度,除湖北出口同比增长 1%、江西进口同比增长 8% 外,5 省进出口均呈现下降趋势。其中,湖南进出口分别下降 18% 和 22%,尤其是机电产品、高新技术产品、汽车等出口降幅较大,前三季度出口额分别下降 21.2%、19%、37.5%,这三类产品出口值超过同期全省出口总值的一半;进口商品中高新技术产品、铁矿砂及其精矿等也不同程度下降。

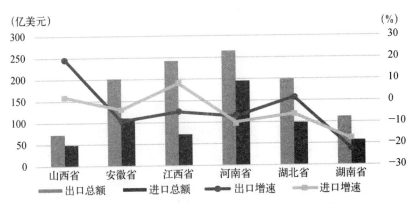

图 4 - 48　2016 年前三季度中部各省进出口总额及增速

资料来源:根据各省统计局或人民政府数据制成,此处为现价数据。

4.3.3　中部地区产业发展及其特点

1. 产业发展总体情况及其特点

　　通过前文分析,总结出中部地区经济存在以下特征:(1)中部地区经济增速高于全国平均水平,其中 5 省经济增速略有放缓,山西经济逐步企稳;(2)产业结构仍以二产为主,但增速基本呈现"三产＞二产＞一产",服务业正加快支撑经济增长;(3)消费和投资需求均保持高速增长,但受国家投资扶持影响,投资需求占比逐年升高,贡献率长期领先;(4)收入保持快速增长,消费能力日益增强;(5)消费水平低于收入水平,消费增长空间有待挖掘;(6)发展型、改善型、服务型等升级类消费增长较快;(7)基建、生态、技改投资力度加大,信息、医疗、科技服务等投资增速较快;(8)中部地区外贸依存度低,其中5省出现负增长,但山西逆势高速增长。基于上述分析以及第三章对消费品产业和投资品产业的界定,接下来具体从消费品产业和投资品产业的内部结构及特征进行举证分析。

(1)消费品工业占比略微上升,投资品工业增速下降严重。2010~2014年,中部地区规模以上工业企业主营业务收入总体呈上涨趋势,但增速同样逐年下降。从占比情况来看,由于工业增幅整体呈下降趋势,2010~2014年规模以上消费品工业企业主营业务收入占比仅上升1%;从增速来看,规模以上投资品工业企业主营业务收入增速从2011年的34%下降至2014年的7%,仅为规模以上消费品工业企业主营业务收入增速的一半(见图4-49)。

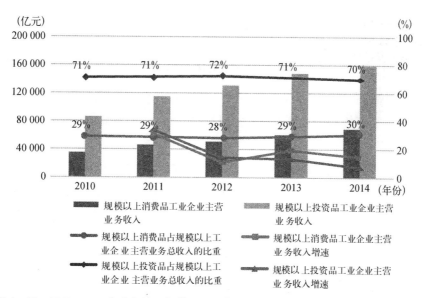

图4-49　2010~2014年中部地区规模以上消费品及投资品工业企业主营业务收入情况
资料来源:根据各省统计局或人民政府、国家统计局数据绘制,此处为现价数据。

从消费品产业来看,文娱、衣着、家庭类产业增速较快,衣食、汽车占比较高(见图4-50)。中部地区规模以上消费品工业企业主营业务收入增速较快的行业主要集中在三大类型:文教、工美、体育和娱乐用品制造业,印刷和记录媒介复制业等文教娱乐类;纺织服装、服饰业,皮革、毛皮、羽毛及其制品和制鞋业等衣着类;家具制造业等家庭设备及用品类。占比方面,食品、衣着类占比高达 63.3%,其次是交通类的汽车制造业占比达 17%,其余类型占比均小于 10%。

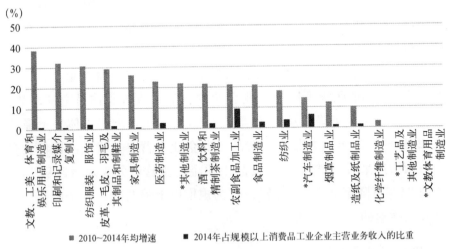

图 4 - 50　2010～2014 年中部地区规模以上消费品工业产值增速及比重
注:由于统计分类变动,涉及加 * 的产业类别增速为上一年同比增速。
资料来源:根据各省统计局或人民政府、国家统计局数据绘制,此处为现价数据。

　　从投资品产业来看,装备、资源、化工类产业增速较快,有色、非金属、钢铁、化工等传统产业占比较高(见图 4 - 51)。中部地区规模以上投资品工业企业主营业务收入增速较快的行业主要集中在三大类型:计算机、通信和其他电子设备制造业,金属制品业,电气机械及器材制造业等装备制造业;燃气生产和供应业,非金属矿物制品业,废弃资源综合利用业,非金属矿采选业,有色金属冶炼及压延加工业等资源型产业;橡胶和塑料制品业,化学原料及化学制品制造业等化工产业。占比方面,有色金属冶炼及压延加工业,非金属矿物制品业,黑色金属冶炼及压延加工业,化学原料及化学制品制造业等占比达 10% 以上。

　　(2)传统生活性服务业保持增长,生产性服务业发展水平较低。批发零售和住宿餐饮业等传统生活型服务业保持增长。2016 年前三季度,河南餐饮收入 308.57 亿元,同比增长 10.8%;湖南限额以上批发零售、住宿餐饮业法人单位实现零售额 3 535.93 亿元,增长 12.2%,比上年同期提高 2.9 个百分点;江西批发业实现零售额 641.3 亿元,增长 7.9%,零

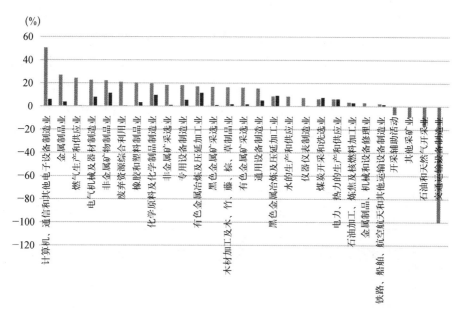

■2010～2014年均增速　■2014年占规模以上投资品工业主营业务收入的比重

图 4 - 51　2010～2014 年中部地区规模以上投资品工业主营业务收入增速及比重

注：铁路、船舶、航空航天和其他运输设备制造业,金属制品、机械和设备修理业,开采辅助活动年均增速为同比增速。

资料来源：根据各省统计局或人民政府、国家统计局数据绘制,此处为现价数据。

售业实现零售额 3 402.9 亿元,增长 11.9%,住宿业实现零售额 51.7 亿元,增长 13.4%,餐饮业实现零售额 481.0 亿元,增长 16.7%;安徽城镇零售额 5 850.2 亿元,增长 12.1%,乡村零售额 1 406.9 亿元,增长 12.6%。

与东部地区相比,生产性服务业无论是在总量还是结构上都存在一定的差距。总量方面,中部地区生产性服务业占比较低。2015 年,湖南生产性服务业增加值对经济增长的贡献率仅为 19.7%;2014 年,江西生产性服务业实现增加值 2 420.34 亿元,仅占 GDP 的比重为 15.4%,远低于北京等东部地区(北京 2015 年生产性服务业占 GDP 比重为 52.9%)。结构方面,中部地区工业主要集中在劳动密集型产业,企业内部生产经营社会化分工、专业化程度不高,对为企业提供服务的生产性服务业需求不足,在很大程度上限制了生产性服务业的发展。如 2015 年湖南规模以上工业新产品产值率仅为 17.8%,远低于浙江等东部地区(浙江 2015 年规模以上工业新产品产值率为 32.2%)。

2. 消费品产业发展及其特点

(1) 居民消费价格基本稳定,消费品出厂价格保持增长。2016 年前三季度,中部地区居民消费价格指数(CPI)基本稳定,各省按增速排名依次为:湖北 102.1,河南 101.9,江西 101.8,湖南和安徽 101.7,山西 101。2009~2015 年,中部地区生活资料工业生产者出厂价格指数(消费品PPI)增幅自 2012 年开始趋缓,但除山西 2015 年下降 0.7% 以外,总体仍呈现持续上涨的发展态势(见图 4 - 52)。

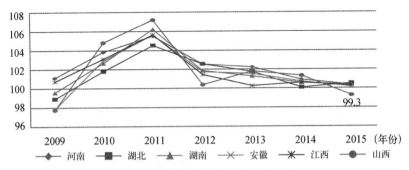

图 4 - 52　2009~2015 年中部地区消费品工业生产者出厂价格指数

注:消费品工业生产者出厂价格指数为生活资料工业生产者出厂价格指数,年度值为月平均值。

资料来源:万德数据库。

(2) 住房消费仍有较大空间,带动家具、建材等产业较快发展。改善居住环境永远是富裕居民当务之急的首选。中部 6 省是人口大省,也是农业大省,农村人口基数大,改革开放以来,随着居民收入的稳步提高,众多农村居民进城安家置业,成为城镇居民。2015 年,中部地区城镇人口比 2013 年增加 1 149 万人,促进了城镇建设和发展,带动了包括住房在内的各种消费需求。

根据中部各省新型城镇化规划,到 2020 年常住人口城镇化率均要达到 60% 左右,而截至 2015 年底,各省常住人口城镇化率仍徘徊在 50% 左右,到 2020 年还相差 3~13 个百分点(见表 4 - 21)。以河南省为例,按现有人口推算,5 年间需增加城镇人口约 1 000 万,如果按 30 平方米/人计算,需住房面积 3 亿平方米,由此将带动装修、家具、电器等方面的巨大消费需求。未来 5 年,家具制造业、建筑及装潢材料类、家电制造业等居住类相关产业将基本保持增长。

表 4 - 21　　　　　　2015 年中部地区城镇化率及 2020 年发展目标　　　单位：%

省　份	2015 年	2020 年发展目标
河　南	47	约 60
湖　北	57	61
湖　南	51	58
安　徽	50	58
江　西	52	约 60
山　西	54	60

资料来源：根据各省统计局及城镇规划。

（3）汽车消费加快升级，产业升级相对滞后。由于中部地区居民对生活质量的需求越来越高，购买能力日趋活跃，尤其是家用汽车、计算机、空调、平板电视、数码相机、滚桶式洗衣机等带动消费结构升级的热点商品需求持续快速增长，已成为拉动中部消费品市场不断增长的重要动力。

比如汽车产业，在 2015 年整体低迷的汽车消费市场中，中部地区已成为车市增长主力军。据图 4 - 53 所示乘联会数据显示，2015 年，湖北、安徽、湖南、河南、江西等省份都分别实现了 15% 以上的销量增长；中部地区车市销量份额从 2012 年的 18.7% 上升到 2016 年 5 月份的 23.7%。不仅如此，中部地区消费者越来越看重品牌，正在奋力追赶一线城市，车市消费已攀升至 15 万元以上车型，体现出整体升级的大趋势。如 2015 年湖南省上牌量前 10 的车型中，指导价在 19.98 万～31.59 万元之间的途观上牌量达到 1.13 万辆；2016 年上半年襄阳新增 60 万元以上豪车 270 辆，购车发票总金额超过 2.4 亿元[81]。

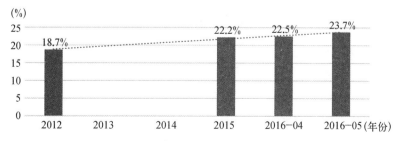

图 4 - 53　2012～2016 年 5 月中部地区汽车销售市场份额

资料来源：乘联会。

　　为抢占市场高地,各大车企纷纷来此设厂,但产业创新基地仍聚集在东部。2015 年,上汽通用武汉工厂一期项目在 2 月底正式竣工投产,新增年产能 24 万辆,车间汇聚了全国最先进的 Globa13＋机器人、无人驾驶装载小车以及全自动喷涂车间等;此后的 5 月份,上汽大众长沙工厂也宣告正式投产,一期投资金额达 120 亿元,规划年产能达 30 万辆。以上各大工厂的建成被视为推动中部地区汽车产业快速发展的强劲引擎。然而,产业转移过程中虽未采用落后产能及老旧设备,但也没有带来创新团队,制约了当地的产业升级。如通用、大众、现代等销量领先的各大车企研发中心仍牢牢驻扎北上广等东部地区(见表 4－22),中部地区作为生产和销售基地,某种程度上正成为东部商品的倾销地。在面对中部地区新一轮需求升级之时,可能难以抵御产品更新换代带来的相对过剩。

表 4－22　　　　　　　　2015 年销量领先车企研发中心所在地

车　企	在华销量(万辆)	研发中心名称及所在地
通　用	361.2	通用汽车中国前瞻技术科研中心(上海)等
大　众	354.9	大众汽车集团中国研发中心(北京)、大众汽车研发中心(上海)等
现代和起亚	167.9	现代汽车海外最大研发中心(北京)等
福　特	112.9	福特汽车南京研发中心(江苏)等
丰　田	112.3	丰田汽车研发中心(中国)有限公司(江苏)等
本　田	100.6	广州本田研发中心(广东)等

　　(4)教育医疗等服务升级需求受到供给约束。现代社会需要高素质的劳动者,随着教育体制改革的深入和教育供给能力的提高,教育消费将会明显增加,尤其是当代家庭父母,都不希望自己的孩子输在起跑线上,对小孩的教育不遗余力,层层加码,导致时下补习、培训成为常态,“特长班”、“培优班”比比皆是[82],教育成为中部居民家庭消费的重要支出。同时,医疗保健方面,现实消费和潜在需求也都很大。数据显示,2010～2014 年中部地区城乡居民家庭医疗保健支出分别增加了 37％和 103％,随着人口老龄化的到来,居民用于家庭医疗保健方面的消费会越来越大。然而,资源及资金的短缺严重制约了中部地区日益增长的教育及健康需求。

　　教育方面,中部地区资源差距和政策洼地问题显现。2010～2014年,中部教育经费的投入出现塌陷,中部教育经费不仅低于东部地区,甚至低于西部地区。以小学为例,2013年中部地区小学生均预算内事业性教育经费支出比东部地区低2 460元,甚至比西部地区低1 408元[83],教育发展整体水平相对落后,居民需求难以满足。

　　医疗服务方面,中部地区医疗服务业仍以医疗卫生服务为主,疗养服务、健康管理服务尚未形成产业聚集效应。从中国省级健康指数来看,河南和安徽等中部省份排名靠后,省级健康指数也凸显中部诸多省份的医疗卫生基础设施难以满足当地老百姓的就医需求,原因是中部省份人口密度大且增长较快,医疗卫生资源和资金也较为短缺,而当地需求却增长迅猛[84],供求严重不匹配。同时,中部地区医疗服务主要提供者仍为公立医疗机构,民营医疗机构比例偏低,如2013年湖南省非公立医疗机构19 876家,仅占医疗机构总数的31.9%,在发展多样化健康服务方面缺乏持续动力。

　　3. 投资品产业发展及其特点

　　(1) 投资品出厂价格持续下降,山西降幅尤为明显。2009～2015年,中部地区生产资料工业生产者出厂价格指数(投资品PPI)持续下降,2015年降幅基本大于5%,尤其是山西,2015年降幅达到12.9%,表明投资品工业需求逐步收紧(见图4-54)。

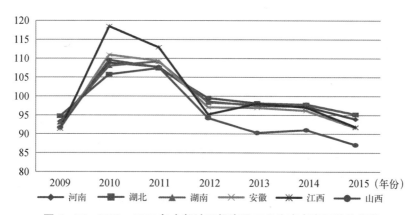

图4-54　2009～2015年中部地区投资品工业生产者出厂价格指数

　　注:投资品工业生产者出厂价格指数为生产资料工业生产者出厂价格指数,年度值为月平均值。

　　资料来源:万德数据库。

（2）煤炭产业下游去产能不足，导致短期供给趋紧。从供给侧看，中部地区持续推进煤炭去产能。2016 年 6 月底，煤炭大省山西已有 16 座矿井实施关闭，涉及产能 1 230 万吨/年[85]，完成全年目标任务量的 61.5%，这对于煤炭市场供应减少带来一定的影响。除此之外，2016 年特别是进入夏季以来，一些短期的客观因素也对煤炭市场供应带来了困扰。比如，个别地区雨涝天气也影响了煤炭的供给[86]。

从需求侧看，中部地区煤炭下游产业去产能不足，造成煤炭短期内供不应求。2015 年煤炭四大下游行业包括火电、钢铁、建材和化工，耗煤占比接近 80%，而最下游行业指向房地产和基础建设[87]。从煤炭和钢铁的去产能情况来看，2016 年前三季度，中部地区煤炭去产能速度明显快于钢铁行业，湖北等省甚至出现钢铁增产的情况（见图 4-55），导致短期内煤、钢出现供需矛盾；从房地产行业来看，2016 年前三季度，中部地区房地产开发投资及商品房销售面积增长均快于全国其他地区（见图 4-56），房地产业的快速增长将带动上游产业的需求加大，但由于煤炭生产的长周期性，造成煤炭短期内供应不足。

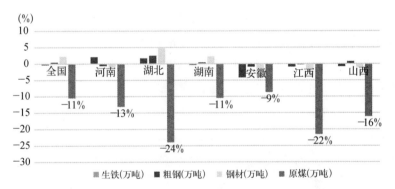

图 4-55 2016 年前三季度中部地区煤炭及钢铁部分产品产量累计增速
资料来源：根据各省统计局或人民政府、国家统计局数据绘制。

供需两端的"一减一增"，带来了煤炭市场供需关系的改善，也带动了煤炭价格的回升。但是，当前出现的煤炭价格过快上涨，缺少市场基础，也不可持续，煤炭供应不会出现大的问题。从更长远的角度看，我国能源消费强度将有所回落，特别是随着可再生能源和清洁能源的快速发展，煤炭的市场需求很难有绝对的增长空间，预计 2020 年煤炭消费量至多 41 亿吨，即使考虑去产能和减量化生产的因素，到时全国煤炭产能仍然有

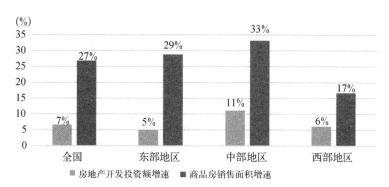

**图4-56　2016年1~10月中部地区房地产开发投资及
商品房销售面积累计增速**

注：东中西部地区划分略有不同。
资料来源：根据国家统计局数据绘制。

46亿吨左右[88]，煤炭价格缺乏持续上涨的基础，未来煤炭产能过剩的形势也会更加严峻。

（3）专用设备市场需求相对萎缩，亟待向多元化"智造"转型。国际市场需求低迷，工程机械产品出口降幅扩大；房地产行业仍处于加紧去库存状态，在商品房销售面积和销售额大幅增长的同时，房产开发投资和新施工面积增长缓慢。受此影响，与之息息相关的挖掘机、起重机、装载机等行业设备销量出现下滑。以中部为主要据点的两大龙头企业，相应业务也出现下滑。2016年上半年三一重工工程机械主营业务收入下降18%，其中混凝土机械下降27%、挖掘机械下降7.6%、起重机械下降29%；中联重科工程机械主营业务收入下降27.81%。伴随着工程专用设备销量的大幅下降，寻找一种可持续性的生产和消费模式迫在眉睫。

目前，中部地区主营专用设备制造的企业为谋求新的发展出路，正在向多元化的"智造"转型。例如，三一集团正联合美国国家仪器（National Instruments，NI）与中国智慧信息类专家共同研讨工业制造的转型路径，通过产品智能化、制造智能化（智能化车间）、服务智能化（三一重工智能服务平台）、产品大数据分析与应用（三一大数据中心）四大应用实践，构建工业信息物理系统，缔造了中国首个"工业4.0"示范区[89]；中联重科正发力于环境产业、农业机械等新板块，并将其提升到与工程机械并列的高度[90]，2016年前三季度新板块收入占比已达47%[91]。总的来说，不论是前者的智能化生产及服务的拓展,还是后者发展领域的延伸,多元化、智慧化的转型都仍在萌芽阶段,未来为夺取产业核心零部件和关键技术、掌握产品价值的中高端还将持续努力。

（4）节能环保产业规模尚小,但需求潜力巨大。随着《大气污染防治行动计划(2013)》《水污染防治行动计划(2015)》《土壤污染防治行动计划(2016)》等国家政策的相继出台,预计"十三五"期间环保产业投资规模将达到 17 万亿元,尽管目前环保投资增速很快,但尚有近 70％环保领域治理需求未得到满足,未来投资空间很大[92]。尤其是以资源型、粗放式产业为主的中部地区资源利用效率低,环保欠账多,生态保护任务重,节能环保产业发展潜力和市场空间巨大。

近年来,中部各省节能环保产业飞速发展,但产业整体规模偏小,企业大多处于初创阶段,与发达省份相比差距较大。例如,江苏省 2012 年节能环保产业已实现主营业务收入 4 690 亿元,山东省 2014 年节能环保产业产值也已突破 5 000 亿元[93];而 2014 年湖南省节能环保产业产值刚突破 1 700 亿元,2016 年湖南重点调度协调的 100 家节能环保企业中,仅有 8 家企业提供节能服务,总量和服务水平上都比较欠缺;2016 年 1～7 月,安徽节能环保产业实现产值 838 亿元,同比增长 20.5％,虽实现了较快增长,产值及增速均居七大战略性新兴产业第三位,其中产值占战略性新兴产业总产值的 15.27％,但较总产值的比重仍较低,未来发展空间较大。

4.4　西部地区产业发展及其特点

实施西部大开发战略以来,西部地区社会经济快速发展,取得了较为显著的成就。近年来,在全国经济整体下行的背景下,西部地区经济仍旧能够保持较高的增长速度。从其需求结构来看,其投资需求虽增长减缓,但仍旧是驱动经济增长的主要动力,消费需求增长平稳,其潜力有待继续被挖掘与释放。西部地区自然景观与人文资源丰富,有较好的旅游文化条件,近年来随着西部地区基础设施建设投入的加大,交通与各种基础设施得到了极大的改善,其旅游业发展需求逐步被释放,旅游收入逐年攀升,已然成为西部经济发展的新动力。

4.4.1　西部地区产业发展总体情况

1. 整体经济稳中向好较快发展

西部地区 2016 年前三季度 GDP 总量达到 107 043.37 亿元,占全国总量的 20.20%,较上半年增长 1.01 个百分点,同比上年增长 0.54 个百分点。由此可见,西部地区整体经济仍保持一个较快的增长速度,其对全国经济的贡献不断增大。

对比 2015 年西部各省份 GDP 增速可以发现,2016 年前三季度除青海与宁夏增速持平外,其余各省份 GDP 增速均有小幅下滑。由此可见,西部地区经济增长放缓的趋势仍在继续。但与同期全国平均水平相比,西部各省份 GDP 增速均超过全国平均增速,其中西藏、重庆、贵州分别以10.7%、10.7%、10.5%的增速领跑全国(见表 4 - 23)。由此可见,西部地区经济增长速度虽有小幅下滑,但在全国范围内,仍是发展较快的区域。

表 4 - 23　　　　　2015～2016 年前三季度西部地区 GDP 总量与增速

地　区	2015 年		2016 年	
	总量(亿元)	增速(%)	总量(亿元)	增速(%)
广　西	16 803.12	8.10	11 345.53	7.00
甘　肃	6 790.32	8.10	4 769.45	7.50
青　海	2 417.05	8.20	1 741.38	8.20
陕　西	18 171.86	8.00	12 879.97	7.30
新　疆	9 324.8	8.80	6 717	7.90
西　藏	1 026.39	11.00	829.20	10.7
贵　州	10 502.56	10.70	8 135.38	10.50
宁　夏	2 911.77	8.00	2 120.31	8.00
四　川	30 103.1	7.90	23 793	7.50
重　庆	15 719.72	11.00	12 505.05	10.70
云　南	13 717.88	8.70	9 536.94	7.60
内蒙古	18 032.79	7.70	12 690.14	7.10

注:表中数值为当年价。

数据来源:根据各省份统计局数据制成。

2. 整体产业结构不断优化,地区间结构差异较大

"三二一"结构初现。长期以来西部地区三次产业结构都呈现较为明显的"二三一"特点。然而,近年来随着西部地区经济的迅猛发展,产业结构不断调整与优化,2015 年底已形成 12∶46∶42 的三次产业结构,第三产业发展迅速。根据 2016 年西部各省份前三季度经济数据显示,西部地区三产结构已然调整为 11∶44∶45,第三产业占比首次超过第二产业,初步形成"三二一"的产业结构(见表 4-24)。

表 4-24　　　　　　　　2016 年前三季度西部地区三次产业构成

地　　区	一产增加值 (亿元)	二产增加值 (亿元)	三产增加值 (亿元)	三次产业结构(2016 年前三季度)	三次产业结构(2015 年)
广　　西	1 504.58	5 473.69	4 367.26	13∶48∶38	15∶46∶39
甘　　肃	748.21	1 813.55	2 207.69	16∶38∶46	14∶37∶49
青　　海	119.49	904.82	717.07	7∶52∶41	9∶50∶41
陕　　西	816.03	6 243.91	5 820.03	6∶49∶45	9∶52∶40
新　　疆	1 089.00	2 459.00	3 169.00	16∶37∶47	17∶38∶45
西　　藏	57.525	210.63	439.785	9∶34∶58	9∶37∶54
贵　　州	1 354.64	3 137.06	3 643.67	17∶39∶45	16∶39∶45
宁　　夏	150.57	1 031.21	938.53	7∶49∶44	8∶47∶44
四　　川	3 011.4	10 280.3	10 501.9	13∶43∶44	12∶47∶40
重　　庆	853.15	5 454.85	6 197.05	7∶44∶50	7∶45∶48
云　　南	1 218.32	3 727.15	4 591.47	13∶39∶48	15∶40∶45
内 蒙 古	648.77	6 356.15	5 685.22	5∶50∶45	9∶51∶40
西部地区	11 585.29	47 162.02	48 317.42	11∶44∶45	12∶46∶42

注:表中数值为当年价。
资料来源:根据各省份统计局、国家统计局数据制成。

从西部地区内部来看,有 7 个省份第三产业占比超过第二产业,分别为西藏、新疆、重庆、云南、甘肃、贵州、四川,其中四川省第三产业增加值占比于 2016 年首次超过第二产业成为主要产业。其余 5 个省份产业结构也在不断优化升级,但目前仍以第二产业为主,其中青海、内蒙古第二产业占比较重,分别为 52% 与 50%。

　　西部地区地域广阔,资源丰富,随着西部大开发战略的深入,"西气东输"、"西电东送"等工程的推进以及重大基础设施的持续投入,西部地区经济发展迅速。其间,西部地区依托石油、煤矿、天然气等优势资源,逐步形成以原料开采和加工、能源与化工为主导的资源型工业。同时,依托其较好的农业基础,西部地区大力发展特色农业与农副产品加工。随着西部交通与基础设施的改善,西部旅游业发展迅速,现已成为西部经济增长的新动力。

4.4.2　西部地区需求变化及其特点

　　1. 投资需求仍然是驱动经济增长主体,消费需求增长动力不足,进出口疲软

　　西部地区消费与投资需求呈较为稳定的增长趋势,2010 年始投资需求增速出现逐年下滑的现象,2011 年消费需求增速也开始出现逐年微量下滑的趋势。净出口值始终为负,且逐年增大,其负增长速度波动较大,2013～2014 年负增长速度呈现稳定增加状态(见图 4-57)。

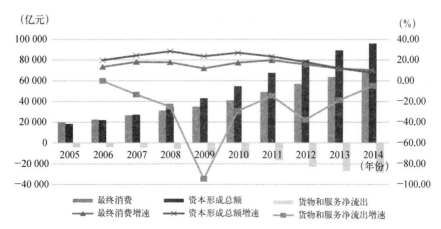

图 4-57　2005～2014 年西部地区三大需求总量及增速

　　注:三大需求包括消费需求(最终消费支出)、投资需求(资本形成总额)、境外需求(货物和服务净出口)。下同。

　　资料来源:根据国家统计局数据绘制。

　　从西部地区需求结构来看,虽然西部资本形成总额增速有所下降,但其占比持续增加,2014 年已接近 70%。由此可见,投资需求仍是驱动经济增长的主体;消费需求占比在 50% 左右波动,微量下滑;对外贸易逆差不断加大,境外需求占比持续降低(见图 4-58、图 4-59)。

图 4 - 58　2005～2014 年西部地区三大需求占比

资料来源：根据国家统计局数据绘制。

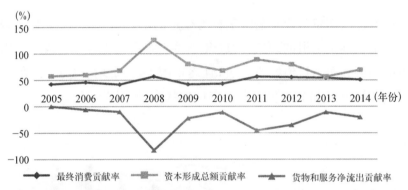

图 4 - 59　2005～2014 年西部地区三大需求对于经济增长的贡献率

注：贡献率指三大需求增量与支出法国内生产总值增量之比。

资料来源：根据国家统计局数据绘制。

西部地区整体需求结构表现不尽合理，资本形成率过高，经济增长过于依赖投资拉动，存在较大的不稳定性。长期过高的资本形成率不但会造成投资过度、投资效率低下和生产过剩，还对消费需求形成排挤效应。且随着西部基础设施建设的完善，国家对于西部基建类的投资将会减小，故西部地区仍需通过扩大内需、提高居民消费需求来拉动经济增长。

2. 西部地区消费需求变化及其特点

（1）居民收入不断增加，消费能力逐步提升。2015 年西部地区城镇居民人均可支配收入已达 26 956 元，同比增长 10.7％，较 2014 年增长 1.7 个百分点；农村地区人均可支配收入为 9524 元，同比增长 13.0％，较 2014 年增长 1.6 个百分点。由此可见，西部地区人均可支配收入不断增加，虽低于全国同期平均水平，但增速高于全国平均水平，差距逐渐减小

(2015年全国城镇居民人均可支配收入31 195元,同比增长8.2%;农村居民人均可支配收入11 422,同比增长8.9%)。与此同时,随着西部地区农村居民收入的快速增长,城乡收入差距逐年减小,已由2013年的2.95降低至2015年的2.83,预计2016年该值仍会降低(见图4-60)。

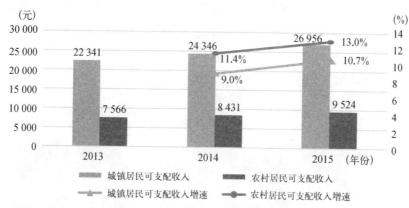

图4-60　2013~2015年西部地区城镇与农村居民人均可支配收入及增速

资料来源:根据各省统计局或人民政府、国家统计局数据绘制。

(2)农村居民消费支出增长迅速,消费潜力巨大。2015年城镇地区人均消费支出为18 590元,同比增长10.0%,其增速低于可支配收入增速;农村地区人均消费支出达到7 868元,同比增长19.5%,增速快于农村地区人均可支配收入增速。由此可见,西部地区消费需求增长迅速,潜力巨大,未来西部地区需加强关注农村地区消费需求的释放(见图4-61)。

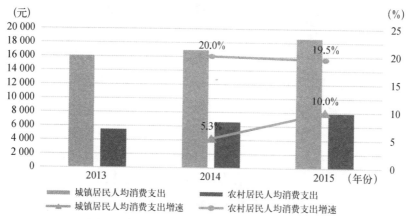

图4-61　2013~2014年西部地区城镇与农村居民人均消费支出与增速

资料来源:根据各省统计局或人民政府、国家统计局数据绘制。

（3）食品与居住始终是西部地区消费支出的主要构成。从 2010～2014 年西部地区城镇与农村居民人均消费支出结构来看，无论是城镇居民还是农村居民，食品和居住始终为消费的主要构成，其占比超过 50％。其中，农村居民这两类消费支出占比明显高于城镇居民。从其增长速度来看，2010～2014 年，居住支出增长幅度较大，2014 年西部地区城镇居民人均居住消费支出已达 3 340 元，较 2010 年增长了 224.94％，食品支出为 5 980 元，较 2010 年增长 50.01％，服装类增长较慢，较 2010 年仅增长 33.1％（见图 4-62）。

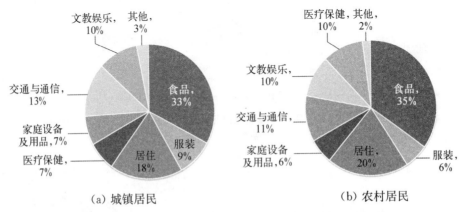

（a）城镇居民　　　　　　　　　（b）农村居民

图 4-62　2014 年西部地区城镇与农村居民人均消费支出构成

资料来源：根据各省统计局或人民政府、国家统计局数据绘制。

（4）通信器材、建筑及装潢材料类、家具类等消费品需求增长较快。根据各省社会消费品零售额可知，基础性生活产品如食品、服装等零售额占比较大。其中，食品类的销售始终保持较为稳定的增速，2015 年西藏食品类零售总额同比增长 68.9％，内蒙古食品类零售总额同比增长 26.7％，均高于其地区同期社会零售品总额的增速。除此以外，随着西部地区科技信息服务的提升，通信器材的零售额不断上升，例如，重庆 2016 年前三季度通信器材的零售额同比增长 47.3％、贵州增长 22.1％，成为零售商品中增速最快的商品。与此同时，随着西部房地产业的不断发展，建筑及装潢材料类、家具类等消费品零售额增长也较快（见图 4-63）。

3. 西部地区投资需求变化及其特点

（1）投资需求增长趋缓。从 2010～2015 年西部固定资产投资总额的变化情况可见，西部地区固定资产投资总额不断增长，但增速自 2012

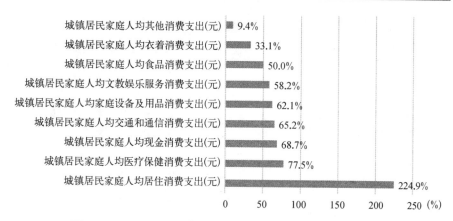

图4-63　2010～2014年西部地区城镇居民人均消费支出增幅
资料来源：根据各省统计局或人民政府、国家统计局数据绘制。

年起不断下滑，投资需求增长减缓。从固定投资总额占GDP的比重来看，2011～2015年其占比不断增加，由此可见，西部地区投资依赖性较强，2016年前三季度，其占比大幅下降，投资驱动效应减弱（见图4-64）。

图4-64　2010～2016年前三季度西部地区固定资产投资情况
资料来源：根据各省统计局或人民政府、国家统计局数据绘制。

（2）基建、房地产、制造业仍占据主导地位，部分高新技术产业投资需求增长较快。从2014年西部固定投资结构可见，基础建设、房地产和制造业仍是西部固定投资的主要构成，其中基础建设类投资占29.1％、房地产业占26.1％、制造业占22.6％。从增速来看，制造业与房地产业增速不断下滑，基础建设增速逐年上涨。除此以外，科学研究、技术服务、租赁和商务服务、信息传输计算机服务等高端生产性服务业投资逐步增大，增速逐年上升，可见西部地区投资结构逐步优化（见图4-65）。

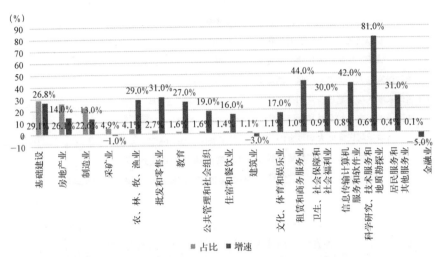

图 4 - 65　2014 年西部地区分行业固定资产投资占比与增速

资料来源：根据各省统计局或人民政府、国家统计局数据绘制。

4. 西部地区进出口需求变化及其特点

(1) 进出口"双降"，降幅收窄。2010～2014 年，进出口总量逐年上升，2015 年受国际经济低迷的影响，西部地区进出口总额下降明显，呈现负增长，下滑速度超过全国平均值(见图 4 - 66)。2016 年前三季度西部地区进出口状况有所改善，除云南、贵州、西藏的进口增速低于去年西部平均值外，其余省份进口与出口下降幅度较去年西部地区平均值均有所提升，其中出口情况好于进口，陕西与甘肃两省进出口增长率先由负转正(见图 4 - 67)。

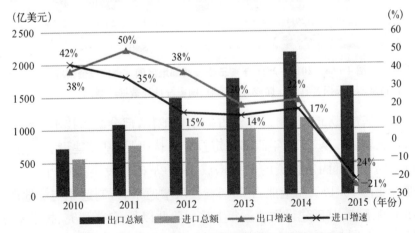

图 4 - 66　2010～2015 年西部地区进出口总额及增速

资料来源：根据各省统计局或人民政府、国家统计局数据绘制。

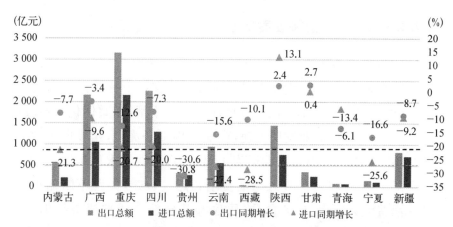

图 4 - 67　2016 年前三季度西部地区各省市进出口总额及增速

资料来源：根据各省统计局或人民政府、国家统计局数据绘制。

西部进出口下滑的主要原因是外需不振、经济下行、出口竞争优势减弱、大宗商品价格低迷等基本面对外贸发展形成明显制约。从出口看，国际市场需求不振，出口订单减少，出口综合成本居高；而进口方面，原油、铁矿石等资源商品价格低迷，国内下行压力加大，企业进口意愿偏弱。

(2) 地区间对外贸易结构差异较大。西部地区地域广阔，不同省份间发展水平差距较大，其对外贸易结构也存在较大差异。内蒙古、新疆、宁夏等地原材料与初级加工品等附加值较低的产品出口比重较大。新疆、广西以纺织服装出口为主，2016 年 1~8 月，新疆服饰类（服装及衣着附件、鞋类、纺织纱线、织物及制品）出口额 34.6 亿美元，占出口总额的 46.4%。但其纺织产品加工程度普遍不高且缺少自主品牌，受国内劳动力成本上升、越南等东盟国家纺织行业发展较快影响，其未来出口将面临严重挑战。重庆、陕西、四川等地经济实力较强，产业转型升级较快，其对外贸易结构不断优化，机电产品出口总额及占比不断提升。2016 年前三季度，重庆市一般贸易进出口占进出口总额的比重为 56%，比上年同期提高 1.1 个百分点；机电产品出口占出口总额的 57%，为出口主力。陕西省以集成电路、存储芯片、固态硬盘等为主的机电产品出口总值 629.54 亿元，增长 17.01%，高于全省出口增幅 3.91 个百分点，占全省出口总值的 83.74%[94]。

4.4.3 西部地区产业发展及其特点

1. 产业发展总体情况及其特点

通过前文分析,可以看出西部地区经济存在以下特征:(1) 在全国经济下行的背景下,西部地区经济增速虽有所下滑,但整体仍保持较高的增长速度;(2) 服务业发展迅速,产业结构不断优化,初步形成"三二一"的产业结构;(3) 投资需求仍为主要动力,消费需求稳步增长,外需持续下降;(4) 农村居民收入与消费增长迅速,城乡差距不断缩小,农村地区消费潜力巨大;(5) 食品、居住等基础性生活型消费品仍为西部主要消费支出,但通信器材等高端消费需求增长迅速;(6) 基础建设与房地产投资占比较大,科学研究、技术服务等高端生产性服务业投资增速较大,投资结构不断优化;(7) 进出口持续下滑,下降幅度逐步收窄。基于上述分析以及第三章对消费品产业和投资品产业的界定,接下来具体从消费品产业和投资品产业的内部结构及特征进行举证分析。

(1) 西部工业增长迅速,其中消费品工业增长态势良好。根据 2010～2014 年西部规模以上工业总产值数据,投资品工业始终是西部地区工业增长的主要力量,虽然其占比逐年下降,但始终保持在 70% 以上(见图 4-68)。对比 2010～2014 年西部地区全社会固定资产投资总额可见,投资品工业增速的下降与固定资产投入有较大的相关性,投资品需求的下

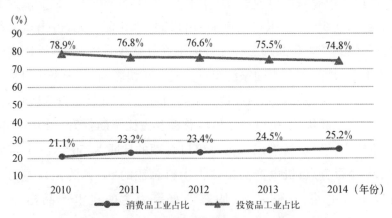

图 4-68 2010～2014 年西部地区投资品与消费品工业占比

资料来源:根据各省统计局或人民政府、国家统计局数据绘制。

降,导致其工业产值增速不断下滑(见图4-69)。相比较而言,消费品工业发展迅速,其工业总产值占比不断攀升,已由 2010 年的 21.1% 增长到 2014 年的 25.2%。

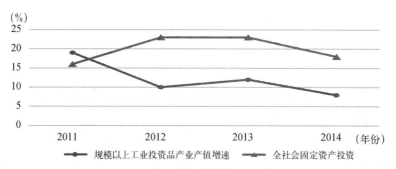

图4-69 2011～2014 年西部地区规模以上工业投资品产业产值与全社会固定资产投资增速

资料来源:根据各省统计局或人民政府、国家统计局数据绘制。

消费品工业仍以食品加工工业为主,汽车与医药增长较快。根据 2010～2014 年西部地区各行业工业总产值来看,西部地区的消费品工业结构较为稳定,食品类工业(农副产品加工业,食品制造业,酒、饮料和精茶制造业,烟草制造业)占比虽有略微下滑,但始终是消费品工业的主要构成,其占比始终超过 50%;汽车制造业占比不断提升,2014 年该行业占比已达到 17.5%,其次为医药制造与纺织业(见表4-25)。

表4-25 　　　　　2010～2014 年西部地区消费品工业结构变化 　　　单位:%

年份 类别	2010	2011	2012	2013	2014
农副食品加工业	29.5	27.6	26.8	26.5	25.7
食品制造业	12.0	8.6	8.5	8.3	8.5
酒、饮料和精茶制造业	9.6	12.9	14.3	14.9	14.5
烟草制品业	5.3	4.6	4.8	4.4	4.5
纺织业	8.8	7.4	6.6	6.3	6.2
纺织服装、服饰业	1.3	1.3	1.7	1.5	1.6
皮革、毛皮、羽毛(绒)及其制品和制鞋业	2.2	2.0	1.9	1.7	1.5

续表

年　份 类　别	2010	2011	2012	2013	2014
家具制造业	2.0	2.2	2.0	1.9	1.9
造纸及纸制品业	5.7	4.5	4.1	3.9	3.7
印刷业和记录媒介复制业	2.5	1.6	1.6	1.6	1.7
文教、工美、体育和娱乐用品制造业	0.2	0.7	0.7	0.9	1.2
医药制造业	9.2	9.0	8.3	8.5	8.9
化学纤维制造业	1.6	1.7	1.6	1.5	1.6
汽车制造业	9.2	15.1	16.2	17.0	17.5
其他制造业	1.0	0.8	0.7	0.9	1.0

注：数据来源于各省份 2010～2014 年统计年鉴，数值为各工业行业总产值占全部工业总产值的比重。

（2）西部服务业高速增长，其中传统服务业增长减缓。2011～2014年西部地区第三产业增长较快，除 2014 年外均保持在 15％以上，增速超过西部地区 GDP 同期增速，其占 GDP 比重不断增加。其中，批发、零售、住宿、餐饮等传统型服务业增速逐年减小，已由 2010 年的 20.4％降至 2014 年的 9.0％，低于同期服务业整体增速。金融与房地产业增速虽有所下滑，但仍高于服务业的整体增速。交通运输业触底反弹，增速有所回升（见图 4-70）。

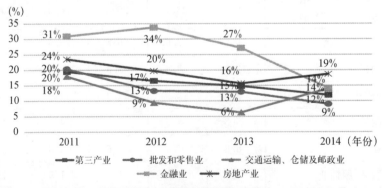

图 4-70　2011～2014 年西部地区分行业服务业增加值增速

注：不包括内蒙古、广西、云南、西藏、新疆 5 省份。
资料来源：根据各省统计局或人民政府、国家统计局数据绘制。

2. 消费品产业发展特征

(1)居民消费价格指数(CPI)持续增长,涨幅有所下降。自 2012 年起,西部地区各省份居民消费者价格指数逐步下降,但均在 100 以上,2016 年上半年,该值有所回升。由此可见,西部地区物价不断上涨,西部地区消费品需求不断增长。由各类产品的物价来看,食品类价格涨幅较大,其余类型物价增幅较为平稳(见图 4-71)。

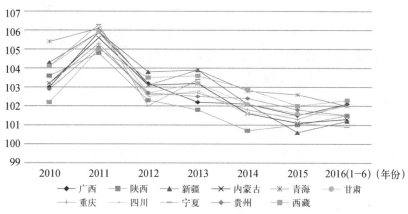

图 4-71　2010~2016 年上半年西部地区居民消费价格指数
资料来源:根据各省统计局或人民政府、国家统计局数据绘制。

(2)西部农业发展势头良好,特色农业不断壮大。西部地区拥有广阔的地域,农产品丰富,一直以来农业都是西部地区发展的基础与支柱。近年来,西部地区农业发展迅速,2014 年,西部 12 省份农林牧渔业总产值 27 608.7 亿元,比 2013 年增长 7.0%,在东部、中部、西部三大区域中增长最快,占全国农林牧渔业总产值的 27.0%。西部地区粮食产量 16 157.6 万吨,比 2013 年增长 1.1%,占全国粮食总产量的26.6%。西部地区肉类总产量 2 631.4 万吨,比 2013 年增长 3.02%,占全国肉类总产量的30.22%[95]。随着西部粮食生产压力的释放,西部各地特色农业逐步成形,如内蒙古的乳品和羊绒制品、广西的制糖、云南的烟草、新疆的优质棉和果蔬已逐步成为优势产业。2013 年新疆棉花产量超过全国的1/2;内蒙古的牛奶产量占全国的1/5 以上,羊绒产量占全国的2/5以上;陕西的苹果产量占全国的1/5 以上;广西的甘蔗年产量超过全国的 60%;云南、贵州的烟叶年产量约占全国的 44.7%。同时,甜菜、马铃薯、牛羊肉、中药材、红花、番茄、枸杞、红辣椒、胡萝卜等具有地区比较优势的特色种植业也取得较快发展。与此同时,随着特色农产品种养规模的扩大,特色农产品加工业也取得了快速发展,涌现出一批特色农产品加工龙头企业、特色农产品知名品牌,如：广西的制糖业、云南的烤烟业、陕西的苹果加工业、内蒙古的乳制品和羊绒等产业。其中,乳、肉、羊绒加工已经成为内蒙古的支柱产业,涌现出伊利、鄂尔多斯、蒙牛等多个全国驰名品牌。

(3)食品加工行业增长平稳,饮料类增速较快。西部地区农副产品加工业,食品制造业,酒、饮料和精茶制造业,烟草制造业等食品类产业增长较为平稳,其占消费品工业的比重有所下滑,由 2010 年的 56% 下降到 2014 年的 53%。其中,广西食品加工行业占西部该行业份额较大,2014年广西该行业增加值占西部的 18.11%(见表 4 - 26)。从其内部产业结构来看,农副产品加工与食品制造业占比不断下降,酒、饮料和精茶制造业增长较快,其增速不断上涨,占消费品工业比重不断攀升。西部食品加工类产业与东部等地区仍有较大差距,因此仍有较大的增长空间,应大力发展该行业,从而带动农村经济发展。

表 4 - 26　　　　2010~2014 年西部地区食品类工业占消费品工业比重变化　　　单位：%

工业分类 ＼ 年份	2010	2011	2012	2013	2014
农副食品加工业	29	28	27	27	26
食品制造业	12	9	9	8	9
酒、饮料和精茶制造业	10	13	14	15	15
烟草制品业	5	5	5	4	4
食品类总计	56	54	54	54	53

资料来源：根据各省统计局或人民政府、国家统计局数据绘制。

(4)旅游业发展迅猛,成为引领西部经济增长新动力。西部地区拥有悠久的历史文化、独特的自然风光、绚丽多彩的民族风情等,旅游资源丰富。通过各地积极的发展,西部地区已经拥有长江三峡、青藏雪域高原、丝绸之路、香格里拉等跨区域旅游线路。西部地区的兵马俑、草原风光、喀纳斯、九寨沟、桂林山水、黄果树等旅游景点已成为世界知名的旅游精品。随着近年来西部地区重大基础设施建设的投入,西部地区旅游业越发完善,2010～2014 年西部地区旅游业收入呈现快速增长势头,虽然增速逐年下降,但仍保持 20％以上,超越全国旅游业增速(见图 4－72)。由此可见,西部地区旅游业发展需求巨大,通过基础设施的完善提升,该部分需求将逐步释放。从其占 GDP 的比重数据可见,旅游业占 GDP 的比重逐年增大,已成为 GDP 增长的新动力。部分地区如云南、贵州占比超过 30％,已然成为该地区经济增长支柱产业(见图 4－73)。

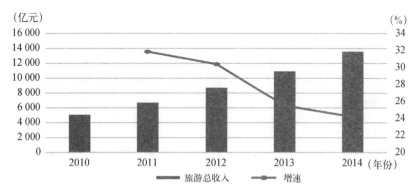

图 4－72　2010～2014 年西部地区旅游业总收入及增速
资料来源:根据各省统计局或人民政府、国家统计局数据绘制。

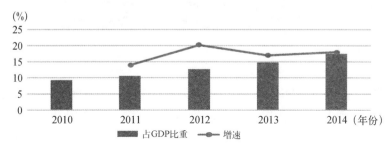

图 4－73　2010～2014 年西部地区旅游业总收入占 GDP 比重及占比增速
资料来源:根据各省统计局或人民政府、国家统计局数据绘制。

3. 西部地区投资品产业发展态势

(1) 投资品 PPI 不断下降。通过西部地区工业生产者价格指数可见,2012 年后各省份工业生产者价格持续下降,而甘肃地区下降尤为明显。其中,生活资料工业生产出厂价格指数在 2012 年后基本维持在 100 左右,表明生活资料工业生产者出厂价格基本保持不变,而生产资料价格指数不断下降,可见投资品工业市场需求不断下降,利润空间不断收窄(见图 4－74、图 4－75、图 4－76)。

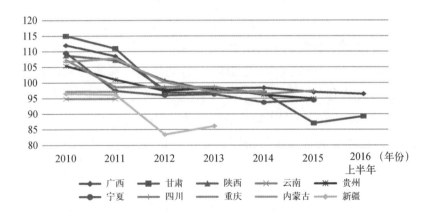

图 4-74　2010~2016 年上半年西部地区工业生产者出厂价格指数

注：数据以上一年为 100。

资料来源：根据各省统计局或人民政府、国家统计局数据绘制。

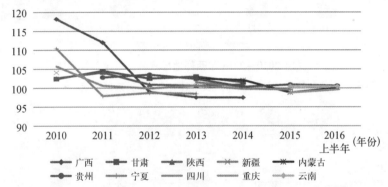

图 4-75　2010~2016 年上半年西部地区消费品工业生产者出厂价格指数

注：消费品工业生产者出厂价格指数为生活资料工业生产者出厂价格指数，以上一年为 100。

资料来源：根据各省统计局或人民政府、国家统计局数据绘制。

（2）采掘工业增长减缓，利润持续降低。西部地区地域广阔，资源丰富，煤矿、石油、天然气等储存量均较大。原料采掘作为产业链的前端，一直是西部地区工业发展的基础。西部大开发以来，工业经济发展迅速，能源需求量不断提升，该行业的产值不断增加，带动了西部地区经济的增长。但随着全国经济发展的减缓以及能源储存量的衰减，西部地区的采掘工业增长减缓，2014 年西部采掘工业增速为 5.1%，较 2011 年下降了40.7 个百分点。同时，西部地区采掘工业发展较为粗放，技术投入不足，资产利用效率偏低，利润持续缩减，对于西部经济贡献不断下滑。例如，

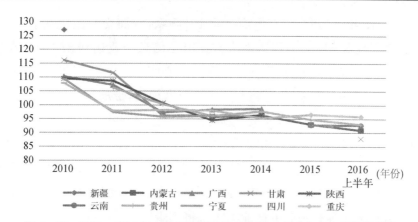

图 4－76　2010～2016 年上半年西部地区投资品工业生产者出厂价格指数

注：投资品工业生产者出厂价格指数为生产资料工业生产者出厂价格指数,以上一年为 100。

资料来源：根据各省统计局或人民政府数据制成。

2016 年 1～7 月陕西能源工业实现利润 132.7 亿元,同比下降 61.2%；新疆石油工业实现利润 6.13 亿元,同比下降 95.6%；四川石油和天然气开采实现利润 11.2 亿元,同比下降 86.5%。2016 年以来,随着能源价格的回升,采掘工业利润下降有所收窄,但仍未改变该产业利润下滑的趋势。

(3)高新技术产业逐步萌芽,四川、重庆等地区发展良好。随着东部地区技术与产业的转移,西部地区工业产业结构不断优化,计算机、通信和其他电子设备制造业发展迅速。2010～2014 年,该行业为投资品工业当中增速最快的行业,其占投资品工业的比重不断攀升,由 2010 年的 1.7%增长到 2014 年的 5.7%,年均增速达 59%。从西部地区内部来看,该行业地区间发展差距较大,其中四川、重庆、陕西等地发展基础较好,其中：重庆电子制造业已成为重庆的支柱产业之一,其 2016 年前三季度规模以上工业增加值同比增长 21.7%,是全行业工业增速的 2.09 倍；陕西 2016 年 1～8 月高新技术产业同比增长 34.6%,是其全行业工业增速的 4.68 倍。随着西部基础设施建设的不断完善,经济的发展、高科技人才的引进,该行业将逐步扩大,引领西部行业转型升级,缩小东西差距。

(4)西部大数据发展势头强劲,带动相关产业链条发展。近年来,西部地区以贵州为首紧抓"一带一路"发展机遇,以大数据发展为主要途径进行西部地区工业产业的转型升级。

2015 年贵州大数据产业规模总量增长 37.7%,电子商务交易额增长

33%。2015 年,贵州全省有电商企业 1 200 家,电商交易额达到了 1 015 亿元,销售收入 500 万元以上的大数据电子信息企业达到 322 家。在发展呼叫服务方面,2015 年贵州全省呼叫中心座席数量达到了 10 万的数量级。未来 3～5 年,贵州还将打造 100 万席规模,带动 200 万人就业,联动黔中经济区 6 个市(州)及贵安新区共同打造中国呼叫中心产业发展新高地[96]。2016 年 1～4 月份贵州高端产品产值增长 80% 以上,互联网和相关服务增长 70% 以上,软件开发及信息技术服务增长 58%[97]。大数据已经成为贵州在后工业时代产业的起点,其将带动相关产业链条的整体发展,金融业等相关服务产业需求也将逐步增长。

4.5　东北地区产业发展动态分析

　　东北地区包括黑龙江、吉林、辽宁三省。历史上,东北地区具有雄厚的工业基础和农业基础,是全国最大的重化工和装备制造业基地,也是我国重要的商品粮基地和农牧业生产基地。以改革开放为分水岭,东北三省的经济发展出现了新的变化,东北三省的经济实力不断下降,全国重工业基地的地位也逐渐丧失。2003 年 10 月,中共中央、国务院发布《关于实施东北地区等老工业基地振兴战略的若干意见》,振兴东北战略正式实施,东北地区经济又保持了近 10 年的快速增长。然而 2014 年以来,在传统产业产能过剩的大背景下,东北地区 GDP 增速严重下滑,整体呈现下行趋势。2016 年上半年,东三省经济仍然延续疲软态势,辽宁省 GDP 增速为负,全国垫底。之所以出现这种"新东北现象",与东北地区长期积累的体制性、结构性问题密切相关,国有经济比重过高、民营经济发展艰难、股权结构不合理、人力资本外流等严重制约着东北经济的发展活力。2016 年 4 月,中共中央、国务院发布《关于全面振兴东北地区等老工业基地的若干意见》,未来 5 年将是推进东北老工业基地全面振兴的关键时期。

4.5.1　东北地区产业发展总体情况

1. 东北经济下行压力依旧,区域经济分化明显

东北地区经济下行压力依旧,但区域经济已现回暖迹象。2016 年

上半年,东北地区 GDP 总量为 24 048 亿元,仅占全国的 6.9%,较 2015 年占比下降 1.6 个百分点(见图 4-77)。2016 年前三季度吉林省生产总值同比增长 6.9%,时隔两年首次超过全国平均水平。在连续 23 个月负增长后,辽宁省工业用电量在 8、9 月分别实现增 2% 和 2.5%。从货运量、贷款金额增幅等先行指标看[98],前三季度辽宁经济显现筑底企稳的特征。但从全国四大区域横向对比来看,东北地区经济增速仍然处于全国最慢行列。辽宁经济下行压力最大,2016 年上半年为全国唯一经济增速负增长地区(-1%)(见图 4-78);黑龙江经济则处于爬坡阶段,前三季度经济运行数据预计比上半年有所增长。由于辽宁 GDP 占东北地区总量一半以上,所以辽宁经济的负增长成为东北地区整体经济持续下行的关键因素。

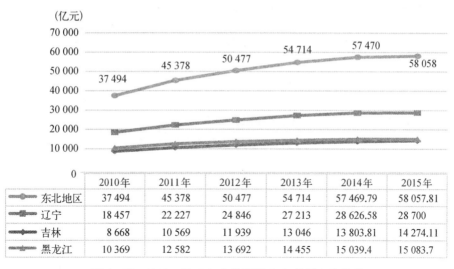

(亿元)

	2010年	2011年	2012年	2013年	2014年	2015年
东北地区	37 494	45 378	50 477	54 714	57 469.79	58 057.81
辽宁	18 457	22 227	24 846	27 213	28 626.58	28 700
吉林	8 668	10 569	11 939	13 046	13 803.81	14 274.11
黑龙江	10 369	12 582	13 692	14 455	15 039.4	15 083.7

图 4-77　2010～2015 年东北地区 GDP 总量变化趋势

资料来源:根据辽宁省、吉林省、黑龙江省统计局数据绘制。

东北地区经济分化明显,吉林省呈现企稳上扬态势。在经济出现整体下滑、产能过剩日趋严重的同时,东北地区的经济发展也出现了明显的分化。辽宁省经济遭遇“低谷”,主要是受投资下滑和工业下行的双重影响,上半年固定资产投资的大幅下滑对经济全局造成了较大影响。而吉林和黑龙江的经济有所好转则主要得益于传统优势产业的上扬。如上半年吉林工业的回暖主要得益于省内两大支柱企业一汽集团和吉林石化的

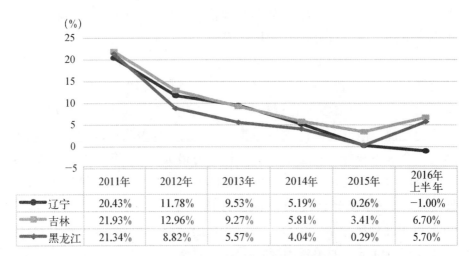

	2011年	2012年	2013年	2014年	2015年	2016年 上半年
辽宁	20.43%	11.78%	9.53%	5.19%	0.26%	−1.00%
吉林	21.93%	12.96%	9.27%	5.81%	3.41%	6.70%
黑龙江	21.34%	8.82%	5.57%	4.04%	0.29%	5.70%

图 4 - 78　2010～2016 年上半年东北地区 GDP 增速变化趋势

资料来源：根据辽宁省、吉林省、黑龙江省统计局数据绘制。

逆势上扬,拉动了省内上下游全产业链条的增长。如一汽集团 1～5 月产值同比增长 10.9%,带动吉林省汽车产业增加值同比增长 9.2%,为 2014 年以来的最高增速[99]。另一方面,相比辽宁和黑龙江,吉林的能源产业占比小很多,受能源下行的冲击相对较小。

2. 产业结构逐步优化,"一柱擎天"问题仍然突出

从总体情况来看,2016 年上半年东北地区三次产业结构为 7∶43∶51(见图 4 - 79),已经呈现出"三、二、一"的特征,而 2015 年前三季度仍为"二、三、一"的结构。可以看出,随着能源工业等传统支柱产业的下滑,东北地区三次产业结构呈现出三产占比不断增加,并逐渐与二产拉开差距的特征。但这并未说明东北地区第三产业取得了较大发展,而是由于资源型和重化工特征突出的工业下滑导致二产占比下降,由此使得三产占比逐渐上升。此外,东北地区的重工业占据了经济总量的 70%～80%。因此,东北地区经济的突出问题是经济结构单一,能源或汽车等产业"一柱擎天"问题非常突出,一旦宏观经济下行、外界经济环境大幅波动,易陷入"失速"困境[100]。

辽宁省 2016 年上半年三次产业结构为 7∶43∶51(2015 年为 11∶44∶45),与东北地区整体产业结构特征保持一致。从近 5 年的趋势来看,服务业占比的快速提升虽然在一定程度上体现了经济结构高级化

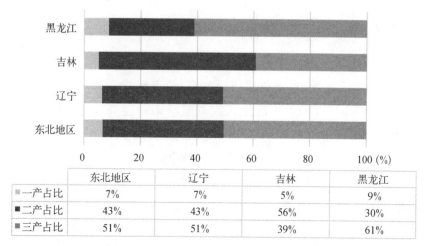

	东北地区	辽宁	吉林	黑龙江
一产占比	7%	7%	5%	9%
二产占比	43%	43%	56%	30%
三产占比	51%	51%	39%	61%

图4-79　2016年上半年东北地区三次产业结构

资料来源：根据辽宁省、吉林省、黑龙江省统计局数据绘制。

的趋势,但工业占比下降的同时隐含了作为创新和可持续发展源泉的制造业"空心化"风险。从工业内部结构看,装备制造业是辽宁省工业的支柱,也是其经济持续稳定发展的驱动器。但"十二五"期间装备制造业工业增速并不理想,存在的问题突出表现为高端装备制造业比重过低,产品附加值低,自主创新能力不强,核心关键技术受制于人[101]。

吉林省2016年上半年三次产业结构为5∶56∶39(2015年为11∶51∶38),可以看出吉林省的工业占比最高,近5年二产占比均高于50%。因此,东北地区吉林省工业"一柱擎天"的问题最为突出。同时,在工业内部行业结构中,汽车制造业是绝对优势产业,因此还存在着工业内部"一柱擎天"的问题,这使得吉林省的经济增长在很大程度上要看汽车制造业的"脸色"。

黑龙江省2016年上半年三次产业结构为9∶30∶61(2015年为17∶32∶51)。可以看出黑龙江省的农业占比最高,从近5年的趋势看,农业占地区生产总值的比重不降反升,呈现一定程度的逆工业化趋势。二产占比低于全国指标,在工业内部行业结构中,黑龙江省严重依赖能源产业,能源业占全省工业比重最高达73%,说明目前能源经济结构在经济新常态下的问题被凸显出来,在经济下行和产能过剩的背景下,"资源诅咒"问题更加凸显。

4.5.2　东北地区需求变化及其特点

1. 东北地区呈现投资偏高和消费偏低特征

从三大需求来看,投资驱动依赖度高,消费需求总体不旺,外贸形势较为严峻(见图 4 - 80)。东北地区投资驱动依赖度高,固定资产投资自2014 年起呈持续下滑态势;消费需求总体不旺,低于全国平均水平;外贸形势较为严峻,东北三省 2015 年进出口额全线下跌。在推动经济增长的"三驾马车"中,固定资产投资是 2003 年以来推动东北地区经济快速增长的主要动力。这种增长势头到 2012 年出现"拐点",固定资产投资增速开始持续大幅下降。在固定资产投资 GDP 占比、对 GDP 贡献率未发生根本性变化的条件下,固定资产投资增速大幅下滑是导致东北三省 GDP 骤然失速并持续下行的主要因素[102]。

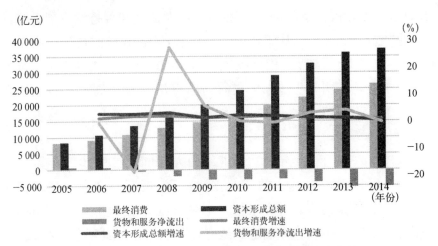

图 4 - 80　2005~2014 年东北地区三大需求结构及变化情况
资料来源:根据辽宁省、吉林省、黑龙江省统计局数据绘制。

总体而言,投资偏高和消费偏低是东北经济的基本格局。投资在东北经济增长中居主导作用,负面效应不少。2014 年,东北资本形成率为64%(高于全国平均水平 17 个百分点),最终消费率为 45%(低于全国平均水平 6 个百分点),货物和服务净出口率为-9%(低于全国 12 个百分点)(见图 4 - 81)。其中,吉林省资本形成率居东北之首,高达 71%。分析上述情况发现,一方面,投资居东北经济发展主导地位有其合理性。客观而言,东北经济整体处于工业化中后期阶段,在重化工和装备制造等基础工业领域、城镇化相关领域,通过高投资拉动经济高增长有其合理性、必要性和必然性。另一方面,相关负面效应也极为显著。从供需衔接角度来看,供需变化协同度不足。过度依赖投资拉动极易扩大居民收入差距,整体降低居民消费需求与经济增长协同性,使得与投资高峰伴生的产出高峰缺乏与之匹配的需求支撑,致使过度投资转化为过剩产能[103]。

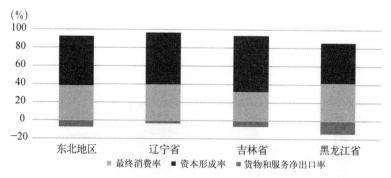

图4-81 2014年东北地区三大需求结构

资料来源:根据辽宁省、吉林省、黑龙江省统计局数据绘制。

2. 东北地区消费需求变化及其特点

从东北地区居民人均可支配收入来看,近几年居民可支配收入逐步增加,但增速放缓。与全国对比,东北地区人均可支配收入低于全国平均水平,并且差距在不断拉大,如表4-27所示。从城镇和农村人均可支配收入来看,相对其他区域而言,东北地区城乡收入差距最小,农村人均可支配收入普遍较高(高于全国平均水平,仅次于东部地区),主要原因是农业产业化程度较高,为农民带来了可观的经济效益。从分省情况来看,辽宁城镇和农民人均可支配收入最高,高于全国平均水平,吉林和黑龙江低于全国平均水平,黑龙江最低。2016年上半年,辽宁常住居民人均可支配收入13 530元,比上年同期增长6.9%,高于全国平均收入(11 886元)和平均增速(6.5%)(见图4-82)。

表4-27 东北地区居民人均可支配收入变化情况

年 份	2013	2014	2015
东北地区(元)	18 055	19 801	21 205
东北地区增速(%)		10	7

续表

年　　份	2013	2014	2015
全国平均水平(元)	18 311	20 167	21 966
东北地区与全国差距(元)	−256	−366	−761
♯辽宁省(元)	20 818	22 820	24 576
♯吉林省(元)	15 998	17 520	18 835
♯黑龙江省	15 903	17 404	18 684

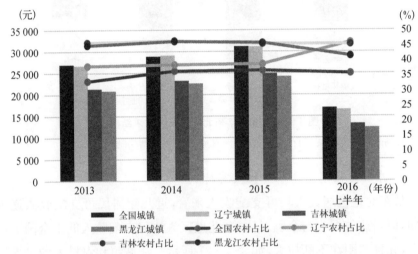

图 4 - 82　2013～2016 年上半年东北地区城镇和农村人均可支配收入变化
资料来源：根据辽宁省、吉林省、黑龙江省统计局数据绘制。

从表 4 - 28 东北地区居民人均消费支出来看,随着居民收入水平的提高,消费水平也随之有一定的改善,近几年居民人均消费支出保持增速在 8% 左右,快于物价上涨的速度(2% 左右),说明消费能力在不断提升。从城镇和农村来看,城乡居民消费支出的差距在不断缩小,2015 年黑龙江城乡消费支出差距为 2.1,低于全国平均水平(2.32);辽宁城乡消费支出差距相对较高,2015 年为 2.58。从平均消费倾向来看,人均消费支出占人均可支配收入的比重呈下降趋势(见图 4 - 83),说明在宏观经济下行的背景下,东北地区居民消费需求有一定程度的萎缩。与全国对比来看,东北地区城镇平均消费倾向高于全国平均水平,农村消费倾向低于全国平均水平。其中,吉林平均消费倾向相对最高。

表 4‑28　　　　　　　　东北地区居民人均消费支出变化情况

地　区	2013 年		2014 年		2015 年		2016 年上半年	
	人均可支配收入	人均消费支出	人均可支配收入	人均消费支出	人均可支配收入	人均消费支出	人均可支配收入	人均消费支出
辽　宁	20 818	14 950	22 820	16 068	24 576		13 530	
♯城镇	26 697	19 318	29 082	20 520	31 126		16 560	
♯农村	10 161	7 032	11 191	7 801	12 057		7 622	
吉　林	15 998	12 054	17 520	13 026				
♯城镇	21 331	15 941	23 218	17 156	24 901	17 973	13 247	9 078
♯农村	9 781	7 523	10 780	8 140	11 326	8 783	6 013	4 462
黑龙江	15 903	12 037	17 404	12 769				
♯城镇	20 848	15 704	22 609	16 467	24 203		12 370	
♯农村	9 369	7 192	10 453	7 830	11 095		5 126	

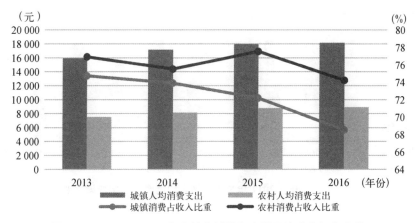

图 4‑83　2013～2016 年吉林省城镇和农村平均消费倾向变化

注:(1)平均消费倾向(APC)为消费支出在可支配收入中所占的比重;(2)2016 年数据为根据 2016 年上半年数据×2 估算得出。

资料来源:根据吉林省统计局数据绘制。

从东北地区居民人均消费支出结构来看,食品、居住、文教娱乐和衣着为主要构成(见图 4‑84),占比达 70%,居住支出增速最快,对其他类型的消费有一定的挤出效应。对比 2005 年和 2014 年消费结构的变化,恩格尔系数(食品支出占比)由 2005 年的 36%降到 2014 年的 28%,说明东北地区居民生活标准已达到富裕水平。同时医疗保健、家庭设备用品及服务、交通和通信、文教娱乐的消费支出增多（见图 4-84、图 4-85），电脑、手机、家用汽车等日益普及，说明居民对发展享受型的消费明显增多，网络消费、休闲型和享受型消费逐渐成为城乡居民消费的新热点。

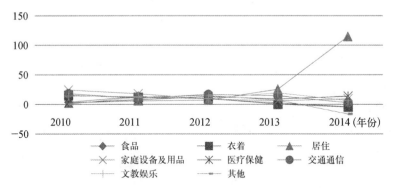

图 4-84　2010～2014 年东北地区人均消费支出构成增速变化
资料来源：根据辽宁省、吉林省、黑龙江省统计局数据绘制。

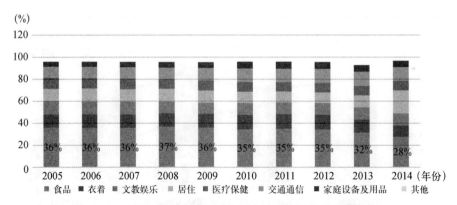

图 4-85　2005～2014 年东北地区人均消费支出构成增速变化
资料来源：根据辽宁省、吉林省、黑龙江省统计局数据绘制。

从东北地区社会消费品零售情况来看，2011～2014 年社会消费品零售总额逐年增加，增速逐年递减（见图 4-86）。2015 年吉林社会消费品零售总额增速为 9.3%，2016 年 1～8 月吉林省限额以上社会消费品零售总额商品零售类同比增速为 5.8%，增速不断下滑进一步说明了东北地区居民消费需求不振。从消费构成来看，以 2015 年吉林省限额以上企业商品零售数据为例，增速较快的有体育、娱乐用品类（14.9%），家具类（14.2%），粮油、食品、饮料、烟酒类（11.2%），中西药品类（10.4%）等；增速下降的有石油及其制品类（-1.8%），汽车类（-1.6%）。

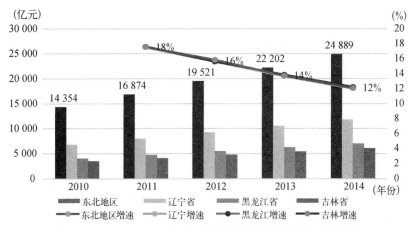

图4-86　2010～2014年东北地区社会消费品零售总额变化

资料来源：根据辽宁省、吉林省、黑龙江省统计局数据绘制。

3. 东北地区投资需求变化及其特点

从投资增速来看,面临增长瓶颈。2015年东北三省固定资产投资完成总额为4万亿元,首次出现负增长,比2014年下降11.6%,三次产业投资全部下降,尤其是二产、房地产、基础设施和非国有经济投资下降幅度较大。2016年1～9月,东北地区固定资产投资累计增速为-28.9%,大幅低于全国投资的整体增速8.2%。其中,辽宁省经济负增长与投资的严重下滑是分不开的,上半年辽宁省固定资产投资增速下降58.1%,对经济全局造成了较大影响;黑龙江省2014年固定资产投资下降14%;唯吉林省一枝独秀,固定资产投资相对旺盛,2015年投资增速稳中有升,且高于全国平均水平,与此相对应的则是吉林省今年经济的企稳回暖。这些均说明东北地区依靠投资拉动和要素驱动的经济增长模式仍然没有根本改变。

从投资结构来看,有效投资不足(见图4-87)。以往东北地区大部分固定资产投资主要流向了钢铁、煤炭、水泥、火电等过剩产业,在城乡建设等基础民生方面的投资相对较少[104]。从近两年投资结构变化来看,一是改扩建投资占比逐年下降,从2006年的59%降到2014年的39%,2014年改扩建投资增速为-3%;二是东北地区房地产和建筑业投资大幅下滑,成为全国唯一房地产投资负增长区域。2016年上半年辽宁省房地产开发投资增速为-32%,房地产市场降温明显是固定资产投资大幅回落的主要原因;2015年吉林省金融业(-35%)和房地产业

（一12%）投资增速明显下滑，增速较快的有信息传输、软件和信息技术服务业（70%），租赁和商务服务业（69%），文化体育和娱乐业（39%），农林牧渔业（25%）等（见表4-29）。

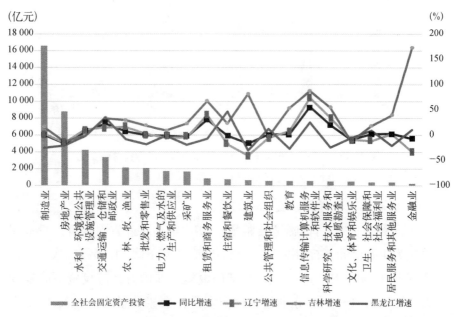

图4-87　2014年东北地区全社会固定资产投资行业结构及增速

资料来源：根据辽宁省、吉林省、黑龙江省统计局数据绘制。

表4-29　　　　　　　　2015年吉林省全社会固定资产投资行业结构及增速

行　　　　　业	投资额（亿元）	同比增长（%）
农、林、牧、渔业	540.69	25.2
采矿业	532.66	5.4
制造业	5 819.97	14.1
电力、燃气及水的生产和供应业	463.18	-4.5
建筑业	203.75	-4.4
批发和零售业	593.37	18.2
交通运输、仓储和邮政业	955.52	22.7
住宿和餐饮业	104.25	3.2
信息传输计算机服务和软件业	191.2	69.7
金融业	36.73	-35.2

行　　业	投资额(亿元)	同比增长(%)
房地产业	1 098.18	−11.7
租赁和商务服务业	196.86	69.1
科学研究、技术服务和地质勘查业	119.03	−3.9
水利、环境和公共设施管理业	938.78	14.5
居民服务和其他服务业	86.2	12.5
教育	111.52	−3.9
卫生、社会保障和社会福利业	112.83	33.7
文化、体育和娱乐业	112.46	39.4
公共管理和社会组织	291.41	85.8

从投资主体来看,民间动力依然不足。在东北地区投资持续萎缩的趋势中,表现最为突出的是民间资本纷纷撤离东北地区。2016 年 1～9 月,东北三省民间投资累计额为 1.594 万亿元,下滑幅度达 30.1%,显著低于全国民间投资整体增速(2.5%),也大幅低于东、中、西部地区的民间投资增速。这说明随着东北经济地位的下降,东北民营经济的活力也在下降。近年来,虽然东北地区的民营经济比重呈逐步上升态势(见图 4-88),但仍远远低于全国平均水平,且民营企业与国有企业之间大多是生产经营上的依附关系和体制上的"寄生"关系[105]。从数据来看,辽宁省上半年民间投资降幅达到近 60%,进一步加速了经济的下行。这些情况反映了对于市场最为敏感的民间资本来说,良好的投资环境是最基本的保障。东北地区计划经济色彩浓厚,政府主导作用强,国企发展强势,以民企为代表的市场相对弱小,尤其是在宏观经济下行的关口,民间投资愈发谨慎,对营商环境也更为挑剔。

营商环境不断恶化,外商投资大幅萎缩。事实上,"用脚投票"的不仅是国内民间资本,还包括境外资本,这一趋势在东北地区对外开放的前沿阵地辽宁省表现得比较突出[106]。截至 2014 年末,整个东北三省 2 560 亿美元的外商直接投资(FDI)存量中,辽宁省为 1 986 亿美元,占比高达 77.6%。然而,近年来辽宁省吸引外商直接投资增速直线下降,2014 年和 2015 年辽宁省吸引外资规模同比分别下滑了 5.6% 和 34.4%(见图 4-89)。

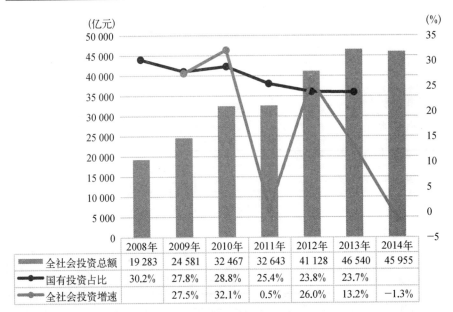

	2008年	2009年	2010年	2011年	2012年	2013年	2014年
全社会投资总额	19 283	24 581	32 467	32 643	41 128	46 540	45 955
国有投资占比	30.2%	27.8%	28.8%	25.4%	23.8%	23.7%	
全社会投资增速		27.5%	32.1%	0.5%	26.0%	13.2%	−1.3%

图 4‑88　2008～2014 年东北地区国有经济占全社会固定资产投资比重

资料来源：根据辽宁省、吉林省、黑龙江省统计局数据绘制。

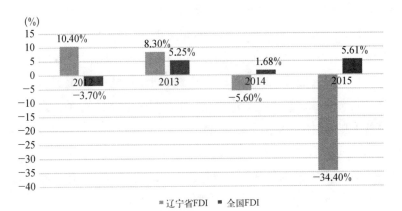

图 4‑89　2012～2015 年辽宁省外商直接投资增速变化

数据来源：万德资讯。

从横向比较来看，辽宁省吸引外商直接投资的增速由前两年的大幅高于全国整体增速到近两年显著低于全国整体增速。辽宁外商直接投资的萎缩，也拖累了辽宁省经济的整体增速。

4. 东北地区进出口变化及其特点

东北地区主要面向东北亚国家发展外向型经济，受贸易对象国经济发展水平和贸易风险影响较大。从东北地区出口变化情况可以看出，

2013 年以后东北三省与主要贸易国的贸易量均呈下滑态势(见图 4 - 90)。以辽宁省为例,近年来对东北亚、东南亚国家及欧洲主要贸易国的贸易额并不乐观。与 2014 年相比,2015 年辽宁省对主要贸易国的出口额均有较大幅度下降。其中,对俄罗斯贸易降幅最大,同比下降 26.87%,可能与俄罗斯近年来经济政治上面临的各种危机有一定关系[107]。

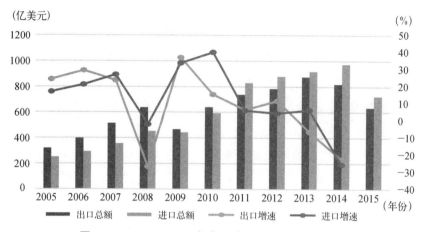

图 4 - 90　2005～2015 年东北地区进出口及增速变化

资料来源:根据辽宁省、吉林省、黑龙江省统计局数据绘制。

2015 年,辽宁省进出口总额 960.9 亿美元,比上年下降 15.7%。其中,出口总额 508.4 亿美元,下降 13.5%;进口总额 452.5 亿美元,下降 18.1%。从贸易方式来看,一般贸易进出口总额 516.9 亿美元,加工贸易进出口总额 287.9 亿美元。从经济类型来看,外商投资企业进出口总额占比最高,其次为私营企业、国有企业。从出口产品来看,机电产品出口占比最高,其次为钢材、农产品、高新技术产品、船舶;从进口产品来看,仍然是机电产品进口占比最高,其次是原油、农产品、高新技术产品。

4.5.3　东北地区产业发展及其特点

1. 产业发展总体情况及其特点

通过前文分析,可以看出东北地区经济存在以下特征:(1) 东北地区经济深陷"失速"困境,其中辽宁省最为严重,吉林省相对较好;(2)二产严重下滑,三产相对攀升,但产业结构仍以资源型和重化工为主要特征,在产能过剩的背景下工业生产持续低迷;(3) 投资驱动依赖度高,固定资产投资负增长;(4) 国有经济为主导,民营经济发展不足;(5) 城乡差距相对最小,农村居民收入相对较高;(6) 居民消费需求不振,高端消费和服务型消费逐渐增加;(7) 房地产、金融、基建等投资下降,信息服务、商务服务等投资上升;(8) 对外贸易下滑,净出口额为负,且高端产品以进口为主。基于上述分析以及第三章对消费品产业和投资品产业的界定,接下来具体从消费品产业和投资品产业的内部结构及特征进行举证分析。

(1) 消费品工业比重缓慢提高,投资品工业比重逐渐下降。东北地区消费品工业比重缓慢提高,增速高于规模以上工业。2014 年,东北地区消费品工业规模以上企业主营业务收入为 3.05 万亿元,占东北地区规模以上工业企业主营业务收入的 35%,较 2010 年增长了 3 个百分点。2010~2014 年,东北地区消费品工业规模以上企业主营业务收入年均增长 12.8%,略高于规模以上工业增长速度(10.2%)。从 2010~2014 年消费品工业行业构成的变化情况来看,文教娱乐、医疗保健和食品的增速较快,部分大类行业年均增速超过 15%。汽车制造和食品加工是消费品工业的主要构成。2014 年,汽车制造业和农副食品加工业两个大类行业规模以上企业主营业务收入占比高达 68.5%,是东北地区消费品工业的主要构成行业,这与东北地区现实资源禀赋和传统主导产业相吻合。按照消费品工业 7 大类(食品、衣着、交通、医疗、家庭用品、文教娱乐、其他)来看,食品及交通通信两大类占消费品工业比重接近 80%,如表 4 - 30 所示。

表 4 - 30　　　　　　　　东北地区消费品工业分类

分　类	相　关　产　业	2010~2014 年均增速(%)	2014 年占比(%)
食　品	农副食品加工业,食品制造业,酒、饮料和精制茶制造业,烟草制品业	15	44
交通通信	汽车制造业	9.5	35
医疗保健	医药制造业	20.6	8.9
衣　着	纺织业,纺织服装、服饰业,皮革、毛皮、羽毛及其制品和制鞋业,化学纤维制造业	10.8	6.3
家庭设备及用品	家具制造业	10.6	1.9
其　他	造纸及纸制品业,其他制造业	3.6	0.4

续表

分　类	相　关　产　业	2010～2014年均增速(%)	2014年占比(%)
文教娱乐	印刷和记录媒介复制业,文教、工美、体育和娱乐用品制造业,工艺品及其他制造业,文教体育用品制造业	26.5	1.7
合计(消费品工业)		12.8	—

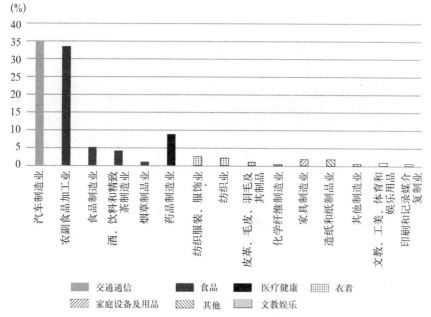

图 4-91　2014 年东北地区规模以上消费品工业分行业主营业务收入占比

资料来源：根据各省统计局或人民政府、国家统计局数据绘制,此处为现价数据。

东北地区投资品工业比重逐渐下降,增速低于规模以上工业。2014年,东北地区投资品工业规模以上企业主营业务收入为 5.6 万亿元,占东北地区规模以上工业企业主营业务收入的 65%,较 2010 年降低了 3 个百分点。2010～2014 年,东北地区投资品工业规模以上企业主营业务收入年均增长 8.9%,但低于消费品工业增长速度(10.2%)及规模以上工业增速(12.8%)。从 2010～2014 年投资品工业行业结构增速来看,建材(16%)、装备制造业(10%)增速最快。资源型产业和装备制造业是投资品工业的主要构成。2014 年,黑色金属冶炼和压延加工业,石油加工、炼焦和核燃料加工业,非金属矿物制品业三个大类行业规模以上企业营业总收入占比均超过 10%,是东北地区投资品工业的主要构成行业。按照投资品工业 8 大类(能源、装备制造、采掘、石化、冶金、有色、建材、其他)来看,资源型产业(采掘、石化、冶金、有色、能源等)占比超过 50%,其次为装备制造业(占比将近 30%),如表 4-31 所示。

表 4-31　　　　　　　　　　东北地区投资品工业分类

分　类	相　关　产　业	2010~2014 年均增速(%)	2014 年占比(%)
能源	电力、热力的生产和供应业,燃气生产和供应业,水的生产和供应业	7.9	7.6
装备制造	金属制品业,通用设备制造业,专用设备制造业,铁路、船舶、航空航天和其他运输设备制造业,电气机械及器材制造业,计算机、通信和其他电子设备制造业,仪器仪表制造业	10.3	28.8
采掘	煤炭开采和洗选业,石油和天然气开采业,黑色金属矿采选业,有色金属矿采选业,非金属矿采选业,开采辅助活动,其他采矿业	4.6	12.5
石化	石油加工、炼焦及核燃料加工业,化学原料及化学制品制造业,橡胶和塑料制品业	9.2	23.7
冶金	黑色金属冶炼及压延加工业	3.2	10.7
有色	有色金属冶炼及压延加工业	8.7	2.7
建材	木材加工及木、竹、藤、棕、草制品业,非金属矿物制品业	15.6	13.7
其他	废弃资源综合利用业,金属制品、机械和设备修理业	29.2	0.4
合计(投资品工业)		8.8	—

综上,拟选取汽车制造、装备制造、资源型工业等产业进行举证分析。通过前述分析可以发现,消费品工业中汽车制造业和农副食品加工业占比较高,是东北地区具有比较优势的传统支柱产业。投资品工业则以能源产业和装备制造业为主,医药制造业的发展也较为突出。因此,接下来在消费品产业和投资品产业中选取汽车制造业、资源型工业、装备制造业等具有一定区域代表性的行业进行深入分析。

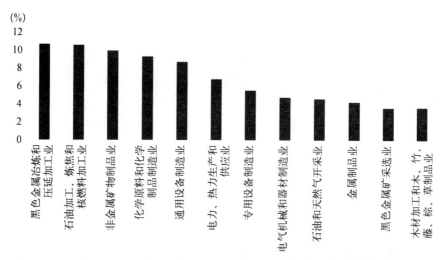

图4-92 2014年东北地区规模以上投资品工业分行业营业总收入占比

资料来源：根据各省统计局或人民政府、国家统计局数据绘制，此处为现价数据。

(2) 服务业整体增速逐渐减缓，服务行业投资品发展相对滞后。服务业包括消费品服务业和投资品服务业。其中，消费品服务主要包括批发零售、住宿餐饮、旅游、教育、文化娱乐等行业；投资品服务主要包括交通运输、仓储和邮政业，信息传输、软件和信息技术服务业，金融业，租赁和商务服务业，科学研究和技术服务业，房地产等行业。根据2014年东北三省统计年鉴，梳理出东北地区服务业增加值的行业构成及变化趋势，如图4-93所示。

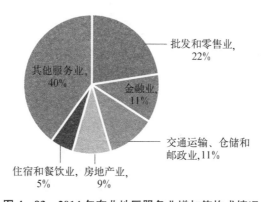

图4-93 2014年东北地区服务业增加值构成情况

资料来源：根据各省统计局或人民政府、国家统计局数据绘制，此处为现价数据。

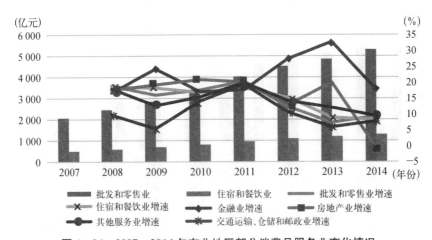

图 4 - 94　2007～2014 年东北地区部分消费品服务业变化情况

资料来源：根据各省统计局或人民政府、国家统计局数据绘制，此处为现价数据。

东北地区服务业增速整体放缓，消费品服务业中房地产业遭遇严重瓶颈，生产性服务业等投资品服务业发展相对不足。从整体来看，近年来服务业增速逐渐放缓，其中房地产增速下滑最严重。金融业增速相对较高，但商务服务、科技研发等生产性服务业发展仍然相对不足。以吉林省为例，2016 年上半年，吉林省服务业增加值同比增长 8.3%，比地区生产总值增速快 1.6 个百分点。其中，金融业、住宿和餐饮业保持了较快的增长，增速分别达到 11.2%、7.4%。

2. 消费品产业发展及其特点

(1) 居民消费价格指数(CPI)低水平微幅增长。2016 年上半年，东北地区居民收入状况和物价水平相对稳定，消费对经济的拉动作用日益凸显。价格保持总体平稳，上半年 CPI 累计上涨 1.7%，低于全国 0.4 个百分点，其中食品烟酒、医疗保健类价格涨幅较大。消费需求稳步向好，以吉林省为例，上半年全社会消费品零售总额增长 9.9%，限上社会消费品零售总额增长 6.3%，食用类、穿着类和使用类商品零售额分别增长 12.7%、7.9%、4.1%。

从居民消费价格指数的变动情况来看，东北三省整体呈现价格增长趋缓的特征，2014 年居民消费价格的增速均较 2013 年有所放缓。从分项来看，除了食品和居住，其他类型的消费价格指数增速均有所降低，这表明东北地区居民的整体需求相对不足。

表 4‑32　　　　　2013～2014 年东北地区居民消费价格指数变化情况

类　别	辽 宁 省			吉 林 省			黑龙江省		
	指数	2014 年变化	2013 年变化	指数	2014 年变化	2013 年变化	指数	2014 年变化	2013 年变化
总指数	101.7	1.7%	2.4%	102.0	2.0%	2.9%	101.5	1.5%	2.2%
衣着	102.2	2.2%	4.6%	103.1	3.1%	5.7%	102.9	2.9%	4.3%
食品	102.7	2.7%	0.6%	103.0	3.0%	0.7%	102.0	2.0%	1.6%
医疗保健和个人用品	101.6	1.6%	2.1%	100.6	0.6%	2.1%	102.2	2.2%	2.2%
居住	101.3	1.3%	1.2%	102.0	2.0%	0.6%	100.6	0.6%	0.0%
娱乐教育文化用品及服务	101.1	1.1%	1.5%	101.8	1.8%	1.3%	100.9	0.9%	1.4%
烟酒	100.3	0.3%	−0.3%	100.1	0.1%	−0.5%	100.9	0.9%	−1.3%
家庭设备用品及维修服务	100.3	0.3%	0.9%	100.8	0.8%	2.3%	100.8	0.8%	0.7%
交通和通信	100.4	0.4%	2.3%	100.2	0.2%	2.4%	99.6	−0.4%	2.4%

　　(2)农产品产量增速减缓,高端产品供给不足。由于东北地区独特的气候条件和资源禀赋,农业成为东北地区经济的优势产业,食用菌、果蔬、大豆、玉米、人参、鹿茸、海参等特色农产品非常丰富。东北地区一直

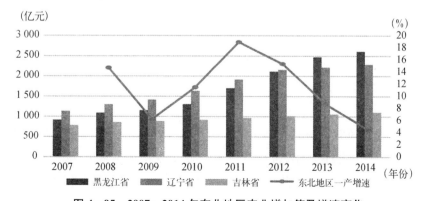

图 4‑95　2007～2014 年东北地区农业增加值及增速变化

是我国重要的粮食主产区和粮食基地,由于土壤肥沃、地广人稀,非常适合大范围耕种,常年粮食产量为 5 500 万～6 000 万吨,占全国粮食总产量的 15%,玉米产量和出口量分别占全国的 1/3 和 1/2(见图 4-96)。粮食商品粮占全国的 1/3,对保证全国粮食安全具有举足轻重的地位。其中,黑龙江是全国产粮第一大省,2014 年,粮食产量占全国 1/10 强,接近全国增量的一半。

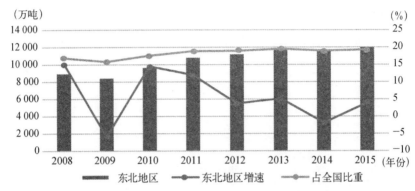

图 4-96　2008～2015 年东北地区粮食总产量及增速变化

东北地区农业发展呈现出整体增速趋缓的特征,出口以初级农产品为主,精深加工产品相对较少。2007～2014 年,东北地区农业增加值增速呈现逐渐下降的趋势,粮食总产量整体也处于波动中下降的趋势,2014 年粮食生产出现了负增长。东北地区农业经济具有相当强的外向型特征,东北三省一直是中国最大的粮食调出地和出口基地。以辽宁省为例,加入 WTO 之后,农产品的出口始终保持较强态势增长,但近两年进出口有所下滑,2014 年辽宁省农产品进出口总额位于全国第五(与 2011 年相比排名靠后了两位)。整体来看,东北地区农产品的国际竞争力仍然不强,主要存在市场导向性差、中高端产品供给不足、品牌效应不突出、科技贡献率低、深加工不足、安全问题突出等问题,由此导致东北地区的初级产品出口多,深加工产品出口严重不足,在国际贸易中"剪刀差"现象非常突出[108]。

　　(3) 汽车制造业扭转态势逆势上扬。2016 年东北地区汽车制造业出现回暖。2016 年上半年,吉林省汽车产业实现增加值 836.72 亿元,增长 7.7%,增速比上年同期提升 18.6 个百分点,对规模以上工业增长的贡献率达到 33.7%。1～8 月,汽车产业实现增加值 1 081.16 亿元,同比增长

11%。可以看出,吉林省汽车制造业不断提速,行情逐渐回暖。一汽集团上半年完成产值1 897.9亿元,增长7.2%,创近3年最好成绩。长春客车公司新增订单59亿元,澳大利亚967辆双层电动车组和地铁项目签订意向协议。这些均表明受2016年中国乘用车消费的快速增长带动,吉林省汽车产业已有回暖迹象。

2016年汽车行业新技术、新业态、新模式不断涌现。绿色环保方面,一汽大众高尔夫1.2T和奥迪A6L e-tron荣膺"节能与新能源人气车型奖";跨界合作方面,迎合年轻时尚消费者的互联网消费习惯,骏派A70京东众筹正式上线;网约车领域,骏派A70携手创新出行方式的引领者滴滴出行,正式进入网约车市场;专用车方面,2016年10月"电子商务与物流快递协同发展试点项目"专用车投入使用;营销方面,一汽集团更加关注80、90后等年轻用户,如开启线上发布仪式、携手腾讯体育启动"跑向里约"活动等,都赢得了大批网友和媒体的点赞认可。

(4)房地产为唯一负增长行业。房地产业为消费品服务业中唯一负增长行业。从房地产投资占比来看,2014年房地产投资占到东北地区全社会固定资产投资总额的19%,仅次于制造业投资占比(36%);从房地产投资增速来看,2014年东北地区房地产投资增速为-16.9%,其中辽宁、吉林、黑龙江房地产投资增速分别为-16%、-14%、-21%;从房地产业增加值的增速来看,2014年房地产为服务业构成中唯一的负增长行业,增速为-0.4%。

2016年东北地区房地产市场形势依然严峻。东北三省是全国去产能、去库存压力最大的区域。2016年东北地区房地产销售总额和价格增速趋缓明显,部分区域出现下跌现象,导致相关地区政府财政收入大幅回落,政府债务压力陡增。同时,东北地区房地产市场去库存化缓慢,仍然存在区域性、结构性过剩,已开工建设的房地产项目,有许多处于停滞状态[109]。

3. 投资品产业发展及其特点

(1)工业出厂价格指数(PPI)总体呈下降态势。工业出厂价格指数持续走低。2005～2015年,东北地区工业生产者出厂价格指数整体呈现"M"形走势(见图4-97)。2005～2008年呈上升趋势,2009年骤然跌入谷底(受金融危机影响),到2010年又陡然升高(受4万亿元投资政策影

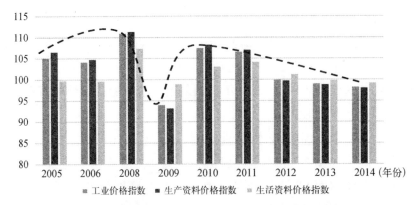

图 4-97　2007~2014 年辽宁省工业出厂价格指数

资料来源：根据辽宁省统计局数据制成。

响)，然后又逐渐下降，说明市场需求持续走低，部分工业企业融资成本高，利润空间持续收窄甚至亏损。

2016 年 PPI 降幅逐渐缩小。2016 年 1~9 月吉林省工业生产者出厂价格指数持续回升，生产资料出厂价格指数从 1 月份的 92.4 升至 9 月份的 99.4(见图 4-98)。辽宁省 8 月份工业生产者出厂价格指数环比继续回升，同比降幅进一步收窄，在重点跟踪的 23 种原材料类产品中，价格环比上涨的占 56.5%。此外，部分行业价格变动存在一定差异：一是部分工业行业价格涨幅明显扩大，如黑色金属冶炼和压延加工、煤炭开采和洗选业价格环比分别上涨 3.1% 和 1.5%；二是部分工业行业价格由降转升，如非金属矿物制品、化学原料和化学制品制造业价格环比分别上涨 0.3% 和 0.1%。

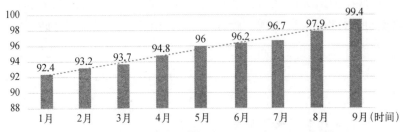

图 4-98　2016 年 1~9 月吉林省生产资料出厂价格指数

资料来源：根据吉林省统计局数据制成。

(2)资源型工业占比过半，"资源诅咒"问题凸显。东北地区工业结构比较单一，传统产品占大头，"原"字号、"初"字号产品居多。以辽宁省和黑龙江省最为突出,能源原材料和重化工业比重偏高,产业链短且多处于中低端。如黑龙江能源工业占全省工业增加值近 60%,仅大庆油田就占黑龙江规模以上工业增加值的 50%,自 2014 年上半年起大庆工业增加值增速跌入负值,拖累了黑龙江整体的经济增速[110]。2016 年上半年,在东北地区工业整体仍饱受市场下行压力的同时,部分投资品工业生产经营出现积极变化,如原油加工业和化学制品业因国际原油价格走低等因素产量有所增加。2016 年前三季度,吉林省规模以上高耗能产业实现增加值 943 亿元,增速为 3.2%。吉林石化公司结束了连续 5 年的亏损局面,上半年实现利润 12 亿元,其中一季度炼化业务实现利润 7.7 亿元,创近十年来历史同期最好水平。

虽然 2016 年出现了一定的积极变化,但仍不能改变目前资源型产业拖累东北整体经济增速的现状。相关研究认为东北经济目前陷入了"资源诅咒",该理论认为丰富的自然资源可能是经济发展的诅咒而不是祝福,大多数自然资源丰富的国家比那些资源稀缺的国家增长得要慢。东北三省作为中国"地广人稀"的重要地区,其极为重要的矿产资源、森林资源、肥沃的土地资源使其成为计划经济时代和经济结构重工业化进程中的经济重心。然而,在市场经济条件下,特别是近年来中国经济整体处于产业结构转型时期,依托自然资源的传统发展模式地区,如东北、山西、内蒙古都纷纷陷入转型发展的困境。一般而言,"资源诅咒"现象从以下四个方面进行解释:一是资源部门的扩张造成制造业萎缩,降低资源配置效率;二是资源型产业扩张必然导致人力资本积累不足;三是产权制度不清晰,法律制度和市场规则不健全,必然导致资源部门寻租和腐败行为发生;四是资源日益枯竭和资源过度开发,必然会加大生态环境压力。而这四个方面在东北地区都有所体现。

(3) 装备制造业等传统支柱产业增速下滑。辽宁省在装备制造业的 7 个行业大类 185 类产品中,有 58 类综合实力居全国前 6 位,产业比较优势较为明显(见表 4-33)。但近几年,随着钢铁、能源等传统产业产能过剩问题的加剧,传统装备制造业等支柱产业的增速大幅下滑。2016 年,辽宁省装备制造业、冶金工业、石化工业、农产品加工业四大传统支柱产业工业增加值增速下滑较大。一直以来,装备制造业是辽宁省工业的支柱,也是其经济持续稳定发展的驱动器。但整个"十二五"期间,辽宁省装备制造业工业增加值增速并不理想,存在的问题突出表现为高端装备制造业比重过低、产业布局比较分散、龙头企业数量不足、产品附加值低、自主创新能力不强、核心关键技术受制于人[111]。

表 4-33 东北地区具有比较优势的装备制造业领域

地 区	优 势 领 域
辽 宁	以石化设备、重型矿山设备和输变电设备为代表的重大工程专用设备,以船舶、汽车和机车为代表的交通运输类装备,以及数控机床、机器人、环保机械和计算机整机制造业,水轮机、冷冻设备、微电机、诊断器材和电真空器件
吉 林	以小轿车、其他铁路运输设备制造业、载重汽车制造业为主的装备制造业。其中,2014 年东北地区汽车制造业销售收入占全国的 16%
黑龙江	发电机制造业、货车制造业、汽轮机制造业。其中,大型火电和水电装备分别占全国市场的 33% 和 50%

资料来源:根据中国统计年鉴及相关资料整理。

东北地区装备制造业在科技投入、科技产出和吸纳科技资源流入方面不甚乐观。在历史基础和条件尚佳的情况下,目前东北已落后于中西部地区,更落后于全国平均水平。从投入角度看,东北研发投入全国占比极低。2014 年,东北地区研发经费支出仅占全国总量的 5.6%,研发经费支出占 GDP 比重最高的辽宁也低于全国平均水平。从产出角度看,东北研发产出效能较弱。2014 年,东北地区的专利授权量只占全国总量的 3.4%(相当于西部地区的 30%、中部地区的 26%、东部地区的 5%),被动局面已经形成(见表 4-34)。从科技资源流向角度看,外部资源流入已几近枯竭。

表 4-34 2014 年东北地区科技创新能力数据统计

区 域	R&D 经费支出(亿元)	R&D 经费支出占 GDP 比重(%)	专利授权量(件)	流入技术合同金额(亿元)
辽 宁	435	1.52	19 525	248.21
吉 林	131	0.95	6 696	46.98
黑龙江	161	1.07	15 412	84.07
东北地区	727	1.27	41 633	379.27
全 国	13 016	2.05	1 209 402	7 469.13

综上所述,东北地区装备制造等传统制造业整体衰落的局面已经形成,产业升级转型出现结构性断层,尤其是关键技术和设备长期依赖进口,产业发展创新后劲不足,产业推动经济社会发展动力严重不足,局面堪忧。

(4)工业机器人等新兴产业发展势头良好。2016年,东北地区新兴产业发展势头良好。终端消费品、战略性新兴产业实现快速增长,优势领域新动能正在加快培育。如上半年辽宁省机器人、民用航空、集成电路装备、新材料等战略性新兴产业则保持较高增速,部分企业增速达到30%以上。规模以上工业企业生产工业机器人2 092套,比上年同期增长35%。上半年吉林省战略性新兴产业也保持了良好的发展势头,同比增长8.8%。这些体现了东北地区内部经济动能转换在加快、内生动力在增强,经济发展质量出现了一些可喜的变化。

表4-35　　　　　　东北地区高端装备制造业重要企业一览

领　　域	代　表　企　业
工业机器人	沈阳新松、沈阳自动化所
智能制造	沈阳机床、瓦轴集团、哈电集团、特变电工沈变集团
航空装备	沈飞集团、沈阳黎明、哈飞集团
海洋工程	大连船舶重工集团
轨道交通设备	长客股份、大连机车

2015年年底,在沈阳建设的中德沈阳装备制造产业园重点发展智能制造、高端装备、汽车制造、工业服务四大产业,已落户35家来自德国、欧美等国的高端企业。在机器人及智能装备领域,汇能焊接工业机器人系统的集成项目已经投产,德国库卡机器人应用研发示范中心、德国纽卡特工业机器人行星减速机等项目也已开工建设;在汽车及零部件制造领域,已经陆续有德国慕贝尔汽车悬挂弹簧、德国本特勒汽车悬架、西班牙海斯坦普汽车组件等20多个项目投产。

同时也应看到,东北地区传统产业占投资品工业的比重仍然很高,新兴产业创造的增加值还难以弥补传统产业衰退对经济造成的冲击,新旧动能转化还需要相当长时间。

4.6　本章小结

2016 年,我国四大区域消费需求升级加快,东部地区消费需求正向品质型、高端日用型转变;中部地区消费需求正向发展型、改善型、服务型转变;西部地区消费需求表现为住房改善型特征,通信器材、建筑及装潢材料类、家具类等消费品需求增长较快;东北地区消费需求体现为向医药、文娱类需求转变的特征。

在需求环境发生变化的情况下,部分企业产品供给还停留在过去低质低价层次,产业供给结构愈加不适应市场需求侧的变化。比较突出的一个问题是,消费品有效供给和高品质供给不足,供需出现错位。同时,部分投资品供给存在总量和结构性的产能过剩,高端产品大量依靠进口补充。此外,民间资本准入受限、消费信贷市场发展水平与居民需求不匹配、消费市场与对外贸易问题层出不穷都成为阻碍消费潜力释放的重要问题。

面对严峻的国内外经济环境,促进我国需求市场又好又快发展,需要从多个方面入手,从根本上解除发展的障碍。建议各个区域根据自身消费需求水平及产业发展特色,创新消费品等相关产业和服务业供给,释放内需潜力,推动产业升级和产品质量提升,并通过破除体制机制障碍、优化消费环境、加大金融支持和畅通商品进口等方面加以推进。

1. 东部地区发展建议

东部地区制造业的转移并未改变东部地区仍是中国经济活动中心的地位,这主要得益于需求结构向消费为主的转型,带动服务业不断向此集聚。因此,东部地区应重点创建安心、安全、便利的消费环境,通过投资升级、进口替代、产业互联等方式培育形成新供给、新动力。一是打造安心的消费环境,在确保经济和收入稳定增长的前提下,促进房价合理回归,规范房价要做到"两相"——房价要与收入水平相适应,房价要与合理利润相匹配;"三严"——严管开发商,严查"首付贷",严控杠杆率,以提高居民消费信心,满足居住刚性需求,保障居民其他消费。二是提升消费安全品质,以更严的标准和监管强化企业主体责任,着力增品种、提品质、创品牌,促进消费品层次的提升,扩大有效供给,满足新需求。三是促进消费的便利化,畅通商品进口渠道,扩大群众欢迎的日用消费品等进口,增设口岸进境免税店。四是鼓励民间投资升级,支持和引导民间资本向工业技改、装备制造、高新技术制造业、高技术服务业等转型升级、提质增效。五是实施"进口替代"战略,加大对核心技术的研发投入,提升自主创新能力,围绕产业链部署创新链,围绕创新链完善资金链,消除科技创新中的"孤岛"现象,整合并购创造全新未来。六是加强产业互联互通,放宽工业互联网、生产服务互联网、能源互联网等多方位合作经营限制,发展平台经济、分享经济。

2. 中部地区发展建议

中部地区经济增长略有放缓,消费水平长期低于收入水平,以消费升级促进产业升级成为中部地区经济发展的破局之道。一是刺激消费升级换代,积极发挥新消费引领作用,引导企业更加积极主动适应市场需求变化,实施企业技术改造提升行动计划,增加优质新型产品和生活服务等有效供给;二是加快地区协同创新,设立产业转移的正负面清单,以产业发展为主导、以企业为中心,跨越地域障碍,加强与东部地区的协同创新合作。三是逐步放开民生服务市场,重点在教育和医疗领域,放开产业、资本管制,引入私人资本、民间资本健康发展。四是防范已削减产能死灰复燃,要排除价格短期波动的干扰,围剿各地死灰复燃的"僵尸企业",解决下岗职工的再就业问题,从根源上杜绝去产能路径上的障碍。五是推广节能环保产品及技术,既要推动节能环保和再生产品消费,又要设立节能指标,推动节能技术装备升级,采用能源信息自动化技术,合理管控产业能耗。

3. 西部地区发展建议

随着西部大开发、"一带一路"等国家重大发展战略的不断推进,西部地区利用自身的资源禀赋,大力发展能源产业、矿产业、特色农业和旅游业,从而促进了经济的迅速发展。但西部地区资源开发水平较低,工业发展较为粗放,产业发展的可持续性较差,且随着西部地区基础设施的完善,国家对于西部地区的投资将逐渐减少,西部地区依赖投资拉动的模式将不可持续。故西部地区为继续保持其经济的高速增长,一是不断促进工业技术进步,依靠科学技术提升西部产业结构。以加大科技教育的投入,深化科技教育改革和优化科技教育援助的方式,进一步提高西部的科技教育资源配置,加强对工业发展各类人才的培养,为工业可持续发展创造条件。二是大力发展下游产业,延长产业链。大力发展下游产业,努力形成完整的产业链,提高产业集聚度,改变西部地区生产初级产品的低端产业发展模式。三是更加主动地推动西部的对外开放。应把促进西部内陆开放型经济与沿边开放结合起来,尤其应重视开放大通道建设并加强基础设施与周边国家互联互通。积极优化进出口结构。

4. 东北地区发展建议

"新东北现象"表面上是外需不足、投资拉动减弱造成的经济增长下滑,实质上是长期没有解决好传统产业发展困境和老工业基地深层次矛盾的集中爆发。东北地区的再次振兴应具体从产业结构调整、创新体制机制、营造创业氛围、提高就业水平、扩大消费和对外开放水平等方面入手。习近平总书记为提振东北经济开出了药方:加法——投资、需求、创新;减法——淘汰落后产能;乘法——创新驱动;除法——市场化程度。具体而言,一是加大基础设施、科研等投入,保持投资需求稳定增长,抓住"一带一路"机遇,充分利用国际合作推动产能输出。二是坚决淘汰不符合市场需求的落后产能,并与企业重组、优化升级相结合。三是大力推进创新驱动战略,提高创业创新实效,推动产业结构优化升级。着力摆脱依赖能源业的现状,努力破除"资源诅咒";推广"互联网+农业",加快发展资源精深加工业;提升高端装备制造业的竞争力,尽快形成新的产业增长点;着力发展金融、文化、旅游等现代服务业,推动服务业提质增效等。四是正确处理国有资本与民间资本、市场机制与政府作用间的关系,为民营企业营造良好的投资环境。

中国区域产业集聚对产能利用率的实证研究

马昊 执笔

副报告

产能过剩已成为中国近年来重大的经济问题。伴随着新常态下经济增速趋缓,产业结构转型迫切,产能过剩带来的影响日益突出,已成为学术界、政商界高度关注的重要问题,也是目前中国供给侧结构改革要解决的关键问题之一。从微观看,产能过剩与企业盈利密切相关;从行业层面看,其对产业发展、转型升级有抑制作用;从宏观层面看,其对经济增长、职工就业、金融风险均有深远影响。

市场失灵理论认为,发展中国家的企业家对未来经济发展的共识进而盲目投资,由此投资过度导致产能过剩;体制扭曲理论认为,地方政府为了追求 GDP,从而通过投资补贴效应、成本外部化效应和风险外部化效应扭曲企业的投资行为,导致企业过度投资,出现产能过剩。两种理论在一定程度上解释了目前我国产能过剩的机理,但市场失灵理论不能有效解释我国黑色金属冶炼和有色金属冶炼等行业出现的产能过剩,在这些行业中并不存在所谓的企业家共识;体制扭曲理论从机制上突出了地方政府的干预行为,但忽视了行业市场化程度不同以及地方政府的干预程度不同,对于产能过剩的形成与治理的影响,导致该理论并不能有效地解释为什么是部分行业出现产能过剩,而并非是普遍性问题。

基于上述研究存在一定的局限性,本报告在体制性产能过剩的基础上展开了更深一步的实证研究,从地方政府干预动机着手,发现地方政府更倾向对地方集聚产业予以更多优惠政策,集聚产业对地方经济的发展和就业吸纳更为有优势与规模,集聚产业在地方政府的推动下进一步壮大,两者形成捆绑效应。产业集聚不断提高,地方政府给予更多优惠,形成一个自增强循环。在此过程中,集聚的外部性在不同阶段发挥着不同的效应,集聚由低向高的过程中,体现规模收益、知识溢出效应、要素共享与网络效应,由此产业的产能利用率提高;伴随集聚程度的进一步提高,同类企业恶性竞争、要素成本上升、环境质量恶化,由此出现拥挤效应。同时,集聚度越高,政府补贴越多,而补贴与固定资产投资正相关,固定资产投资占比与产能利用率呈负相关。由此两个方面导致集聚过度的产业产能利用率下降。

　　基于文献及逻辑推演,本报告运用数理经济学对产业集聚与产能利用率的作用机制进行了理论模型推演,证明了两者之间的"倒 U"形关系。基于 1999～2013 年我国制造业行业面板数据,实证研究了产业集聚与产能利用率之间的"倒 U"形关系,并分别从调节变量(集聚地市场化水平、行业研发投入、行业企业规模)和细分行业(劳动密集型、资本密集型、技术密集型、资源密集型)展开了更为深入的研究,得到了一些兼具理论研究意义与实践指导价值的成果。

1

绪　论

1.1　研究背景

产能过剩是近些年我国经济发展中的遇到的一个重要问题,其与我国经济增长、产业转型升级、劳动力就业安置等都有着密切的关联。2015年中央经济工作会议更是将"去产能"提升到2016年经济工作的首要任务,强调要积极稳妥化解产能过剩问题;要按照企业主体、政府推动、市场引导、依法处置的办法,研究制定全面配套的政策体系;要因地制宜、分类有序处置,妥善处理保持社会稳定和推进结构性改革的关系;要尽可能多兼并重组、少破产清算;要严格控制增量,防止新的产能过剩。产能过剩已经成为国家核心经济决策部门关注的重要问题,"去产能"已作为我国供给侧结构性改革工作的一项重要任务。

工业是我国经济发展的重要引擎。改革开放后,正是通过工业经济的发展带动了我国经济的快速增长。而当前,工业领域产能过剩问题日益突出,部分行业甚至出现了绝对过剩,化解产能过剩问题迫在眉睫。事实上,我国的产能过剩很大程度上都是各级政府不恰当干预产业发展导致的后果。因此,正确处理政府和市场的关系、中央政府和地方政府的关系,处理地方政府不当干预市场的行为,是化解产能过剩的关键。

中国经济在 20 世纪 90 年代、进入 21 世纪之际和全球金融危机之后,分别出现过产能过剩,然而新一轮的产能过剩的严重程度却更为突出。不同的发展阶段和行业领域,产能过剩表现出不同的特征,"周期性"与"非周期性"产能过剩并存。在我国并不成熟的市场环境下,除一般市场因素影响外,还存在更多的不合理的非市场因素,一定程度上扭曲了市场机制传导和调节的路径,增大了产能过剩发生的频度和程度,削弱了市场机制对产能过剩向市场平衡的自我纠正作用,直接或间接地放大了产能过剩可能带来的负向效应。具体而言,2008 年全球金融危机后,为了避免经济硬着陆,中央政府和各地方政府纷纷出台政策,加大投资力度,引导银行向重点行业、重点企业放贷,促使相关行业产能持续扩张,2009 年 M2 同比增长高达 29.36%;但 2011 年下半年以来,随着经济增长速度明显下滑,各种产品的市场需求增长放缓,新一轮产能过剩矛盾凸显。

本轮产能过剩行业覆盖面广、影响程度深、持续时间长、化解难度大,已经成为我国当前经济发展中面临的突出问题和主要风险之一。而在部分产业产能过剩的行业中,我国还是在不断地进口该产业的高端产品来满足国内需求,钢铁与光伏产业被认为是目前我国传统产业以及新兴产业产能过剩的代表,而我国 2015 年粗钢累计进口数量为 1 385 万吨,同时多晶硅依然依赖进口(余东华,2015),说明我国的产能过剩不仅仅是周期性和体制性的,同时还是结构性的,即低端产品供给严重过剩而高端产品供不应求(冯俏彬和贾康,2014)。由此可以看到,我国目前的产能过剩问题,其形成机理复杂,表现症状多样,社会影响面广,目前的处置对策效果不明显,这为本报告的研究提供了更多的现实意义。

1.2　问题的提出

产能过剩在微观、中观、宏观方面都有着深刻的影响。在微观企业层面,产能过剩直接影响企业绩效,产能过剩行业的企业大部分维持在微利或者亏损状态。中钢协披露数据称,2015年会员钢企亏损总额645.34亿元,亏损面高达50.5%,亏损企业产量占会员企业钢产量的46.91%。在中观行业层面,产能过剩导致行业内企业为了微利进行恶性价格竞争,技术创新水平得不到提高,产业升级一直裹足不前;同时,产能过剩行业的贷款是银行呆账、坏账的一个重要来源,如果产能过剩进一步恶化,那么将出现连带的金融风险。在宏观层面,产能过剩对于地区经济发展影响巨大。根据2015年各地区经济发展增速来看,排名倒数6名的省份及其名义GDP增速是:甘肃(−0.68%)、黑龙江(−0.29%)、辽宁(0.26%)、山西(0.32%)、新疆(0.55%)、河北(1.31%),可以看到这些省份同样是黑色金属、有色金属、煤炭、石化产业的重要基地,而这些产业正是目前产能过剩的重灾区。另外,产能过剩行业中将淘汰一批效率较低的企业,相关行业的职工将面临失业安置的问题。2016年3月国务院总理李克强表示,要着力化解过剩产能和降本增效,中央财政将拿出1 000亿元奖补资金,重点用于"僵尸企业"职工安置。

目前我国多数学者将产能过剩分为三种:周期性产能过剩、体制性产能过剩、结构性产能过剩(王立国,2010;冯俏彬和贾康,2014)。其中,周期性产能过剩是指由于外部整体经济发生危机,如1998年亚洲金融危机或2008年全球金融危机,导致需求骤降从而引发企业开工不足,产能利用率降低;体制性产能过剩是指由于政府过多介入和干预企业投资决策,导致企业投资过度、供应能力严重大于需求而产生的产能过剩。这是目前学界认为我国产能过剩的主要原因(周劲,2007;江飞涛,2009;程俊杰,2015;范林凯,2015);结构性产能过剩如前文所讲,主要体现为低端产品供应过剩,高端产品供应不足的情况。

在上述研究中,体制性产能过剩的研究最为详实。江飞涛(2009,2012)认为,中国的财政分权体制和以考核GDP增长为核心的政府官员政治晋升体制,使得地方政府具有强烈的动机干预企业投资和利用各种优惠政策招商引资;王晓姝(2012)等,从地方政府官员晋升角度论述官员为了获得晋升来推动地方企业扩大产能,提高地方GDP,从而有助于其获得晋升机会;范林凯(2015)从我国市场化改革中的部分行业由于国企低效率而引发国有企业产能过剩,认为在钢铁、电解铝行业中,随着市场化进程的深化,民营企业逐渐显现出了成本优势,不断扩张产能"侵蚀"高成本国有企业的市场份额,继而引发相对低效率国有企业产能过剩;程俊杰(2015)、张杰(2015)认为产业政策是导致我国转型时期产能过剩产生的重要因素。

可以看到,上述研究从不同角度论述了政府通过干预企业决策、降低要素价格成本、进行政府补贴等方式,致使企业自有投资过低导致严重风险外部化效应,扭曲了企业投资行为,导致企业投资过度,继而引发了产能过剩。但是依据上述的研究逻辑,有一个核心问题并未解释清楚,即:如果地方政府和地方官员均会为了追求 GDP 增长而作为其目标,通过干预企业决策进而导致产能过剩,那么产能过剩的行业应不仅仅是某几个行业,而应该涉及所有行业,至少是大部分行业。因为各个地区均有其主导行业,如果每个地区都采取竞争性补贴,那么大部分行业都将出现产能过剩,但事实并非如此。

正是基于上述这样一个思考,本报告进一步研究体制性产能过剩的深层次形成机制,即为什么产能过剩不是全面爆发,而仅在部分行业出现。在进行深入研究的过程中,本报告发现了一个特殊的现象,即大部分产能过剩的行业其产业集聚度均出现持续的提升。研究发现,大部分产能过剩的行业在过去 15 年间从原来分布在相对较广范围转变为集聚在较小范围,通过两个角度可以展现出来:一是从定性方面,产业集聚的地区从原有的 5～6 个省份下降到 1～2 个省份;二是从定量方面,产业集聚度有着明显的提高,不论是该产业在全国范围的集聚度,还是该产业在其集聚省份的集聚度,过去 15 年间的变化均是显而易见的。

基于上述的逻辑及研究,本报告试图从产业空间集聚出发,来探究其与产能过剩存在何种关系,其中的作用机制又是什么;有哪些因素在调节两者之间的关系,其背后的原因是什么;在不同细分行业中是否有着同样的结论,结论的不一致是否预示着对于不同细分行业存在各自的特点,应当采取不一样的政策措施;在产能过剩未来的治理过程中,应从产业空间角度考虑哪些因素,从而能够更好、更有效地解决我国的产能过剩问题。

1.3　研究意义

　　理论意义方面,本报告在体制性产能过剩的研究中较以前的研究更进一步,对于分析产能过剩不停留在地方政府干预以及政府官员晋升的角度,而是从产业空间集聚的变化来探究其中的机理。如果说以前体制性产能过剩问题是站在行业角度来分析这个问题,那么本报告则是站在“行业＋空间”的角度来分析,可以说从原来模糊的定性研究向精准的定量研究迈进了一步。同时,本报告根据行业要素将工业行业分为劳动密集型、资本密集型、技术密集型、资源密集型,研究不同细分行业的产业集聚对产能过剩的影响机制,从而避免一刀切的政策影响,以更加科学地按照各自产业规律来研究问题、解决问题。

　　现实意义方面,本报告对于顶层政策制定者、地方政府、企业家均有着现实影响。站在全国经济政策制定者的角度,本报告提供了一个分析产能过剩的理论框架,通过产业空间集聚的演进与产能利用率的变化,同时考虑行业的异质性、集聚地区市场化水平、产业技术研发水平、产业中企业规模等因素,能够得出一个较为科学的政策意见,从而提高国家宏观调控的精准性、科学性、实践性。站在地方政府角度,本报告提供了一个重新审视地方政府对于本地过剩产业是否存在过度依赖、过度支持的状态,从而更加科学地分析应从哪些角度切入,来促进过剩产业更好地发展,使其能够更加具有竞争力。站在企业家的角度,本报告同样有着较强的现实意义。企业家对应主营业务以及未来想要拓展的产业,根据目前该产业的集聚度及产能利用率情况,来分析企业今后要进入哪个产业更适合,进入哪个地区更恰当。

1.4　研究思路

　　本研究将采用规范研究与实证研究相互结合、定性研究与定量研究相互佐证的方法,对产业集聚对产能利用率的作用机制进行深入研究。

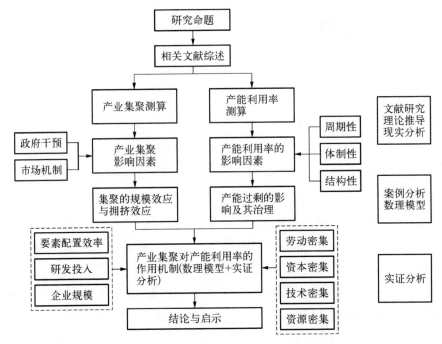

副图 1-1　产业集聚对产能利用率的影响机制分析的技术路线

2

中国工业产能利用率和产能
过剩的影响与治理

2.1　我国工业产能利用率测度

2.1.1　工业产能利用率的测度方法

本报告测度产能利用率的方法是借鉴何蕾(2015)、程俊杰(2015)使用 Shaihk and Moudud(2004)基于经济学意义建立的回归模型计算得到的。具体而言,其核心思想认为企业/行业的产出与其固定资产存量有着稳定的长期关系,即固定资本越多,其产出应该越多;反之亦然。同时,产出始终围绕着产能上下波动。产能可以说是产出的一个长期趋势项,而产出的长期趋势与固定资本存量又存在着长期稳定关系,所以可以说产能与固定资本存量存在着一个稳定的长期关系,并且固定资本的长期趋势项与产能有着对应关系。更严谨地说,长期而言,产能可能与行业的技术水平也有着较为密切的关系,但是短期内主要由行业的资本存量决定。

基于上述讨论,构建一个行业产能度量的模型,即:

$$Y_i(t) = \frac{Y_i}{Y_i^*} \cdot \frac{Y_i^*}{K_i} \cdot K_i \tag{1}$$

其中,$i = 1, 2, 3, \cdots, n$,分别表示不同的工业行业,Y_i 表示行业 i 的产出,Y_i^* 为行业 i 的产能,K_i 为行业 i 的资本存量。根据方程(1)可以计算行业的产能利用率 $u_i = Y_i / Y_i^*$;同时可以计算单位产能的资本量为 $v_i = K_i / Y_i^*$。对方程(1)两边取对数后可得:

$$\log Y_i(t) = \log K_i - \log v_i + \log u_i \tag{2}$$

在现实中,资本存量 K 和产出 Y 均有着现实意义,即一般所言的固定资本和工业生产总值(工业增加值),这些指标均是可以直接查找到的变量。为了进一步推演方程(2),需要确定单位产能的资本量 v,以及产能利用率 u。根据上文可知,某个行业的实际产出在一个较长时间来看,应当是围绕其产能在上下波动,即现实的产能利用率在理论上应在其正常的产能利用率($u_i^* = 1.0$)附近波动,因此将产能利用率的波动 $\log u_i(t)$ 可以设定为一个随机误差项,即令 $eu_i(t) = \log u_i(t)$。

同时,行业单位产能的资本量 v_i 也随着时间而变化。这里变化可以分解为两个方面:一是来自行业本身的技术进步体现(系数为 α_i);二是来自资本产生的技术进步体现(系数 β_i)。令 gv_i 表示单位产能的资本量的增长率,gK_i 表示资本存量的增长率,即有 $gv_i = \alpha_i + \beta_i gK_i$。另外,再加上技术进步 $v_i(t)$ 的随机误差项 $ev_i(t)$,由此可以得到如下的方程:

$$\log v_i(t) = \lambda_i + \alpha_i \cdot t + \beta_i \cdot \log K_i(t) + ev_i(t) \tag{3}$$

方程(1)~(3)构建了一个基于技术不断变化发展、产能利用率围绕产能上下波动情况下的产出与资本存量之间的一种相互关系,结合上述 3 个方程,可以进一步整合为:

$$\log Y_i(t) = a_i + b_i \cdot t + c_i \cdot \log K_i(t) + e_i(t) \tag{4}$$

其中,$a_i = -\lambda_i$,$b_i = -\alpha_i$,$c_i = 1 - \beta_i$,误差项 $e_i(t) = eu_i(t) - ev_i(t)$。

方程(4)表达:如果 $\log Y$ 与 $\log K$ 之间存在着协整关系,那么就说明两个变量之间存在一种长期稳定的关系,同时根据前文所论述,产出项 $Y_i(t)$ 的长期趋势可以反映其产能 $Y_i^*(t)$,即上述表达式(4)中的回归中在剔除残差项后所表达的便是各个行业的产能。因此,根据实际产出与产能的比值便可以计算出各个行业的产能利用率水平 $u_i(t)$。

本报告所使用的协整计算方法,与实际数据吻合度较高,Shaikh & Moudud 曾利用该方法对美国制造业 20 世纪 50～80 年代的产能利用率进行了测度,研究得到的结果与美联储调查统计数据得到的高度一致,同时在对经合组织(OECD)的 8 个国家进行产能利用率的测度也同样与国际货币基金组织(IMF)公布的结果具有很高的一致性(何蕾,2015),其协整方法的测量结果较其他方法更为平滑。这说明这种测度方法兼具有理论支撑以及实践吻合性,故本报告在测度我国工业行业产能利用率中使用这种方法。后文将展开讨论。

2.1.2　我国工业产能利用率测度

1. 数据处理

根据前文模型的推演,对于面板数据的协整关系模型仅需要各行业的产出水平以及固定资产投入水平。本报告采用程俊杰(2015)同样的方法,利用各个行业的工业总产值来度量产出水平,使用各个行业的工业品出厂价格指数进行平减,从而得到实际的工业总产值;使用各个行业的固定资产净值作为资本存量,通过固定资产原价与累计折旧做差而得到该值的名义数据,同时使用固定资产投资价格指数进行平减,从而得到实际的固定资产净值。样本剔除了前后不连续出现的部分行业,包括开采辅助活动、其他采矿业、工艺品及其他制造业、废弃资源综合利用业、金属制品、机械和设备修理业,收集了共计 36 个工业行业数据。样本区间选择 1999～2013 年,工业总产值、固定资产原值和累计折旧数据来自历年的《中国工业经济统计年鉴》(2001～2012)、《中国工业统计年鉴》(2013～2014)[①]、2004 年的数据来自《中国经济普查年鉴(2004)》、工业品出厂价

---

① 2012 年分行业的"工业总产值"在《中国统计年鉴 2013》及《中国工业经济统计年鉴 2013》中都没有准确数据。《中国工业统计年鉴(2013)》中有分行业 2012 年分行业的"工业销售产值",《中国工业经济统计年鉴(2012)》中有分行业 2011 的"工业销售产值",本文根据该数据变化,同比测算出 2012 年分行业"工业总产值",2013 年数据做同样处理,同时 2012 年、2013 年交通运输设备制造业是通过汽车制造业数据、铁路船舶航空航天加总而得。2012 年、2013 年数据中,仪器仪表及办公用品机械制造业中缺少办公用机械制造业,而"文化、办公用机械制造"在"通用设备制造业之下",本文进行了调整。

格指数以及固定资产投资价格指数来自历年《中国统计年鉴》与《2012 年中国城市(镇)生活与价格年鉴》[①]。实际工业总产值和实际固定资产净值取对数后分别得到回归模型的被解释变量和解释变量。

2. 产能利用率计算

运用协整模型的方法测度产能利用率分为三个步骤。一是检验被解释变量与解释变量的协整关系是否成立,即验证两者之间是否存在长期的稳定关系,其面板回归的结果才有意义,否则是虚假回归。本报告使用 xtwest 检验方法,结果表明工业实际增加值 $\log Y$ 与固定资产净值 $\log K$ 都是一阶平稳序列,经过 xtwest 面板协整检验,在 1% 的水平下拒绝两者不存在协整关系的假设,也就是说接受工业实际增加值与固定资产净值存在协整关系的假设。二是估算产出水平与固定资本存量水平的相关系数。在协整关系成立的基础上,对方程(4)进行面板数据回归。考虑到行业异质性,本报告先后使用了随机效应模型、固定效应模型、变系数模型进行分析,经过 Hauman 检验,检验表明随机效应更有效,进一步经过变系数模型检验,原假设被拒绝了,表明应采用变系数模型。三是根据变系数回归求出各行业的产能,即实际工业总产值的长期趋势项,以此可以计算出各行业的产能利用率。具体而言,根据变系数模型估计出来的系数、对应的年份变量、各个行业的实际固定资产净值代入方程(4)中,就可以估算出各行业 1999～2013 年的产能数据。之后,将各行业的实际产出除以产能便可以计算出各行业的产能利用率(见副表 2-1～副表 2-4)。

根据协整模型的经济学意义,从长期来看产出围绕在产能附近上下波动,基于此长期均值应该为 1.0,而经过本报告测算,我国 36 个工业行业的产能利用率平均值为 0.98,客观上接近于 1.0,进一步论证了模型的合理性与有效性。

---

① 在工业品出厂价格指数中,2002～2013 年数据来自《中国统计年鉴》,1998～2001 年数据来自《2012 年中国城市(镇)生活与价格年鉴》,其中"农副食品加工业"1999～2011 年数据来自"全国农产品生产价格总指数(2007)",印刷业和记录媒体的复制 1999～2001 年的数据是通过《中国统计年鉴(2004)》9-11 按行业分工业品出厂价格指数的造纸工业同比变化计算而得,通用设备制造业 1999～2011 年的数据是通过《中国统计年鉴(2004)》9-11 按行业分工业品出厂价格指数的机械工业同比变化计算而得。

副表 2 - 1　　　　　　　　　　采矿业产能利用率

	1999~ 2001 年	2002~ 2004 年	2005~ 2007 年	2008~ 2010 年	2011~ 2013 年
煤炭开采和洗选业	0.827	0.827	0.920	0.929	0.863
石油和天然气开采业	0.993	0.983	1.036	1.026	0.985
黑色金属矿采选业	0.975	1.011	1.011	1.058	0.992
有色金属矿采选业	1.008	0.953	1.050	1.005	1.013
非金属矿采选业	1.050	0.885	0.998	1.113	1.020

副表 2 - 2　　　　　　　　　　轻工业产能利用率

	1999~ 2001 年	2002~ 2004 年	2005~ 2007 年	2008~ 2010 年	2011~ 2013 年
农副食品加工业	0.980	0.962	1.057	1.056	1.000
食品制造业	0.972	0.948	1.069	1.092	0.987
饮料制造业	1.035	0.906	1.023	1.056	1.039
烟草制品业	1.026	1.012	0.983	1.032	1.058
纺织业	0.887	0.950	0.995	0.968	0.937
纺织服装、鞋、帽制造业	0.985	0.953	1.040	1.063	0.987
皮革、毛皮、羽毛(绒)及其制品业	0.923	0.947	1.050	0.999	0.943
木材加工及木、竹、藤、棕、草制品业	0.681	0.726	0.968	1.137	1.172
家具制造业	0.936	1.027	1.037	1.093	1.001
造纸及纸制品业	0.991	0.993	0.997	1.039	1.015
印刷业和记录媒介的复制	1.004	0.985	1.014	1.027	1.012
文教体育用品制造业	0.975	1.003	1.079	1.035	1.015
化学纤维制造业	0.755	0.784	0.906	0.836	0.784

副表 2 - 3　　　　　　　　　　重工业产能利用率

	1999~ 2001 年	2002~ 2004 年	2005~ 2007 年	2008~ 2010 年	2011~ 2013 年
石油加工、炼焦及核燃料加工业	0.971	0.937	1.049	0.999	0.960
化学原料及化学制品制造业	0.874	0.854	0.910	0.919	0.877

续表

	1999~2001 年	2002~2004 年	2005~2007 年	2008~2010 年	2011~2013 年
医药制造业	1.015	1.004	1.053	1.031	1.024
橡胶制品业	0.912	1.005	1.079	1.059	0.960
塑料制品业	0.976	0.977	1.021	1.050	1.012
非金属矿物制品业	0.791	0.757	0.835	0.863	0.791
黑色金属冶炼及压延加工业	0.729	0.895	0.997	0.860	0.799
有色金属冶炼及压延加工业	0.832	0.890	1.014	0.946	0.853
金属制品业	1.022	0.965	1.060	1.088	1.012
通用设备制造业	0.830	1.006	1.196	1.095	0.927
专用设备制造业	0.946	0.969	1.059	1.110	0.998
交通运输设备制造业	0.890	1.050	1.070	1.118	0.970
电气机械及器材制造业	0.957	0.966	1.067	1.118	0.976
通信设备、计算机及其他电子设备制造业	0.928	1.049	1.097	0.939	1.040
仪器仪表及文化、办公用机械制造业	0.860	1.028	1.227	1.054	0.962

副表 2-4　　　　　　　公用事业产能利用率

	1999~2001 年	2002~2004 年	2005~2007 年	2008~2010 年	2011~2013 年
电力、热力的生产和供应业	0.942	0.947	1.206	1.035	1.011
燃气生产和供应业	0.987	0.906	1.005	1.195	0.994
水的生产和供应业	1.073	0.916	0.993	1.023	0.997

2.1.3　中国工业产能利用率的规律与比较

1. 工业产能利用率与经济周期高度一致

从工业行业整体产能利用率的变化来看,其与我国经济周期基本保持一致,即两者之间保持同升同降。具体而言,可以看到由于受到 1998 年亚洲金融危机的冲击,我国工业行业整体的产能利用率进入一个下降通道,轻工业中木材加工及纺织业受到的冲击相对较大,纺织业产能过剩问题成为当年重点治理的行业。1998 年年初国务院公布《关于纺织工业深化改革调整结构解困扭亏工作有关问题的通知》,提到关于纺织工业需要尽快调整结构,进一步深化改革,解决行业整体亏损的局面。2002年加入WTO之后,对外开放程度显著提高,对我国工业行业通过出口带动经济发展起到了决定性作用,可以说从2002～2007年几乎所有工业行业的产能利用率都有了较大的提升,直到2007～2008年,工业产能利用率达到了新的顶点。之后,2008年受到全球金融危机宏观经济的周期性影响,整体工业的产能利用率显著下降,国家提出2010年底投资4万亿元来带动经济发展。在此过程中,各地方又通过地方融资平台大力发展基建等行业,使得我国工业行业产能利用率又有了一个短期回暖过程,2009～2011年部分行业产能利用率有了提高,在短期刺激后,2011～2013年我国工业产能利用率又进入了一个下降通道。

2. 工业产能利用率滞后于固定资产投资

固定资产投资与产能利用率高度相关。从副图2-1中,可以看出,除了2011年两者差距较大外,其他年份总体趋势高度相关,但具体来看两者之间仍然存在着一些变化趋势。

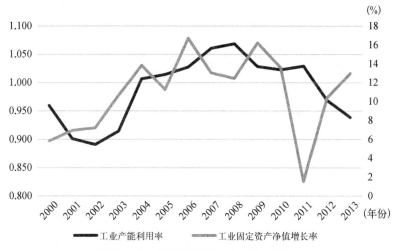

副图2-1　产能利用率与固定资产增长率

2000～2006年我国固定资产净值增长率逐年上升,并于2006年达到峰值,与此同时产能利用率除了2000～2001年因为金融危机的影响,2002～2006年同时处于上升阶段。但是从2006年之后,两者之间的关系发生了较为微妙的变化,产能利用率滞后于固定资产净值的增长,即

2006～2008 年固定资产投资已经进入下降通道,而产能利用率却依旧处于上升阶段,并于 2008 在达到峰值后才开始下降。受 4 万亿元的刺激的影响,2008～2009 年的固定资产投资又开始上升,并在 2009～2013 年形成了 V 形曲线,于 2011 年跌倒谷底后又反弹回升;而同期产能利用率基本处于下降通道,在 2010 年、2011 年保持平稳后,于 2012 年继续下降并延续到 2013 年。

3. 工业行业产能利用率的行业特征

从工业大类分行业的产能利用率变化来看,尽管总体上各大类行业保持一致,但是各自还存在不同特征。为了更详尽地对工业各大类的产能利用率情况进行统计和描述,本报告进一步将 36 个行业按照行业大类划分为采掘业、制造业与公用事业三大类,同时进一步将制造业划分为轻工业与重工业(韩国高等,2011)(见副图 2 - 2)。

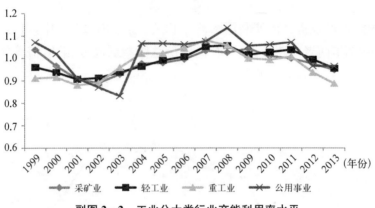

副图 2 - 2　工业分大类行业产能利用率水平

在 1999～2003 年中,公用事业部门的产能利用率变化幅度最大。1999～2003 年产能利用率一直呈下降趋势,而同期的其他工业行业 2001 年止降。在这里,本报告认为公用事业部门的主要需求来自国内市场,所以我国加入 WTO 在短期内对其没有明显的拉动作用;而在 1998 年亚洲金融危机以及 90 年代国企改革后,国内相关行业需求较为疲乏,所以其产能利用率一直下降,到了 2013 年才有了止跌提高;同时我们看到 2004 年其产能利用率有了显著的提高,之后进入平稳期并在 2008 年达到顶峰,而在 2008～2013 年的整体下降过程中,公用事业整体上的下降幅度要低于其他行业。本报告认为,这主要在于公用事业单位其需求主体相对多元化,包括工业行业以及服务业及居民、政府等社会其他单位,所以其相比其他行业相对平缓。

采矿业在1999～2013年产能利用率的变化过程相对平缓。本报告认为,这主要是因为作为供应其他工业的原材料行业,其产出主要依据其他行业的变化而变化,受到终端市场的影响较小,同时行业的垄断性相对较高,受到原材料主产区的地域影响,所以整体上变化幅度相对较低。

制造业中可以看到轻工业和重工业尽管总体趋势是一致的,但是细微变化中还是能够体现各自特征。1999～2001年,轻工业产能利用率下降幅度相对较大,同时其产能利用率总体还是较重工业高;2002～2008年,重工业产能利用率则显著高于轻工业;而在2008～2013年,轻工业的产能利用率则又高于重工业。总体而言,重工业在这些年的发展相对轻工业更为陡峭,这与其行业特征也较为吻合,即重工业投资大、规模见效快。同时,在重工业中有着同样的变化趋势,以资本型行业,如黑色金属及有色金属冶炼,其变化幅度要大于技术密集型的相关产业。

4. 工业行业中产能过剩行业分析比较

根据上述研究,产能过剩行业主要包括煤炭开采和洗选业、纺织业、化学纤维制造业、化学原料及化学制品制造业、非金属矿物制品业、黑色金属冶炼及压延加工业、有色金属冶炼及压延加工业,这与国家相关政策文件以及工信部向社会公众公布的淘汰落后产能的行业高度吻合,并且与其他学者如韩国高(2011)、程俊杰(2015)、何蕾(2015)等得出的产能过剩行业基本一致。从副图2-3中可以看到这几个行业的产能利用率水平在1999～2013年基本在1.0以下。这里的产能利用率是经济学意义上的水平,而不是工程意义角度上的产能利用率。所以可以说,这些行业产能过剩是非周期性的,属于体制性产能过剩。

在产能过剩的行业中,其各自又有着不同的特点,大致可以分为以下三类:一是纺织业,主要在前期产能过剩较为严重,而在2000年后产能利用率相对较高,这主要与我国政府在90年代末对纺织行业进行了大力整改,通过大规模破产重组、资产管理公司剥离银行债务等措施,通过洗牌行业得到了整体性的改善。二是化学纤维和化学原料、化学制品制造业、非金属矿物质品业,三者产能利用率水平一直相对较低,即便在2002～2008年大部分行业产能利用率较高的阶段。这主要与这些行业产品种类众多、进入门槛相对较低、行业内企业竞争激烈有关。三是黑色金属冶炼及压延加工业、有色金属冶炼及压延加工业、煤炭开采和洗选业,这些行业与经济周期高度相关,在经济热度较高的时期,这些行业产能利用率较高,而经济下滑后,这些行业的产能利用率下降明显(见副图2-3)。另外,这些行业原先以国有企业为主导,而随着市场化进程的不断推进,民营企业纷纷进入,其效率相对较高,国有企业难以与民营企业竞争,在经济在不景气时,国有企业资产闲置率较高,导致产能过剩问题更为严重(范林凯,2015)。

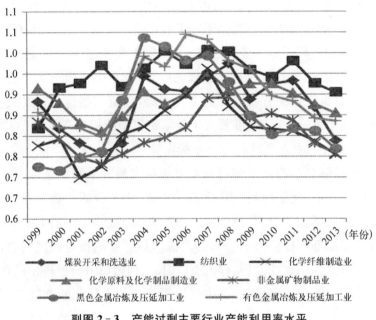

副图 2-3　产能过剩主要行业产能利用率水平

2.2　产能过剩的影响

产能过剩对宏观和微观层面都有着显著影响。在宏观层面上,不利于经济增长、加大金融风险、增加国际贸易摩擦;在企业微观层面上,不利于企业盈利、信贷融资、现金流水平,但同时也提供了倒逼产业转型的压力。

2.2.1　宏观层面的影响

1. 产能过剩不利于经济增长

产能过剩导致企业生产经营困难,一方面企业投资扩张能力会下降,另一方面企业利润和职工收入的降低影响职工的消费水平,从而影响社会总需求。因此,产能过剩势必导致经济增速放缓,同时经济下滑又会导致产能利用率下降,两者之间存在内生循环。以中国、美国为例,如副图2-4、副图2-5所示,两国产能利用率同比变化与经济增速同比变化保持同一方向。其中,美国两者之间的动态匹配性更加吻合,说明其市场干预行为较低,而我国政府对于经济体系的干预较为明显,两者之间存在一定程度的偏离。

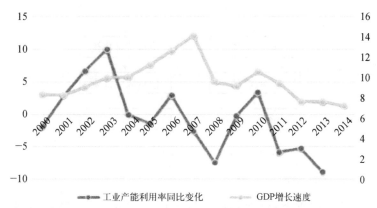

副图2-4 1999~2014年中国工业产能利用率和GDP增速

资料来源:中国工业经济统计年鉴。

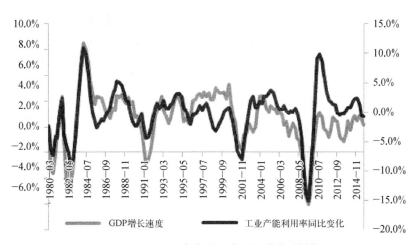

副图2-5 美国产能利用率和经济增速数据

资料来源:中国工业经济统计年鉴。

2. 产能过剩催生金融风险

产能过剩的行业在过剩前往往行业景气度较高,表现出较强的盈利能力,因而通常是商业银行追逐放贷的对象,银行在这些行业投放了大量信贷资金;尤其在行业扩张时,并且这些信贷资金所在行业集中度较高。随着产能过剩的出现,信贷风险开始涌现,当这些行业的企业利润空间大幅度下降甚至出现全面亏损时,商业银行就会出现呆账坏账,从而引发金融风险,甚至金融危机。

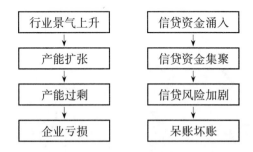

副图 2-6　产能过剩加剧金融风险

3. 产能过剩加剧贸易摩擦

产能过剩背景下,行业企业将寻求产能消化渠道,势必会到海外寻求市场,导致出口增加、进口减少,贸易顺差激增,引发更多的贸易争端。以美国过剩的钢铁产业为例,为消化产能过剩而减少进口、保护国内钢铁企业,美国国际贸易委员会(ITC)对其他国家和组织进行密集监控,并积极收集钢品价格倾销的证据,以伺机提出贸易保护调查活动裁决。

副表 2-5　　　　　　　2014～2015 年美国 ITC 对钢铁行业的贸易保护

时　间	内　　容
2014.8	决定对来自 7 个国家和地区的进口钢管征收反倾销税,对另外两个国家免予征收
2015.7	对中国、印度、意大利、韩国和中国台湾进口耐腐蚀钢做出临时性决定,认为它们损害美国钢铁行业。案件将移至美国商务部做进一步调查
2015.9	继续对进口的厚壁矩形焊接碳钢管开展调查
2015.9	对原产于中国的冷轧钢板做出反倾销和反补贴产业损害肯定性初裁

数据来源:互联网公开资料。

2.2.2　微观层面的影响

1. 企业盈利方面,企业产能利用率是企业盈利能力的晴雨表

一方面,产能利用率客观反映了企业产品的需求旺盛程度;另一方面,产能利用率的提升通过生产的规模经济性以及成本的摊薄,从而提升企业的盈利水平。相反,产能利用率的下降会增加成本,不利于企业盈利。以美国制造业为例,其产能利用率与 ROE 基本处于同增同减趋势。

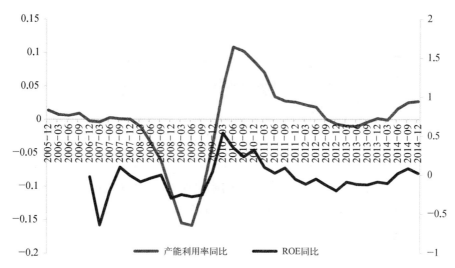

副图 2-7　美国制造业产能利用率与 ROE

数据来源:万德数据库。

2. 企业债务水平方面,债务扩张滞后于产能利用率

企业财务扩张方式主要以银行信贷为主,而银行在进行放贷时具有选择性,往往会根据该行业最近几年的景气程度或企业最近几个会计期间内的表现来确定是否进行放贷。因此,银行的放贷选择所体现出的企业债务扩张往往会滞后于侧面反映行业景气或企业盈利的产能利用率。以美国制造业为例,在 2008 年第三季度开始出现了产能利用率的回落,企业的资产负债率在 2009 年第一季度才开始出现快速下滑,这样的滞后现象也出现在 2009 年第二季度产能利用率见底回升后,资产负债率在 2010 年第四季度才出现触底扩张。

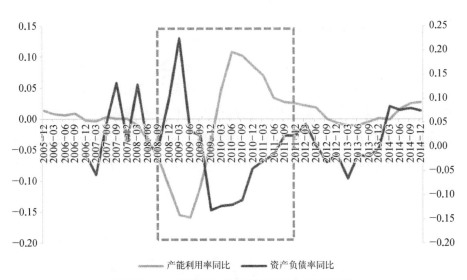

副图 2-8 美国制造业产能利用率与债务水平

数据来源:万德数据库。

3. 企业现金流方面,较高的产能利用率提供充裕的现金流

一方面,产能利用率较高,资本周转率、库存周转率都较高,进而提升企业现金流流速;另一方面,产能利用率高带来企业盈利水平较好,拥有更多的现金盈余。因此,产能利用率高往往伴随着现金流充裕。同样,美国制造业中也验证了这一点。

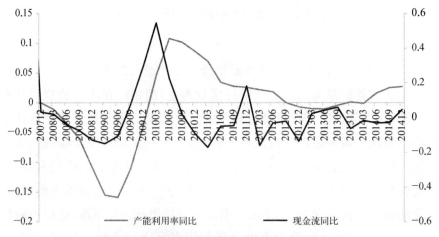

副图 2-9 美国制造业产能利用率与企业现金流

数据来源:万德数据库。

2.3　我国产能过剩治理政策与效果

2.3.1　产能过剩治理政策

政策手段一直是我国宏观经济调控的重要方式,同样,在应对产能过剩方面,我国政府行政机关运用的政策也比较多,且形式多样化。通过整理发现,我国在产能过剩问题上更多主要通过产业政策、专门性政策、环保政策、金融政策等进行调控。

副表 2 - 6　　　　　　　我国产能过剩治理政策分类及举例

政策分类	举　　　例
产业政策	《国务院关于发布实施〈促进产业结构调整暂行规定〉的决定》
	《关于加快推进产能过剩行业结构调整的通知》
	《产业结构调整指导目录(2005 年本)》(国发[2005]40 号)
	《产业结构调整指导目录(2007 年本)》(征求意见稿)
	《国家产业结构调整指导目录(2008 年本)》(征求意见稿)
专门性政策	《淘汰落后生产能力、工艺和产品的目录》
	《国务院批转发展改革委等部门关于抑制部分行业产能过剩和重复建设引导产业健康发展若干意见的通知》(国发[2009]38 号)
	《国务院关于进一步加强淘汰落后产能工作的通知》(国发[2010]7 号)
环保政策	《国务院关于印发节能减排综合性工作方案的通知》(国发[2007]15 号)
	《2009 年节能减排工作安排》
金融政策	《关于进一步做好金融服务支持重点产业调整振兴和抑制部分行业产能过剩的指导意见》(银发[2009]386 号)

资料来源:互联网公开资料。

2.3.2　产能过剩治理效果

当前,我国产能过剩治理效果一般,主要原因是政策制定往往没有长远目标,不具有连续性,且产权结构的特殊性阻碍过剩产能出清。以资源类行业为例,尽管在治理之后供给端的进入增速放缓,但退出通道不畅,导致整个供给体量仍较大。虽然应对产能过剩出台的政策较多,但这些政策出台之后对产能过剩治理效果如何还有待评估。为此,本报告以2008 年以来过剩的钢铁、煤炭等过剩严重的资源性行业为例,对效果进行评估。

在明确了这些产业的产能严重过剩之后,政府出台了一些相关政策,其中就包括《国务院关于进一步淘汰落后产能工作的通知》。应该说,从效果来看,起到了立竿见影的效果,这些行业在政策区间内固定资产投资完成额明显减少了。然而,政策效果似乎也并非十分理想,虽然 2009~2011 年出现过短暂的产能利用率上升,但之后下滑明显,并且,这个过程还受到"4 万亿"政策的噪音影响。

总结来看,虽然在相关政策出台后供给的增量放缓;但是,供给端的退出通道不畅通。由于我国产权结构的特殊性,国有企业占据相当的比例,其除盈利以外的社会稳定责任可能会导致过剩产业亏损企业退出困难。从而,在整个市场的供给端仍维持一个较大体量。

副表 2-7　　　　　　　　　　2010 年重点行业落后产能淘汰目标

行　业	行　业　目　标
钢铁	2010 年,淘汰 300 m³ 及以下高炉、30 t 及以下转炉和电炉,炼铁落后产能计划淘汰 3 000 万 t,炼钢落后产能计划淘汰 825 万 t; 2011 年底前,淘汰 400 m³ 及以下高炉,淘汰 30 t 及以下炼钢转炉、电炉约 7 200 万 t 产能
铁合金	2010 年底前淘汰 6 300 kV·A 以下矿热炉,落后产能计划淘汰 144 万 t
煤　炭	2010 年底前关闭不具备安全生产条件、不符合产业政策、浪费资源、污染环境的小煤矿 8 000 处,淘汰产能 2 亿 t
焦　炭	2010 年底前淘汰炭化室高度 4.3 m 以下的小机焦(3.2 m 及以上捣固焦炉除外),焦炭落后产能计划淘汰 2 127 万 t
有色金属	2010 年底之前淘汰电解铝冶炼 33.9 万 t,铜冶炼 11.7 万 t,锌冶炼 11.3 万 t,铅冶炼 24.3 万 t
水　泥	2010 年,水泥计划淘汰 9 155 万 t; 2012 年年底前,淘汰窑径 3.0 m 以下水泥机械化立窑生产线、窑径 2.5 m 以下水泥干法中空窑等

资料来源:《国务院关于进一步加强淘汰落后产能工作的通知》。

2.4　本章小结

本章首先就产能利用率的测算方法进行了分析说明,通过数据可得性、现实匹配度、经济学意义等因素,最终选取了 Shaihk & Moudud (2004)首次提出的协整模型;通过对我国工业行业 1999～2013 年的面板数据,使用分行业的工业总产值及固定资产净值作为主要变量;通过筛选使用变系数回归方法计算出分行业的产能利用率,并依据各行业的产能利用率分别就其周期性、与固定资产关系、大类行业特征、过剩产业之间的比较进行了归纳总结。

其次,本报告对产能过剩导致的宏观以及微观影响进行了分析。在宏观层面,其主要影响是经济增长受阻、金融风险集聚、贸易摩擦升级;在微观层面,其主要影响是企业盈利水平降低、负债比例提高、现金流下降。总体而言,产能过剩对于一个行业及其相关企业的影响是显著的,如果仅仅是外部需求导致的产能过剩,随着经济向好,产能过剩会有一定的缓解,而对于本报告研究的体制性产能过剩,其影响则更为深远。

最后,就我国产能过剩的治理政策及治理效果进行了简要分析,发现我国在治理政策方面,出台了多层面的文件精神,包括产业政策、专门性政策、环保政策、金融政策等,但是从治理的效果来看并不理想,大多属于治标不治本,即在治理的当下时间产能利用率会有所上升,但是过后不久马上又会发生产能过剩,整个治理过程中中央和地方的关系、地方和国有企业的关系均没有理顺,而仅仅通过淘汰落后产能为主要手段,核心利益关系并没有改变。在这种情况下,治理效果不理想。

3

中国工业产业集聚度的测算及影响因素研究

3.1 我国工业产业集聚度测算及演进分析

3.1.1 产业集聚度测算方法

产业集聚是指竞争性同一个产业内的企业在某个特定地理区域内高度集中,产业资本要素在空间范围内不断汇聚的一种空间组织形式(Hill,Brennan,2000;邹伟,2007)。对产业集聚的测算有很多种方法,具体包括:(1)赫芬达尔指数(HHI 指数),指区域各产业就业份额平方和(Karl & Michael,2001)。(2)绝对集中度与相对集中度,这两者都是对HHI 指数的修正。前者是指各个区域某产业产值(或就业)占所有区域比重平方和的均值的平方根;后者排除了规模的影响,是指各个区域某产业产值(或就业)占所有区域比重与某地区所有产业(或就业)占所有地区所有产业比重的差的平方和的平均数的平方根。(3)空间基尼系数

(Gini 系数),指各个地区某行业就业人数占所有地区该行业就业人数的比重与某地区总就业人数占所有地区总就业人数差的平方和(Krugman,1991;樊秀峰和康晓琴,2013)。(4) 地方化经济与城市化经济。前者为某区域某行业就业总人数与该地区该行业中某一企业就业人数差值的对数;后者指所有区域某行业就业总人数与该地区该行业人数差值的对数(Martin,2011)。(5) 区位商(专门化率,β 指数),反映某一产业的专门化程度,指某一区域某一行业产值(或就业人数)占该区域总产值(或总就业人数)的份额与所有区域某一行业产值(或就业人数)占所有区域总产值(或总就业人数)份额的比值(Haggett & Chorley,1969)。另外,还有不少学者使用 EG 指数(Henderson,2003)、K 函数(Marcon & Puech,2003)等基于空间距离的指数以及投入产出表法(朱英明,2006;Rainer,2007)等,对产业集中度进行测量。

基于本报告研究问题的导向,在计算产业集聚度的测量中分别使用区位商和空间基尼系数,对应分析省级及全国层面的分行业产业集聚的测算。具体而言:

1. 分行业各省份产业集聚度测算——区位商

区域 i 产业 j 的区位商计算如下:

$$LQ_{ij} = \frac{E_{ij} \big/ \sum_j E_{ij}}{\sum_i E_{ij} \big/ \sum_i \sum_j E_{ij}} \tag{1}$$

其中,区域 i 产业 j 的就业或产值,即区域专业化程度。当 $LQ > 1$ 时就说明某个产业在这个区域的占比较高,专业化程度较高,可能构成产业集聚,因而通常情况下必须先判断 LQ 的值,确定了 LQ 的值才能确定是否构成产业集聚。原则上说,这并没有具体的数值要求。多数学者认为,只要 LQ 超过 1.25 即可判断适合产业集聚,与此同时还有一些其他研究认为 LQ 大于 3(Martin R & Sunley P, 2003, Malmberg A & Maskell, 2002)。但是一些学者认为上述区位商的计算中有一个缺点即只考虑了相对比重,而没有考虑整体规模,有可能出现的一种情况是某个地区整体规模较小,而某个产业比重较高,导致这个产业的区位商较高,但其规模实际较小。为了克服这个缺点,Fingleton(2002)引入了另一个指标

HC,以此来度量产业实际产值与预期规模的产值,同时预期规模即为区位商等于 1 的产值,与 *LQ* 一样 *HC* 也没有明确的数值要求和门槛标准。

2. 分行业全国范围产业集聚度——空间基尼系数

本报告产业集聚程度采用行业空间基尼系数作为指标。空间基尼系数的计算公式为:

$$Gi = \frac{1}{2n^2 \bar{s}_k} \sum_{i=1}^{n} \sum_{j=1}^{n} |s_{ki} - s_{kj}| \tag{2}$$

其中,s_{ki} 和 s_{kj} 分别表示区域 i 和区域 j 中产业 k 的就业人员占所在区域所有就业人员的比重,n 是区域的数目,$\bar{s}_k$ 表示 $s_{ki}(i = 1, 2, \cdots, n)$ 的平均值。行业的空间基尼系数 Gi 取值范围在 0~1 之间,若产业 k 的所有就业人员全部集中在某个区域,那么行业的空间基尼系数 Gi 等于 1,若所有产业 k 的在各区域就业人员比重都相同,那么行业的空间基尼系数 Gi 值为 0。空间基尼系数的提高表示该产业集聚程度上升(当地区数量 n 趋于 ∞ 时,并且行业的就业人数集中的某一个区域,那么 Gi 将趋向 1)。空间集聚度使用制造业分行业各地区就业人数与该地区总就业人员之比来计算。本报告数据通过 36 个行业在全国 31 个省份就业人员计算而得。

3.1.2　我国工业产业集聚度测算

1. 数据来源

我国工业分行业各地区就业人员以及各地区总就业人员来自《中国劳动统计年鉴》(2000~2014),样本为除工艺品及其他制造业、废弃资源和废旧材料回收加工业外的 36 个工业行业;另外,橡胶制品业、塑料制品业仅有 2000~2012 年的数据。

2. 我国工业产业集聚度的测算及分析[①]

根据区位商指标测算了 36 个工业行业在全国 31 个省份的区位商。因为省份数量过多不易看出演变趋势,本报告以全国 6 大区域作为分析对象,根据每个省份所在区域(副表 3-1),通过加总求出分产业在不同区域的区位商,具体如副图 3-1 所示。

---

① 本部分主要就各行业区位商的变化进行说明,各行业空间基尼系数附在本文的附录中。

副表 3 - 1　　　　　　　　　　　**31 个省份所在区域**

区　　域	省　　　　　份
华北地区	北京、天津、河北、山西、内蒙古
东北地区	辽宁、吉林、黑龙江
华东地区	上海、江苏、浙江、安徽、福建、江西、山东
中南地区	河南、湖北、湖南、广东、广西、海南
西南地区	重庆、四川、贵州、云南、西藏
西北地区	陕西、甘肃、青海、宁夏、新疆

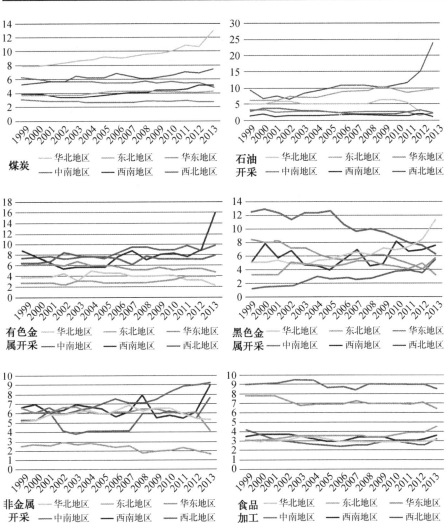

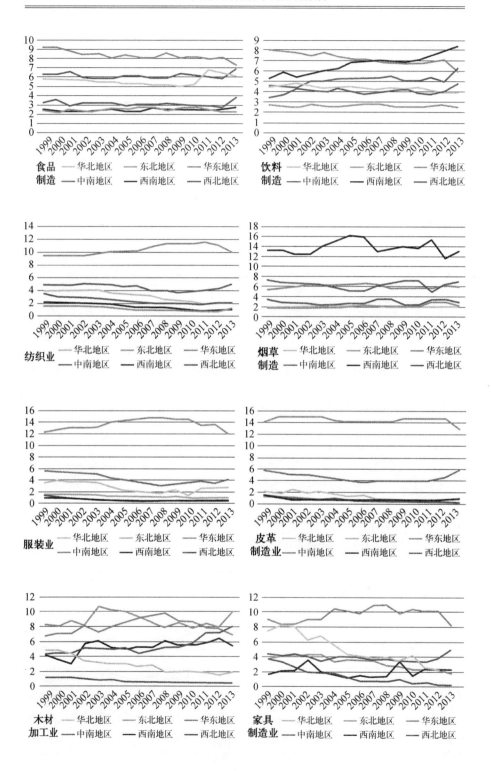

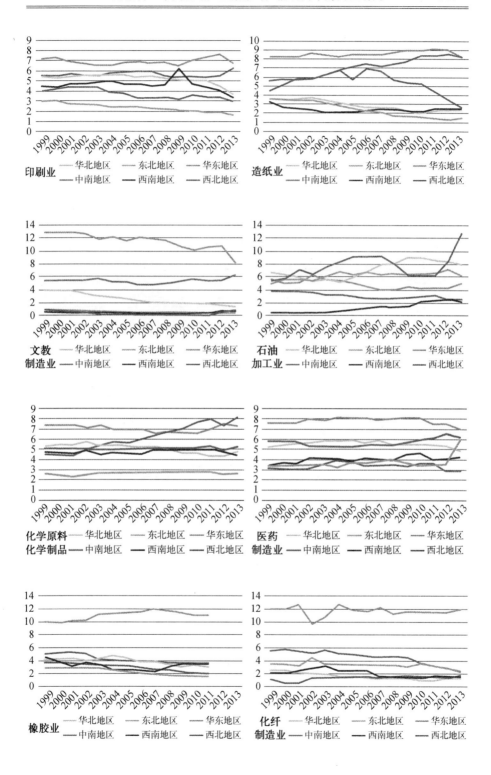

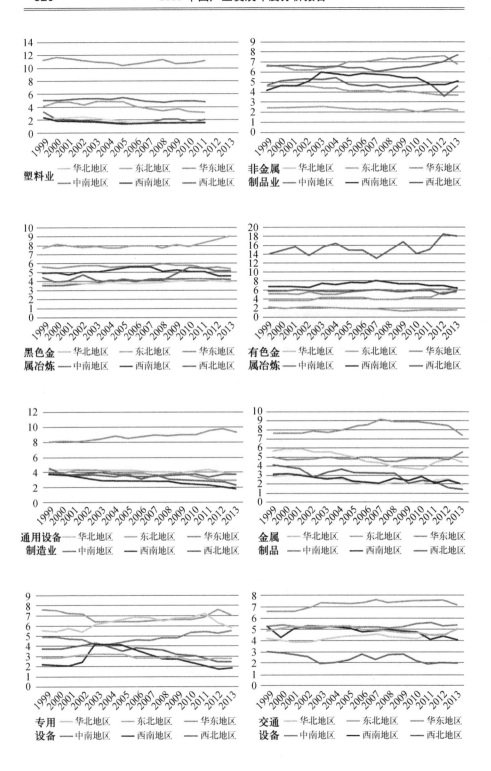

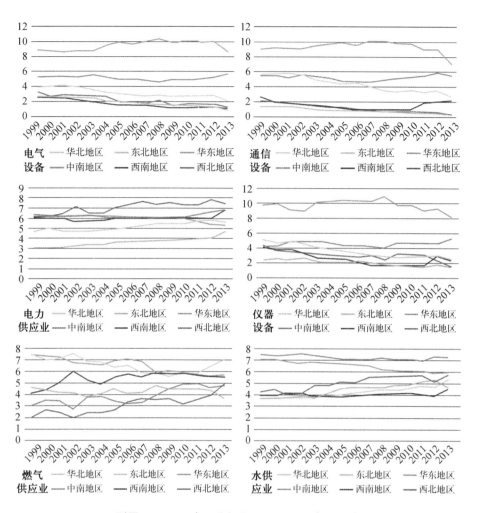

副图 3-1 36 个工业行业 1999～2013 年区位商

从副图 3-1 中,可以看到我国工业行业区位商的演进趋势。具体而言,在采矿类行业中,煤炭开采在华北地区的集中度 1999～2013 年集聚度一直呈上升状态,而其他地区基本保持了不变;石油开采在 1999～2009 年各区域基本保持不变,2011～2013 年在西北地区集聚度显著上升,而华北地区集聚度显著下降;黑色金属开采在各个地区变化比较明显,中南地区的集聚度从原来的第一位下降至第三位,华北地区的集聚度由第四位显著上升至第一位,西南地区集聚度由第三位上升至第二位;有色金属开采 1999～2011 年各区域基本保持不变,2012～2013 年西南地区集聚度显著上升;非金属开采中,中南地区集聚度从 1999～2013 年稳步提升,从原来的第三位上升到了第一位,西南、西北地区集聚度在 2011~2013 年显著提高,华东地区、东北地区则呈下降趋势。

在制造业各行业中,食品加工业,各区域保持不变,集聚度最高的是中南地区,华东地区第二位,其他地区基本一致;食品制造业,各区域集聚度基本不变,华东地区排名第一,但呈现稳步下降的趋势,中南地区和华北地区分别为第二位和第三位;饮料制造业,华东地区集聚度由第一位下降到第三位,西南地区上升到第一位,中南地区上升到第二位,但总体变化幅度不大;烟草制造业,西南地区集聚度稳居第一,主要是云南地区烟草的集聚度较高,其他地区基本保持不变;纺织业、服装业、皮革制造业集聚分布基本一致,均是华东地区远远高于其他地区,中南地区、华北地区位于第二、三位;木材加工业,东北与华东地区集聚度交错领先,中南地区集聚度也稳步上升,进入前三;家具制造业,华东地区集聚度保持第一,华北、西北地区集聚度下降明显,其他地区基本保持不变;造纸业,华东地区集聚度稳定保持第一,中南地区上升势头明显,未来有望超过华东地区,西北地区集聚度从 1999~2006 年上升后下降明显,其他地区也均有下降趋势;印刷业,华东地区保持第一,中南地区在 2011~2013 年后显著上升,其他地区呈下降趋势;文教制造业,华东地区、中南地区、华北地区集聚度分列前三位,2010 年后华东地区呈下降趋势,中南地区呈上升趋势;石油加工业,各区域集聚度分化明显,西北地区波动较大,2011 年后集聚度显著上升,华北、东北地区集聚度分列第二、三位;化学原料和化学制品业,西北地区集聚度显著提升,从 1999 年的第五位跃居到 2013 年的第一位,其他地区基本保持不变;医药制造业,各区域集聚度基本保持不变,东北地区 2012~2013 年由于吉林集聚度的提高而显著提升;化纤制造业,各区域集聚度分化明显,华东地区遥遥领先,而其他地区集聚度均显著下降,其中中南地区下降最为明显;橡胶、塑料行业,分化明显,华东地区远远高于其他地区,同时在橡胶行业中其他区域的集聚度均有所下降,而塑料业中其他区域基本保持不变;非金属制品业,各区域集聚度基本保持稳定,中南地区与华东地区交错领先;黑色金属冶炼业,中华北地区稳居第一,并且在 2010 年后,华北地区显著上升,而其他地区则更加趋同;有色金属冶炼,西北地区集聚度显著位列第一,说明西北地区有色金属冶炼产业属于区域中的支柱行业,其他地区基本保持不变;金属制品业,华东地区稳居第一,华北地区与中南地区交错位于第二、三位;通用设备、交通设备、电气设备、通信设备、仪器设备,集聚分布基本一致,即华东地区集聚度远高于其他地区,且差距在1999~2013年呈上升趋势;专用设备制造业,各地区的差异度则没有上述这几个设备制造业那么明显,华东地区尽管集聚度基本保持第一,但华北、中南地区集聚度同样较高,而西北、西南地区则呈下降趋势。

在公用事业行业中,可以看到由于这些行业属性的特点,集聚度均没有明显的变化,在1999~2013年基本保持在原有的集聚水平。电力供应业中,西北地区凭借其水力资源优势集聚度位列第一;燃气供应业,华东地区与华北地区交错领先,随着天然气的逐步普及,其他地区的集聚度也呈现上升趋势;自来水供应业,各区域集聚度逐步趋同,中南地区与华东地区位于前两位。

3.1.3　典型产业集聚的演进分析

本报告分别选取产能利用率低(煤炭开采、黑色金属冶炼)、较低(纺织业)、合理(通信电子设备制造业)的4个行业作为样本,来分析这些行业产能集聚度有哪些特征,以此为下一步的分析奠定一定的现实基础。选取的4个行业分别来自采矿业、资本密集型制造业、劳动密集型制造业、技术密集型制造业,具有一定的代表性。

本报告从产业集聚的2个指标来分析:一是从各产业在各省份区位商的变化角度来分析,能够更加细化地看到每个产业从1999~2013年在各个区域中的变化,是更加集聚到个别区域还是分散到更多区域,同时区位商的数值能够反映集聚度提高还是降低;二是从各产业的在全国范围的空间基尼系数来分析,这个指标背后的含义更多的是测度行业在各个省份之间分布平衡的差异度,指标越高说明该行业在各省份之间差异越大,指标越低说明该行业在各省份之间越平均,以此说明各产业的集聚程度。

1. 重点行业区位商指标分析

本报告将区位商分为5等分,以此来显示各行业集聚度在地区之间的变化。

煤炭开采业:从副图3-2、副图3-3中可以看到,煤炭开采业从1999~2013年有很明显的变化,副图3-2的4/5分位点为3.67,而副图

3-3 的 4/5 分位点为 7.09,两者差接近 1 倍。这对于一个地区而言变化是巨大的。山西省煤炭开采业的从业人员占全省所有从业人员的比重在 16 年间由 4.6 上升到了 8.9,上升接近 1 倍。

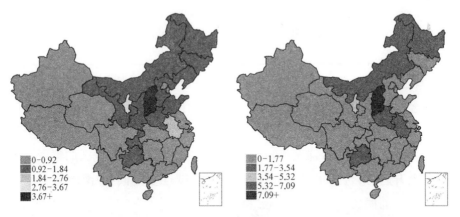

0-0.92
0.92-1.84
1.84-2.76
2.76-3.67
3.67+

副图 3-2　1999 年煤炭开采业区位商

0-1.77
1.77-3.54
3.54-5.32
5.32-7.09
7.09+

副图 3-3　2013 年煤炭开采业区位商

　　黑色金属冶炼及压延加工业:从副图 3-4 中可以看到,1999 年黑色金属冶炼及压延加工业集聚度高的地区主要是辽宁、内蒙古、河北、青海,区位商 4/5 分位点为 2.22;而副图 3-5 中可以看到,2013 年黑色金属冶炼及压延加工业聚集度高的地区主要是河北、辽宁、天津,区位商 4/5 分位点由 2.22 上升到 2.69,上升了 21%;同时,2013 年河北省该产业的区位商为 3.36,辽宁省为 2.92,而 1999 年河北省该产业的区位商为 1.78,从 1999 到 2013 年上升了 89%。也就是说,16 年间河北省在黑色金属冶炼及压延加工业的从业人员占全省从业人员的比重上升了接近 90%。

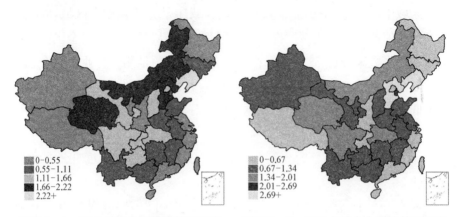

0-0.55
0.55-1.11
1.11-1.66
1.66-2.22
2.22+

副图 3-4　1999 年黑色金属冶炼区位商

0-0.67
0.67-1.34
1.34-2.01
2.01-2.69
2.69+

副图 3-5　2013 年黑色金属冶炼区位商

　　纺织业：纺织业产能过剩最为严重的时期是 90 年代底,后来经过行业的兼并重组以及各项改革,产能利用率有所提高,但是近些年行业的产能利用率有所下降,在劳动密集型行业中比其他产业产能利用率较低。由副图 3‐6、副图 3‐7 可以看到,1999 年纺织业主要集聚在山东、江苏、浙江、安徽、湖北、河南,产业集聚度 4/5 的分位点是 1.72,而 2013 年纺织业主要集聚在山东、浙江,区域更加集聚,同时 4/5 的分位点是 2.16。

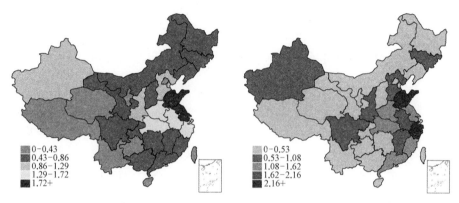

副图 3‐6　1999 年纺织业区位商　　　　副图 3‐7　2013 年纺织业区位商

　　通信设备制造业：通信设备制造业是我国制造业中出口比例最高的产业,2001～2013 年出口交货值占其销售总产值的比重高达 59.7%,远高于其他制造业。由副图 3‐8、副图 3‐9 所示,1999 年主要集聚在广东、天津,其产业集聚度 4/5 的分位点是 3.17,2013 年其主要集聚在广东、江苏,产业集聚度 4/5 的分位点是 2.64,说明整体集聚水平有所下降。

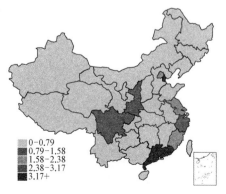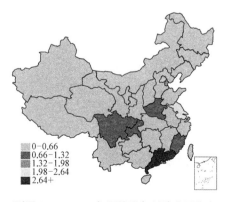

副图 3‐8　1999 年通信设备制造业区位商　　　　副图 3‐9　2013 年通信设备制造业区位商

从以上四个行业 1999～2013 年产业集聚度的变化,可以看出产能利用率较低的行业在 16 年间的集聚度不断上升,山西煤炭、河北钢铁的集聚度上升了 1 倍左右,而同时其他地方的集聚度有所下降,说明这些产业不是全国范围内的共同增加,而是部分地区产生了虹吸效应,产业不断向这些地区集聚,由此导致全国范围的产业集聚度不断提高。纺织业情况类似,集聚程度不断提高,1999 年集聚在长三角、中部等多个省份,但是 2013 年主要集聚地仅有山东、浙江。而通信设备制造业集聚分布地区尽管变化不大,由广东、天津变为广东、江苏,但是其产业集聚水平却有所下降,产业集聚度 4/5 的分位点由 3.17 下降至 2.64。由此,我们可以看到产业集聚的变化对于产业产能利用率有着显著的影响。

2. 重点行业空间基尼系数指标分析

区位商反映各行业在不同地区的集聚情况,空间基尼系数反映全国范围内产业集聚程度。前者更加微观,可以得到某个行业在各省份的集聚程度;而空间基尼系数是在前者的基础上,从全国层面来看一个产业的集聚情况,所以两者既有联系又有区别。一般而言,区位商如果差别较大,那么基尼系数相对也会更大,但是并不代表某个行业区位商大,其基尼系数一定会大。

本报告计算了上述四个行业的空间基尼系数,同时为了对比分析还加入了食品制造业(见副表 3 - 2),可以看到煤炭开采业基尼系数最高,并且是所有工业行业中基尼系数最高的行业;而令人意外的是通信设备制造业,在区位商的对比分析中,其区位商是下降的,但是从基尼系数来看,其数值又很高,在所有工业行业中属第二高,而且从 1999～2013 年其基尼系数一直在上升,表明通信设备制造业的集聚在各省份之间的差别是很大的。通过进一步分析(见副表 3 - 3),可以看到通信设备制造业在西北及西南从业人员比重基本为 0,在一定程度上造成基尼系数较大。另外通过副表 3 - 2,可以看到食品制造业的基尼系数稳定在 0.05 左右。根据本报告计算工业行业平均空间基尼系数为 0.11,说明前四个行业均大于半数工业行业的集聚度。

通过上述分析,可以看到基尼系数较高的产业,在一般情况下其产能利用率较低,但是也并非完全这样,如通信设备制造业并没有产能过剩。这为本报告后续研究起到了重要的启示作用。

副表 3－2

1999～2013 年部分行业全国产业集聚度

行业 ＼ 年份	1999	2000	2001	2002	2003	2004	2005	2006	2007	2008	2009	2010	2011	2012	2013
煤炭开采业	0.47	0.45	0.45	0.47	0.50	0.53	0.53	0.55	0.53	0.53	0.55	0.56	0.57	0.57	0.55
黑色金属冶炼及压延加工业	0.22	0.21	0.20	0.18	0.18	0.17	0.17	0.18	0.18	0.17	0.18	0.17	0.18	0.19	0.19
纺织业	0.25	0.26	0.25	0.24	0.23	0.23	0.24	0.25	0.23	0.21	0.20	0.19	0.19	0.15	0.13
通信设备制造业	0.16	0.19	0.20	0.23	0.25	0.28	0.31	0.33	0.37	0.35	0.36	0.37	0.38	0.42	0.46
食品制造	0.05	0.05	0.05	0.04	0.04	0.04	0.05	0.05	0.05	0.05	0.05	0.05	0.06	0.06	0.06

副表 3－3

通信设备制造业部分地区从业人员占当地所有就业人员比重

地区 ＼ 年份	1999	2000	2001	2002	2003	2004	2005	2006	2007	2008	2009	2010	2011	2012	2013
西藏	0	0	0	0	0	0	0	0	0	0	0	0	0	0	0
陕西	0.016	0.017	0.018	0.018	0.018	0.016	0.019	0.018	0.017	0.012	0.012	0.012	0.013	0.014	0.008
甘肃	0.004	0.006	0.005	0.005	0.006	0.005	0.005	0.005	0.005	0.005	0.005	0.006	0.005	0.005	0.003
青海	0.002	0.001	5E-0.4	4E-0.4	0	1E-0.4	1E-0.4	1E-0.4	0	0	1E-0.4	1E-0.4	1E-0.4	4E-0.4	4E-0.4
宁夏	0.001	0.001	0.001	0.001	0.001	0.001	0.001	2E-0.5	1E-0.5	0.001	0.001	0.001	0.002	0.002	0
新疆	2E-0.4	3E-0.4	9E-0.5	7E-0.5	1E-0.4	9E-0.5	9E-0.4	1E-0.3	1E-0.3	0.001	0.001	0.001	0.002	0.002	1E-0.5

3.2　产业集聚影响因素分析

经济地理理论、外部经济理论、竞争优势理论、交易成本理论等从诸多角度分析了影响产业集聚的因素(邹伟,2007)。学者的研究表明,影响产业集聚的因素是多方面的。经济地理理论认为,地理和经济因素的差异是造成产业集聚的根本原因(金煜、陈钊、陆铭,2006)。新经理地理理论则认为,地理和历史优势只是产业集聚的起点,真正影响产业进一步集聚的是规模报酬递增效应和集聚的正反馈效应,此外,地区的人力资本水平,消费者的购买能力、交通运输条件是产业集聚的前提条件(Krugman,1991)。政策和政府因素被认为是除经济地理因素与新经济地理因素外影响产业集聚的另外一个重要因素(Kanbur & Zhang,2005),包括政府公共资源投入(Brakman et al.,2008)、财政支出(Alonso Carrera et al.,2009)等。考虑同一地区不同产业之间集聚程度的差异,本报告认为,除了与区域相关的因素外,影响产业集聚主要有如下几个因素。

3.2.1　外部效应

新经济地理理论和集聚经济理论认为,产业的正外部性是产业集聚形成的一个重要原因。外部性包括两个方面的内容:一是与生产直接相关的要素和禀赋产生的规模效应和协同效应,包括生产资料、劳动力市场、技术外溢、基础设施、配套和关联产业等(Marshall,1920;Duranton & Puga,2004)。在一个地区的经济发展过程中,原有的均衡被偶然的外部扰动(自然资源、政策等)所破坏,产生了一个增长的市场,资源禀赋、专业劳动力、技术人才、供应商和配套支持产业等要素开始向该区域聚集(Weber,1965)。资源的相对丰富、完善的基础配套设施和企业的相对密集节约了生产成本与运输成本,提升资源配置效率,使企业的产品更具竞争力,从而进一步引起要素和企业的集聚,即产业集聚(陈建军、胡晨光,2008)。更进一步地,产业的集聚和企业的多样化使得专业化分工和协作成为可能(Remigio et al.,1997),企业间频繁的沟通以及共享的劳动力市场和供应商增强了知识的流动性与企业间的学习效应,创新与技术共享更加活跃,进一步提升企业效率,反过来又促使产业的进一步集聚,从而引起产业集聚的循环累积因果效应(Krugman,1991；Baldwin,1999)。二是非经济因素,即运营环境的改善。在相对密集的空间环境和交往频率环境下,企业由于质量、诚信方面的问题将很快经由共享的市场、劳动力和供应商传达给潜在顾客,这使得企业将承担较高的损失和成本(Rotemberg、Saloner,2000)。在这种情况下,企业将更注重自己的名声,企业与顾客之间将呈现更高水平的信任。同样,在向银行贷款时,企业出于对违约成本的考虑将更加爱护自己声誉,从而增加资本方(银行)与企业之间的信任水平(盛丹、王永进,2013)。同时,地理位置的集中加速了共同知识的建立,是企业之间更容易建立起共同的价值观,增强了企业之间的信任水平。信任水平的提升不仅能够减少机会主义行为和不确定性,降低市场交易成本,更有助于企业运营环境的改善,从而进一步引起产业集聚,产业集聚的循环累积因果效应同样存在。

3.2.2　经济开放

大量研究证明了经济开放对于产业集聚的经济影响(Birkinshaw,2000；Gao,2004；金煜、陈钊,2006)。经济开放使得本地企业可以学习国外的先进技术,推动东道国的技术进步与创新能力的提升,同时在当地促进产业链上的前向及后向的溢出效应,加速地区产业集聚的形成(Gheuag,Lin,2004；杨仁发,2015)。同时,经济开放创造了一个全球化市场,扩大了市场规模,在规模效应的影响下,地区集聚水平也会有所提升(邓玉萍、许和连,2012)。在经济开放的背景下,市场机制能更充分地发挥作用,有利资源的优化配置,进而推动企业的地理集聚(贺灿飞,2009)。

除此之外,在经济开放的市场环境中,为吸引外商投资或促进本地企业出口,政府通常会通过加强本地基础设施的建设、提供配套商业设施以及加强教育和医疗投入等吸引企业集聚,而出口企业集聚有利于中间产品、劳动力、供应网络、市场信心和基础设施的共享,在共享效应和技术外溢效应的影响下,有利于产业内分工协作的深化,降低成本和风险,从而产生更强的产业集聚效应(武晓霞等,2011)。

3.2.3　政府干预

在我国现有经济体制下,政府掌握了大量稀缺的资源要素,并拥有制定经济政策和制度设计的权力,对于区域经济的发展有举足轻重的影响(金煜等,2006;林毅夫,2008),地方政府官员的绩效考核也与地区经济的发展密切挂钩(高鹤,2006)。大量研究表明,产业集聚对于区域经济的发展和区域竞争力的提升有十分积极的影响(Coe, et al. , 2004;Crozet & Koenig,2005;潘文卿、刘庆,2012)。与此同时,我国东部沿海地区由于产业集聚带来的经济飞速增长也从实践角度证明了产业集聚对于地方经济的巨大促进作用(李世杰、胡国柳、高健,2014)。因此,政府及其官员出于经济发展、就业以及自身"仕途"的考虑,越来越重视产业集聚,有强烈的动机和充足的能力促进区域产业集聚的形成。现有研究表明,政府干预是产业集聚的外部动力机制之一(刘恒江,陈继祥,2004)。

政府干预一方面表现为政府政策。已有研究证实,政府政策对于中国地区经济发展的差异有十分重要的影响(Ravi & Zhang,2005;黄玖立,李坤望,2006;张俊妮,陈玉宇,2006)。在"政治锦标赛"与分税制改革带来的地方财税利益动机的双重影响下,地方政府通过出台各项税收政策(Fujita,Thisse,2002)、财政政策(梁琦,吴俊,2008),吸引劳动力、生产资料、资本等要素向地方集聚,引导企业在区域内形成集聚,促进产业集群的发展,从而实现地区经济的增长(王战营,2013)。在产业发展到一定规模以后,政府出于产业对地方 GDP、就业等方面的贡献的考虑,将加大地方保护主义的强度,继续通过各项补贴和政府担保等措施减少企业的资金成本和创新成本,增强企业的竞争力和区域产业的竞争力,从而吸引更多同行业企业的集聚(胡健、董春诗,2012)。

政府干预的另一方面表现为政府的直接经济行为。在我国现有经济体制下,政府除了通过经济、产业和制度政策的制定间接干预经济发展与产业集聚外,还以国有企业的形式直接参与经济,表现出"经济人"的特征(赵静等,2013)。对于国有资本占主导的产业,政府有更强的动力采取保护性政策,提供更多贷款、税收优惠以及补贴等方面的措施(贺灿飞,朱彦刚,朱晟君,2010),从而引起产业集聚的效果。

3.3　本章小结

本章主要对我国工业行业的集聚水平进行了测度,并分析了其演进机制,最后对产业集聚的影响因素作了较为详尽的研究梳理,从而引出了后文的研究视角。

首先,对产业集聚的测算方法进行了介绍,指出根据本报告的研究内容选取了区位商和空间基尼系数两种测度指标。在此基础上,本报告测度了33个工业行业在各省份的区位商,并根据各省份地理位置加总得到各产业在全国7个区域的区位商,由此得到1999～2013年各产业地理的演进情况。

其次,利用各产业区位商及空间基尼系数,选出了四个具有特点的行业,即煤炭开采业、黑色金属冶炼及压延加工业、纺织业、通信设备制造业,进行了深入分析。研究发现,目前产能过剩的行业其集聚度从1999～2013年不断上升,一方面集聚从多个省份趋向个别省份,另一方面整体集聚度不断提高。山西的煤炭开采和河北的黑色金属冶炼和压延加工业均是典型案例。但在研究中同时发现,尽管通信设备制造业的集聚度较高,但是其产能利用率却保持在一个合理范围。这对本报告研究具有深刻的启发性。

最后,梳理了产业集聚的影响因素,从外生变量决定论到内生变量决定论,即在西方的研究中表明产业集聚的主要影响因素由原来的区位优势、历史因素、市场规模等逐渐转变为规模报酬递增、运输成本、创新能力,即产业集聚的主要因素由外在因素逐步转变为内在因素,而这对于具有较强政策干预的我国集聚市场研究还存在一定的缺陷,即没有将地方政府的影响纳入分析中。为此,本报告又着重从地方政府对于产业集聚影响的动机及机制进行了梳理研究。从文献中可以看出,集聚产业对于地方经济的推动作用是较为显著的,同时集聚产业对于地方就业的影响也是显而易见的。由此,政府会对产业集聚进一步地进行干预,如各项优惠政策、隐形补贴等,以强化本地区集聚产业的进一步发展壮大。

4

理论框架与研究假设

4.1 产业集聚影响产能利用率的概念框架

传统意义上经济集聚,是在市场机制的导向下,各类要素在回报率的引导下自发集聚(师博和沈坤荣,2013)。集聚经济具有外部性:一是集聚会带来规模效应,即大量同类企业在同一区域范围,有助于降低其成本,实现规模报酬递增;二是集聚会带来知识溢出和技术创新,即集聚企业会通过技术示范和互相模仿,提高整体技术水平。集聚经济的规模效应带来其生产率提高,同时产业的产能利用率也会显著地提高。

然而,集聚也不可避免地存在种种弊端,例如同类企业间的恶性竞争、交通与居住以及劳动力成本的上升、环境发展的恶化,即过度集聚的拥挤效应(congestion effect)。大量文献已经证实了我国的制造业已存在一定程度的拥挤效应(沈能,2015;叶宁华,2014)。

在市场机制的引导下,经济集聚的规模效应与拥挤效应会形成一个合理的集聚度。然而,集聚带来的经济发展与吸纳就业,会引导地方政府出台各项优惠政策,以促进本地区产业集聚的进一步提升。在这个过程中两者形成了"捆绑效应"及自增强过程,即:集聚度的提高,会提高政府干预的动机,干预形成的集聚度会更高,政府对其的依赖性越大,提供的优惠更多。在这个过程中,随着政府干预力度的不断增强,更多的企业扎堆在同一个区域,集聚度进一步提升。

在上述过程中,产业集聚会从两个方面影响产能利用率。一方面,依托优惠政策形成的集聚产业,在前期中会由于规模效应导致产能利用率提高,但是在后期,拥挤效应不断凸显,而集聚度却由于政府干预而不断提高,导致企业生产率下降,产能利用率下降;同时,优惠政策对于追求微利的企业更加具有吸引力,导致更多从事低端价格竞争的企业不断集聚,导致产业中进行恶性低价竞争(Amiti & Freund,2008),进而导致产能利用率进一步下降。另一方面,集聚产业在集聚前期中,由于其规模相对较小,政府对其的扶持力度相对较低,所以其会倾向通过扩大劳动力水平来提高其集聚优势,从而能够获得更多的优惠政策,在这种情况下集聚产业的固定资本占比将下降;而集聚发展到后期,由于其规模效应显著,政府给予其更多的优惠补贴,从而显著降低资本的价格水平,导致企业会投资更多的固定资本,所以企业中固定资本的比例提高。由于资本投资在短期内很难调整,由此导致在外界需求发生变化时固定资本被闲置,导致产能利用率下降。韩国高等(2011)在计算工业行业产能利用率的研究中,

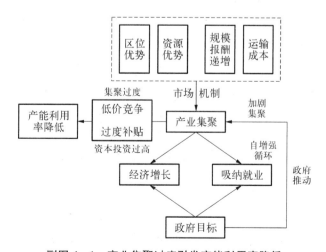

副图 4-1　产业集聚过度引发产能利用率降低

针对 7 个产能过剩行业,利用实证分析证明了固定资产投资是产能过剩的直接原因;董敏杰等(2015)的研究也表明行业资本密度越高,产能利用率越低。

4.2　研究假设

4.2.1　产业集聚对产能利用率之间的"倒 U"形关系

产业集聚在发展初期时,凭借其规模优势、知识溢出,技术水平提高,生产率得到了提升,外部经济效应明显,产业得到了极大的促进,产能利用率得到了提高;产业集聚发展到一定阶段,地方经济发为了追求 GDP 及就业,会倾向于向集聚产业给予更多的优惠政策来促进本地区产业集聚的发展(李世杰,2014)。在这种情况下,大量企业会涌入该地区,导致集聚过度,本地区出现拥挤效应,导致了负的外溢效应,进而造成低价格竞争(叶宁华,2014),产能利用率下降。

另一方面,如前文所述,集聚产业在发展初期,由于规模较小,其获得政府的优惠政策相对有限,所以更可能会通过扩大劳动力来提高集聚优势,在此情况下集聚产业的固定资本投资占比相对下降;而在集聚发展到中后期,集聚产业能够获得地方政府的土地出让补贴、融资扶持、税收补贴等,促进企业加大固定资本的投资,从而固定资本占比提高,而固定资本短期内不易发生改变,在这种情况下,当外界需求发生变化时,产能较难在短期内调整,从而导致产能利用率下降。

基于上述两方面的逻辑推演,本报告提出如下假设。

假设 H1:产业集聚度与产能过剩是呈现"倒 U"形关系,即随着产业集聚度由低到高,其产能利用率会先提高后下降。

4.2.2　集聚地区要素配置效率正向调节"倒 U"形关系

产业集聚地要素配置效率在一定程度上影响着集聚是否会引发过度的拥挤效应,进而影响产能利用率的高低。产业集聚地集聚程度由两方面决定:一是行业中的市场机制,集聚地资源禀赋、运输成本、区位优势、人力资源、技术水平等因素会引导各类生产要素在该地区形成集聚;二是该地区的地方政府行为,各个地区地方政府的行为存在一定的差别。市场化进程在各个区域间是不平衡的,无论是在行政区域还是在产业部门都表现得非常明显(孙铮,2005)。从前文中得到通信设备制造业在广东省的集聚度很高,但是该行业产能利用率依旧较高,由此可以推测出产业集聚地的要素配置效率对产业集聚影响产能过剩有着重要的调节作用。

董敏杰等(2015)利用各省份数据测算中国工业行业2001~2011年产能利用率,测算出市场化程度与产能利用率显著正相关,与本报告研究思路一致。

要素配置效率越低,政府主导型力量越强,政府越有可能干预,导致企业扎堆,引发拥挤效应。同理,要素配置效率越高,市场机制主导型更强,企业的投资决策更多的是通过市场来进行调节,较少受到政府的干预。基于此,本报告认为产业集聚地的要素配置效率越高,其产能利用率越高。据此,我们提出假设:

假设H2:产业集聚地的要素配置效率能够正向调节产业集聚与产能利用率的"倒U"形关系,即产业集聚地要素配置效率越高,产业集聚越有可能提高产能利用率。

4.2.3　研发投入正向调节"倒U"形关系

林毅夫等(2010)、王立国(2011,2012)认为我国产能过剩存在着结构性问题,即低端产品和技术产能过剩,而高端产品供给不足。在钢铁行业和光伏行业均存在着低端产能供给过剩,高端产能供给不足的现象。

本报告以研发投入为指标衡量行业的技术水平。认为研发投入越高,表明行业技术投入大,有利于提高行业技术水平,从而改善产能过剩的可能性。基于此,本报告认为研发投入占比越高,越有助于产能利用率的提高。据此,我们提出假设:

假设H3:产业的研发投入能够正向调节产业集聚与产能利用率的"倒U"形关系,即产业研发投入占比越高,产业集聚越有可能提高产能利用率。

4.2.4　企业规模程度正向调节"倒U"形关系

行业中企业规模与产能过剩的关系,在前文的研究中存在不同的结论。王文甫(2014)通过引入两种不同规模的企业,即大企业与中小企业,从政府财政的视角,借鉴 Bernanke 等(1999)和 Fennandez-Villaverde (2010)的分析框架,以讨论中国非周期性产能过剩的机理为出发点,尝试构建一种动态随机的一般均衡模型。通过模拟研究发现,为了追求 GDP 和税收的最大化,地方政府干预行为(如政府购买和政府补贴)将进一步加强,并向大企业、重点企业进行倾斜,但在促使其产量增加的同时,也一并引发了投资过度,从而导致了非周期性的产能过剩。但程俊杰(2015)在研究产业政策导致产能过剩的研究中,将大小企业规模引入作为调节变量,研究结果显示从企业规模来看,我国产业政策可能主要通过小企业来引发产能过剩。

本报告是基于产业集聚的视角来研究产能过剩,基于我国产业集聚的现状,我国产业集聚中更多地体现为"小企业扎堆"[①](匡旭娟,施祖麟,2008),所以小企业更有可能导致产能利用率下降,而大中型企业更有可能提高产能利用率。据此,本报告提出假设:

假设 H4:产业的企业规模能够正向调节产业集聚与产能过剩的"倒U"形关系,即产业的企业规模越大,产业集聚越有可能提高产能利用率。

4.3　理论模型总结

根据前文总结的概念模型及其相关理论,本报告对产业集聚与产能利用率"倒 U"形关系的影响机制作了较为详尽的论述,同时通过相关理论研究以及现状的分析,判断出可能存在调节作用的变量:集聚地市场化程度、行业研发投入、行业企业规模,以及这三个变量会如何调节"倒 U"形关系进行了研判。据此,构建出本报告的理论模型(见副图 4 - 2)。

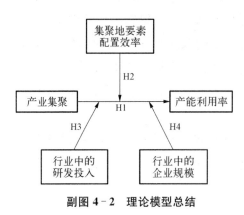

副图 4 - 2　理论模型总结

---

① http://heb.hebei.com.cn/system/2013/11/19/013073881.shtml。

4.4　微观理论推演

在现有的文献中,关于产能过剩的模型主要是从两种角度来研究的：
(1) 理论模型,运用博弈论的方法,企业在初始阶段设定产能 Q,然后在下一阶段,根据市场的需求函数决定实际的产出 q,当 $q<Q$ 时,即存在产能过剩。而产出 q 之所以小于产能 Q,可能是由于信息不对称带来的潮涌现象(林毅夫等,2010),政府对企业产能的补贴过多带来的产能过剩(江飞涛等,2012),相对低成本的民营企业进入市场对国有企业造成"侵蚀"进而引发国有企业产能过剩(范林凯等,2015)等等。(2) 为产能利用率的实际测算而构建的模型,一般是把某个可观测的指标作为实际产出,再按照某种方法估算产能,将产出和产能进行比较,比如协整法(Shaihk and Moudud,2004),将长期和资本共同变化的产出当作产能产出,再比如成本函数法(Morrison,1985),以企业的短期成本与长期成本的切点估算产能,等等。其中,理论模型研究实际产出 q 和产能 Q 的关系,很少从生产函数的角度考虑企业要素投入中固定资本和劳动要素的分配关系。而要素投入中,由于固定资产投入在短期成本中是不可变的,只有长期成本可变,当企业的实际产出小于预期产出,而固定资产的投资在短期之内无法调整,由此造成产能利用率降低。因此,下文主要从生产函数的角度,分析集聚程度对企业固定资产投资比例的影响,继而说明了集聚程度对于产能利用率的影响。模型设定：

(1) 假设企业的生产服从 Cobb-Douglas 生产函数的形式：

$$Q = AGL^{\alpha}K^{1-\alpha}$$

其中,Q 表示某地区某产业在决定要素投入时的预期产量,即在一定要素投入下的生产能力,A 表示综合技术水平,G 表示集聚程度,L 表示劳动投入,K 表示固定资本投入,α 和 $1-\alpha$ 分别代表劳动投入和固定资本投入对产出的弹性($0<\infty<1$)。由于产业集聚的规模效应会促进生产,因此这里参考[①] Shukla 的模型将集聚程度 G 放入生产函数模型

① Shukla, V., & Stark, O. (1996). Policy Comparisons with an Agglomeration Effects-Augmented Dual Economy Model. In V. Shukla (Ed.), *Urbanization and economic growth* (pp. 111-128). Delhi: Oxford and New York Press, 1996.

(Shukla,1996)。

(2) 某地区某产业的集聚程度 G 可以通过该地区该产业的就业人数的区位商来反映,因此集聚程度 G 可看作是劳动投入 L 的函数,即 $G = G(L)$,且 $G(L)' > 0$, $G(L)'' \leqslant 0$,即集聚程度随劳动投入的增加而递增,该变化程度是非递增的。具体地,根据一般内生增长模型的设定方法,设 $G(L) = L^\gamma (0 < \gamma \leqslant 1)$,其中 γ 表示集聚程度对劳动投入的弹性。

(3) 设固定资本的价格为 $P_K(G) = P_K^0 - aG^2$, $a > 0$ 为政府对集聚程度的依赖程度,P_K^0 为在没有政府干预的情况下固定资本的市场价格(外生变量)。由于某地区的集聚程度较高的产业会对当地政府产生较大的收益,比如创造更多税收、解决就业问题(师博,2013;谭劲松,2007等),政府为了吸引该产业的企业留在该地区,会以补贴等形式降低固定资本的价格,集聚产业中的企业的拥有了价格优势,更愿意留在该地区,集聚程度则会越来越大,从而进一步增加了政府对该产业的依赖性,使政府与该产业形成"绑定效应"。集聚程度 G 越大,则固定资本的实际价格越低,即 $P_K(G)' > 0$,aG^2 为政府补贴部分。G 越大,当地政府对该产业的依赖越大,因此越倾向于补贴,即 $P_K(G)'' > 0$。

在以上模型设定下,该产业的企业在政府补贴的作用下进行生产决策,决定 K 和 L 的投入比例:

$$\min_{K, L} C = P_K(G) \cdot K + P_L \cdot L \tag{1}$$

$$\text{s. t.} \quad Q = AL^{\alpha+\gamma} K^{1-\alpha} \tag{2}$$

构建拉格朗日函数:

$$\mathcal{L} = P_K(G) \cdot K + P_L \cdot L - \lambda(Q - AL^{\alpha+\gamma} K^{1-\alpha})$$

F. O. C:

$$-2a\gamma KL^{2\gamma-1} + P_L - \lambda A(\alpha+\gamma)L^{\alpha+\gamma-1} K^{1-\alpha} = 0 \tag{3}$$

$$P_K^0 - aL^{2\gamma} - \lambda A(1-\alpha)L^{\alpha+\gamma} K^{-\alpha} = 0 \tag{4}$$

由(3)(4)得,

$$K = \frac{(1-\alpha)P_L \cdot L}{(\alpha+\gamma) P_K^0 + a[(1-2\alpha)\gamma - \alpha] L^{2\gamma}} \tag{5}$$

K/Q 表示产能 Q 中固定资产的投资比例，

$$K/Q = A^{-1} L^{-\alpha-\gamma} K^{\alpha}$$

将(5)和 $G(L) = L^{\gamma}$ 代入(6)可得：

$$K/Q = A^{-1} \left[\frac{(\alpha+\gamma) P_K^0 + a[(1-2\alpha)\gamma-\alpha] G^2}{(1-\alpha)P_L} \right]^{-\alpha} G^{-1} \tag{6}$$

对 G 求偏导数可得：

$$\partial \frac{K}{Q} / \partial G = -A^{-1} G^{-2} [(1-\alpha)P_L]^{\alpha} \{ (\alpha+\gamma) P_K^0 +$$
$$a[(1-2\alpha)\gamma-\alpha] G^2 \}^{-\alpha-1} \{ (\alpha+\gamma) P_K^0 +$$
$$(2\alpha+1)a[(1-2\alpha)\gamma-\alpha] G^2 \} \tag{7}$$

命题　当 $\alpha \geqslant \frac{1}{2}$，或 $\alpha < \frac{1}{2}$ 且 $\gamma < \frac{\alpha}{1-2\alpha}$ 时，固定资产投资在产能中的比例随集聚程度呈 U 形变化，且在 $G^* = \dfrac{(\alpha+\gamma) P_K^0}{-a(2\alpha+1)[(1-2\alpha)\gamma-\alpha]}^{\frac{1}{2}}$ 时，占比最小。

证明：当 $\alpha \geqslant \frac{1}{2}$，或 $\alpha < \frac{1}{2}$，且 $\gamma < \frac{\alpha}{1-2\alpha}$ 时，$(1-2\alpha)\gamma-\alpha < 0$。

由于 $K/Q > 0$，(6)式中 $A > 0$，$G > 0$，$P_K^0 > 0$，$a > 0$，$0 < \alpha < 1$，且 $0 < \gamma \leqslant 1$，因此 G 需要满足 $(\alpha+\gamma) P_K^0 + a[(1-2\alpha)\gamma-\alpha] G^2 > 0$，即 $G < \dfrac{(\alpha+\gamma) P_K^0}{-a[(1-2\alpha)\gamma-\alpha]}^{\frac{1}{2}}$。

(7) 中 G^2 前面的系数 $a(2\alpha+1)[(1-2\alpha)\gamma-\alpha] < a[(1-2\alpha)\gamma-\alpha] < 0$，因此 $\partial \frac{Q}{K} / \partial G = 0$ 有解 $G^* = \dfrac{(\alpha+\gamma) P_K^0}{-a(2\alpha+1)[(1-2\alpha)\gamma-\alpha]}^{\frac{1}{2}}$，且当 $0 < G < G^*$ 时，$\partial \frac{K}{Q} / \partial G < 0$，当 $G^* < G < \dfrac{(\alpha+\gamma) P_K^0}{-a[(1-2\alpha)\gamma-\alpha]}^{\frac{1}{2}}$ 时，$\partial \frac{K}{Q} / \partial G > 0$，因此 K/Q 随集聚程度 G 呈 U 形变化。

章上峰(2015)利用柯布-道格拉斯生产函数通过三种方法对我国资

本和劳动弹性系数的估计,1999～2011 年间劳动弹性均有所下降,其中 TVE 劳动弹性从 0.49 下降到 0.44,CES 劳动弹性从 0.59 下降到 0.51,TES 劳动弹性从 0.65 下降到 0.42,该文献说明我国近些年的劳动弹性基本维持在 0.5 左右。

上述分析的经济学含义是,在两种情况下固定资产投资比例与产业集聚度呈 U 形关系。一是当劳动弹性大于 0.5,根据前文所述,这与我国目前的劳动弹性基本吻合。具体而言,在集聚前期,由于劳动弹性较大,所以企业更倾向于通过加大劳动投入来推动生产,但随着集聚度不断提高,集聚优势发挥了更大的效应,即集聚带来资本价格的下降会推动企业进行更多的资本投资;二是当劳动弹性小于 0.5,同时集聚程度对劳动投入的弹性较低时,即劳动投入对于集聚度提高不是很显著,这种情况下当集聚度较低时企业可能依旧会通过扩大劳动力来提高产业集聚度,因为集聚度较小时政府对于资本价格补贴较低,企业没有动力去扩大资本投资。但是当集聚度较高时,政府对于企业的资本补贴更大,企业会倾向去增加资本投入,同时由于集聚度对于劳动投入的弹性较小,所以企业增加劳动投入的可能性较低,由此资本投资的比重随着集聚度的提高呈现 U 形曲线。根据上文所述,可以推出产能利用率随着集聚度的提高呈现"倒 U"形曲线。

5

实证分析：基于 1999～2013 年中国制造业行业面板数据

5.1 产业空间集聚水平对产能利用率的影响

5.1.1 计量模型设定

根据理论分析，超过了市场机制自发形成的产业集聚程度对制造业产能过剩存在加剧作用。本报告利用中国的 26 个制造业行业数据，以产能利用率为被解释变量，以产业集聚度为核心解释变量，通过计量分析验证这一假说。基本估计方程如下：

$$Cu_{it} = \beta_0 + \beta_1 Gi_{it} + \beta_2 Gi^2 + \zeta X + \mu_i + \varepsilon_{it} \tag{1}$$

其中，Cu_{it} 为被解释变量，表示产业 i 在 t 年的产能利用率水平；Gi_{it} 为核心解释变量，表示产业 i 的空间集聚度；X 为控制变量集，包含独立于产业集聚度对产能过剩发生作用的若干变量，主要包括产业的需求变化(demand)，产业盈利水平(profit)、市场结构(struc)、产业对外开放度(export)、产业中国有资本比例(state)；μ_i 表示不可观测的个体固定效应；ε_{it} 是随机误差项。

5.1.2　变量说明

1. 被解释变量

产能利用率(Cu)。产能利用率采用前文中的计算结果。

2. 核心解释变量

(1) Gi：产业集聚度。本报告产业集聚程度采用行业空间基尼系数作为指标。空间基尼系数的计算公式为：

$$Gi = \frac{1}{2n^2 \, \bar{s}_k} \sum_{i=1}^{n} \sum_{j=1}^{n} |s_{ki} - s_{kj}| \tag{2}$$

式中，s_{ki} 和 s_{kj} 分别表示地区 i 和地区 j 中产业 k 的就业人员占所在地区所有就业人员的比重，n 是地区的总数，表示产业 k 就业人员所占比重在各地区的平均值。空间基尼系数 G_i 值取值范围在 $0\sim1$ 之间，若所有产业 k 的在各地区就业人员比重均相等，那么空间基尼系数 Gi 值为 0；若产业 k 的所有就业人员全部集中在某个地区，那么空间基尼系数 Gi 值等于 1。空间基尼系数提升表示该产业集聚程度上升(当地区数量 n 趋于∞时，Gi 值趋于 1)。空间集聚度使用制造业分行业各地区就业人数与该地区总就业人员之比来计算。本报告数据由制造业 26 个行业在全国 31 个省份就业人员计算而得。

产业集聚度高说明该行业在全国范围中主要集中在一些地区。如果该数值低，说明该行业在全国分布相对比较平均，各个地方的就业人员比重都相似。如果该数据在一段时间内有较为明显的提高，说明该行业在全国的分布由原来的分散状态向集聚状态转变。按照前文理论分析，产业集聚在由低向高的发展过程中，由于其规模效应、技术溢出效应、协作效应对其生产能力有一个较为明显的提升，在集聚上升到一定阶段，拥挤效应开始出现，同时由于地方政府的干预导致产业集聚在生产效率下降的时候并没有减少产能，反而通过各项优惠政策来不断降低要素价格水平，以强化企业进一步投入，在造成集聚水平进一步上升的同时，产能进一步放大，造成产能过剩。

（2）产业需求变化。考虑到市场因素,产业需求变化是影响产能利用率的一个影响重要因素,即一般而言当需求量较高时,产能利用率一般会更高,而当需求量较低,产能利用率一般会下降,两者之间呈正相关关系。这里借鉴程俊杰(2015)中的方法,根据各行业的工业总产值增长率的周期项来衡量产业需求的变化,即将增长率分解为两个部分:一是增长率的趋势项,二是增长率的周期项。一般而言,分解的方法主要有两种:一是用分行业的工业总产值实际增速的标准差来表示;二是对分行业实际工业总产值的自然对数进行 HP 滤波或 BP 滤波处理。本报告使用 HP 滤波法进行对应处理,首先通过价格指数算出分行业的实际工业总产值,之后对其取自然对数后用 HP 滤波法分理出变量的趋势部分和波动部分,其中波动部分就是周期项,并以此作为产业需求变化的度量。

（3）产业盈利。利润是保证持续经营的必备条件,一个行业的利润率决定了这个行业的吸引力,利润率越高,会有越多的企业愿意进入这个行业。与此同时,一个行业利润越高,在位企业也会设置各种壁垒以防止更多企业进入这个行业。目前而言,产能利用率较低的行业大多处于利润率较低甚至亏损的状态。测度产能盈利程度的指标较多,这里选用分行业利润总额与营业收入的比重来衡量。

（4）市场结构。Mann 等(1979)认为在市场中集中度高的产业其产能调整比集中度低的产业快,即相对而言垄断的行业比竞争的行业调整得更快,因而产能利用率应该相对较高。鉴于赫芬达尔指数需要微观层面的数据支持,本报告使用 PCM 指数来代表行业的市场结构变量。具体计算公式如下:

$$PCM_{it} = \frac{VA_{it} - W_{it}}{F_{it}} \tag{3}$$

其中,W 表示劳动力成本,VA 表示工业增加值,F 为工业总产值。

（5）产业对外开放度。大量研究表明,对外贸易也会对产能过剩产生重要影响。我国制造业中很多行业主要靠国际市场来盈利,对外依存度较高。例如,光伏产业,国内产量占世界产量的 50% 以上;电子通信行业同样是出口导向型产业,出口量占到行业总产值 60% 以上。出口依赖体现在严重依赖国外的市场需求,自身发展极易受到国外的影响,出现产能过剩很大程度是因为出口萎缩(南极,2013)。同时,也有学者从人民币汇率角度分析其对我国制造业产能过剩的影响,如王自锋(2015)研究表明,人民币实际汇率升值通过市场势力和进口渗透率两个渠道对中国工业尤其是重工业的产能利用率产生了显著的负向影响。出口能力越高,表示产品滞销风险越低,产能过剩越不易发生(刘航,2014)。本报告中产业对外开放度使用分行业工业企业出口交货值与销售产值的比重进行度量。

(6) 产业国有资本占比。国有企业已经成为目前众多学者认为是造成我国产能过剩的主要原因(王立国,2012;范林凯,2015;程俊杰,2015)。由于国有企业效率较低,市场竞争力不强,而且在前期市场中国有企业占比又相对较大,所以在市场化进程中,国有企业占比越高,该行业产能过剩的可能性越高。本报告采用分行业所有者权益合计中国有资本占实收资本比重来度量。

5.1.3　数据来源

以上各变量的数据来源为:

(1) 分行业各地区就业人员以及分地区总就业人员、分行业劳动力成本数据来自《中国劳动统计年鉴》(2000~2014)。

(2) 分行业工业总产值来自《中国工业统计年鉴》(2001~2012)及《中国工业统计年鉴》(2013~2014),并根据分行业工业出厂价格进行了平减,得到实际工业总产值,其中部分行业进行了处理调整。

(3) 分行业工业增加值 1999~2007 年数据来自《中国工业经济统计年鉴》,2008~2013 年数据并未在《中国工业经济统计年鉴》以及《中国统计年鉴》披露,本报告从《国家统计局进度数据库》披露的分行业工业增加值同比增长值计算出 2008~2013 年该数据的实际工业增加值,并根据分行业价格指数进行调整,得到名义工业增加值。

(4) 分行业利润总额、产品销售收入(1999~2013 年)、分行业工业企业出口交货值与工业销售产值(2001~2013 年)、分行业国有资本、实收资本均来自《中国工业统计年鉴》(2001~2012)及《中国工业统计年鉴》(2013~2014),其中分行业工业企业出口交货值与工业销售产值 1999~2000 年数据缺失。

（5）制造业行业中剔除了1999～2013年中不连续的相关行业数据，包括工艺品及其他制造业、废弃资源和废旧材料回收、维修加工业、橡胶业和塑料业，其他相关调整数据见前文说明。

5.1.4　模型检验与实证分析

副表5-1报告的是用制造业26个行业面板数据与产能利用率关系的估计结果，经过Hausman检验，本报告使用固定效应模型，列1～6分别表示逐步加入控制变量时的情形[①]。

副表5-1　　制造业产业集聚程度与产能利用率水平固定面板数据结果

	(1) cu b/t	(2) cu b/t	(3) cu b/t	(4) cu b/t	(5) cu b/t	(6) cu b/t
gi	2.205 9*** (3.723 2)	1.593 4*** (2.863 4)	1.599 1*** (2.958 0)	1.730 2*** (3.371 0)	1.661 1*** (3.246 2)	2.197 5*** (3.852 8)
gi2	−3.574 7*** (−3.121 5)	−2.483 4** (−2.312 4)	−2.200 5** (−2.105 7)	−2.632 5*** (−2.649 2)	−2.504 4** (−2.528 4)	−3.543 3*** (−3.298 4)
demand		0.400 0*** (7.620 7)	0.390 1*** (7.643 6)	0.347 3*** (7.105 8)	0.343 6*** (7.060 3)	0.338 1*** (6.232 3)
struc			0.610 7*** (4.743 5)	0.532 6*** (4.339 2)	0.473 4*** (3.781 7)	0.516 2*** (4.220 3)
state				−0.218 0*** (−6.404 6)	−0.167 1*** (−4.041 6)	−0.219 3*** (−4.762 8)
profit					0.625 4** (2.148 3)	1.429 7*** (3.968 4)
export						0.174 7** (2.134 1)
Constant	0.800 9*** (17.601 0)	0.847 8*** (19.837 7)	0.693 2*** (13.136 4)	0.742 6*** (14.660 6)	0.718 4*** (13.910 3)	0.593 1*** (9.122 0)

[①]　回归模型中，括号内数字为t统计量，*、** 和 ***分别代表0.1、0.05和0.01水平上显著。以下各表同。

	(1) cu b/t	(2) cu b/t	(3) cu b/t	(4) cu b/t	(5) cu b/t	(6) cu b/t
r2	0.041 1	0.174 0	0.222 6	0.302 3	0.311 2	0.344 4
r2_a	−0.030 4	0.109 9	0.160 0	0.244 0	0.251 6	0.275 6
F	7.764 5	25.351 0	25.770 9	31.112 5	26.957 3	22.887 8
p	0.000 0	0.000 0	0.000 0	0.000 0	0.000 0	0.000 0
N	390.000 0	390.000 0	390.000 0	390.000 0	390.000 0	338.000 0

根据副表 5-1,在未加入控制变量时,gi 和 gi^2 分别对产能利用率有显著的正、负解释力,系数估计值分别是 2.205 9,−3.574 7,说明产业的集聚程度与产能利用率呈"倒 U"形关系,即开始时随着产业集聚的上升,产能利用率有所提高,在集聚程度达到一定程度后,反而对产能利用率产生负向作用,产能利用率开始下降。在依次加入控制变量 demand,struc,state,profit,export,gi 和 gi^2 系数的绝对值和显著度后,保持了较好的稳定性,所有变量均在 5% 的显著水平上。

gi 和 gi^2 符合前文假设,即认为产业集聚度在由较低向较高的过程中,起始阶段是一个自发过程,即主导是市场机制在起作用,由于区域的成本优势、资源优势或技术优势等,越来越多的同类企业集聚到一起,在这个过程中规模效应占主导地位,其内在机制是随着集聚的提高、企业之间的协同作用、知识溢出效应逐渐显示出来,促进地区技术进步,增强区域产业竞争力,产能利用率提高。随着产业集聚度的提高,地方政府为了地方 GDP、就业等导向,更有可能将资源倾向地方集聚产业,由此造成更多的企业涌入该地区,从而获得"政策租"(师博和沈坤荣,2013),而在这种非市场机制作用下形成的过度集聚,会产生更为严重的拥挤效应,造成生产效率降低(沈能,2015),扎堆的企业在低水平竞争的恶性循环中导致重复建设和资源浪费。

demand 符号为正,表示产业的需求变化与其产能利用率正相关,即从产业增长角度将其趋势项排除后的波动与产能利用率表现一致,也可以说产业的产能利用率与该行业的周期波动保持同样方向,符合前文假设。

struc 从市场结构角度来考察一个产业的垄断与竞争结构对产业产

能过剩的影响。*struc* 越大,表明市场垄断程度越高;*struc* 越小,表明市场竞争程度越高,结果表明越高集中度的行业,其产能利用率越高,符合Mann 等(1979)提出的假设;

state 表明行业中国有资本占比的程度。本报告结果表明,国有资本占比越高,其产能利用率越低,这与之前很多学者的研究结论相一致(范林凯,2015),说明在我国市场化转型时期,国有资本的效率相对较低。但本报告认为,国有资本在目前的市场中承担了过多非市场主体任务,如安置过剩就业、承办地方学校、医院等单位,导致国有资本运营成本相对较高,随着市场化进程的不断深化,这种情况应当会有所好转。

profit 符号为正,表明产业盈利能力越强,其产能利用率越高;反之亦然。近些年,产能过剩不仅造成了传统行业如钢铁、水泥、电解铝、煤化工等处于全行业亏损的困境,甚至连一度被推崇为"新兴产业"的太阳能多晶硅和风电设备等行业,也由于产能全面过剩而步入衰退(陈剩勇和孙仕祺,2013)。

export 符号显著为正,说明从制造业整体来看,产业对外开放度越高,其产能利用率越高,这与我国目前现状也是较为吻合,我国沿海地区的外向型经济带动作用大,对于区域经济以及全国经济都有较大的促进作用。出口的增长除了能够直接推动经济增长之外,还对消费、投资、政府支出、进口造成影响,从而间接刺激经济增长(林毅夫和李永军,2003)。

5.2   调节变量对"倒 U"关系的影响

5.2.1   计量模型设定

本报告利用中国 26 个制造业行业数据,以产能利用率为被解释变量,以产业集聚度为核心解释变量,以聚集地要素配置效率、行业研发投入、行业企业规模为调节变量,通过计量模型验证调节变量对"倒 U"关系的影响。基本估计方程如下:

$$Cu_{it} = \beta_0 + \beta_1 Gi_{it} + \beta_1 Gi_{it}^2 + \zeta X + \beta AD + \gamma Gi_{it} \times AD + \mu_I + \varepsilon_{it}$$

$$(4)$$

其中,*AD* 为调节变量,其余符号含义同 5.1.1 中相同。

5.2.2　调节变量说明

1. 调节变量选取

(1) 集聚地要素配置效率。一个地区市场化水平的高低可以在一定程度上反映这个地区的资源配置效率。前文的研究结果显示,从 1997 年到 2007 年,市场化进程对经济增长的贡献达到年均 1.45 个百分点。

本报告在原来模型的基础上来检验市场化指数对产业集聚及产能过剩有调节作用。借鉴邵帅、杨莉莉(2011)在分析"资源诅咒"效应发生条件和作用机制中使用市场化程度作为一个替代性变量来反映生产要素配置效率的办法使用市场化指数①。

依据本报告前述逻辑,认为产业集聚情况直接影响着产能利用率水平的高低,而产业集聚地资源配置效率对于两者之间的关系应该起到至关重要的作用,即要素配置效率高的地区其产能过剩的可能性较低;反之亦然。

据此,本报告试图构造一个行业集聚地市场化水平的测度,即:本报告根据分行业在每个省份的区位商值,选出最高的 3 个省份;然后,对应市场化指数可以找到每个省份在对应年份的市场化指数;最后,加总分行业 3 个最高区位商省份的市场化指数,得到每个行业每年集聚地的市场化程度。由于樊纲指数仅有 1997～2009 年,所以在本报告中只选取了 1999～2009 年分行业集聚地的市场化指数。

(2) 研发投入。根据王立国等(2010)提出的结构性产能过剩的理论,认为我国的产能过剩在一定程度上是由于产业的技术水平低,所以属于低端供给过剩、高端供给不足的情况。本报告以研发投入来衡量一个产业技术水平的高低,认为研发投入比重越高,行业技术水平越高。本报告认为,研发投入能够起到调节产业集聚对产能过剩的影响。本报告借鉴沈能(2015)的研究使用分行业科技活动经费内部支出占行业工业总产值比重衡量研发投入。

---

① 　市场化改革推进了资源配置效率的完善,这一时期全要素生产率的 39.2% 是由市场化贡献的(樊纲,2011)。由樊纲等构造的市场化指数是目前研究中常用的一种测量各地区市场化程度的指标,其包括 5 个维度,分别是:(1) 政府与市场的关系,(2) 非国有经济的发展,(3) 产品市场的发育程度,(4) 要素市场的发育程度,(5) 市场中介组织的发育和法律制度环境。

（3）企业规模。目前从企业规模角度来论述产能过剩问题的研究较少，同时不同的研究者对于这个问题有着不一样的答案。王文甫（2014）研究得出，为了追求GDP和税收最大化，地方政府干预更有可能会向大企业、重点企业倾斜，所以提出为了破解产能过剩问题，应当规范政府行为，防止地方政府干预过多和大企业投资过度。而程俊杰（2015）研究得出，我国产业政策更有可能是通过小企业而引发的产能过剩。可见，这个问题还存在着一定的争议。本报告试图从总体制造业及不同类别的制造业来分析其是否有不一样的作用机制。

5.2.3　数据来源

集聚地要素配置效率（gi_market）：采用樊纲市场化指数（1999～2009年）。

研发投入（rd）：采用行业科技活动经费内部支出占行业工业总产值的比重表示，数据来源：《中国科技统计年鉴》（2000～2014）。

企业规模（scale）：采用行业分大中型企业工业总产值占规模以上企业工业总产值比重。数据来源：《中国工业经济统计年鉴》（2001～2012）、《中国工业统计年鉴》（2013～2014）、《中国经济普查年鉴2004》。

5.2.4　计量结果与分析

1. 集聚地要素配置效率

从副表5-2中，可以看到集聚地市场化指数显著为正，而且随着控制变量的不断加入，一直在1%保持显著水平，说明集聚地市场化水平的提高能够显著提高该产业产能利用率水平，而且可以看到第2列及第3列中系数变为不显著，而在副表5-1中同样在加入控制变量的过程中，系数显著为负，说明gi_market的加入对于产能利用率确实有着显著的影响，可以缓解产业集聚带来的拥挤效应，即并不是产业集聚度高一定会导致产能过剩。这与本报告的假设2是一致的。本报告认为，如果集聚地市场的市场化水平高，在一定程度上表明该地区地方政府干预度低，那么这种集聚的主导因素是市场机制，产能过剩的可能性将降低。反之，如果产业集聚地的政府干预性强，为了地方经济的发展以及就业水平，会通过土地、税收、融资，环境容忍等多种手段来吸引企业进入这个地区，那么该地区的产业集聚很容易出现拥挤效应,导致企业进行恶性低价竞争,产业技术创新水平下降,产能利用率降低,由此造成产能过剩。

副表 5－2　加入要素配置效率产业集聚程度与产能利用率水平固定面板数据结果

	(1) cu b/t	(2) cu b/t	(3) cu b/t	(4) cu b/t	(5) cu b/t	(6) cu b/t
gi	2.104 4***	1.496 3*	1.521 1**	2.042 0***	2.071 1***	3.362 0***
	(2.610 5)	(1.968 3)	(2.025 0)	(2.645 5)	(2.680 8)	(3.932 3)
gi2	−4.097 4**	−2.619 2	−2.528 3	−3.460 7**	−3.424 6**	−5.618 7***
	(−2.430 0)	(−1.642 4)	(−1.604 2)	(−2.158 2)	(−2.134 8)	(−3.174 3)
gi_market	0.010 7***	0.008 8***	0.008 2***	0.005 8***	0.005 6***	0.008 6***
	(10.057 4)	(8.442 6)	(7.734 7)	(4.189 4)	(3.973 8)	(5.448 5)
demand		0.319 0***	0.320 4***	0.303 0***	0.293 1***	0.318 3***
		(6.161 2)	(6.263 8)	(5.929 1)	(5.621 5)	(5.781 6)
struc			0.326 7***	0.275 4**	0.233 9*	0.248 9**
			(2.687 0)	(2.256 3)	(1.806 8)	(2.167 0)
state				−0.134 0**	−0.112 6*	−0.131 9**
				(−2.510 8)	(−1.946 2)	(−2.353 9)
profit					0.390 7	1.024 5**
					(0.963 1)	(2.391 4)
export						0.081 1
						(0.726 3)
Constant	0.602 8***	0.678 9***	0.607 0***	0.653 8***	0.640 9***	0.416 0***
	(10.649 4)	(12.491 7)	(10.114 2)	(10.501 5)	(10.059 9)	(4.535 0)
r2	0.359 1	0.441 9	0.457 3	0.470 4	0.472 3	0.585 3
r2_a	0.289 3	0.378 7	0.393 4	0.405 8	0.405 6	0.516 9
F	48.004 8	50.671 5	42.966 0	37.600 5	32.352 3	35.287 0
p	0.000 0	0.000 0	0.000 0	0.000 0	0.000 0	0.000 0
N	286	286	286	286	286	234

同时,我们发现在加入 gi_market 后,struc、state 的显著性水平下降,profit 和 export 甚至变得不显著(列 5,列 6),说明集聚地区的市场化

水平在一定程度上与这些变量存在一定的共线性,由此进一步说明了产业集聚地市场化水平的重要性。

2. 研发投入

副表5-3结果显示,当研发投入单独加入面板回归后,其显著为正,表明产业的研发投入与产能利用率正相关,说明研发投入越高的行业,其产能利用率相对较高。这与前文研究者的相关定性研究结论一致,即认为我国结构性产能过剩的主要原因是行业技术水平相对较低,需要加大相关行业的研发投入(王立国等,2011;苏剑,2010)。

当加入交互项后,交互项符号为正,且显著度进一步提高,说明产业集聚与产业研发投入有交互作用,即在产业集聚度越高的情况下研发投入越大,会有益于产能利用率的提高。从中可以看到,产业集聚产生的拥挤效应可以通过加大相关研发投入来提高产能利用率。本报告认为,这其中有两个机制:一是相对而言,研发投入较高的行业属于技术密集型产业,这些行业由于进入门槛较高,发生产能过剩的可能性较小;二是研发投入的加大,可以提高产业中相关产品的质量水平,从而市场对其的需求量会进一步提高,同时技术含量高的产品在国内市场饱和后可以通过出口销售到国际市场。综上,研发投入越高,产能利用率越高,产业集聚过度的地区可以通过加大产业的研发投入来降低产能过剩。

3. 企业规模

副表5-3结果显示,当企业规模单独加入面板回归后,结果不显著,这也说明企业规模对产能过剩的影响机制可能有两种情况,这符合前文学者不一样的研究结论,在某些情况下大企业更有可能导致产能过剩,但是在另一种情况下有可能是小企业更有可能导致产能过剩,这更多地取决于研究的角度,并不能单独地从企业规模的角度来判断其对产能过剩的影响。

当企业规模的交互项加入面板回归后,本报告发现企业规模及企业规模与产业集聚的交互项都显著,并且其结果很有意思,企业规模符号为负,表明企业规模对产能利用率有负向作用,而交互项为正,表明在集聚度高的情况下行业中企业规模越大,越有可能提高产能利用率,即交互作用可以降低企业规模单独对产能利用率的负向作用。这与目前研究的结论以及现实情况较为吻合。从理论角度而言,一方面原来的研究中有大规模企业是引起产能过剩的原因之一,另一方面各个行业中国有企业规模一般相对较大,而目前的研究认为国有企业是产能过剩产生的原因之一,所以单独来看行业中企业规模越大,就越有可能导致产能过剩。现实情况下,我们发现在煤炭、钢铁等产能过剩严重的行业中,一个主要原因就是过多小企业涌入,其利用成本低、效率高、环境治理支出不达标等,以低于市场平均价格进行恶性竞争,从而导致整个行业产能过剩。所以在这种情况下,应当整合产业集聚度高的行业中的小企业,将其做大做强,而不是任其无序发展,这样才有利于提高行业整体的产能利用率。

副表 5-3　　　　　　　　研发投入、市场规模调节作用固定面板数据结果

	调节变量:rd		调节变量:scale	
	1	2	1	2
gi	2.122 3*** (−3.720 1)	2.093 6*** (−3.701 1)	5.035 9*** (−5.214 4)	4.449 4*** (−4.488)
gi2	−3.308 5*** (−3.062 4)	−4.039 1*** (−3.640 4)	−8.641 9*** (−4.571 7)	−11.986 0*** (−5.026 7)
demand	0.327 9*** (−6.023 9)	0.320 7*** (−5.934 9)	0.328 4*** (−5.210 5)	0.318 3*** (−5.084 2)
struc	0.510 7*** (−4.186 5)	0.504 8*** (−4.173 2)	0.348 7*** (−2.747 7)	0.332 1*** (−2.636 8)
state	−0.230 6*** (−4.969 5)	−0.230 1*** (−5.000 6)	−0.257 9*** (−5.181 2)	−0.259 8*** (−5.265 9)
profit	1.520 4*** (−4.184 6)	1.492 2*** (−4.141)	1.243 8*** (−3.071 9)	1.309 8*** (−3.255 9)
export	0.183 2** (−2.239 3)	0.160 2* (−1.963 5)	0.061 6 (−0.586)	0.065 8 (−0.632)
rd	2.779 9* (−1.665 6)	−2.600 7 (−0.962 8)		
gi_rd		48.931 8** (−2.520 1)		
scale			−0.105 9 (−1.067 5)	−0.311 0** (−2.327 9)

续表

	调节变量：rd		调节变量：scale	
	1	2	1	2
gi_scale				2.701 5** (−2.266 7)
Constant	0.570 0*** (−8.596 8)	0.585 5*** (−8.869 9)	0.520 0*** (−5.543 1)	0.583 6*** (−6.010 1)
r2	0.350 3	0.363 7	0.455 3	0.467 4
r2_a	0.279 8	0.292 3	0.375 7	0.387
F	20.490 1	19.239 7	23.611 1	21.942 8
p	0	0	0	0
N	338	338	338	338

5.3　分行业模型：劳动、资本、技术、资源

根据前文文献的分析，产能过剩问题主要集中在重工业（韩国高，2011），同时制造业行业的异质性在产业集聚对产能过剩问题上的影响理论上应该也是有不一样的机制。孙晓华（2015）测算 2004～2013 年中国制造业，发现劳动集聚程度呈现缓慢下降的趋势，资本集聚程度则逐年攀升。沈能（2014）研究发现产业集聚对行业生产率的影响并非单调递增（递减），其影响系数在不同行业、不同集聚区间是有所差异的。所以本报告借鉴郭克莎（2005）按照要素密集度的标准对制造业进行分类，具体分组见副表 5-4。

副表 5-4　　　　　　　　　制造业按要素密度分组

分类标准	行　　　　业
劳动密集型	食品制造业、饮料制造业、纺织业、纺织服装业、造纸业、皮革毛皮业、文教体育用品业、家具制造业、农副食品加工业、印刷业
资本密集型	化学纤维制造业、黑色金属冶炼业、有色金属冶炼业、木材加工业、烟草制品业

续表

分类标准	行　　　业
技术密集型	化学原料制造业、医药制造业、通用设备制造业、专用设备制造业、交通运输设备制造业、电气机械制造业、通信设备制造业、仪器仪表制造业
资源密集型	金属制品业、塑料制品业、石油加工业、橡胶制品业、非金属矿物质制品业

5.3.1　劳动密集型产业

1. 产业集聚与产能利用率呈正相关关系

在劳动密集型产业的实证回归中,研究发现产业集聚度与产能过剩并不是"倒 U"形关系,而是呈正相关关系(副表 5-5 中所示),即随着产业集聚度的提高,产业的产能利用率将提高,在模型中我们引入集聚度二次项后,gi 和 gi^2 均不显著。在控制变量依次加入的过程中,产业集聚度一直保持在 5% 的显著水平上,所以可以判断出我国目前的劳动密集型产业还未达到集聚过度而造成产能过剩的情况。我们认为这其中有两方面的原因:一是劳动密集型行业中,除造纸行业是国家工信部提及的产能过剩行业外,其他产业产能利用率相对较高,并未出现明显的产能过剩;二是劳动密集型产业,以劳动力为主,其固定资产投资与资本密集型、技术密集型、资源密集型行业相比相对较低,产能更容易进行调节,所以不易发生产能过剩情况。

其他控制变量中,$struc$ 显著,符号为正,说明劳动密集型产业中,市场结构的作用显著,市场越集中,产能利用率越高;$state$ 显著为负,说明在劳动密集型行业中,国有资本还是影响产能过剩的一个主要原因,尽管在劳动密集型行业中,国有占比已经相对较低,说明需要在未来市场化改革进程中,进一步加大改革力度,国有资本甚至可以退出这个行业。$profit$、$export$ 在回归结果中符号为正,虽然不显著,但根据结果,其 p 值分别为 0.109,0.111,很接近 10% 的显著,可以推测,随着数据量的增多这两个变量应该会显著为正。所以可以说,行业的利润指标以及对外开放对产业的产能利用率的提高有着正向的显著关系。

副表 5 - 5   劳动密集型行业产业集聚程度与产能利用率水平固定面板数据结果

	(1) cu b/t	(2) cu b/t
gi	0.637 6*** (2.643 0)	0.820 0*** (3.642 4)
demand		0.248 5*** (3.955 4)
struc		0.390 1*** (3.363 3)
state		−0.358 5*** (−4.047 9)
profit		0.795 1 (1.614 6)
export		0.114 0 (1.604 5)
Constant	0.944 9*** (42.999 9)	0.788 6*** (13.261 6)
r2	0.047 8	0.454 6
r2_a	−0.020 7	0.382 9
F	6.985 3	15.839 9
p	0.000 0	0.000 0
N	150.000 0	130.000 0

* $p < 0.10$, ** $p < 0.05$, *** $p < 0.01$。

2. 劳动密集型行业交互作用

（1）集聚地要素配置效率。副表 5 - 7 显示，变量 gi_market 在 10%水平下显著为正，说明劳动密集型行业中集聚地的资源配置效率还是有着较为显著的影响，但是较制造业平均水平其作用可能没有特别明显。从下文的比较中可以进一步发现。

（2）研发投入。从副表 5 - 7 中，可以看到单独加入研发投入项以及加入研发投入与产业集聚的交互项，均不显著，说明在劳动密集行业中，研发投入与产能利用率没有较大的影响，这可能是因为劳动密集型产业整体的研发投入不高，但是目前大部分劳动密集型产业产能利用率水平相对较高,所以两者没有太高的相关度。这主要与其产业属性有关。

(3)企业规模。从企业规模来看,尽管在副表 5－7 中看不到企业规模与产能过剩的关系,但是从更细的回归结果副表 5－6 中可以发现,当不加入 $export$ 变量后[1](该变量不显著,且去除可增加样本),企业规模和产业集聚的交互项显著为负。所以我们认为,在劳动密集型行业中,产业集聚度越高的情况下,如果企业规模越大,那么其产能利用率可能越低。这与王文甫(2014)年的研究结论相一致。

副表 5－6　　　　　　　　劳动密集型行业企业规模交互项作用

	(1) cu b/t	(2) cu b/t
gi	1.379 8*** (2.949 7)	1.242 3** (2.564 9)
demand	0.240 9*** (3.657 7)	0.221 8*** (3.255 0)
struc	0.392 2*** (3.381 3)	0.367 6*** (2.767 6)
state	−0.366 3*** (−4.129 9)	−0.112 6 (−1.416 3)
profit	0.764 7 (1.552 5)	0.460 2 (1.033 4)
export	0.100 8 (1.233 1)	
scale	0.114 3 (1.256 2)	0.121 1 (1.454 1)
gi_scale	−1.177 5 (−1.422 0)	−1.482 7* (−1.813 6)
Constant	0.739 2*** (10.001 9)	0.794 3*** (13.849 5)

① 因为 $export$ 变量缺少 1999~2000 年,所以去除 $export$ 后,变量数据增加。

续表

	(1) cu b/t	(2) cu b/t
r2	0.465 0	0.282 1
r2_a	0.383 8	0.195 8
F	12.167 3	7.467 4
p	0.000 0	0.000 0
N	130.000 0	150.000 0

副表 5 - 7　　　　　劳动密集型行业要素配置效率、研发投入、
企业规模调节作用面板回归

	(1) cu b/t	(2) cu b/t	(3) cu b/t	(4) cu b/t	(5) cu b/t
gi	1.002 0***	0.864 2***	1.138 3***	0.801 0***	1.379 8***
	(3.193 1)	(3.791 4)	(3.004 2)	(3.458 8)	(2.949 7)
demand	0.278 2***	0.268 0***	0.269 6***	0.241 0***	0.240 9***
	(3.948 0)	(4.128 5)	(4.148 2)	(3.642 5)	(3.657 7)
struc	0.112 6	0.375 4***	0.355 0***	0.391 8***	0.392 2***
	(1.030 8)	(3.223 5)	(2.990 3)	(3.362 9)	(3.381 3)
state	−0.113 2	−0.386 6***	−0.380 9***	−0.360 0***	−0.366 3***
	(−0.975 2)	(−4.218 4)	(−4.142 4)	(−4.045 3)	(−4.129 9)
profit	2.482 5***	0.510 1	0.518 0	0.794 1	0.764 7
	(3.625 4)	(0.928 9)	(0.942 6)	(1.606 5)	(1.552 5)
export	0.048 7	0.075 4	0.084 2	0.127 4	0.100 8
	(0.431 6)	(0.963 8)	(1.066 7)	(1.595 3)	(1.233 1)
gi_market	0.003 8*				
	(1.956 6)				
rd		−2.954 5	0.153 0		
		(−1.166 5)	(0.035 9)		

续表

	(1) cu b/t	(2) cu b/t	(3) cu b/t	(4) cu b/t	(5) cu b/t
gi_rd			−52.496 2 (−0.905 9)		
scale				0.024 6 (0.373 6)	0.114 3 (1.256 2)
gi_scale					−1.177 5 (−1.422 0)
Constant	0.662 3*** (6.550 9)	0.828 8*** (12.069 0)	0.811 3*** (11.360 3)	0.775 1*** (11.104 3)	0.739 2*** (10.001 9)
r2	0.681 7	0.461 1	0.465 1	0.455 3	0.465 0
r2_a	0.611 9	0.384 8	0.383 9	0.378 2	0.383 8
F	22.334 8	13.814 4	12.171 0	13.494 5	12.167 3
p	0.000 0	0.000 0	0.000 0	0.000 0	0.000 0
N	90.000 0	130.000 0	130.000 0	130.000 0	130.000 0

5.3.2　资本密集型产业

1. 产业集聚与产能利用率呈负相关关系

在资本密集型产业的回归中,研究发现产业集聚度与产能过剩同样不是"倒 U"形关系,而是两者呈负向相关关系(如副表 5-8 所示),即随着产业集聚度的提高,产业的产能利用率将进一步下降。我们认为,主要原因是在资本密集型行业中,大部分产业其产能利用率相对较低,黑色金属冶炼和有色金属冶炼是反复出现的产能过剩行业。而且这些行业的集聚水平相对较高,所以两者之间呈现显著的负向关系。但当加入 gi_market 变量后,我们发现产业集聚度不显著了,除了样本数量的原因,这主要是反映了产业集聚地市场化水平对于产业集聚对产能过剩所起的重要调节作用,即资本密集型产业的主要集聚地方,其地方政府干预度相对较高,造成了过度集聚,从而导致了产能过剩。这在前文已经论述。但是本报告认为,这正是我国资本密集型产业产能过剩的主要原因,这些产业集聚地的政府过度干预,降低了这些产业的生产成本,造成大量同类企业涌入,以及在产能过剩处理过程中,地方政府没有采取严厉措施,反而出于自身经济发展及就业的考虑,对相关类企业采取保护措施,最终引发了更为严重的产能过剩。

副表 5 - 8　　　　　　　　　　资本密集型行业产业集聚程度与
产能利用率水平固定面板数据结果

	(1) cu b/t	(2) cu b/t
gi	−2.951 7** (−2.124 2)	−2.697 0* (−1.815 2)
demand		0.455 8*** (3.237 8)
struc		0.191 3 (0.629 6)
state		−0.044 6 (−0.645 1)
profit		2.142 2** (2.268 1)
export		−1.557 1*** (−3.941 2)
Constant	1.163 0*** (9.589 8)	1.069 8*** (6.147 8)
r2	0.061 4	0.515 2
r2_a	−0.006 6	0.425 4
F	4.512 1	9.564 4
p	0.001 3	0.000 0
N	75.000 0	65.000 0

　　控制变量中比较有意思的一个变量是 $export$,这个变量与产能过剩负相关,且显著,这与本报告之前的结论以及现实理解有一定的反差。经进一步分析,我们发现烟草属于资本密集型产业,但是其出口比例是资本密集型产业中最低的,但是其产能利用率是资本密集型产业中最高的。基于这种情况,在数据样本较少的情况下这种现象被放大,最后两者之间呈现了负向显著关系。

　　另外,本报告中的 $state$ 变量不显著也与前文的分析有一定出入。经过进一步的研究发现,2000～2013 年,黑色金属行业中国有资本占比已从 1999 年的 75.6% 下降到了 2013 年的 18.3%,有色金属行业国有资本占比从 1999 年的 50.8% 下降到了 2013 年的 23.6%。所以说在资本密集型产业中,国有资本是导致产能利用率较低的原因已经不具有充分的说服力。

　　2. 资本密集型行业交互作用

　　(1) 要素配置效率。从副表 5-11 中看到,要素配置效率显著为正,说明产业集聚地的要素配置效率很重要,同时发现当加入 gi_market 变量后,核心解释变量集聚项不显著且 p 值很大,为 0.748,说明资本密集型产业中要素配置效率起到了至关重要的作用。这对我国对于资源密集型产业集聚地加强资源配置效率增添了充分的理论支持。

　　(2) 研发投入。资本密集型行业中加入研发投入及其交互项的面板回归中,从副表 5-11 中看到研发投入和其交互项均不显著,但是通过副表 5-9,可以看到研发投入基本处于 10% 的显著度水平。也就是说,研发投入对于资本密集型行业提高产能利用率是有正向作用的。目前资本密集型行业是产能过剩的重灾区。本报告认为,可以通过提高研发投入来缓解目前的这种情况。这与现状是相一致的,我国尽管是钢铁大国,但是我国每年依旧进口相当数量的钢铁。从副表 5-10 中,可以看到我国每年还是需要进口相当数量的钢材,同时钢材的进口平均值相比出口平均值高出约 40%,2006 年、2007 年甚至要高出 70% 左右。尽管钢铁产业在国内市场是产能过剩,但是进口市场情况依旧良好,如果国内钢铁企业能够生产出高品质钢材,即能生产出进口替代的钢材,那么其产能过剩的情况会有所好转。

副表 5-9　　　　　　　　　　资本密集型行业研发投入面板回归

cu|	Coef.	Std. Err.	t	P>|t|	[95% Conf. Interval]	
gi|	−2.940 285	1.471 671	−2.00	0.051	−5.892 083	0.011 512 6
demand|	0.505 594	0.142 073 2	3.56	0.001	0.220 631 2	0.790 556 8
struc|	0.115 173 4	0.303 084	0.38	0.705	−0.492 736 2	0.723 083
state|	−0.095 872 2	0.075 071 2	−1.28	0.207	−0.246 446	0.054 701 6
profit|	1.817 238	0.952 001 6	1.91	0.062	−0.092 235 7	3.726 711
export|	−1.829 376	0.424 017 7	−4.31	0.000	−2.679 848	−0.978 904 4
rd|	8.298 343	5.123 427	1.62	0.111	−1.977 949	18.574 64
_cons|	1.101 639	0.172 575 9	6.38	0.000	0.755 495 4	1.447 782
sigma_u|	0.260 100 17					
sigma_e|	0.083 187 14					
rho|	0.907 202 69	(fraction of variance due to u_i)				

F test that all $u\_i=0$:　　$F_{(4, 53)}=$　　7.38　　　　　　　Prob>F=0.000 1

副表 5-10　　　　　　　　2003～2013 年我国钢材进出口额及均价

钢材进口			钢材出口			进口比出口均价涨幅
年份	年度累计金额（万美元）	均价（美元/吨）	年份	年度累计金额（万美元）	均价（美元/吨）	（%）
2013	170.5	1 210.9	2013	532.4	853.9	41.8
2012	178.1	1 303.4	2012	514.8	923.8	41.1
2011	215.8	1 384.8	2011	512.7	1 048.8	32.0
2010	201.1	1 224.1	2010	368.2	865.1	41.5
2009	194.8	1 104.9	2009	222.7	905.4	22.0
2008	234.3	1 518.6	2008	634.4	1 071.1	41.8
2007	205.5	1 218.3	2007	441.3	704.4	72.9
2006	198.3	1 071.2	2006	262.4	610.2	75.6
2005	246.1	953.1	2005	130.8	637.4	49.5
2004	207.9	709.5	2004	83.4	585.8	21.1
2003	199.2	535.8	2003	31.0	446.1	20.1

数据来源：同花顺，作者自行整理。

（3）企业规模。资本密集型行业中企业规模及其交互项均不显著，说明在资本密集型行业中，企业规模的大小对产业的产能利用率影响是不明显的，也可以说企业规模大、占比多的行业可能会产能过剩，企业规模小、占比多的行业也可能会产能过剩。但这跟现实情况有一定的不吻合性。由于 $export$ 在资本密集型产业中显著与产能利用率为负向关系，在此基础上，本报告适当放松原来的回归，将 $export$ 去除，来分析企业规模的交互影响。在这种情况下，数据样本也会相应增加。

从副表 5-12 中，可以看到，在未考虑出口对于产能利用率的情况下，企业规模及其交互项均显著，企业规模在 1‰水平显著为负，交互项在 5‰的水平下显著为正，说明在资本密集型行业中，企业规模与产能利用率还是负向关系，即如果这个行业中企业规模大的占比多，那么产能过剩的可能性会越大，与前文的一般假设结论一致。另外，交互项显著为正，说明在集聚度高的产业中，提高产业的企业规模反而会提高整体的产能利用率，这也与当前的现实情况较为吻合。目前资本密集型行业中在产业集聚度较高的地区更多的是小企业扎堆，进行恶性价格竞争。因此，在资本密集型行业的产业集聚度高的地区可以通过兼并、重组等方式提高企业规模，走出低价竞争的恶性循环，有助于提高该产业的产能利用率。

副表 5-11　　资本密集型行业要素配置效率、研发投入、企业规模调节作用面板回归

	(1) cu b/t	(2) cu b/t	(3) cu b/t	(4) cu b/t	(5) cu b/t
gi	−0.506 7 (−0.323 8)	−2.940 3* (−1.997 9)	−3.039 7** (−2.054 6)	−2.431 9 (−1.600 1)	−2.818 7 (−0.690 4)
demand	0.431 1*** (3.268 2)	0.505 6*** (3.558 7)	0.479 7*** (3.297 5)	0.465 1*** (3.287 3)	0.465 1*** (3.256 4)
struc	0.299 7 (0.952 3)	0.115 2 (0.380 0)	0.177 2 (0.568 0)	0.244 5 (0.787 3)	0.245 8 (0.783 4)
state	0.062 9 (0.665 9)	−0.095 9 (−1.277 1)	−0.110 5 (−1.433 4)	−0.054 8 (−0.780 9)	−0.057 8 (−0.755 3)
profit	0.281 9 (0.237 2)	1.817 2* (1.908 9)	1.555 7 (1.555 2)	2.117 6** (2.236 1)	2.119 6** (2.216 7)

续表

	(1) cu b/t	(2) cu b/t	(3) cu b/t	(4) cu b/t	(5) cu b/t
export	−1.208 2** (−2.501 8)	−1.829 4*** (−4.314 4)	−1.838 5*** (−4.324 6)	−1.455 5*** (−3.526 4)	−1.432 4*** (−3.023 0)
gi_market	0.020 3*** (4.404 5)				
rd		8.298 3 (1.619 7)	2.946 6 (0.367 9)		
gi_rd			59.545 1 (0.870 7)		
scale				−0.398 8 (−0.872 4)	−0.446 3 (−0.681 8)
gi_scale					0.669 6 (0.102 2)
Constant	0.552 9** (2.709 1)	1.101 6*** (6.383 5)	1.107 5*** (6.398 1)	1.298 7*** (4.121 7)	1.323 0*** (3.332 7)
r2	0.663 3	0.538 1	0.544 7	0.522 1	0.522 2
r2_a	0.551 1	0.442 2	0.439 6	0.422 9	0.411 9
F	9.289 1	8.819 3	7.776 4	8.270 5	7.102 9
p	0.000 0	0.000 0	0.000 0	0.000 0	0.000 0
N	45.000 0	65.000 0	65.000 0	65.000 0	65.000 0

副表 5-12　　资本密集型行业企业规模调节作用面板回归

	(1) cu b/t	(2) cu b/t
gi	−8.876 4** (−2.267 3)	−2.818 7 (−0.690 4)
demand	0.341 6** (2.391 2)	0.465 1*** (3.256 4)

	(1) cu b/t	(2) cu b/t
struc	0.218 4 (0.646 6)	0.245 8 (0.783 4)
state	−0.121 9 (−1.624 2)	−0.057 8 (−0.755 3)
profit	2.782 5*** (3.047 0)	2.119 6** (2.216 7)
scale	−1.820 5*** (−3.228 8)	−0.446 3 (−0.681 8)
gi_scale	12.508 5** (2.069 1)	0.669 6 (0.102 2)
export		−1.432 4*** (−3.023 0)
Constant	1.957 9*** (5.142 9)	1.323 0*** (3.332 7)
r2	0.450 0	0.522 2
r2_a	0.353 9	0.411 9
F	7.362 7	7.102 9
p	0.000 0	0.000 0
N	75.000 0	65.000 0

5.3.3　技术密集型产业

1. 产业集聚与产能利用率呈"倒 U"形关系

在技术密集型产业的回归结论中,研究发现产业集聚度与产能过剩呈现"倒 U"形关系,而且随着控制变量的加入,样本量的减少,"倒 U"形关系一直较为稳健,说明技术密集型产业随着产业集聚度的提高,产能利用率会先提高后下降。本报告认为,这主要有三个方面的原因:一是技术密集型产业覆盖面较广,既有集聚度较低的医药制造业,又有集聚度较高的通信电子设备制造业,基本能够覆盖制造业集聚度的两端;二是技术密集型产业尽管其整体产能利用率要高于资本密集型及资源密集型产业的产能利用率,但是在其内部也有分化,即技术密集型产能利用率有的高、有的低;三是两者之间的关系符合本报告的假设逻辑,即集聚度过高,对于产能利用率有负向作用。

　　副表 5-13 列(2)中可以看到控制变量的符号与前文一致,符合一般制造业的规律,大部分变量均显著,只有 $profit$ 变量不显著。本报告认为,这可能是由于技术密集型产业整体盈利能力较强,所以 $profit$ 对于不同产业产能利用率的提高可能没有较为明显的影响。

副表 5-13　　　　技术密集型行业产业集聚程度与
产能利用率水平固定面板数据结果

	(1) cu b/t	(2) cu b/t
gi	5.334 0*** (4.872 5)	3.169 5*** (2.858 1)
gi2	−8.507 9*** (−4.495 3)	−5.312 1*** (−3.025 2)
demand		0.369 9*** (4.064 5)
struc		0.631 8* (1.963 9)
state		−0.473 1*** (−2.779 9)
profit		0.687 8 (0.644 3)
export		0.529 5** (2.567 2)
Constant	0.439 2*** (3.877 0)	0.443 4** (2.392 0)
r2	0.185 3	0.520 2
r2_a	0.118 6	0.444 7

	(1) cu b/t	(2) cu b/t
F	12.506 7	13.782 3
p	0.000 0	0.000 0
N	120.000 0	104.000 0

2. 技术密集型行业交互作用

(1) 要素配置效率。副表 5 - 14 显示,加入 gi_market 后,显著正相关,符合前文的假设,说明在技术密集型行业中同样存在的产业集聚地市场化水平程度会显著影响产业产能利用率的关系。同时发现,随着 gi_market 的加入,控制变量的显著度发生了微妙的变化,行业需求变化 demand 由显著变为不显著。本报告认为,这可能是由于技术密集型产业其需求周期变化较其他产业较弱。struc 也由显著变为不显著,说明在技术密集型产业中,市场结构影响也相对较弱,产业更可能是依靠技术优势等方面,而不是靠垄断来提升产业的产能利用率水平。state 依旧显著,一方面说明国有资本在技术密集型产业中依然对产能利用率有负向作用,所以应当进一步深化市场化改革,让更多的资本进入技术密集型行业当中;另一方面 state 从 1% 的显著性水平下降到 10% 的水平,说明 gi_market 在一定程度上可以降低 state 对于产业产能利用率的影响程度。另外,值得说明的是,profit 符号保持不变,但由不显著变为显著,说明在控制集聚地市场化程度的情况下,其他变量的影响相对下降,而此时产业的盈利能力被显现出来,说明技术密集型产业中盈利能力的提升还是会显著地促进产业的产能利用率水平。这与前文的结论并不矛盾。同时在以上说明中,各控制变量显著程度的下降也可能与样本数量下降有一定的关系。

副表 5 - 14　　技术密集型要素配置效率、研发投入、企业规模调节作用面板回归

	(1) cu	(2) cu	(3) cu	(4) cu	(5) cu
gi	6.053 7*** (3.867 3)	3.854 4*** (3.451 5)	3.828 8*** (3.339 4)	2.684 1** (2.254 0)	4.460 6*** (2.731 2)

续表

	(1) cu	(2) cu	(3) cu	(4) cu	(5) cu
gi2	−12.024 9*** (−4.037 4)	−6.040 7*** (−3.478 3)	−6.060 1*** (−3.452 5)	−4.802 8*** (−2.649 5)	−2.440 6 (−1.042 4)
demand	0.151 8 (1.518 2)	0.348 4*** (3.911 8)	0.347 0*** (3.834 6)	0.340 3*** (3.593 9)	0.310 3*** (3.237 5)
struc	0.275 2 (1.007 9)	0.739 7** (2.337 1)	0.733 1** (2.263 8)	0.568 1* (1.740 5)	0.571 7* (1.766 4)
state	−0.293 3* (−1.691 6)	−0.398 3** (−2.362 0)	−0.394 3** (−2.276 3)	−0.479 5*** (−2.819 5)	−0.490 6*** (−2.906 5)
profit	2.551 2** (2.473 9)	1.491 4 (1.366 1)	1.527 9 (1.333 2)	0.886 6 (0.820 2)	0.901 0 (0.840 4)
export	0.802 3*** (2.690 5)	0.525 5** (2.615 9)	0.527 6** (2.600 5)	0.545 6*** (2.642 0)	0.657 1*** (3.032 6)
gi_market	0.006 5** (2.027 8)				
rd		5.953 4** (2.413 1)	5.553 3 (1.269 3)		
gi_rd			2.978 7 (0.111 0)		
scale				0.280 2 (1.109 7)	0.878 2* (1.930 6)
gi_scale					−3.818 5 (−1.574 7)
Constant	−0.047 3 (−0.197 5)	0.183 9 (0.874 9)	0.185 5 (0.875 7)	0.323 9 (1.512 1)	−0.025 8 (−0.083 9)
r2	0.747 9	0.549 9	0.550 0	0.526 8	0.539 9
r2_a	0.680 4	0.473 2	0.467 2	0.446 1	0.455 3
F	20.765 4	13.440 9	11.814 8	12.244 8	11.342 8
p	0.000 0	0.000 0	0.000 0	0.000 0	0.000 0
N	72.000 0	104.000 0	104.000 0	104.000 0	104.000 0

（2）研发投入。在单独加入研发投入后，其与产能利用率显著正相关，说明在技术密集型产业中，研发投入越高，产能利用率越高，但是在加入交互项后不显著，说明技术密集型产业中产业的集聚度与研发投入对产能利用率水平没有显著的交互作用。从具体分析来看，我国技术密集型产业中集聚度较高的产业主要是电子通信设备制造业和交通运输设备制造业，同时这两个产业的研发投入较技术密集型产业的平均值高，但是其产能利用率水平并非最高。基于此，我们认为产业集聚与研发投入对产能利用率水平有一个相互抵消效应，即集聚过度有一个负向效应，而研发投入有一个正向影响，所以导致两者的交互效应不显著。

（3）企业规模。在单独加入企业规模后不显著，但是加入交互项后 scale 显著为正，同时集聚项的平方项 gi2 不显著，进一步研究发现在去除集聚度二次项后，scale 和 gi_scale 均在 1‰ 水平显著，如副表 5-15 所示。说明企业规模对产能利用率的影响是随着产业集聚度的提高由高变低的，即产业集聚度越高，产业中大型企业占比越高，则整个产业的产能利用率水平越低，在产业集聚度较低的情况下，产业中大型企业占比越高，则整个产业的产能利用率水平越高。由此可以认为，在技术密集型产业中，应根据不同的产业集聚度水平采取不同的手段，来调整行业中的企业规模，以此才能提高产业的产能利用率水平。对于集聚度高的产业，如电子通信设备制造业、交通设备制造业，可以通过引入更多的中小型企业，来提高产业的产能利用率；对于集聚度较低的产业，如医药制造业、仪器仪表制造业，应通过行业内部兼并重组等提高企业规模，来提高产业的产能利用率。

副表 5-15　　　　　技术密集型行业企业规模调节作用面板回归

	(1) cu b/t	(2) cu b/t
gi	4.460 6*** (2.731 2)	4.308 5*** (2.647 4)
gi2	−2.440 6 (−1.042 4)	
demand	0.310 3*** (3.237 5)	0.304 0*** (3.176 5)

续表

	(1) cu b/t	(2) cu b/t
struc	0.571 7* (1.766 4)	0.556 9* (1.721 4)
state	−0.490 6*** (−2.906 5)	−0.530 5*** (−3.225 7)
profit	0.901 0 (0.840 4)	0.876 5 (0.817 4)
export	0.657 1*** (3.032 6)	0.718 5*** (3.443 4)
scale	0.878 2* (1.930 6)	1.182 5*** (3.388 7)
gi_scale	−3.818 5 (−1.574 7)	−5.438 0*** (−2.919 3)
Constant	−0.025 8 (−0.083 9)	−0.103 0 (−0.345 2)
r2	0.539 9	0.534 1
r2_a	0.455 3	0.454 7
F	11.342 8	12.612 4
p	0.000 0	0.000 0
N	104.000 0	104.000 0

5.3.4　资源密集型产业

1. 产业集聚与产能利用率呈"倒 U"形关系

在资源密集型产业的回归分析中,研究发现产业集聚度与产能过剩呈"倒 U"形关系,而且随着控制变量的加入,"倒 U"形关系依然保持不变。副表 5-17 是分别根据不同时间阶段不同行业(如副表 5-16)的回归结果,以此来更加全面地分析资源密集型产业的情况。

副表 5 - 16　　　　　　　　　　不同时间阶段资源密集型行业分类

分类标准	行　　　　业
列(1)～列(2)	样本 1：金属制品业、塑料制品业、石油加工业(1999～2013)
列(1) * ～列(2) *	样本 2：金属制品业、塑料制品业、石油加工业、橡胶制品业、非金属矿物质制品业(1999～2011)

副表 5 - 17　　　　　资源密集型行业产业集聚程度与产能利用率水平
　　　　　　　　　固定面板数据结果(样本 1 及 2)

	(1) cu b/t	(2) cu b/t	(1)* cu b/t	(2)* cu b/t
gi	22. 198 2***	39. 363 8***	24. 332 4***	17. 963 7**
	(2. 843 5)	(3. 412 2)	(4. 303 8)	(2. 392 3)
gi2	−121. 987 0***	−224. 030 1***	−137. 379 8***	−100. 861 6**
	(−2. 734 7)	(−3. 284 8)	(−4. 048 9)	(−2. 186 2)
demand		0. 401 1***		0. 322 8***
		(3. 324 6)		(3. 236 6)
struc		0. 295 7		0. 261 4
		(1. 397 0)		(1. 522 7)
state		−0. 237 2		−0. 474 8***
		(−1. 329 9)		(−3. 634 8)
profit		−0. 094 4		−0. 286 2
		(−0. 186 4)		(−0. 600 6)
export		−0. 121 8		−0. 355 7*
		(−0. 548 7)		(−1. 835 5)
Constant	−0. 038 9	−0. 755 3	−0. 017 5	0. 310 9
	(−0. 115 5)	(−1. 443 4)	(−0. 078 5)	(0. 976 2)
r2	0. 179 5	0. 647 9	0. 260 5	0. 656 3
r2_a	0. 097 5	0. 538 6	0. 184 0	0. 568 4
F	4. 375 8	7. 623 1	10. 217 4	11. 730 6
P	0. 005 0	0. 000 0	0. 000 0	0. 000 0
N	45. 000 0	39. 000 0	65. 000 0	55. 000 0

2. 资源密集型行业交互作用

资源密集型行业考虑到样本量较少的缘故,故本报告依据样本 1 及样本 2 均做了同样的实证回归,以便能够得到更为准确的分析。

(1) 集聚地要素配置效率。如副表 5 - 18、副表 5 - 19 所示,加入 gi_market 之后,解释变量产业集聚度的显著度发生了变化:一是二次项不再显著,也就是产业集聚过度造成产能利用率降低的效应不再显著,两个样本有同样的结论;二是一次项显著度同样降低,在样本 1 中甚至不显著,但是 p 值较小为 0.154。我们推测这主要是样本量太少仅 27 个,随着样本的增多会显著,而在样本 2 中产业集聚度显著为正,印证了上述观点,该回归样本为 45 个。这说明产业集聚地的要素配置效率在很大的程度上调节了产业的产能利用率。如果集聚地市要素配置效率较高,即使该产业集聚度很高,但这种集聚度是市场自发形成的结果,其产能过剩的可能性会降低;但是如果集聚地要素配置效率较低,政府干预的程度过高,那么这种集聚度是一种非市场力量形成的,是政府通过其政策影响形成的,在这种情况下,产能过剩的可能性较大。

副表 5 - 18　　　　　　　　资源密集型行业要素配置、研发投入、
　　　　　　　　　　　　　　企业规模调节作用面板回归(样本 1)

	(1) cu	(2) cu	(3) cu	(4) cu	(5) cu	(6) cu
gi	21.908 5 (1.416 4)	1.935 0 (1.493 3)	41.282 8*** (3.437 3)	45.352 9*** (3.393 6)	36.847 2*** (3.386 0)	37.415 3* (1.883 3)
gi2	−119.565 2 (−1.295 7)		−237.060 2*** (−3.307 7)	−275.256 4*** (−3.071 7)	−201.569 7*** (−3.111 7)	−204.324 6* (−1.971 2)
demand	0.385 8** (2.455 2)	0.401 8** (2.514 9)	0.382 1*** (3.051 0)	0.382 6*** (3.028 6)	0.461 9*** (3.966 3)	0.461 6*** (3.884 5)
struc	0.037 5 (0.166 6)	−0.037 7 (−0.169 8)	0.340 2 (1.517 2)	0.366 0 (1.598 6)	0.190 3 (0.932 3)	0.189 3 (0.902 1)
state	−0.186 1 (−0.838 8)	−0.219 6 (−0.977 6)	−0.216 5 (−1.183 8)	−0.229 9 (−1.240 1)	−0.371 0** (−2.086 1)	−0.367 9* (−1.821 7)
profit	−0.386 1 (−0.629 8)	−0.670 5 (−1.148 9)	−0.030 3 (−0.058 3)	−0.074 1 (−0.140 2)	0.031 7 (0.066 2)	0.027 9 (0.055 8)

	(1) cu	(2) cu	(3) cu	(4) cu	(5) cu	(6) cu
export	−0.626 8 (−1.662 2)	−0.685 9 * (−1.796 7)	−0.117 0 (−0.521 8)	−0.084 1 (−0.364 6)	−0.174 4 (−0.832 3)	−0.172 3 (−0.776 8)
gi_market	0.004 6 (1.112 2)	0.007 6 ** (2.201 5)				
rd			4.518 7 (0.657 9)	−35.434 5 (−0.634 8)		
gi_rd				490.377 5 (0.721 4)		
scale					−0.542 2 ** (−2.224 3)	−0.525 4 (−0.957 4)
gi_scale						−0.221 5 (−0.034 5)
Constant	−0.018 5 (−0.029 1)	0.771 9 *** (4.323 2)	−0.858 7 (−1.557 4)	−0.941 9 (−1.658 3)	−0.354 6 (−0.678 1)	−0.382 3 (−0.396 3)
r2	0.789 2	0.767 1	0.653 3	0.659 8	0.700 8	0.700 8
r2_a	0.657 5	0.643 8	0.529 4	0.521 2	0.593 9	0.578 9
F	7.487 7	7.998 2	6.593 9	5.818 7	8.196 6	7.026 1
p	0.000 2	0.000 1	0.000 0	0.000 1	0.000 0	0.000 0
N	27.000 0	27.000 0	39.000 0	39.000 0	39.000 0	39.000 0

副表 5 - 19　　　　　资源密集型行业要素配置、研发投入、
　　　　　　　　　企业规模调节作用面板回归(样本 2)

	(1) cu	(2) cu	(3) cu	(4) cu	(5) cu	(6) cu
gi	1.209 3 (0.112 2)	1.818 0 * (1.916 8)	15.077 9 ** (2.052 8)	14.459 2 * (1.845 1)	17.724 3 ** (2.325 5)	12.091 8 (1.367 7)
gi2	3.781 3 (0.056 7)		−87.060 7 * (−1.942 3)	−81.525 5 (−1.613 3)	−98.520 6 ** (−2.089 7)	−78.066 9 (−1.571 0)

	(1) cu	(2) cu	(3) cu	(4) cu	(5) cu	(6) cu
demand	0.288 6**	0.288 4**	0.330 2***	0.330 8***	0.325 4***	0.332 7***
	(2.612 0)	(2.651 8)	(3.441 9)	(3.408 2)	(3.219 1)	(3.306 3)
struc	0.188 6	0.190 8	0.305 5*	0.292 4	0.259 6	0.282 1
	(1.051 9)	(1.107 4)	(1.836 8)	(1.658 8)	(1.495 8)	(1.626 8)
state	−0.399 0**	−0.396 5**	−0.420 8***	−0.422 8***	−0.489 4***	−0.521 0***
	(−2.288 2)	(−2.386 4)	(−3.284 6)	(−3.256 8)	(−3.517 3)	(−3.704 7)
profit	−0.736 3	−0.729 9	−0.234 1	−0.232 0	−0.263 6	−0.139 0
	(−1.346 6)	(−1.385 7)	(−0.510 3)	(−0.499 9)	(−0.541 8)	(−0.281 4)
export	−0.236 7	−0.237 4	−0.545 9**	−0.544 3**	−0.337 0	−0.326 3
	(−0.878 9)	(−0.896 4)	(−2.641 7)	(−2.603 3)	(−1.654 2)	(−1.610 1)
gi_market	0.007 5**	0.007 4**				
	(2.122 1)	(2.468 2)				
rd			7.191 7**	9.849 8		
			(2.127 5)	(0.875 2)		
gi_rd				−46.908 1		
				(−0.247 9)		
scale					−0.063 5	−0.379 7
					(−0.333 0)	(−1.192 4)
gi_scale						4.972 9
						(1.235 3)
Constant	0.776 6*	0.754 9***	0.410 6	0.429 8	0.347 2	0.617 3
	(1.896 2)	(5.239 5)	(1.325 5)	(1.331 8)	(1.021 8)	(1.534 5)
r2	0.728 3	0.728 3	0.689 8	0.690 2	0.657 2	0.669 5
r2_a	0.626 4	0.637 7	0.601 1	0.592 0	0.559 3	0.564 7
F	10.721 6	12.634 4	11.671 9	10.150 0	10.065 9	9.229 1
p	0.000 0	0.000 0	0.000 0	0.000 0	0.000 0	0.000 0
N	45.000 0	45.000 0	55.000 0	55.000 0	55.000 0	55.000 0

副表 5‑20　　四个细分行业产业集聚与产能利用率关系及三个调节变量的影响

	劳动密集型	资本密集型	技术密集型	资源密集型
产业集聚与产能利用率关系	产业集聚与产能利用率正向关系	产业集聚与产能利用率负向关系	产业集聚度与产能过剩呈"倒U"形关系	产业集聚度与产能过剩呈"倒U"形关系
要素配置效率	显著为正,说明劳动密集型行业中集聚地的资源配置效率还是有着较为显著的影响	要素配置效率显著为正,同时发现当加入该变量后,解释变量集聚项变为不显著	要素配置效率显著为正	要素配置效率显著为正,同时解释变量的二次项不再显著,即不再呈"倒U"形关系
研发投入	单独加入研发投入项以及加入研发投入与产业集聚的交互项均不显著,可能是因为劳动密集型产业整体的研发投入差异性不大造成的	单独加入研发投入,显著度正相关,说明研发投入对于资本密集型行业提高产能利用率是有正向作用的,但交互项不显著	在单独加入研发投入后,其与产能利用率显著正相关,但是在加入交互项后不显著	单独加入研发投入,显著度正相关;在加入交互项后,两个样本均不显著
企业规模	企业规模和产业集聚的交互项显著为负,表明企业规模越大,集聚越有可能导致产能过剩	企业规模显著为负,交互项显著为正,表明企业规模与产能利用率总体是负向关系;同时交互项显著为正,说明在集聚度高的产业中,可以通过提高企业规模来提高产能利用率	企业规模及其交互项均显著。企业规模显著为正,交互项显著为负,这与资本密集型行业正好相反	单独加入企业规模,显著负相关。即在资源密集型行业中,企业规模大、占比越高的产业,其产能过剩的可能性越高。交互项不显著

（2）研发投入。在单独加入研发投入后,两个样本中研发投入系数的符号均为正,样本1中不显著,样本2中在5%水平显著为正。考虑到样本数量及待估参数,本报告认为研发投入与产能利用率具有正相关关系,资源密集型产业依旧可以通过加大研发投入来提高整体的产能利用率。

在加入交互项后,两个样本均不显著,说明产业集聚与研发投入对于产能利用率没有显著的影响。这可能是由于对于资源密集型产业而言,主要是依靠资源,对于技术的依赖度较其他制造业较低。

(3) 企业规模。在单独加入企业规模后,两个样本企业规模系数的符号均为负,样本1显著,样本2不显著。据此,推测随着样本数据的增加企业规模对于产能利用率是负向关系,即在资源密集型行业中,企业规模大、占比越高的产业,其产能过剩的可能性越高。但是两个样本中企业规模的交互作用并不显著,说明企业规模与产业集聚对于产能利用率水平没有显著的影响。

5.4　稳健性分析

5.4.1　门限回归:"倒 U"形关系

1. 门限面板回归模型

根据前文研究,本报告判断出产业集聚与产能利用率呈"倒 U"形关系。在此基础上,我们引入门限回归,进一步印证两者之间的"倒 U"形关系是否稳健。

目前关于门槛效应的检验的方法,文献中大致有以下几种:第一种是分组检验(Girma et al.,2001;Chen,2003)。这种方法是将所有样本分割为若干组,之后分别对各组进行检验估计,但有一个重要问题是,如何确保分组的合理性,并且这种方法不能对各组所估计的结果进行差异性检验。第二种是交叉项检验(Kinoshita,2001;Griffith et al.,2002)。这种检验方法虽然能够给出控制变量对于被解释变量的门槛值,但是还存在着其他方面的困难:一是较难确定交叉项的形式,二是没有办法检验解释变量本身是否存在门槛效应。第三种是门限模型检验(Hansen,1999)。这种方法是目前门限检验中最常用的方法,其可以较好地解决上述两种方法的缺陷。一方面可以计算出具体的门槛值,另一方面可以对门槛效应的内生性进行检验,其核心原理是将选择好的门槛变量放入到回归模型中,建立门槛效应的分段函数,并对门槛的数目和数值进行估计,同时进行显著性检验。

　　本报告根据前文研究发现,在制造业整体面板、技术密集型产业面板、资源密集型产业面板中存在"倒 U"形关系,而在劳动密集型产业以及资本密集型产业面板中仅是单项关系。在此,用门限回归来验证上述情况是否保持不变。

　　门限回归模型检验需要考虑门槛值和系数,具体检验参照 Hansen (1999)提出的方法。

$$Cu = \beta_0 + \beta_{11} Gi \cdot I(Gi \leqslant \lambda_1) + \beta_{12} Gi \cdot I(Gi > \lambda_2)$$
$$+ \beta_{12} Gi \cdot I(Gi < \lambda_n) + \beta_2 Cycle + \beta_3 Struc$$
$$+ \beta_4 State + \beta_5 Profit + \beta_5 Export + \varepsilon \tag{5}$$

　　其中,λ_1、λ_2、…、λ_n 为带估算的门槛值,$I(Gi)$为指标函数。

2. 检验结果

　　本报告利用 Stata 13.1 统计软件进行实证估计[①]。门槛效果检验显示,制造业产业集聚对产能利用率存在一重门槛,即产业集聚与产能利用是非线性关系,门槛值为 0.039 9。即集聚度小于 0.039 9 时,产业集聚与产能利用率是正向关系,集聚度大于 0.039 9 时,产业集聚与产能利用率是负向关系。这印证了前文关于两者呈"倒 U"形关系。

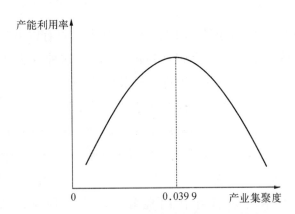

副图 5-1　制造业产业集聚与产能利用率的关系

---

　　① 本文门槛检验使用的方法是王群勇的门限回归方法,Fixed-effect panel threshold model using Stata, The Stata Journal (2015) 15, Number 1, pp. 121-134。由于分行业样本过少,部分不能进行门槛检验,在此不再进行分行业的门槛回归分析。

副表 5 - 21　　　　　　　　　　整体制造业门槛回归结果

Threshold estimator (level = 95)：

model|	Threshold	Lower	Upper
Th—1|	0.039 9	0.036 8	0.039 9
Th—21|	0.039 9	0.036 8	0.039 9
Th—22|	0.067 7	0.066 5	0.068 2
Th—3|	0.032 5	0.030 0	0.033 0

Threshold effect test (bootstrap = 300 300 300)：

Threshold|	RSS	MSE	Fstat	Prob	Crit10	Crit5	Crit1
Single|	1.402 9	0.004 3	26.47	0.086 7	25.753 3	29.952 4	37.048 7
Double|	1.349 7	0.004 2	12.82	0.456 7	22.454 2	27.900 6	37.976 6
Triple|	1.304 9	0.004 0	11.15	0.670 0	26.662 8	30.946 9	42.711 9

Fixed—effects (within) regression　　　　Number of obs=338
Group variable：code　　　　　　　　　Number of groups=26

R - sq：within= 0.397 7　　　　　　　　Obs per group：min =13
　　　　between = 0.120 1　　　　　　　　　　　　　avg =13.0
　　　　overall = 0.195 0　　　　　　　　　　　　　max =13
　　　　　　　　　　　　　　　　　　　F(9 303) 　　=22.23
corr(u_i, Xb)= −0.599 0　　　　　　　Prob > F=0.000 0

cu|	Coef.	Std. Err.	t	P>|t|	[95% Conf. Interval]	
demand|	.404 969 1	.051 581	7.85	0.000	.303 466 9	.506 471 4
struc|	.592 611 4	.118 423 2	5.00	0.000	.359 575 3	.825 647 5
state|	−.257 987	.045 675 7	−5.65	0.000	−.347 868 8	−.168 105 2
profit|	1.436 016	.345 535 2	4.16	0.000	.756 063 9	2.115 969
export|	.192 441 4	.077 831 9	2.47	0.014	.039 281 9	.345 601
_cat#c.gi|						
0		−2.056 253	1.616 261	−1.27	0.204	−5.236 77	1.124 265
1		1.596 079	1.000 459	1.60	0.112	−.372 647 7	3.564 806
2		−1.158 785	.434 641 1	−2.67	0.008	−2.014 082	−.303 488
3		.335 287	.186 414 2	1.80	0.073	−.031 543 4	.702 117 4
_cons|	.737 561 2	.047 105 9	15.66	0.000	.644 865 1	.830 257 3
sigma_u|	.088 786 65					
sigma_e|	.066 642 66					
rho|	.639 635 62	(fraction of variance due to u_i)				

F test that all u_i=0：　　F(25, 303) = 　11.60　　Prob > F = 0.000 0

5.4.2　调节变量的替代：政府土地支持

前文中选择集聚地要素配置效率作为衡量市场机制与地方政府干预的一个指标，并作为调节变量来分析其对产业集聚影响产能利用率的关系。前文显示，集聚地的要素配置效率越高，即市场机制更为主导情况下，有助于产业集聚提高产能利用率。

为了进一步验证这个关系，在此选取另一个变量：分行业的土地支持力度，来检验地方政府干预行为对产业集聚影响产能利用率的关系。即地方政府对于行业给予越多的土地支持，则代表地方政府干预此行业。本报告借鉴江飞涛（2012）、王立国（2012）中的指标作为衡量。

具体地，地方政府对行业土地使用支持水平用行业固定资产投资总额（建筑安装工程）除以行业总产值来测度。固定资产投资中的建筑安装工程指各种房屋、建筑物的建造工程和各种设备、装置的安装工程。行业房屋和建筑物的建造越多，表明其可使用的工业土地越多，也就表明地方政府对该行业土地使用的支持水平越高，即地方政府干预水平越高。

Land：行业固定资产投资总额（建筑安装工程）/行业总产值，2003～2013 年数据，未能查找到 1999～2002 年数据。

数据来源：中国统计年鉴（2005～2014）、中国固定资产统计年鉴（2004）。

根据回归结果，可以看到单独加入 Land，其在 10％水平显著负相关，说明土地支持力度越大，产能利用率越低，两者呈负向关系。当加入交互项后发现，交互项在 1％水平显著负相关，说明土地支持力度越大，产业集聚越有可能导致产能利用率降低，即地方政府对于行业的干预力度越大，产业集聚越有可能导致产能过剩出现。这与前文的集聚地要素配置效率（gi_market）在两者间起到正向关系是同一个逻辑，进一步验证了前文要素配置效率变量的合理性与准确性。

副表 5 - 22　　　　　　　　Land 作为调节产业集聚对产能利用率的影响

	(1) cu b/t	(2) cu b/t	(3) cu b/t
gi	2. 197 5*** (3. 852 8)	1. 615 4** (2. 450 2)	2. 064 4*** (3. 127 4)
gi2	−3. 543 3*** (−3. 298 4)	−2. 978 4** (−2. 482 0)	−2. 404 7** (−2. 022 6)
demand	0. 338 1*** (6. 232 3)	0. 212 2*** (3. 413 3)	0. 210 2*** (3. 448 7)
struc	0. 516 2*** (4. 220 3)	0. 524 5*** (4. 211 5)	0. 519 6*** (4. 255 4)
state	−0. 219 3*** (−4. 762 8)	−0. 186 3*** (−3. 159 8)	−0. 177 1*** (−3. 060 8)
profit	1. 429 7*** (3. 968 4)	1. 438 3*** (3. 463 4)	1. 501 0*** (3. 682 9)
export	0. 174 7** (2. 134 1)	0. 148 2 (1. 474 8)	0. 130 0 (1. 317 9)
land		−0. 495 7* (−1. 863 6)	0. 411 6 (1. 094 1)
gi_land			−10. 628 1*** (−3. 346 3)
Constant	0. 593 1*** (9. 122 0)	0. 682 1*** (9. 458 0)	0. 629 6*** (8. 694 9)
r2	0. 344 4	0. 224 0	0. 257 1
r2_a	0. 275 6	0. 122 4	0. 156 5
F	22. 887 8	9. 092 1	9. 653 2
p	0. 000 0	0. 000 0	0. 000 0
N	338. 000 0	286. 000 0	286. 000 0

* $p < 0.10$, ** $p < 0.05$, *** $p < 0.01$。

6

结论与启示

6.1　研究结论

　　本报告以中国地区产业集聚对产能利用率影响机制为研究主题,报告的逻辑是,由于中国地区的产业集聚在很大程度上是依托于地方政府的扶持、补贴、优惠政策等不断发展壮大的,在此过程中引致过多的企业涌入一个区域,其结果使该地区集聚产业的区位商不断提高。与此同时,该产业在全国范围的产业集聚度水平不断提高,然而集聚度提高过程中的前期及后期表现出不同的外部性,从而对集聚产业的产能利用率水平也会有不同的影响。而在这个过程中又有其他的关键因素作为产业集聚与产能利用率之间的调节因素,这些因素对于我国治理产能过剩具有重要的启示作用。本报告将制造业行业根据要素密度分为四类,即劳动、资本、技术、资源,并分别对细分行业的产业集聚对产能利用率的作用机制进行了探讨,同时检验了调节因素的作用机理,其中发现了更为微妙的关系。具体而言有以下几点:

第一，本报告就地区产业集聚与地方政府干预行为之间的关系进行了深入分析。基于我国地方政府自身的利益诉求，即中央政府对其的考核以及主政官员的晋升考核——经济总量和就业比率，在围绕如何提高核心指标的过程中，地方政府会倾向于着力发展本地的集聚产业，因为其经济规模效应显著，就业带动能力强，而随着集聚程度的提高，地方政府对集聚产业的依赖度也不断加强，进而提供更多优惠政策扶持集聚产业的发展，由此两者形成了捆绑效应，集聚度在此循环下不断提高。

第二，本报告就产业集聚度在不同程度所体现的外部性进行了深入分析，同时就不同机制形成的产业集聚会产生不同外部性进行了区别分析。在产业集聚初期，随着集聚程度的提高，其表现更多的是规模效应，即通过技术溢出、要素共享、网络效应，生产效率得到提高，进而表现出产能利用率的提高，地方经济得到增长；而随着集聚程度的进一步提高，其拥挤效应不断加强，即大量同类（尤其是生产同质产品）企业拥挤在狭小地理空间更有可能引发负向外溢效果，导致集聚过度，由此导致产品市场的过度竞争。在此过程中，一般会伴随着低价竞争策略。在市场机制中，通过规模效应与拥挤效应的外部性，集聚程度会形成一个均衡，以此来保证企业的盈利平衡。然而，地方政府的参与，通过变相降低要素成本以此来吸引更多企业入驻，导致集聚度的平衡被打破，拥挤效应更为显著，市场中的企业更多的是通过低价恶性竞争来占有市场。由此导致的过度竞争，引发了产能过剩，而这种情形在地方政府干预下愈演愈烈。

第三，本报告就地区产业集聚对产能利用率的影响机制进行了深入分析。分别从概念模型、理论推演、实证分析三个方面进行了充分论证。首先，从前文的逻辑推演中，刻画了基于我国地区产业集聚与产能利用率之间的"倒 U"形关系，即集聚度在由低向高的发展过程中，规模效应起主导作用，这时产能利用率水平不断提高；在集聚度水平达到一个平衡点后，在集聚度继续提高的过程中，拥挤效应起主导作用，这时产能利用率水平逐渐下降。其次，基于柯布-道格拉斯生产函数，并将集聚度水平纳入到函数模型中，通过合理的假设，即 $(G)' > 0, (G)'' > 0$，集聚度与劳动力的关系，集聚度与政府补贴的关系，以 K/Q 表示产能中的资本投入比例，该比例越高说明资本占比越大，而资本投入短期不能变化，所以该比例越高，产能过剩的可能性越大。再次，经过推演证明固定资本投入随着产能集聚度的提高呈"倒 U"形曲线,即说明产能利用率对产业集聚水平存在"倒 U"形关系。最后,利用 1999~2013 年我国制造业行业面板数据进行实证,结论表明,在我国制造业行业中产业集聚与产能利用率确实存在"倒 U"形关系,同时本报告进一步研究可能调节两者之间关系的调节变量。在研究中发现,产业集聚地的要素配置效率能够显著地调节"倒 U"形关系,行业的研发投入、行业的企业规模同样能够正向调节产业集聚与产能过剩的关系。

第四,本报告对制造业的四类细分行业进行了更为深入的分析,并得到了一些有意义的结论。在劳动密集型行业中,产业集聚与产能利用率呈正向关系;资本密集型行业中,产业集聚与产能利用率呈负向关系;技术密集型与资源密集型行业中,产业集聚与产能利用率呈"倒 U"形关系。同时,要素配置效率均能够调节细分市场中产业集聚与产能过剩的关系,其在资本密集型产业,要素配置效率的重要性尤为突出,加入该调解变量后,产业集聚与产能利用率的负向关系变得不显著。另外,企业规模在各细分市场中表现出了一定的差异性,在劳动密集型和技术密集型行业中,企业规模负向地调节产业集聚与产能利用率之间的关系,而在资本密集型产业中,企业规模正向地调节两者之间的关系。

第五,本报告在利用门限回归以及工具变量分别进行稳健性分析的过程中,进一步印证我国制造业中产业集聚与产能利用率之间的"倒 U"形关系,以及地方政府干预对于产业集聚影响产能利用率的负相关系。利用 Hansen 提出的门限回归模型,分析出产业集聚度对产能利用率的门限值为 0.039 9,即对总体制造业面板数据而言,产业集聚度在该值以前,产能利用率随着集聚度水平的提高而升高;产业集聚度在该值以后,产能利用率随着集聚度水平的提高而下降。另外,本报告通过行业土地支持来测度地方政府干预程度,其对于产业集聚与产能利用率具有负向调节作用,即地方政府干预度越高、产业集聚程度越高则产能利用率可能越低,越有可能出现产能过剩。

6.2 政策建议

本报告的研究是在中国国内产能过剩问题日趋严峻的现实背景下进

行的,力图有效解决中国工业行业产能利用率低是本报告的本意。通过本报告的研究分析,我们得到了逻辑清晰、具有实践指导意义的研究结论,希望本报告的发现能够对未来我国治理产能过剩问题带来一些新的思路、新的模式、新的方法。下面,本报告将结合研究的发现和结论,简要讨论一下可能的政策启示。

6.2.1　以产业空间集聚的视角制定产能过剩政策,实现全局与局部的统筹安排

产能过剩问题的治理在以往的政策建议中,大多侧重于淘汰行业过剩产能,即通过淘汰小规模设施设备、提高行业进入门槛、加大环保要求等力求解决产能过剩。这种治理办法类似于"头痛医头脚痛医脚",而地方政府为了自身利益总可以找到相应的对策,即所谓"上有政策下有对策"。这种治理过程一方面针对性较低,另一方面基层主动性不能充分调动起来,从而导致产能过剩问题愈演愈烈。

鉴于此,本报告试图从另一个视角来分析其中的机制,即地方政府会对哪一类产业给予更多优惠政策。在研究中我们发现地方政府更加偏爱本地的集聚产业,一方面集聚产业规模大,对于地方 GDP 贡献高;另一方面,集聚产业能较多解决本地就业。由此,两者形成相互依赖,导致集聚产业不断扩张,集聚程度不断上升。而这种追逐"政策租"形成的扎堆企业并没有形成良性循环、提高产业的技术水平,反而由于过多的企业集聚在一个狭小的范围中,引发企业之间进行低价的恶性竞争,从而导致过度竞争,引起产能过剩。

据此,在中央政府对于产能过剩的治理问题中,可以从全国全局的角度来分析产能过剩的行业主要集聚在哪个地区、哪个省份,为什么这个地区的产业集聚度不断升高,其背后的原因是什么? 如果是地方政府通过或明或暗的补贴降低本地产业要素价格,从而导致产业集聚度不断提高,在这种情况下中央政府应该与相关地方政府就此问题进行严厉交涉。目前而言,河北省的钢铁产业在其产业发展过程中属于通过地方政府的变相补贴让更多的企业集聚在本地,导致集聚过度。从前文分析中看到1999~2013 年河北省黑色金属冶炼和压延加工业根据就业人数计算的区位商上升了 90%,说明河北省该产业的就业人数占总就业人数的比重

提高了一倍,而这不仅仅是市场机制所引致的,更多是通过河北省的政策引导形成的,这种非市场力量形成的过高集聚导致了整个行业产能过剩。所以,国家在治理产能过剩问题中,可以通过全国产业分布的情况来重点研究产业集聚的情况,基于此来制定相关政策意见,以便更有针对性地解决问题,从而更好地统筹全局与局部之间的关系及相互影响。

6.2.2 深入分析产业集聚地市场化水平程度,避免过度关注集聚度水平高低

依据本报告研究结论,产业集聚与产能利用率之间呈"倒 U"形关系,即当产业集聚度高于某个程度后,产能利用率一般会较低,而这种推断背后隐含着过高的产业集聚度是由地方政府干预引起的。但在现实中,我国各地的市场化水平、资源配置效率是不一致的,相对而言,沿海省份、东部地区的市场化水平较高,内陆、北部地区的市场化水平较低。所以,不能仅仅通过地区产业集聚度的高低来判断产能是否过剩。

我国通信设备及电子制造业的空间集聚水平(基尼系数)在全国制造业行业中排名第一,但其产能利用率保持在一个相对合理的水平,并未出现严重的产能过剩问题。这背后的主要原因是通信设备及电子制造业集聚地是广东省,而广东省的市场化水平较高,反映出地方政府对于该产业集聚度的影响较小,产业集聚更多是一种市场机制的影响结果,即广东省地区的区位优势、规模优势、技术水平引导通信设备及电子制造业的企业集聚在该地,地方政府没有采取过多的行政手段来干预产业集聚。可以说尽管集聚度较高,但属于该行业自身的内在规律运行所致,有其自身的合理性。所以在分析判断产能过剩问题时,某个地区产业集聚度较高,但如果属于市场机制形成的,那么该行业的产能利用率一般不会较低;而如果集聚地市场化水平较高,同时产能利用率较低,那么应当从其他角度去分析研究,说明不是地区体制性的因素引起的产能过剩。

6.2.3 进一步加大研发投入以提高技术创新水平,努力改善结构性产能过剩

我国目前的产能过剩问题从产品结构来讲属于结构性产能过剩,即低端产品供给过剩,高端产品供给不足。不论是传统的钢铁产业还是新

兴的光伏产业,结构性产能过剩问题同样存在,这也是困扰我国产业结构转型升级的瓶颈所在。

在本报告中,可以明显地看到研发投入对于产能利用率的提高有着显著的促进作用,同时研发投入的增加会促进产业集聚对于产能利用率的正向影响。即当行业的研发投入比重越高,产业集聚越大时,产能利用率会更高。基于此,我国未来在治理产能过剩问题中,应当加大研发投入的力度,一方面鼓励企业加大研发投入的比重,另一方面政府应通过建立行业技术研发平台,以及加强产学研之间的互动交流,以带动整个行业技术创新水平的提高,从而提高我国工业行业的技术创新水平、提高行业的产能利用率水平。

我国目前大部分研发投入高的行业,其产能利用率水平均保持在较高水平,且其受到周期性波动影响较小。研发投入水平的高低决定着未来我国产业的发展,一方面技术创新水平的提高,更多产品可以作为国内消费市场的进口替代产品;另一方面技术含量高的产品更易出口。我国原有的劳动密集型产业在出口方面未来将不占优势,更需要向技术密集型产业发展,所以加大研发投入水平,不仅有利于解决我国目前的结构性产能过剩问题,同时对我国今后产业转型升级奠定了基础。

6.2.4　切勿盲目加快行业内部兼并重组以期解决产能过剩,应区分行业,区别对待

目前在我国产能过剩治理过程中,大多强调通过兼并重组来提高市场集中度,不论是钢铁、电解铝还是煤炭、水泥,相关政策均认为加快行业内部、跨地区的兼并重组将有利于解决这些行业的产能过剩问题。但是本报告的研究却有一定的差异性,即并不是所有行业均应一刀切地采取这种措施来解决产能过剩问题,而应区分各自的行业属性差别对待。

本报告研究结论认为,在劳动密集型和技术密集型产业中,企业规模越大,产业集聚对产能利用率的作用是负向的;而在资本密集型产业中,企业规模越大,产业集聚对产能利用率的作用是正向的;而在资源密集型产业中,企业规模对产业集聚与产能利用率的影响基本无关。即在四个细分行业中,从产业集聚的角度来讲,仅在资本密集型产业中,可以通过提高加强兼并重组来提升产能利用率;而在劳动密集型和技术密集型行

业中,这种措施反而可能弄巧成拙,造成产能过剩更为严重;另外在资源密集型行业中,企业规模对两者之间的影响并不显著。

鉴于此,本报告认为在治理资本密集型行业(钢铁、电解铝)产能过剩问题中,可以通过推进行业内部的兼并重组,提高市场集中度来化解产能过剩,这也符合国际惯例以及国内行业现状。在钢铁行业中,如副表 6-1,从 2012 年世界五大产钢国集中度对比中可以看到,我国前四大钢铁公司 CR4:21.5%,低于美国 CR2:46.8%、日本 CR2:73.0%、韩国 CR2:82.5%,俄罗斯 CR4:83.7%,我国产业集中度远低于其他国家。我国钢铁行业产能过剩的一个重要问题是产业内中小企业过多,并且大部分公司治理不规范、人员成本低、环保投入低,进行过度竞争,造成大企业产能利用率低。在劳动密集型和技术密集型行业中,对产业集聚度已处于较高水平的行业应当鼓励中小企业进入。本报告认为这可以加强行业内部的竞争,避免垄断型大企业通过自身市场势力形成窖藏产能,同时可以提高行业中的技术创新水平,进一步提高行业的产能利用率水平。

副表 6-1　　　　　　　2012 年五大产钢国产业集中度对比　　　　单位:百万吨

中国	716.5	俄罗斯	70.4	日本	107.2	韩国	69.1	美国	88.7
河北钢铁集团	42.8	耶弗拉兹	15.9	新日铁住金	47.9	浦项制铁	39.9	美国钢铁公司	21.4
宝钢集团	42.7	谢韦尔	15.1	JFE	30.4	现代制铁	17.1	纽柯	20.1
武钢集团	36.4	新利佩茨克	14.9						
沙钢集团	32.3	马格尼托哥尔斯克	13.0						
四大企业产量	154.2	四大企业产量	58.9	两大企业产量	78.3	两大企业产量	57	两大企业产量	41.5
CR4	21.5%	CR4	83.7%	CR2	73.0%	CR2	82.5%	CR2	46.8%

数据来源:世界钢铁协会:《世界钢铁统计数据 2013》。

综上所述,在治理产能过剩问题中应避免一刀切的治理方式,对于不同产业应予以不同的政策引导,以期得到更为科学有效的治理方案。

6.3 研究局限与未来研究方向

本报告首次从地区产业空间集聚的角度分析其对产能利用率的影响机制,可以说在此领域本报告是一个开拓性的基础工作,这为今后从这个角度的研究奠定了一定的理论基础与实证结论。基于目前的研究,本报告认为未来还可以从以下几个方面进一步展开研究。

首先,本报告在研究地区产业集聚与产能利用率之间的影响机制中,通过数理模型的推演证明了"倒 U"形关系存在的可能性,主要是基于将集聚度纳入到柯布道格拉斯生产函数中,通过成本最小化的拉格朗日方程计算出资本占产能的比重关系方程,并推导出在一定情况下该比重随着集聚度的增加呈 U 形曲线,从而进一步分析出产能利用率会随着产能集聚度的增加呈"倒 U"形关系。但是在分析中未能刻画集聚效应中对于规模效应与拥挤效应,即规模效应的表现形式与拥挤效应的表现形式应该是怎样的,随着集聚程度的上升,两者之间呈现此消彼长的关系是如何作用的?尽管可以通过门限回归模型发现产业集聚度的拐点,但是对于规模效应与拥挤效应自身的拐点却没有分析清楚。

其次,本报告在研究产业集聚与产能利用率的影响机制中,通过集聚地要素配置效率、研发投入、企业规模分析这些影响因素对于产业集聚对产能利用率有着怎样的调节作用,但是这方面应该还有较多的影响因素本报告未能考虑进来,在这个方面,还有较多可以探索的空间。

最后,基于样本数量的限制,本报告未对细分产业的拐点进行更为深入的分析。从本报告的研究中,可以看到尽管制造业整体上产业集聚与产能利用率呈"倒 U"形关系,但是可以看到,在细分产业中,劳动密集型与资本密集型是正向和负向关系,而并非是"倒 U"形关系。对于技术密集型与资源密集型产业,可以更进一步分析细分产业中的拐点位置,以便对产业政策的制定予以更加科学的指导。

附 录

1. 分行业空间基尼系数

1999～2013年全国36个工业行业空间基尼系数测算数据。

附表1 采矿业空间基尼系数

年 份	1999	2001	2003	2005	2007	2009	2011	2013
煤炭开采	0.468	0.451	0.498	0.532	0.533	0.549	0.573	0.548
石油和天然气开采	0.165	0.122	0.148	0.158	0.180	0.192	0.167	0.131
黑色金属开采	0.028	0.029	0.032	0.031	0.028	0.027	0.029	0.031
有色金属开采	0.057	0.052	0.047	0.046	0.063	0.044	0.044	0.044
非金属开采	0.044	0.040	0.030	0.029	0.025	0.026	0.025	0.020

附表2 制造业空间基尼系数

年 份	1999	2001	2003	2005	2007	2009	2011	2013
食品加工	0.092	0.085	0.086	0.097	0.100	0.102	0.106	0.108
食品制造	0.052	0.046	0.044	0.047	0.047	0.047	0.063	0.059
饮料制造	0.051	0.046	0.051	0.047	0.049	0.048	0.050	0.050
烟草制品业	0.039	0.036	0.035	0.030	0.027	0.029	0.025	0.024
纺织业	0.254	0.253	0.232	0.242	0.226	0.199	0.186	0.126
服装业	0.143	0.165	0.190	0.232	0.252	0.246	0.215	0.189
皮革业	0.072	0.083	0.098	0.119	0.124	0.112	0.113	0.155
木材加工业	0.041	0.037	0.048	0.050	0.047	0.037	0.035	0.040
家具制造业	0.017	0.017	0.023	0.035	0.042	0.038	0.033	0.036
造纸业	0.052	0.057	0.055	0.058	0.064	0.062	0.058	0.043
印刷业	0.025	0.021	0.023	0.020	0.020	0.024	0.018	0.020

续表

年　份	1999	2001	2003	2005	2007	2009	2011	2013
文教制造业	0.040	0.040	0.049	0.052	0.057	0.051	0.046	0.085
石油加工业	0.062	0.068	0.066	0.075	0.086	0.071	0.068	0.070
化学原料和制品	0.152	0.136	0.129	0.119	0.129	0.130	0.149	0.131
医药制造业	0.043	0.055	0.059	0.061	0.056	0.053	0.056	0.079
化纤制造业	0.035	0.036	0.024	0.024	0.026	0.022	0.022	0.019
橡胶制品业	0.043	0.040	0.042	0.043	0.046	0.043	0.040	
塑料制品业	0.060	0.059	0.070	0.081	0.083	0.075	0.079	
非金属制品	0.117	0.107	0.102	0.099	0.097	0.079	0.086	0.076
黑色金属冶炼	0.221	0.198	0.181	0.174	0.181	0.178	0.183	0.187
有色金属冶炼	0.132	0.147	0.152	0.144	0.145	0.174	0.153	0.164
金属制品业	0.071	0.072	0.068	0.082	0.090	0.081	0.092	0.091
通用设备制造业	0.160	0.156	0.144	0.150	0.159	0.155	0.159	0.142
专用设备制造业	0.122	0.115	0.134	0.126	0.128	0.119	0.129	0.113
交通设备制造业	0.261	0.251	0.257	0.264	0.277	0.295	0.336	0.322
电气设备制造业	0.123	0.122	0.134	0.162	0.174	0.179	0.188	0.212
通信设备制造业	0.165	0.202	0.254	0.310	0.368	0.356	0.379	0.455
仪器设备制造业	0.050	0.051	0.068	0.068	0.075	0.069	0.064	0.041

附表 3　　　　　　　　　　　公用事业空间基尼系数

年　份	1999	2001	2003	2005	2007	2009	2011	2013
电力、热力供应业	0.086 01	0.096 96	0.131 15	0.145 61	0.154 07	0.160 46	0.153 71	0.184 99
燃气供应业	0.017 76	0.018 46	0.022 51	0.022 61	0.021 3	0.019 76	0.017 6	0.011 06
自来水供应业	0.017 02	0.019 62	0.021 36	0.023 46	0.024 46	0.024 26	0.023 87	0.017 74

2. 工业行业产能利用率

我国 36 个工业行业 1999~2013 年工业实际总产值与实际固定资产净值，以 1999 年为基年，名义数据是通过价格平减指数平减后得到的实际数据。数据来源：中国统计年鉴、中国工业经济统计年鉴。本报告中用于测算产能利用率。

附表 4

1999～2013 年工业分行业实际工业总产值（1999 年为基年）

单位：亿元

年份	1999	2000	2001	2002	2003	2004	2005	2006	2007	2008	2009	2010	2011	2012	2013
煤炭采选业	1 236	1 308	1 468	1 679	2 008	2 843	3 247	3 895	4 791	5 915	6 513	7 984	9 474	10 443	11 250
石油和天然气开采业	2 085	1 956	1 821	1 910	2 023	2 238	2 354	2 369	2 497	2 615	2 804	2 685	2 801	2 598	2 584
黑色金属矿采选业	147	176	201	235	331	471	573	830	1 155	1 551	2 110	2 835	3 314	4 080	4 759
有色金属矿采选业	362	387	402	441	509	605	720	855	1 040	1 183	1 373	1 557	1 794	2 094	2 401
非金属矿采选业	342	366	387	434	502	573	675	896	1 152	1 421	1 789	2 259	2 575	2 757	3 251
食品加工业	3 517	3 862	4 123	4 882	6 100	7 259	9 135	11 153	13 276	15 865	19 314	22 862	26 115	30 474	34 810
食品制造业	1 262	1 541	1 732	2 114	2 468	3 036	3 902	4 814	6 042	7 111	8 403	10 014	11 663	12 884	14 675
饮料制造业	1 659	1 775	1 861	2 053	2 315	2 517	3 167	3 977	5 123	6 075	7 211	8 591	10 637	11 963	13 676
烟草加工业	1 391	1 424	1 629	1 893	2 066	2 373	2 574	2 898	3 391	4 011	4 378	5 172	6 006	6 880	7 527
纺织业	4 530	4 990	5 519	6 573	7 828	10 066	12 252	14 504	17 600	19 810	21 644	24 749	25 517	26 166	29 242
服装制造业	2 039	2 305	2 633	2 984	3 512	4 069	5 073	6 225	7 628	9 272	10 272	11 929	12 634	16 105	17 945
皮革及其制造业	1 198	1 342	1 557	1 799	2 278	2 748	3 356	3 975	4 820	5 370	5 966	7 213	7 799	9 731	10 680
木材加工业	561	666	762	879	1 063	1 452	1 882	2 445	3 420	4 483	5 438	6 874	8 040	9 223	10 727
家具制造业	318	374	440	536	739	1 163	1 400	1 841	2 336	2 864	3 191	4 049	4 559	5 089	5 933
造纸及纸制品业	1 328	1 592	1 812	2 141	2 633	3 471	4 225	5 077	6 315	7 432	8 260	10 080	11 331	12 223	12 920
印刷业	579	623	742	870	1 110	1 320	1 595	1 890	2 334	2 885	3 196	3 806	4 049	4 818	6 475
文教体育用品制造业	556	627	701	823	1 015	1 251	1 494	1 748	2 055	2 401	2 519	2 932	2 896	3 192	3 925
石油加工及炼焦业	2 706	3 291	3 335	3 607	4 096	5 227	5 934	6 348	7 124	7 507	7 822	9 033	9 920	10 436	11 152

续表

年　份	1999	2000	2001	2002	2003	2004	2005	2006	2007	2008	2009	2010	2011	2012	2013
化学原料制造业	4 925	5 587	6 277	7 272	9 007	11 449	13 330	16 596	20 953	23 877	29 469	35 427	40 969	47 676	56 218
医药制造业	1 497	1 901	2 225	2 637	3 243	3 720	4 803	5 752	7 141	8 520	10 202	12 287	15 253	18 087	21 370
化学纤维制造业	975	1 078	972	1 142	1 412	1 761	2 247	2 729	3 396	3 291	3 508	3 979	4 781	5 521	6 091
橡胶制品业	780	837	940	1 146	1 414	1 939	2 243	2 664	3 268	3 805	4 309	5 144	5 805	6 280	7 316
塑料制品业	1 623	1 862	2 118	2 565	3 164	4 063	4 658	5 807	7 245	8 602	9 921	12 267	13 164	14 347	16 404
非金属矿物制品业	3 395	3 736	4 067	4 712	5 871	7 497	9 183	11 533	15 113	18 853	22 391	28 303	33 158	37 793	45 193
黑色金属冶炼加工业	4 097	4 677	5 623	6 494	9 092	12 951	15 677	19 321	23 757	26 331	29 908	33 855	38 107	46 016	51 978
有色金属冶炼加工业	1 793	1 954	2 268	2 608	3 403	4 808	5 708	7 594	9 293	11 152	13 128	15 308	17 303	19 890	23 878
金属制品业	2 215	2 573	2 943	3 481	4 061	5 055	6 177	7 956	10 407	12 806	14 158	17 437	19 420	24 814	28 935
普通机械制造业	2 694	3 062	3 566	4 400	5 930	8 583	10 497	13 561	17 949	22 961	25 796	33 089	37 607	33 929	39 386
专用设备制造业	1 981	2 228	2 420	2 933	4 004	5 198	6 136	7 924	10 398	13 797	15 941	20 233	24 178	27 023	30 812
交通运输设备制造业	4 659	5 435	6 735	8 988	12 310	15 420	17 770	23 165	30 821	37 340	46 711	61 866	70 317	75 146	86 179
电气机械及器材制造业	4 022	4 974	5 795	6 730	8 862	12 129	14 544	17 696	22 563	28 287	33 020	41 102	47 279	52 423	60 377
电子及通信设备制造业	5 831	7 930	10 025	13 040	19 534	28 861	36 744	46 609	56 687	64 566	68 459	85 874	101 426	115 161	133 418
仪器仪表及办公用	706	877	960	1 198	1 849	2 516	3 232	4 147	5 103	5 890	6 061	7 696	9 202	10 372	11 782
电力生产和供应业	3 997	4 503	4 857	5 585	6 448	13 507	15 671	18 470	22 193	24 618	26 899	31 994	36 786	38 558	46 070
煤气生产和供应业	131	169	175	210	247	370	432	576	742	1 068	1 276	1 602	1 923	1 987	2 355
自来水生产和供应业	315	300	295	305	330	378	410	475	506	563	605	644	649	707	800

副表 5　1999~2013 年工业分行业实际固定资产净值（1999 年为基年）

单位：亿元

年　　份	1999	2000	2001	2002	2003	2004	2005	2006	2007	2008	2009	2010	2011	2012	2013
煤炭采选业	1 986	1 982	2 172	2 447	2 577	2 838	3 193	3 890	4 441	5 218	6 378	7 091	7 902	8 986	10 352
石油和天然气开采业	2 463	2 753	3 042	3 117	3 444	3 922	4 114	4 750	5 590	6 153	6 996	7 241	8 705	7 849	7 903
黑色金属矿采选业	98	106	109	128	154	230	295	379	488	662	784	1 259	1 400	1 531	1 753
有色金属矿采选业	237	243	254	253	258	261	287	362	446	592	674	857	863	952	1 094
非金属矿采选业	251	321	324	336	316	271	232	313	323	405	461	521	532	635	742
食品加工业	1 254	1 209	1 198	1 256	1 372	1 590	1 769	2 062	2 389	2 947	3 672	4 240	4 396	5 180	6 137
食品制造业	650	670	680	783	779	915	1 002	1 138	1 283	1 458	1 711	1 942	2 003	2 296	2 652
饮料制造业	1 057	1 053	1 064	1 102	1 126	1 072	1 139	1 239	1 385	1 531	1 782	1 961	2 066	2 274	2 697
烟草加工业	605	606	604	605	594	579	576	563	570	553	620	663	673	731	685
纺织业	2 379	2 306	2 384	2 522	2 840	3 147	3 381	3 741	4 031	4 250	4 509	4 844	4 711	4 845	5 149
服装制造业	477	487	529	569	624	680	767	892	1 019	1 198	1 256	1 383	1 312	1 783	2 035
皮革及其制品业	266	264	282	302	338	390	444	492	543	598	658	744	765	972	1 106
木材加工业	289	308	339	348	367	435	469	537	628	810	902	1 084	1 045	1 202	1 394
家具制造业	106	119	127	146	180	233	274	356	428	449	490	573	588	726	841
造纸及纸制品业	895	1 086	1 217	1 280	1 403	1 621	1 937	2 089	2 255	2 420	2 653	2 931	2 976	3 145	3 381
印刷业	383	391	447	466	517	580	625	669	705	764	835	885	744	862	1 049
文教体育用品制造业	147	153	161	186	200	239	261	283	314	356	382	399	359	398	478
石油加工及炼焦业	1 918	2 067	2 150	2 130	2 046	2 247	2 498	2 894	3 118	3 220	4 311	5 064	5 018	5 511	5 878

续表

年　份	1999	2000	2001	2002	2003	2004	2005	2006	2007	2008	2009	2010	2011	2012	2013
化学原料制造业	3 610	3 637	3 885	4 116	4 304	4 539	5 324	6 490	7 126	7 955	9 719	11 330	11 827	13 458	16 154
医药制造业	683	744	849	1 001	1 141	1 325	1 539	1 662	1 748	1 874	2 146	2 333	2 396	2 730	3 370
化学纤维制造业	944	887	760	766	755	866	987	1 046	1 103	1 019	1 026	1 051	1 186	1 302	1 354
橡胶制品业	399	386	422	446	485	601	655	733	888	951	1 075	1 160	1 257	1 392	1 646
塑料制品业	725	763	839	919	1 005	1 270	1 330	1 469	1 546	1 732	1 927	2 168	2 077	2 165	2 538
非金属矿物制品业	2 732	2 741	2 706	2 838	3 108	3 585	3 912	4 373	4 802	5 635	6 768	8 013	8 568	9 672	11 124
黑色金属冶炼加工业	3 876	4 061	4 239	4 278	4 808	5 517	6 492	8 054	9 233	10 089	12 000	13 360	12 946	14 797	16 403
有色金属冶炼加工业	1 189	1 203	1 273	1 387	1 511	1 863	2 157	2 552	3 054	3 794	4 288	5 224	5 380	6 106	6 981
金属制品业	799	825	897	912	910	1 069	1 202	1 403	1 658	2 104	2 481	2 857	2 894	3 958	4 572
普通机械制造业	1 397	1 400	1 434	1 504	1 641	1 911	2 128	2 471	2 914	3 799	4 410	5 558	5 205	5 068	5 814
专用设备制造业	953	939	933	962	1 228	1 321	1 448	1 690	1 944	2 503	2 912	3 416	3 568	4 186	4 957
交通运输设备制造业	2 313	2 385	2 487	2 667	2 891	3 234	3 750	4 324	5 006	5 977	7 023	8 000	8 498	9 142	10 495
电气机械及器材制造业	1 369	1 394	1 468	1 529	1 631	1 887	2 139	2 433	2 770	3 402	4 124	4 992	5 312	6 253	7 000
电子及通信设备制造业	1 457	1 694	2 023	2 294	2 678	3 505	4 004	4 553	5 245	5 640	6 080	8 056	6 656	7 810	8 834
仪器仪表及文办公业	260	255	267	290	356	409	464	527	576	642	723	880	855	964	1 124
电力生产和供应业	9 318	10 866	12 227	13 720	16 156	18 335	20 107	23 919	27 344	29 717	34 138	36 971	37 062	39 592	44 003
煤气生产和供应业	315	322	321	355	401	509	499	619	660	692	857	969	1 011	1 252	1 406
自来水生产和供应业	892	914	1 002	1 138	1 244	1 443	1 424	1 689	1 690	1 780	2 043	2 206	1 974	2 129	2 372

参考文献

一、主报告参考文献

[1] 白暴力,张建强.消费对生产资料需求的传递效应[J].当代财经,2011(2):14-19.

[2] http://finance.ifeng.com/a/20160531/14443820_0.shtml,2013.

[3] 中华人民共和国国家卫生和计划生育委员会.关于做好2016年新型农村合作医疗工作的通知[EB/OL]. http://www.nhfpc.gov.cn/jws/s3581sg/201605/75708452f90a43d38990bfd992a19d6b.shtml,2016年2月.

[4] 中国社科院.中国养老金发展报告2015[EB/OL]. http://www.yjbys.com/wage/240752.html,2015-12.

[5] 住建部、财政部、央行.全国住房公积金2015年年度报告[EB/OL]. http://www.yjbys.com/wage/243208.html,2016-6.

[6] 朱孟晓,胡小玲.我国居民消费升级与消费倾向变动关系研究——基于升级、支出与收入的动态关系[J].当代财经,2009(4).

[7] 阿里大数据研究院.中国消费者趋势报告2015[R].2016-1.

[8] 徐敏,姜勇.中国产业结构升级能缩小城乡消费差距吗?[J].数量经济技术经济研究,2015(3).

[9] 麦肯锡.中国消费者调研报告[R].2016-3.

[10] 中国产业信息网.2015年中国化妆品行业市场现状及发展趋势分析[EB/OL].2015-10.

[11] 东方证券.中国消费者趋势变化分析报告[R].2016-3.

[12] 艾瑞咨询.2015年中国O2O市场发展情况分析报告[R].2016-3.

[13] 中国产业信息网.2015年中国健康市场行业市场现状及发展趋势分析.2015-10.

[14] 中国产业信息网.2015年中国饮料市场行业市场现状及发展趋势分析.2015-10.

[15] 艾瑞咨询.2015年中国网购市场规模分析报告[R].2015-3.

[16] 胡润财富榜,招商银行.中国高净值人群需求调研[R].2015-1.

[17] 招商证券.中国养老产业发展报告[R].2015-3.

[18] 尼尔森咨询.2016年中国快速消费品预测报告[R].2016-3.

[19] 芮明杰.产业经济学(第二版)[M].上海财经大学出版社,2012.

[20] 国家统计局.生产性服务业分类(2015)[EB/OL].http：//www.stats.gov.cn/tjsj/tjbz/201506/t20150604_1115421.html.

[21] 欧阳胜.论生产资料和消费资料的平衡[J].经济研究,1979(6)：13-19.

[22] 白暴力,张建强.消费对生产资料需求的传递效应[J].当代财经,2011(2)：14-19.

[23] 许剑毅.今年以来我国服务业持续较快发展[N].经济日报,2016-5-19.

[24] 邓娜,陈丹,曾思孟.十三五时期需求结构趋势分析[J].开放导报,2016(2)：46-49.

[25] 马丽君.居民消费价格指数(CPI)与国内旅游需求相关分析[J].软科学,2014(4)：2.

[26] 陈涛.楼市：财富效应还是财富幻觉?[N],经济参考报,2016-9-23.

[27] http：//www.xfrb.com.cn/area/chanjingzaixian/difangjingji/2016-10-17/157772.html.

[28] 邹蕴涵.当前我国消费市场供给端矛盾分析[J].中国物价,2016(4)：7-9.

[29] 姜超,顾潇啸,于博等.啤酒方便面销售下滑 居民消费将步入白银时代?[R].宏观债券研究,2016.

[30] 大数据解读2016上半年中国海淘消费报告[J].大数据观察,2016(8).

[31] 许剑毅.三季度我国服务业保持较快发展[N].2016-10.

[32] 世贸组织.今年全球贸易增幅创新低[EB/OL].中国经济网,http：//www.ce.cn/xwzx/gnsz/gdxw/201609/29/t20160929_16380693.shtml.

[33] 王书华.我国高新技术产业的今天与未来[EB/OL].科普中国网,http：//news.xinhuanet.com/science/2016-06/06/c_135404108.htm.

[34] 赵云城.工业经济运行平稳、效益回升[EB/OL].国家统计局网站,http：//www.stats.gov.cn/tjsj/sjjd/201608/t20160816_1388854.html.

[35] 钢铁煤炭去产能进度不理想[EB/OL].人民网,2016-8.

[36] 钢铁行业复苏 下一步该如何去产能?[EB/OL].央广网,2016-8.http：//finance.cnr.cn/jjpl/20160805/t20160805_522894456.shtml.

[37] 人民论坛理论研究中心.中国的产能过剩问题及其破解之道[EB/OL].人民论坛网,2010-9.

[38] 周振华.供给侧结构性改革与宏观调控创新中国经济分析2015-2016[M].上海世纪出版集团,2016.

[39] 傅向开.化解石化行业结构性产能过剩矛盾之思考[J].化工管理,2016(9).

[40] 李琳,新经济孕育新希望——上半年"三新"经济发展述评[N].中国信息报,2016-7-27.

[41] 国家统计局.9 月份中国制造业采购经理指数与上月持平[R].2016-10.

[42] 丁艺."互联网+"对经济社会的影响[J].中国市场,2016(12):17-18.

[43] 人民日报海外版.上半年区域经济发展有亮点[EB/OL].http://paper.people.com.cn/rmrbhwb/html/2016-08/06/content_1701486.htm,2016-08-06.

[44] 邓娜,陈丹,曾思孟.十三五时期需求结构趋势分析[J].开放导报,2016.

[45] 国家统计局.贾海:前三季度全国固定资产投资增速缓中趋稳[EB/OL].http://www.stats.gov.cn/tjsj/sjjd/201610/t20161020_1411765.html,2016-10-20.

[46] 百度百科.产品生命周期理论[EB/OL].http://baike.baidu.com/link?url=LxfaelOJ7be5CYlQFFpuCB4T_B6E12P9COJAH7wFYzrw 9XWl24tcFUO 9u 89nvwwGcaA33b03dfweDQAEDwcumK.

[47] 鹿彦,李玉江.基于要素禀赋和区位环境视角的中国区域比较优势分析[J].西南民族大学学报(人文社科版),2009(12):94-100.

[48] 王德利,方创琳.中国跨区域产业分工与联动特征[J].2010(8):1392-1404.

[49] 王选选.中国四大区域经济发展差距的成因分析[J].财贸经济,2009(11):131-135.

[50] 邵律,陈震东.东部沿海地区消费发展现状分析[J].上海经济,2014(10):59-61.

[51] 方齐云.人民币汇率波动对我国东部地区对外贸易的影响分析[D].湖北:万方数据,2016.

[52] 经济参考报.未来二十年中国住房需求将剧烈变动[EB/OL].http://dz.jjckb.cn/www/pages/webpage2009/html/2015-08/21/content_9311.htm,2015-08-21.

[53] 大朴资产管理.幻象!——透支的经济、无厘头的市场[EB/OL].http://www.dapufund.com/News/read/id/44,2016-11-13.

[54] 国家统计局.2016 年前三季度全国规模以上文化及相关产业企业营业收入增长7.0%[EB/OL].http://www.stats.gov.cn/tjsj/zxfb/201610/t20161031_1421944.html,2016-10-31.

[55] 新浪财经.2015 年前三季度——北京文化产业增加值增速达 13%[EB/OL].http://finance.sina.com.cn/roll/2016-01-22/doc-ifxnuvxh5118335.shtml,2016-01-22.

[56] 羊城晚报.文化产业"粤军"崛起科技融合擦亮"创新底色"——广东省文化产业发展综述[EB/OL].http://ep.ycwb.com/epaper/ycwb/html/2016-05/11/content_37584.htm#article,2016-05-11.

[57] 东方财富网.任泽平:老龄化和职住分离是北京上海人口突出问题[EB/OL].http://finance.eastmoney.com/news/1370,20161013672279340.html,2016-10-13.

[58] 中国新闻网.北京家政服务员缺口达 150 万人恶性竞争时有发生[EB/OL].

http：//finance. chinanews. com/cj/2015/02 - 02/7025314. shtml,2015 - 02 - 02.

[59] 百度文库.上海市家政服务市场分析[EB/OL]. http：//wenku. baidu. com/link?
url ＝ 9KrZhWmkIDHrqNHiXCGfkJVQWGFKOzaeiB7SslSdW ＿ JnXCkVHs
HsXJyvGbDva4V5xIlhVSJzUZt0EZdevRF72NhC45_0HiGyeUCbtg0HGB3,2016 -
06 - 13.

[60] 南方日报.广州家政人员岗位缺口近 30 万[EB/OL]. http：//epaper. southcn.
com/nfdaily/html/2015 - 05/19/content_7429434. htm,2015 - 05 - 19.

[61] 和讯网.深圳家政人员供需缺口 10 万～20 万专业人士供不应求[EB/OL].
http：//news. hexun. com/2014 - 11 - 04/170025526. html,2014 - 11 - 04.

[62] 阿里研究院.支付宝发布十年对账单：网络总支出 423 亿笔[EB/OL]. http：//
www. aliresearch. com/blog/article/detail/id/19997. html,2014 - 12 - 08.

[63] 新浪厦门.2014 年中国网络零售地区分析[EB/OL]. http：//mn. sina. com. cn/
news/zh/2015 - 03 - 31/detail - icczmvun7567459. shtml,2015 - 03 - 31.

[64] 199IT 互联网数据中心.新供给-蚂蚁网络消费指数报告[EB/OL]. http：//
www. 199it. com/archives/474546. html,2016 - 05 - 22.

[65] 记者网.2015,中国智能终端产业稳步向前[EB/OL]. http：//www. jzwcom.
com/jzw/63/12762. html,2016 - 02 - 02.

[66] 腾讯数码.2014 年国内智能家居市场发展报告[EB/OL]. http：//digi. tech. qq.
com/a/20141231/005577. htm,2014 - 12 - 31.

[67] 天极网.大数据：2016 中国智能电视用户最新分析报告[EB/OL]. http：//news.
yesky. com/news/236/100772736. shtml,2016 - 02 - 23.

[68] 艾瑞网.智能手机全国各省市场数据报告[EB/OL]. http：//column. iresearch.
cn/b/201409/684207. shtml,2014 - 09 - 17.

[69] 一卡通世界网.上海版刷刷手环正式发布空中发卡平台助力"一环多用"[EB/
OL]. http：//news. yktworld. com/201511/201511241525042138. html,2015 - 11 - 24.

[70] 海报时尚网.2015 - 2016 中国时尚指数发布盛典[EB/OL]. http：//www.
haibao. com/article/2206555_3. htm,2015 - 12 - 01.

[71] 新华网.美丽说发布白领女性时尚消费报告[EB/OL]. http：//news. xinhuanet.
com/local/2016 - 07/15/c_129146765. htm,2016 - 07 - 15.

[72] 北京商报.摸底北京"新消费"[EB/OL]. http：//epaper. bjbusiness. com. cn/
site1/bjsb/html/2015 - 12/04/content_317124. htm? div＝- 1,2015 - 12 - 04.

[73] 中国产业信息.2015 年中国智能制造装备产业发展现状[EB/OL]. http：//
www. chyxx. com/industry/201512/363774. html,2015 - 12 - 01.

[74] 南方日报.智能装备制造业将爆发式增长[EB/OL]. http：//epaper. southcn.
com/nfdaily/html/2015 - 11/04/content_7484412. htm,2015 - 11 - 04.

[75] 搜狐科技.机器人产业白皮书：工业机器人形成四大集群[EB/OL]. http：//it. sohu. com/20160412/n443931307. shtml,2016－04－12.

[76] 工信部网站.2015 年电子信息产业统计公报[EB/OL]. http：//www. miit. gov. cn/newweb/n1146285/n1146352/n3054355/n3057511/n3057518/c4650836/content. html,2016－02－29.

[77] 工信部网站.2016 年 1－6 月电子信息产品进出口情况[EB/OL]. http：//www. miit. gov. cn/newweb/n1146285/n1146352/n3054355/n3057511/n3057518/c5176098/ content. html,2016－08－01.

[78] 中金在线.融合互联网促进制造业转型升级[EB/OL]. http：//news. cnfol. com/ chanyejingji/20160525/22810666. shtml,2016－05－25.

[79] 新华网.2016 年中国"互联网＋"在工业应用领域十大新锐案例揭晓[EB/OL]. http：//news. xinhuanet. com/info/2016－09/03/c_135656719. htm,2016－09－03.

[80] 百度百科.新十年中部崛起规划[EB/OL]. http：//baike. baidu. com/link? url＝ zCAuPYNL37ryic－1wZ_RJ3UR9VxXeFa－mj4uovHxXl9Dyv8mx1vyo3n29t_7Q_ 4xKCfuRrl39v2U5gJjLZpJ6i7W3g0mdcAdDc2iuMQV11NfK－WcvQfkGS_Jy8KY3Gj 7_k6jBUkLEmgm90ODrY7mGexg9Ef2S_－QsmjcoFTAKRzevaZtADCIrgi42nm_biiQ.

[81] 新浪财经.中部地区汽车消费呈升级趋势合资品牌深化布局[EB/OL]. http：// finance. sina. com. cn/roll/2016－09－01/doc－ifxvpxua7541463. shtml,2016－09－01.

[82] 湖南省人民政府门户网站.新形势下湖南消费结构变化及潜力分析[EB/OL]. http：//www. hunan. gov. cn/sj/sjfx/201511/t20151124_1914615. html,2015－11－24.

[83] 新京报网.教育部：中部教育经费投入低于东西部出现塌陷[EB/OL]. http：// www. bjnews. com. cn/news/2015/11/26/385681. html,2015－11－26.

[84] 21 世纪经济报道.31 省市医疗保健"大数据"出炉：北京排名第一[EB/OL]. http：// m. 21jingji. com/article/20140828/herald/44334c4b3d0071f9d8d552599d153496. html, 2014－08－28.

[85] 中国经济导报.山西：主动去产能,率先减产量[EB/OL]. http：//www. ceh. com. cn/epaper/uniflows/html/2016/08/19/A02/A02_40. htm,2016－08－19.

[86] 山西煤炭销售网.煤炭稳供应并非去产能"开倒车"[EB/OL]. http：//www. sxmtxs. com/xsassociation/4453139/articlenew. html,2016－10－17.

[87] 中商情报网.2015 年煤炭产业链深度分析：下游四大行业全面解读[EB/OL]. http：//www. askci. com/news/chanye/2015/11/27/159158x4r. shtml, 2015－ 11－27.

[88] 澎湃新闻.国家发改委：部分地区和央企已完成钢铁煤炭全年去产能的任务[EB/ OL]. http：//www. thepaper. cn/newsDetail_forward_1549014,2016－10－25.

[89] 中国工控网.工业 4.0 时代如何用大数据打造"三一指数"[EB/OL]. http：//

www. gongkong. com/news/201603/339601. html,2016 - 03 - 15.

[90] 中国智能制造网. 湖南寻求制造强省路径打造智能制造引领区[EB/OL].
http：//www. gkzhan. com/news/Detail/85139. html,2016 - 10 - 25.

[91] 希财网. 2016 年三季度中联重科业绩报告收入 51 亿元[EB/OL]. http：//www.
csai. cn/gupiao/1215819. html,2016 - 10 - 31.

[92] 经济参考报."十三五"期间环保市场潜力巨大[EB/OL]. http：//finance. sina.
com. cn/roll/2016 - 07 - 28/doc - ifxunyxy5714051. shtml,2016 - 07 - 28.

[93] 北极星节能环保网. 节能环保产业前景广阔、大有可为——关于湖南省节能环保
产业发展情况的调查与思考[EB/OL]. http：//huanbao. bjx. com. cn/news/
20160517/733913. shtml,2016 - 05 - 17.

[94] 西安日报. 前三季度全省进出口总值逾 1 442 亿元[EB/OL]. http：//epaper.
xiancn. com/xarb/html/2016 - 11/04/content_452007. htm. 2016 - 11 - 04.

[95] 宋洪远. 中国西部特色农业与"一带一路"国家农业产业合作[J]. 农村工作通讯,
2016(12)：20 - 24.

[96] 中国青年网. 云上贵州日日晴——网络媒体走进国家大数据综合试验区[EB/
OL]. http：//news. 163. com/16/1018/18/C3MA16B500014SEH. html.

[97] 通信世界网. 贵州省长孙志刚：2015 年大数据产业规模总量增长 37. 7％[EB/
OL]. http：//www. cww. net. cn/news/html/2016/5/25/20165251426498861. htm.

[98] 新华网. 辽宁前三季度经济呈筑底企稳特征[EB/OL]. http：//news. xinhuanet.
com/politics/2016 - 10/24/c_129334392. htm,2016 - 10 - 24.

[99] 凤凰网. 爬坡过坎奋力前行——东北上半年经济走势扫描[EB/OL]. http：//
finance. ifeng. com/a/20160902/14854682_0. shtml,2016 - 09 - 02.

[100] 同花顺财经. 全国 31 省晒 2016 年上半年 GDP 增速成绩单：渝藏领跑辽宁垫底
[EB/OL]. http：//news. 10jqka. com. cn/20160811/c592360598. shtml.

[101] 人民日报. 东北体制问题进一步显露振兴路在脚下[EB/OL]. http：//finance.
sina. com. cn/china/2016 - 10 - 09/doc - ifxwrhpn9416982. shtml,2016 - 08 - 11.

[102] 靳继东,杨盈竹. 东北经济的新一轮振兴与供给侧改革[J]. 财经问题研究,2016
(5)：103 - 109.

[103] 王冠群. 新时期振兴东北经济的对策建议[J]. 中国经济分析与展望(2015 -
2016),2016：235 - 248.

[104] 新浪财经. 靠什么拯救东北经济：仅靠国家大项目投资是不够的[EB/OL].
http：//finance. sina. com. cn/china/gncj/2016 - 10 - 04/doc - ifxwkzyk0934031.
shtml? cre＝sinapc&mod＝g,2016 - 10 - 04.

[105] 徐豪. 东北经济如何走出失速困局[J]. 中国经济周刊,2016,59：25 - 27.

[106] 云掌财经. 黄志龙：东北地区已陷入"资源诅咒"[EB/OL]. http：//figure. 123.

com. cn/show/391 - 16366. html,2016 - 11 - 02.

[107] 胡仁霞,李晓乐. 一带一路与东北经济的转型发展[J]. 延边大学学报(社会科学版),2016(5)：137 - 143.

[108] 乔国栋. 我国东北地区特色农业发展的研究[D]. 中国民族大学,2012.

[109] 中国社会科学网. 辽宁蓝皮书：2016 年辽宁经济社会形势分析与预测[EB/OL]. http：//www. cssn. cn/dybg/gqdy_gqcj/201603/t20160307_2900211. shtml, 2016 - 03 - 07.

[110] 环球网. 东北经济如何走出失速困局 GDP 没能就得了吗[EB/OL]. http://finance. huanqiu. com/roll/2016 - 05/8905961. html,2016 - 05 - 10.

[111] 新浪网. 东北三省经济分化态势明显吉林工业一柱擎天问题突出[EB/OL]. http://jl. sina. com. cn/news/m/2016 - 10 - 09/detail - ifxwrhpm2673012. shtml,2016 - 10 - 09.

二、副报告参考文献

[1] 何彬. 基于窖藏行为的产能过剩形成机理及其波动性特征研究[D]. 吉林大学博士研究生论文,2008.

[2] 孙巍,何彬,武治国. 现阶段工业产能过剩"窖藏效应"的数理分析及其实证检验[J]. 吉林大学社会科学学报,2008,48(1)：68 - 75.

[3] 王岳平. 我国产能过剩行业的特征分析及对策[J]. 宏观经济管理,2006(6)：15 - 18.

[4] 董敏杰,梁泳梅,张其仔. 中国工业产能利用率：行业比较,地区差距及影响因素[J]. 经济研究,2015,50(1)：84 - 98.

[5] 曹建海,江飞涛. 中国工业投资中的重复建设与产能过剩问题研究[M]. 经济管理出版社,2010.

[6] 江飞涛,耿强,吕大国等. 地区竞争,体制扭曲与产能过剩的形成机理[J]. 中国工业经济,2012(6)：44 - 56.

[7] 耿强,江飞涛,傅坦. 政策性补贴,产能过剩与中国的经济波动——引入产能利用率 RBC 模型的实证检验[J]. 中国工业经济,2011(5)：27 - 36.

[8] 韩国高,高铁梅,王立国等. 中国制造业产能过剩的测度,波动及成因研究[J]. 经济研究,2011(12)：18 - 31.

[9] 周劲. 产能过剩的概念,判断指标及其在部分行业测算中的应用[J]. 宏观经济研究,2007(9)：33 - 39.

[10] 周业樑,盛文军. 转轨时期我国产能过剩的成因解析及政策选择[J]. 金融研究,2007(02A)：183 - 190.

[11] 林毅夫. 潮涌现象与发展中国家宏观经济理论的重新构建[J]. 经济研究,2007,1

(126)：13.

[12]　林毅夫,巫和懋,邢亦青."潮涌现象"与产能过剩的形成机制[J].经济研究,2010,
10(4)：19-19.

[13]　周劲,付保宗.产能过剩的内涵,评价体系及在我国工业领域的表现特征[J].经济
学动态,2011(10)：58-64.

[14]　沈坤荣,钦晓双,孙成浩.中国产能过剩的成因与测度[J].产业经济评论,2012
(4)：1-26.

[15]　杨蕙馨.从进入退出角度看中国产业组织的合理化[J].东南大学学报:哲学社会
科学版,2000,2(4)：11-15.

[16]　杨蕙馨.中国企业的进入退出——1985—2000年汽车与电冰箱产业的案例研究
[J].中国工业经济,2004(3)：99-105.

[17]　牛桂敏.从过度竞争到有效竞争:我国产业组织发展的必然选择[J].天津社会科
学,2001(3)：63-66.

[18]　李伟,韩立岩.外资银行进入对我国银行业市场竞争度的影响:基于Panzar—
Rosse模型的实证研究[J].金融研究,2008(5)：87-98.

[19]　冯俏彬,贾康."政府价格信号"分析:我国体制性产能过剩的形成机理及其化解
之道[J].财政研究,2014(4)：2-9.

[20]　王立国,鞠蕾.地方政府干预,企业过度投资与产能过剩:26个行业样本[J].改
革,2012(12)：52-62.

[21]　余东华,吕逸楠.政府不当干预与战略性新兴产业产能过剩——以中国光伏产业
为例[J].中国工业经济,2015(10)：53-68.

[22]　周黎安.晋升博弈中政府官员的激励与合作[J].经济研究,2004(6)：33-40.

[23]　周黎安.中国地方官员的晋升锦标赛模式研究[J].经济研究,2007,7(36)：
36-50.

[24]　王晓姝,李锂.产能过剩的诱因与规制——基于政府视角的模型化分析[J].财经
问题研究,2012(9)：40-47.

[25]　陈剩勇,孙仕祺.产能过剩的中国特色,形成机制与治理对策——以1996年以来
的钢铁业为例[J].南京社会科学,2013(5)：7-14.

[26]　张维迎,马捷.恶性竞争的产权基础[J].经济研究,1999(6)：11-20.

[27]　范林凯,李晓萍,应珊珊.渐进式改革背景下产能过剩的现实基础与形成机理[J].
中国工业经济,2015(1)：19M-31.

[28]　程俊杰.中国转型时期产业政策与产能过剩——基于制造业面板数据的实证研究
[J].财经研究,2015,41(8)：131-144.

[29]　张杰.基于产业政策视角的中国产能过剩形成与化解研究[J].经济问题探索,
2015(2)：10-14.

[30]　王立国,高越青.基于技术进步视角的产能过剩问题研究[J].财经问题研究,2012(2):26-32.

[31]　韩秀云.对我国新能源产能过剩问题的分析及政策建议——以风能和太阳能行业为例[J].管理世界,2012(8):171-172.

[32]　于会娟,韩立民.海洋战略性新兴产业结构性产能过剩:表现,成因及对策[J].理论学刊,2013(3).

[33]　师博,沈坤荣.政府干预,经济集聚与能源效率[J].管理世界,2013,10(6):18.

[34]　王晓姝,孙爽.创新政府干预方式治愈产能过剩痼疾[J].宏观经济研究,2013(6):35-40.

[35]　郑江淮,高彦彦,胡小文.企业"扎堆",技术升级与经济绩效[J].经济研究,2008(5):33-46.

[36]　钱学锋,陈勇兵.国际分散化生产导致了集聚吗?[J].世界经济,2009(12):27-39.

[37]　钱学锋,黄玖立,黄云湖.地方政府对集聚租征税了吗?——基于中国地级市企业微观数据的经验研究[J].管理世界,2012(2):19-29.

[38]　陶然,陆曦,苏福兵,等.地区竞争格局演变下的中国转轨:财政激励和发展模式反思[J].经济研究,2009(7):21-33.

[39]　朱英明,杨连盛,吕慧君,等.资源短缺,环境损害及其产业集聚效果研究——基于21世纪我国省级工业集聚的实证分析[J].管理世界,2012(11):28-44.

[40]　李君华.学习效应,拥挤性,地区的分工和集聚[J].经济学,2009(2):787-812.

[41]　孙浦阳,韩帅,张诚.产业集聚结构与城市经济增长的非线性关系[J].财经科学,2012(8):49-57.

[42]　李世杰,胡国柳,高健.转轨期中国的产业集聚演化:理论回顾,研究进展及探索性思考[J].管理世界,2014(4):165-170.

[43]　王战营.产业集群发展中的政府行为及其评价研究[D].武汉理工大学,2013.

[44]　高鹤.财政分权,经济结构与地方政府行为:一个中国经济转型的理论框架[J].世界经济,2006,29(10):59-68.

[45]　金煜,陈钊,陆铭.中国的地区工业集聚:经济地理,新经济地理与经济政策[J].经济研究,2006(4):79-89.

[46]　黄玖立,李坤望.对外贸易,地方保护和中国的产业布局[J].经济学(季刊),2006,5(3):733-760.

[47]　张俊妮,陈玉宇.产业集聚,所有制结构与外商投资企业的区位选择[J].经济学(季刊),2006,5(4):1091-1108.

[48]　陈雪梅,李景海.预期,产业集聚演进与政府定位[J].学术交流,2008(4):48-54.

[49]　贺灿飞,朱彦刚,朱晟君.产业特性,区域特征与中国制造业省区集聚[J].地理学

报,2010,65(10):1218-1228.

[50] 胡晨光,程惠芳,俞斌."有为政府"与集聚经济圈的演进——一个基于长三角集聚经济圈的分析框架[J].管理世界,2011(2):61-69.

[51] 梁琦,吴俊.财政转移与产业集聚[J].经济学(季刊),2008(4):1247-1270.

[52] 谭真勇,谢里,罗能生.地方保护与产业集聚:基于空间经济模型的分析[J].南京师大学报:社会科学版,2009(1):53-58.

[53] 陈建军,陈国亮,黄洁.新经济地理学视角下的生产性服务业集聚及其影响因素研究——来自中国222个城市的经验证据[J].管理世界,2009(4):83-95.

[54] 章上峰,许冰.中国经济非稳态增长典型事实及解析[J].数量经济技术经济研究,2015(3):94-109.

[55] 于洪菲,田依民.中国1978-2011年潜在产出和产出缺口的再估算——基于不同生产函数方法[J].财经科学,2013(5):009.

[56] 沈能,赵增耀,周晶晶.生产要素拥挤与最优集聚度识别——行业异质性的视角[J].中国工业经济,2014(5):83-95.

[57] 黎继子,刘春玲,邹德文.产业集中,集群式供应链组织衍续和技术创新——以"武汉·中国光谷"光电子产业为例[J].财经研究,2006,32(7):41-52.

[58] 原毅军,谢荣辉.产业集聚,技术创新与环境污染的内在联系[J].科学学研究,2015(9):007.

[59] 周明,李宗植.地区工业集聚的新经济地理学研究——基于省际面板数据的实证分析[J].科技进步与对策,2009,26(11):22-25.

[60] 黄坡,陈柳钦.通过产业集群推动企业技术创新[J].上海立信会计学院学报,2006,20(3):70-78.

[61] 蔡铂,聂鸣.产业集群的创新机理研究[J].研究与发展管理,2006,18(1):19-25.

[62] 周圣强,朱卫平.产业集聚一定能带来经济效率吗:规模效应与拥挤效应[J].产业经济研究,2013(3):12-22.

[63] 唐根年,管志伟,秦辉.过度集聚,效率损失与生产要素合理配置研究[J].经济学家,2009(11):52-59.

[64] 叶宁华,包群,邵敏.空间集聚,市场拥挤与我国出口企业的过度扩张[J].管理世界,2014(1):58-72.

[65] 李晓萍,李平,吕大国,等.经济集聚,选择效应与企业生产率[J].管理世界,2015(4):25-37.

[66] 白重恩,杜颖娟,陶志刚等.地方保护主义及产业地区集中度的决定因素和变动趋势[J].经济研究,2004,4(11):29-40.

[67] 范剑勇.市场一体化,地区专业化与产业集聚趋势——兼谈对地区差距的影响[J].中国社会科学,2004(6):39-51.

[68] 钱学锋,梁琦.本地市场效应:理论和经验研究的新近进展[J].经济学(季刊),2007,6(3):969-990.

[69] 陈建军,胡晨光.产业集聚的集聚效应——以长江三角洲次区域为例的理论和实证分析[J].管理世界,2008(6):68-83.

[70] 秦建军,武拉平,闫逢柱.产业地理集聚对产业成长的影响——基于中国农产品加工业的实证分析[J].农业技术经济,2010(1):104-111.

[71] 王海宁,陈媛媛.产业集聚效应与工业能源效率研究——基于中国25个工业行业的实证分析[J].财经研究,2010,36(9):69-79.

[72] 赵祥.集聚还是分散——兼论中国区域协调发展的策略[J].产业经济评论,2010,9(3).

[73] 胡晨光,程惠芳,俞斌."有为政府"与集聚经济圈的演进——一个基于长三角集聚经济圈的分析框架[J].管理世界,2011(2):61-69.

[74] 吴三忙,李善同.中国制造业地理集聚的时空演变特征分析:1980-2008[J].财经研究,2010,36(10):4-14.

[75] 黄玖立,李坤望.对外贸易,地方保护和中国的产业布局[J].经济学(季刊),2006,5(3):733-760.

[76] 贺振华.寻租,过度投资与地方保护[J].南开经济研究,2006(2):64-73.

[77] 陈雪梅,李景海.预期,产业集聚演进与政府定位[J].学术交流,2008(4):48-54.

[78] 贺灿飞,朱彦刚,朱晟君.产业特性,区域特征与中国制造业省区集聚[J].地理学报,2010,65(10):1218-1228.

[79] 冯梅,陈鹏.中国钢铁产业产能过剩程度的量化分析与预警[J].中国软科学,2013(5):110-116.

[80] 贺灿飞,谢秀珍.中国制造业地理集中与省区专业化[J].地理学报,2006(2).

[81] 陈建军,胡晨光.产业集聚的集聚效应——以长江三角洲次区域为例的理论和实证分析[J].管理世界.2008(6).

[82] 樊秀峰,康晓琴.陕西省制造业产业集聚度测算及其影响因素实证分析[J].经济地理.2013(9).

[83] 高鹤.财政分权,经济结构与地方政府行为:一个中国经济转型的理论框架[J].世界经济.2006(10):59-68.

[84] 贺灿飞,朱彦刚,朱晟君.产业特性,区域特征与中国制造业省区集聚[J].地理学报.2010,65(10):1218-1228.

[85] 贺灿飞.中国制造业地理集中与集聚[M].科学出版社,2009.

[86] 胡健,董春诗.政府财政补贴与自然资源产业集聚——对克鲁格曼CP模型的拓展[J].当代经济科学.2012(4):43-48.

[87] 黄玖立,李坤望.出口开放,地区市场规模和经济增长[J].经济研究.2006(6):

27 - 38.

[88] 李化杰. 环境治理重压下河北省银行业信贷政策思考——以河北省钢铁行业为例[J]. 河北金融. 2014(3).

[89] 李世杰, 胡国柳, 高健. 转轨期中国的产业集聚演化：理论回顾、研究进展及探索性思考[J]. 管理世界. 2014(4).

[90] 刘恒江, 陈继祥. 国外产业集群政策研究综述[J]. 外国经济与管理. 2004, 26(11)：45 - 49.

[91] 潘文卿, 刘庆. 中国制造业产业集聚与地区经济增长——基于中国工业企业数据的研究[J]. 清华大学学报：哲学社会科学版. 2012(1)：137 - 147.

[92] 盛丹, 王永进. 产业集聚、信贷资源配置效率与企业的融资成本——来自世界银行调查数据和中国工业企业数据的证据[J]. 管理世界. 2013(6). 85 - 98.

[93] 田超, 王磊. 长江中游城市群产业集聚与经济增长的实证研究——基于动态面板GMM 估计的分析[J]. 区域经济评论. 2015(3).

[94] 邵帅, 杨莉莉. 自然资源开发, 内生技术进步与区域经济增长[J]. 经济研究, 2011(S2)：112 - 123.

[95] 吴迪. 产业集聚与区域竞争力的关系研究[D]. 东北财经大学, 2012.

[96] 武晓霞, 任志成, 姜德波等. 产业集聚与外商直接投资区位选择：集中还是扩散？[J]. 产业经济研究. 2011(5)：26 - 34.

[97] 许和连, 邓玉萍. 外商直接投资导致了中国的环境污染吗——基于中国省际面板数据的空间计量研究[J]. 管理世界, 2012(2).

[98] 杨仁发. 产业集聚能否改善中国环境污染[J]. 中国人口·资源与环境. 2015(2).

[99] 杨娱, 李素英, 吴永立. 新常态下河北省钢铁行业产能过剩问题研究[J]. 中外企业家. 2015(14).

[100] 肖兴志, 王伊攀. 政府补贴与企业社会资本投资决策——来自战略性新兴产业的经验证据[J]. 中国工业经济, 2014(9)：148 - 160.

[101] 赵静, 陈玲, 薛澜. 地方政府的角色原型、利益选择和行为差异——一项基于政策过程研究的地方政府理论[J]. 管理世界. 2013(2)：90 - 106.

[102] 朱英明. 中国产业集群的识别方法及类型划分[J]. 统计与决策, 2006(12)：30 - 32.

[103] 邹伟. 产业集聚的文献综述[J]. 现代经济(现代物业下半月刊). 2007(3)

[104] 陈剩勇, 孙仕祺. 产能过剩的中国特色, 形成机制与治理对策——以 1996 年以来的钢铁业为例[J]. 南京社会科学, 2013(5)：7 - 14.

[105] 林毅夫, 李永军. 出口与中国的经济增长：需求导向的分析[J]. 经济学(季刊), 2003, 2(4)：780 - 793.

[106] 郭庆旺, 贾俊雪. 中国潜在产出与产出缺口的估算[J]. 经济研究, 2004(5)：

31 - 39.

[107] 黄健柏,徐震,徐珊. 土地价格扭曲,企业属性与过度投资——基于中国工业企业数据和城市地价数据的实证研究[J]. 中国工业经济,2015(3):57 - 69.

[108] 吴春雅,吴照云. 政府补贴,过度投资与新能源产能过剩——以光伏和风能上市企业为例[J]. 云南社会科学,2015(2):59 - 63.

[109] 陈诗一. 中国工业分行业统计数据估算:1980—2008[J]. 经济学(季刊),2011,10 (3):735 - 776.

[110] 王立国,赵琳,高越青. 谨防风电设备,多晶硅行业性产能过剩的风险[J]. 宏观经济研究,2011(5):38 - 45.

[111] 苏剑. 产能过剩背景下的中国宏观调控[J]. 经济学动态,2010(10):47 - 51.

[112] 郭克莎. 我国技术密集型产业发展的趋势,作用和战略[J]. 产业经济研究,2005 (5):1 - 12.

[113] 王文甫,明娟,岳超云. 企业规模,地方政府干预与产能过剩[J]. 管理世界,2014 (10):17 - 36.

[114] 唐根年,管志伟,秦辉. 过度集聚,效率损失与生产要素合理配置研究[J]. 经济学家,2009(11):52 - 59.

[115] 高良谋,李宇. 企业规模与技术创新"倒 U"关系的形成机制与动态拓展[J]. 管理世界,2009(8):113 - 123.

[116] Perry G L. Capacity in manufacturing[J]. *Brookings Papers on Economic Activity*, 1973, 1973(3):701 - 742.

[117] Cassels J M. Excess capacity and monopolistic competition[J]. *The Quarterly Journal of Economics*, 1937:426 - 443.

[118] Berndt E R, Morrison C J. Capacity utilization measures: underlying economic theory and an alternative approach[J]. *The American Economic Review*, 1981, 71(2):48 - 52.

[119] Caves R E, Porter M E. From entry barriers to mobility barriers: Conjectural decisions and contrived deterrence to new competition * [J]. *The Quarterly Journal of Economics*, 1977:241 - 261.

[120] Caves R E. Industrial organization and new findings on the turnover and mobility of firms[J]. *Journal of economic literature*, 1998, 36(4):1947 - 1982.

[121] Spence M. Product selection, fixed costs, and monopolistic competition[J]. *The Review of Economic Studies*, 1976, 43(2):217 - 235.

[122] Salop S C. Monopolistic competition with outside goods[J]. *The Bell Journal of Economics*, 1979:141 - 156.

[123] Von Weizsacker C C. A welfare analysis of barriers to entry[J]. *The Bell*

Journal of Economics, 1980: 399 - 420.

[124] Mankiw N G, Whinston M D. Free entry and social inefficiency[J]. *The RAND Journal of Economics*, 1986: 48 - 58.

[125] Phillips A. An appraisal of measures of capacity[J]. *The American Economic Review*, 1963, 53(2): 275 - 292.

[126] Nachbar J H, Petersen B C, Hwang I. Sunk costs, accommodation, and the welfare effects of entry[J]. *The Journal of Industrial Economics*, 1998, 46(3): 317 - 332.

[127] Matsumura T. Entry regulation and social welfare with an integer problem[J]. *Journal of Economics*, 2000, 71(1): 47 - 58.

[128] Fujita M, Thisse J F. Agglomeration and market interaction [J]. *Core Disscussion Papers Rp* 2002.

[129] Ludema R D, Wooton I. Economic geography and the fiscal effects of regional integration[J]. *Journal of International Economics*, 2000, 52(2): 331 - 357.

[130] Broersma L, Oosterhaven J. Regional Labor Productivity in the Netherlands: Evidence of Agglomeration and Congestion Effects[J]. *Journal of Regional Science*, 2009, 49(3): 483 - 511.

[131] Rizov M, Oskam A, Walsh P. Is there a limit to agglomeration? Evidence from productivity of Dutch firms[J]. *Regional Science and Urban Economics*, 2012, 42(4): 595 - 606.

[132] Jorgenson D W, Stiroh K J. US economic growth at the industry level[J]. *The American Economic Review*, 2000, 90(2): 161 - 167.

[133] Ludema R D, Wooton I. Economic geography and the fiscal effects of regional integration[J]. *Journal of International Economics*, 2000, 52(2): 331 - 357.

[134] Fan C C, Scott A J. Industrial agglomeration and development: a survey of spatial economic issues in East Asia and a statistical analysis of Chinese regions [J]. *Economic geography*, 2003, 79(3): 295 - 319.

[135] Martin R, Sunley P. Deconstructing clusters: chaotic concept or policy panacea? [J]. *Journal of economic geography*, 2003, 3(1): 5 - 35.

[136] Isaksen A. Towards increased regional specialization? The quantitative importance of new industrial spaces in Norway, 1970 - 1990 [J]. *Norwegian Journal of Geography*, 1996.

[137] Malmberg A, Maskell P. The elusive concept of localization economies: towards a knowledge - based theory of spatial clustering[J]. *Environment and planning A*, 2002, 34(3): 429 - 449.

[138] Fingleton B, Igliori D C, Moore B. Employment growth of small high – technology firms and the role of horizontal clustering: evidence from computing services and R&D in Great Britain, 1991 – 2000[J]. *Urban Studies*, 2004, 41 (4): 773 – 799.

[139] Hill and Brennan. Regional Variation and Economic Drivers[J]. *Economic Development Quarterly*, 2000, 8(4): 84 – 405.

[140] Baldwin R., 1999, Agglomeration and Endogenous Capital[J]. *European Economic Review*, Vol. 43, pp. 253 – 280.

[141] Birkinshaw, J. Regional Clusters and Multinational Enterprises, independence, Dependence, or Interdependence[J]. *International Studies of Management and Organization*, 2000, 30, (2); 25 – 114.

[142] Duranton, Gilles and Diego Puga, 2004, Micro – foundations of Urban Agglomeration Economies, in Vernon Henderson and Jacques-François Thisse (eds.) *Handbook of Regional and Urban Economics*, volume 4. Amsterdam: North – Holland.

[143] Fujita M and J R Thisse. *Economies of Agglomeration: Cities, Industrial Location, and Regional Growth*[M]. Cambridge University Press, 2002.

[144] Gao, Ting, 2004, Regional Industrial Growth: Evidence From Chinese Industries [J]. *Regional Science and Urban Economics*, 34(1), pp. 101 – 124.

[145] Henderson, J. Vernon, 2003, The Urbanization Process and Economic Growth: The So – what Question, *Journal of Economic Growth*, 8(1), pp. 47 – 71.

[146] Jaime Alonso – Carrera, Marfa Jesus Freire – Seren. Baltasar Manzano Macroeconomic effects of the regional allocation of public capital formation[J]. *Regional Science and Urban Economics*, 2009, 39(5): 563 – 574.

[147] Kanbur Ravi and Xiaobo Zhang, 2005, Fifty Years of Regional Inequality in China: A Journey through Central Planning, Reform and Opennes, *Review of Development Economics*, Vol. 9, pp. 87 – 106.

[148] Kanbur, Ravi and Xiaobo, Zhang, 2005, Fifty Years of Regional Inequality in China: a Journey through Central Planning, Reform and Openness, *Review of Development Economics*, 9: 87 – 106

[149] Krugman P. Increasing returns and economic geography[R]. *Journal of Political Economy*, 1991, 99(3): 483 – 499.

[150] Marshall, A. *Prinsiples of Economies*[M]. Xondon: Macmillan, 1920.

[151] Martin, P., Mayer, T. Mayneris, F., 2011, SpatialConcentration and Plant-level Productivity in France. *Journal of Urban Economics*, 69(2): 182 – 195.

[152] Rotemberg, J. J. and G. Saloner, 2000, Competition and Human Capital Accumulation: A Theory of Interregional Specialization and Trade, *Regional Science and Urban Economics*, 30(4), pp. 373 – 404.

[153] Wu Y, Zhang X, Skitmore M, et al. Industrial land price and its impact on urban growth: A Chinese case study[J]. *Land Use Policy*, 2014, 36: 199 – 209.

[154] Klein L R, Preston R S. Some new results in the measurement of capacity utilization[J]. *The American Economic Review*, 1967, 57(1): 34 – 58.

[155] Richardson S. Over – investment of free cash flow[J]. *Review of accounting studies*, 2006, 11(2 – 3): 159 – 189.

[156] Chen C, Li Z, Su X. Rent seeking incentives, political connections and organizational structure: Empirical evidence from listed family firms in China[J]. *City University of Hong Kong Working Paper*, 2005.

[157] Krugman P R. *Geography and trade*[M]. MIT Press, 1991.

[158] Lall S V, Shalizi Z, Deichmann U. Agglomeration economies and productivity in Indian industry [J]. *Journal of Development Economics*, 2004, 73 (2): 643 – 673.

[159] Solow R M. Technical change and the aggregate production function[J]. *The review of Economics and Statistics*, 1957: 312 – 320.

[160] Kanbur R, Zhang X. Fifty years of regional inequality in China: a journey through central planning, reform, and openness[J]. *Review of Development Economics*, 2005, 9(1): 87 – 106.

图书在版编目(CIP)数据

2016 中国产业发展年度分析报告：需求变化的
视角 / 芮明杰，王小沙主编.—上海：上海财经大学
出版社，2017.3
ISBN 978-7-5642-2664-0/F.2664

Ⅰ.①2… Ⅱ.①芮…②王… Ⅲ.①产业发展-研究
报告-中国-2016 Ⅳ.①F124

中国版本图书馆 CIP 数据核字(2017)第 022810 号

□ 责任编辑　徐　超
□ 封面设计　张克瑶

2016 ZHONGGUO CHANYE FAZHAN NIANDU FENXI BAOGAO
2016 中国产业发展年度分析报告
——需求变化的视角

芮明杰　王小沙　主编

上海财经大学出版社出版发行
(上海市武东路 321 号乙　邮编 200434)
网　　址：http://www.sufep.com
电子邮箱：webmaster @ sufep.com
全国新华书店经销
上海华教印务有限公司印刷装订
2017 年 3 月第 1 版　2017 年 3 月第 1 次印刷

710mm×1000mm　1/16　26.25 印张(插页：2)　403 千字
定价：60.00 元